SOCIAL SECURITY EXPENDITURE &
CHINA'S ECONOMIC GROWTH

社会保障支出与中国经济增长

冯经纶 著

上海财经大学出版社

图书在版编目(CIP)数据

社会保障支出与中国经济增长/冯经纶著. —上海：上海财经大学出版社,2023.9
ISBN 978-7-5642-4226-8/F·4226

Ⅰ.①社… Ⅱ.①冯… Ⅲ.①社会保障-财政支出-关系-经济增长-研究-中国 Ⅳ.①F812.45

中国国家版本馆 CIP 数据核字(2023)第 140147 号

上海财经大学"中央高校双一流引导专项资金"和"中央高校基本科研业务费"资助

□ 责任编辑　李成军
□ 封面设计　贺加贝

社会保障支出与中国经济增长

冯经纶　著

上海财经大学出版社出版发行
(上海市中山北一路 369 号　邮编 200083)
网　　址:http://www.sufep.com
电子邮箱:webmaster@sufep.com
全国新华书店经销
上海新文印刷厂有限公司印刷装订
2023 年 9 月第 1 版　2023 年 9 月第 1 次印刷

787mm×1092mm　1/16　19.25 印张(插页:2)　408 千字
定价:89.00 元

谨以此书献给我的恩师丛树海教授，他启迪了我，激发了我，助我找到了通往新世界的钥匙。

献给我的母亲高卫红女士，她饱受癌症折磨，形容枯槁，但坚强地活着，嘱咐我人生应当永远奋进。

前 言

社会保障作为政治、经济、社会发展的产物,到今天已经取得了长足的进步。但从宏观视野来看,各种新问题的涌现——中国经济进入低速稳定增长的新常态、人口老龄化持续加深对社会保障支出的压力、中国国内民生问题成为社会问题的核心,都使得社会保障问题日益凸显为财政领域的重要议题。而新型城镇化、劳动力跨省转移、"人口悬崖"与生育放开新政、延迟退休等多种政策环境变量的相互钳制则使未来的不确定性继续上升。社会保障支出与国民经济发展的联系日益密切,对宏观经济运行产生一系列深刻影响,在宏观经济领域研究社会保障支出的经济增长效应,并对相关宏观变量的影响做出详细论证,既是社会保障理论研究上的核心要素,也是社会保障体制改革实践中的重要内容。以此为研究主题,构建完整的理论分析框架,系统研究社会保障在经济增长中的功效,在当前形势下具有十分重要的意义。

尽管社会保障制度的初衷在于通过一定程度的收入再分配实现社会公平,减小贫富差距,抵御社会风险,保障人民生活,但其宏观经济影响并非不重要,因为社会保障的持续健康发展有赖于长期经济增长的支持,离开了经济增长,社会保障就会变成无源之水、无本之木。本书通过对社会保障支出经济增长效应的实证研究,分析其对经济增长影响的整体效果,以及与储蓄、消费、人力资本投资和就业之间的复杂机理,探寻人口老龄化和延迟退休年龄通过社会保障对经济的冲击作用,验证社会保障在经济发展中的稳定器效果,真正认识社会保障在经济发展中的作用与不足,并通过分析对照组OECD国家社会保障改革的实际效果,依据中国社会保障制度的阶段发展状况,借此探索发现社会保障发展过程中所存在的问题,以便为中国下一步的社会保障改革提供具有一定价值的理论依据和经验参考。

全书分为九章。第一章作为导论,分析了本研究的时代背景,阐述了社会保障支出经济增长效应研究的理论与实践意义、研究的基本思路与方法、研究中的概念体系、研究的框架结构、创新之处以及未来展望。

第二章论述了社会保障发展的理论背景,指出社会保障经济理论源自公平与效率的永恒争论,实现社会保障体系稳定持续发展需要在两者之间取得有效平衡。本章分析了社会保障支出与长期经济增长之间的关系。经济发展是社会保障支出的基础和先决条件,它根本上决定着社会保障的发展水平,但是适度的社会保障也会对经济增长产生有力促进。国内外研究综述部分分析了社会保障研究的理论基础及发展脉络,以及学界关于社会保障支出经济增长效应研究的系列理论成果。进一步通过社会保障的实践脉络和发展模式找寻福利制度改革的方向,指出当今福利国家社会保障现代改革正向着福利多元化发展,支出责任划定更加明确,更加注重对劳动供给的激励效应,注重与经济发展水平相匹配,社会保障的可持续性逐渐增强。

第三章通过最优控制研究了最适标准的福利支出水平,指出社会保障支出会对经济发展产生促进作用,而一旦超过必要的度,这种作用就会转化成负面效果,福利支出的最优规模曲线呈现出"倒U"形。运用系统GMM、VECM协整对OECD国家的面板数据和中国的时间序列数据做出实证检验,研究发现OECD国家优厚的福利体系超越了与经济增长相适应的合理范围,社会保障支出占GDP的比重对人均GDP增长率的影响显著为负;来自中国的结论则恰恰相反,全口径社会保障支出对经济增长起到了积极作用,这显示了中国现行的社会保障支出尚处于低位水平,没有危及经济的正常运行,但是较之GDP和国民收入的增速而言,中国社会保障支出发展势头迅猛,需要密切关注。另外,存在的问题还不仅仅在于规模上,更在于社会保障支出结构上的失衡和严重的碎片化。

第四、第五、第六、第七章分别考察社会保障支出对国民储蓄、消费、人力资本投资、就业的作用路径和影响机制,社会保障支出通过这几个宏观变量再进一步作用于经济增长,因此几个宏观变量成为社会保障发挥经济功能的关键所在。本书运用OLG世代交叠模型对问题展开理论分析,并采用中国的省际面板数据对社会保障支出宏观经济指标的影响效果做出经验验证,分析储蓄偏好、人口增长率、老年抚养比等因素参与后社会保障支出对这些宏观经济变量的具体贡献,借此来评价社会保障政策实施的成效。

第八章研究了社会保障在经济发展进程中的自动稳定器原理和实现条件,指出社会保障支出持续的刚性增长同经济实体经历的周期性波动并不匹配,导致社会保障筹资机制不可持续。通过对宏观经济波动的机理分析,本章讨论了社会保障支出经济因素的作用路径和社会保障支出政治因素的作用路径,指出经济处于萧条期需要救助人员的增加导致更高的社会保障支出,而经济的恢复却需要财政紧缩的措施来实现,这种矛盾状况会使得萧条期的经济雪上加霜;政客借助对民众福利的许诺取得政治上的优势地位,倾向于把财政赤字所带来的责任推向未来,最终酿成危机,因此社会保障某种程度上加剧了经济的波动。

第九章评价了社会保障支出经济增长效应的整体影响效果,分析了中国社会保障制度的政策支持及路径规划,并对社会保障未来改革发展提出了一些意见和建议。未来中国的社会保障要更加注重顶层设计,一是要随着经济的增长而有计划按比例地发展,适应于经济发展的速度,适应于劳动生产率增长速度;二是社会保障费用在国民收入中所占的比重要适当;三是企事业单位的社会保险、福利支出与工资的比例关系要适当;四是社会保障规划要充分考虑老龄化效应造成的影响。

总的来说,要依据经济发展阶段不断修正社会保障制度,既要避免和减少对经济的不利作用,又要充分发挥对物质资本积累和人力资本积累的正面作用,使之真正成为经济发展的动力。北欧国家实行的多福利和平均主义已经引发了诸多社会问题,普遍福利难以为继,社会保障费用负担过重,形成庞大的预算赤字,必须引以为鉴。短期内政府可以通过赤字政策来提高福利水平,从而使社会福利在某种程度上高水平发展,但是在长期政府的财政开支不可能背离经济发展水平,在保证社会保障建设阶段性目标实现的同时,社会保障与经济发展水平相协调的动态平衡机制必须纳入考虑范围。中国的社会保障支出水平也只能随着社会生产力的提高和现代化进程的推进而逐步提高,并且应顾及国内城乡与地区间经济发展的不平衡状况。

社会保障作为关系到人民根本利益的民生问题,必须在政治经济体制改革中得到认真对待和妥善解决。理论上的分析其实是一种后视镜,而问题的关键在于应对将来所可能出现的危机。如何发挥社会保障中有利因素,平衡好社会保障支出与经济增长的关系,调整好社会保障支出的结构,使得社会保障对经济和社会发展起到积极的促进作用,最终提高全体人民福利,是未来改革的前进方向和制度优化的风向标。对社会保障支出经济增长效应影响的充分论证和OECD国家改革实践中成功经验的合理借鉴,有望为中国社会保障事业的长远发展提供理论上的支持与参考。

著 者
2023 年 6 月

目 录

第一章 导论 /001
    第一节 社会保障支出研究的时代背景 /002
    第二节 社会保障支出经济增长效应研究的理论与实践意义 /004
    第三节 研究的基本思路、方法范畴、框架结构 /005
    第四节 研究的创新之处与未来展望 /009

第二章 社会保障基本经济理论、研究综述及实践经验 /011
    第一节 社会保障发展的经济理论背景 /011
    第二节 社会保障支出与长期经济增长的关系分析 /015
    第三节 社会保障支出经济增长效应的国内外研究综述 /019
    第四节 社会保障的实践脉络、发展模式与现代改革 /024
    第五节 本章小结 /034

第三章 适宜经济运行的社会保障边界与公共财政责任 /036
    第一节 社会保障范围的有效边界 /036
    第二节 社会保障支出的合理规模与经济增长的关联 /042
    第三节 中国基本养老保险系统可持续的根本出路在于持续经济增长 /070
    第四节 中国社会保障支出中的历史"碎片化"问题 /087
    第五节 公共财政对社会保障的责任 /097
    第六节 本章小结 /122

第四章 社会保障支出对国民储蓄的影响分析 /123
    第一节 以储蓄为核心变量的社会保障支出经济增长效应研究综述 /123
    第二节 私人储蓄功能及社会保障支出储蓄理论模型 /129
    第三节 世代交叠模型下社会保障的储蓄效应 /131

第四节　中国社会保障支出储蓄效应的实证检验/138
　　第五节　现实生命周期中的储蓄安排/142
　　第六节　本章小结/148

第五章　社会保障支出对消费的影响分析/149
　　第一节　社会保障参与后的个人消费行为/150
　　第二节　OLG 模型下社会保障对跨期消费的影响/154
　　第三节　社会保障支出对居民消费影响的实证研究/156
　　第四节　养老产业与老年消费/159
　　第五节　本章小结/181

第六章　社会保障支出对人力资本投资的影响分析/182
　　第一节　社会保障支出人力资本投资效应的研究综述/182
　　第二节　以人力资本投资为核心的世代交叠模型分析/191
　　第三节　社会保障支出对人力资本投资影响的实证检验/194
　　第四节　老龄化下中国人力资本提升通道/198
　　第五节　本章小结/200

第七章　社会保障支出对就业的影响效应分析/201
　　第一节　社会保障安全网下劳动者对劳动供给的反应/201
　　第二节　社会保障的失业治理目标与现实差距/209
　　第三节　失业本身的结构性问题对社会保障支出的压力/216
　　第四节　从失业救助到就业帮助的社会保障支出改革/220
　　第五节　缓解老龄危机下延长退休年龄对就业的影响/244
　　第六节　本章小结/264

第八章　社会保障在经济增长中的自动稳定器效果分析/266
　　第一节　社会保障自动稳定器的运行机理及实现条件/266
　　第二节　经济波动机制分析/269
　　第三节　社会保障自动稳定器的作用路径/271
　　第四节　本章小结/276

第九章　社会保障支出经济增长效应评价及社会保障的未来发展
　　　　趋势/277
　　第一节　社会保障支出是否真正实现了预期效果/277
　　第二节　中国社会保障制度的政策支持及路径规划/279
　　第三节　社会保障的改革趋势和未来发展/281

附录/286

参考文献/288

后记/297

第一章 导 论

社会保障也许是人类进入现代社会以来讨论最多,也最复杂的问题之一。市场经济带来了机遇,也带来了风险与挑战,这些问题无法通过市场运行本身得以有效解决,为保证经济社会的平稳健康发展,现代社会保障制度应运而生。工业化和城镇化带来了就业方式的变化和生存理念的改观,同时使得老年人社会生活中的不确定因素和发生贫困的风险大为增加,而经济活动对生产力的提升也使得人们越来越重视生活水平和生存质量。市场的不完善,以及人们对公平和福利的关注,更加促使社会保障成为政府的宏观调控手段,对市场缺陷进行弥补和修正,社会保障作为能够让全体国民共享发展成果的基本制度安排,构成了绝大多数国家经济社会发展的重要内容,也成为现代社会的重要标志。社会保障的本意在于修正市场运行的一些不合理结果,目标是美好的,但是实施后是否真正实现了原先的既定目标并不确定。多数学者肯定了市场的缺陷以及社会保障的必要性,社会保障的具体实施效果却少有人问津,而这才是最大的问题,因为社会保障政策的实施并不必然会弥补市场失灵。

尽管社会保障制度设计的初衷在于通过再分配措施达到社会公平状态,但不可避免地会对经济增长产生深刻影响,因此不应忽视社会保障在整个宏观经济运行中的重要作用,保证民生和促进增长,一个意味着公平,一个意味着效率,如何充分发挥社会保障支出对两者的支持作用,而非实现一个目标同时损害另一个目标,是制度设计中必须解决的问题。均等化措施可以缓解贫困,但不能解决贫困,唯有在全面经济增长的条件下,把整体蛋糕做大,才有可能真正消灭贫困。因此社会保障应起到保护作用,更应当起到激励作用。

社会保障作为国民经济稳定运行和社会安定和谐的必要条件,实现了保障贫困者、失业者和老年人的基本目标,在发展初期对经济的负面作用尚不显著,但后续发展中暴露出来的问题却日趋严重。从现代福利国家的发展历程来看,贝弗里奇(Beverage)报告提出(福利国家的普遍建立)→石油危机与滞胀危机(社会保障私有化改革)→社会民主党上台[吉登斯(Giddens)第三条道路]→欧洲债务危机,存在的问题令人深思。无论是高福利下的福利病,抑或是贫困救助下的贫困陷阱;无论是高扬的财政赤字,抑或是对经济效率的损害,社会保障并不像初期设想的那样完美。福利是人类追求的目标,但这种无限制的追求却无法用道德来规制,社会保障制度本身是一种软约束,其自我膨胀倾向很容易导致后续难以解决的症结。

研究各国社会保障制度建设中的先进理论,汲取其社会保障改革中的成功经验,对建设发展中国特色的社会保障事业有重要的借鉴和参考作用。研究的驱动力在于总结国外社会保障制度不同模式的经验教训,引介发达国家社会保障理论不同流派的最新发展,追踪国际社会保障和养老金市场的改革动态,传播权利与义务对等原则为核心价值的社会保障理念,探索符合中国国情和中华优秀传统文化与民族特性的社会保障制度模式,坚持追求适应人口结构变化和简单透明的制度设计,建立适应大国崛起的社会保障制度体系。多方论证、科学设计,制订适合中国国情的社会保障制度,有助于未来中国市场经济的稳定健康运行和国民福利的持续提高。

第一节　社会保障支出研究的时代背景

从国内外背景来看,社会保障问题正日益凸显为财政领域的重要问题,对整个宏观经济状况起到重要影响,甚至左右整个国家未来的经济社会发展方向。

一、欧洲经济下滑对高福利国家产生警示

欧洲的高水准社会福利带来了人们生活水平的提升和人均寿命的延长。遗憾的是,这些过高的社会保障开支同样会带来政府的破产,以2009年12月世界三大评级公司下调希腊主权评级为始,意大利、西班牙、葡萄牙、爱尔兰、比利时,甚至欧元区外的匈牙利纷纷陷入危机当中,在美国次贷危机引发的全球金融危机尚未完全恢复之际,这对发达国家形成新的重创。经济的长期低迷、社会福利支出的居高不下、政府大量举债的赤字运营,最终导致宏观经济发展的失衡,形成债务危机,对整个欧元区形成严峻考验。为应对危机而采取的紧缩财政和削减福利开支措施引发了民众多起游行示威活动,脱离经济发展实际的社会福利制度在短时间内显然积重难返。面对当前经济停滞和债务危机的双重压力,欧洲社会的高福利不愿向财政平衡妥协,财政赤字又难以维持高福利,经济困境和社会动荡交织而使局势进一步恶化,经济危机催生了社会保障改革,并成为改革的障碍。

欧洲债务危机使得发达国家对其自身的社会保障制度可持续性、公平性和激励效应进行重新思考和定位,既要保证社会保障风险防范力度,增强民众福利,又不损害长期经济增长和造成财政负担。瑞典等北欧国家虽然也受到了一定的冲击,但由于其在社会保障制度上公平与效率的兼顾平衡,优势地位再次显现,为其他国家社会保障领域改革树立了榜样。

二、人口老龄化持续加深对社会保障支出的压力

随着世界上大部分国家人口出生率的下降和人均寿命的延长,人口的快速老龄化逐渐成为一个不可逆转的社会态势,用于老年人的社会保障支出的刚性增长,对现收现付制下社会保障体系的稳定运营形成严峻挑战。以欧盟为例,2021年,德国65岁及以上人口占总人口的比例达到21.5%,意大利为23.3%,希腊为21.7%,葡萄牙为22.2%,西班牙为20.4%,法国为20.7%,欧盟27国65岁及以上人口在欧盟总人口中占比已上升至20.5%;而15岁以下人口占比则下降至15.9%,与1990年65岁及以上人口比例13.7%和15岁以下人口比例19.5%形成显著对比。中国的老龄化进程同样在加速,截至2020年年底,中国65岁及以上人口达到2.54亿人,占总人口比例18.1%,预计到2025年,65岁及以上人口数量将达到3.13亿人,占总人口比例将达到22.1%左右,明显高于2010年第六次全国人口普查时65岁及以上人口比例8.87%和2000年第五次全国人口普查时65岁及以上人口比例6.96%。

人口老龄化的加深,会对养老金支出产生更大压力,使得生之者寡,食之者众,加大赡养比率,加重在职人员的负担。根据OECD国家测算卫生服务费用的计量经济模型,人的一生中大部分医疗开销集中在老年,60岁以上年龄组的医疗费用是60岁以下的3～5倍,65岁以上年龄组的医疗费用是65岁以下的2～8倍。老龄化最终会对整个社会保障体系乃至整个经济产生重大影响。

三、中国国内民生问题成为社会问题的核心

党的十八大报告对保障和改善民生做出全面部署,具体论述了教育、就业、收入、社保、医疗这五个与人民群众关系最直接、最密切的现实问题,以实现"学有所教、劳有所得、病有所医、老有所养、住有所居"的民生诉求。中国的财政支出要更大程度上向民生项目倾斜,使全体人民共享改革发展成果,并加大对养老、医疗、住房等社会保障项目的支出,促进中国"全覆盖、保基本、多层次、可持续"的社会保障体系不断完善。这为中国社会保障事业的未来发展指明了方向,一个经济体要有效运行,动力机制与稳定机制缺一不可,合宜的社会保障制度必须很好地兼顾这两方面的要求,才能免除公民生存之忧,提高人民生活水平和经济运行效率,稳定经济运行环境。

党的十九大做出重要部署,围绕全面建成多层次社会保障体系的基本要求和奋斗目标扎实推进,包括全面实施全民参保计划、实现养老保险全国统筹、完善统一的城乡居民基本医疗保险制度和大病保险制度、完善失业与工伤保险制度、统筹城乡社会救助体系、建立全国统一的社会保险公共服务平台等,从多方位多环节上全面推进社会保障领域的各项改革。

党的二十大在健全社会保障体系上提出新的更高要求,要实现覆盖全民、统筹城乡、公平统一、安全规范、可持续的多层次社会保障体系,发展多层次多支柱养老保险体系,实施渐进式延迟法定退休年龄,推动基本医疗保险、失业保险、工伤保险省级统筹,完善大病保险和医疗救助制度,落实异地就医结算,建立长期护理保险制度,积极发展商业医疗保险,

健全社保基金保值增值和安全监管体系，建立多主体供给、多渠道保障、租购并举的住房制度等。针对社会保障体制存在的各项问题，每次都能前进一步，使简单有效低成本的社会保障制度惠及全民，将为民生带来更大的福利。

中国经济现阶段步入低速增长的新常态，经济增长放缓的同时伴随着民生支出项目的上升，叠加 2020—2022 年新冠疫情的影响，公共支出尤其是社会保障项目支出的压力使得政府面临"巧妇难为无米之炊"，当然近几年财政收入的稳定上升尚没有使得这个问题严重凸显，但是一旦出现像希腊一样的债务危机，就为时已晚了，因此这些问题确实需要现实中充分考虑和认真对待。

第二节 社会保障支出经济增长效应研究的理论与实践意义

社会保障经济学要揭示社会保障与经济发展之间的内在联系，阐述社会保障对保证社会安定，促进经济发展的积极作用，以及社会保障在社会经济发展中的重要地位。从主体生成论的视角研究社会保障支出经济增长效应不但具有理论上的重大意义，而且能为中国社会保障改革的实践提供一定的参考和指导。

一、研究的理论意义

我们通过对社会保障支出经济增长效应的实证研究，揭示社会保障与经济增长、储蓄、消费、人力资本投资和就业之间的复杂机理，分析人口老龄化和延迟退休年龄通过社会保障对经济的冲击作用，研究社会保障支出与失业率、通货膨胀的相互作用，检验其是否真正起到"安全阀"与"稳定器"的功效。

在国内，尽管有很多学者曾涉足此领域的某项研究，正如管中窥豹，可见一斑，并且关注的焦点也主要集中于养老金精算的收支平衡、替代率及人群并轨等问题上。全面系统的研究仍然匮乏，当然是因为这个体系本身比较滞重，高屋建瓴把握全局确实需要相当的功底。借鉴国外先进经验，同时结合中国国情，绘制宏观变量作用谱系，分析社会保障支出与经济增长之间的勾连，形成一套系统规范的研究成果，从而有助于社会保障经济理论研究的提升和进一步发展。

二、研究的实践意义

构建与经济水平相适应的福利社会是实现人口、社会和谐发展的重要方面，也是人类社会追求的终极目标。社会保障的目的在于弥补市场失灵，实现公众的社会福利最大化。社会保障不仅作为一种体制和制度，还应该作为提高人类幸福水平的归旨。有了社会保障安全网的防护，人们才可能充分地享受经济和社会发展成果，不断提升物质生活和精神生活的质量。

在实践中,社会保障一方面有利于经济增长,促进消费和改善人力资本,另一方面有可能造成沉重的财政负担,减少积累,从而阻碍经济增长。研究社会保障支出对经济增长的重要影响,从而制定适合于中国国情的社会保障政策,将为中国社会保障制度的可持续发展打下基础,为维护国民经济的健康运行和社会的安定和谐做出贡献。当前中国经济正迎来转折期,由此前的高速增长转变为"新常态"的稳定增长,经济增长更加注重质量内涵而非数量扩充。在老龄化进程持续深化、就业人口减少、养老金支付缺口加大、人均预期寿命延长的情况下,如何实现经济社会的平稳过渡和社会保障的稳步推进成为现实中的重要议题。

第三节　研究的基本思路、方法范畴、框架结构

一、研究的基本思路

规范的现代经济理论研究应该分为五个基本步骤:"第一是界定经济环境,第二是设定行为假设,第三是给出制度安排,第四是选择均衡结果,第五是进行评估比较。"(田国强,2005)秉承这一思想,在确立研究框架的前提下,首先对社会保障支出研究目标、概念体系、数据口径等做出合理说明,分析社会保障支出对长期经济增长的总体效应,然后运用OECD 34个国家社会保障数据库的面板数据作为对照组对社会保障支出经济增长的长期效应进行实证分析,指出福利供给过于优厚对OECD国家的损害作用,并把研究引入中国的时间序列数据中来,分析中国全口径社会保障支出对经济的实际影响效果,对于影响经济增长的几个要素——储蓄、消费、人力资本投资、就业,在相应的约束条件下,采用优化理论具体分析社会保障支出对这些经济增长变量的作用机制,然后用中国的面板数据对理论分析结果进行经验验证,并分析储蓄偏好、人口增长率、老年抚养比等因素参与对这些宏观经济变量的具体贡献,最后研究社会保障支出在失业率、通货膨胀治理上和经济发展过程中自动稳定器的作用,能否缓解失业率发挥社会保障功能的应有之义。

二、研究的主要方法

理论实证部分,主要通过构建适当的跨期迭代模型,采用优化方法和动态规划,得出均衡状态下的贝尔曼(Bellman)方程和欧拉方程,分析其变动趋势和路径。经验实证部分,运用Stata17.0对OECD国家的面板数据和中国的时间序列数据进行计量分析,对比OECD国家和中国在社会保障支出效果上的不同之处,揭示社会保障所存在问题的症结并提出进一步的改革建议,对社会保障支出经济增长影响中的宏观变量的实际影响效果进行量化分析,基于中国的现实国情对回归结果做出合理解释,并分析其中的症结以便采取相应的对策。

三、研究的领域范畴

有必要关于研究领域做出一些特别说明:

本研究侧重于社会保障支出经济性的体现,没有把社会保障公平性研究纳入其中,尽管均等化效应的福利再分配是社会保障的重要属性。理由在于:一方面在此领域的研究成果已然蔚为可观,另一方面为避免研究范围过于庞大,进入福利经济学和收入再分配领域。

与国外社会保障支出经济增长效应研究相一致,研究的核心落在养老保险、失业保险以及全口径社会保障支出上。公认的事实是,在整个社会保障体系当中最复杂的莫过于社会保险中的医疗保险,由于涉及多方利益主体的复杂博弈,并且延伸至医药、卫生等领域,鉴于研究必须有所侧重,因此并没有把医疗保险问题纳入研究框架。

四、研究的框架结构

研究结构安排上,在第二章中回顾和总结社会保障研究过程中的经济理论基础和最新研究进展,第三章研究中国社会保障支出的规模与结构问题,并采用OECD国家作为对照组进行分析,第四至七章分别研究社会保障支出经济增长效应中几个重要宏观经济变量的影响效果(见图1—1),第八章分析社会保障自动稳定器的效果,第九章对本研究的结论做综合评判。研究的整体框架编排见图1—2。

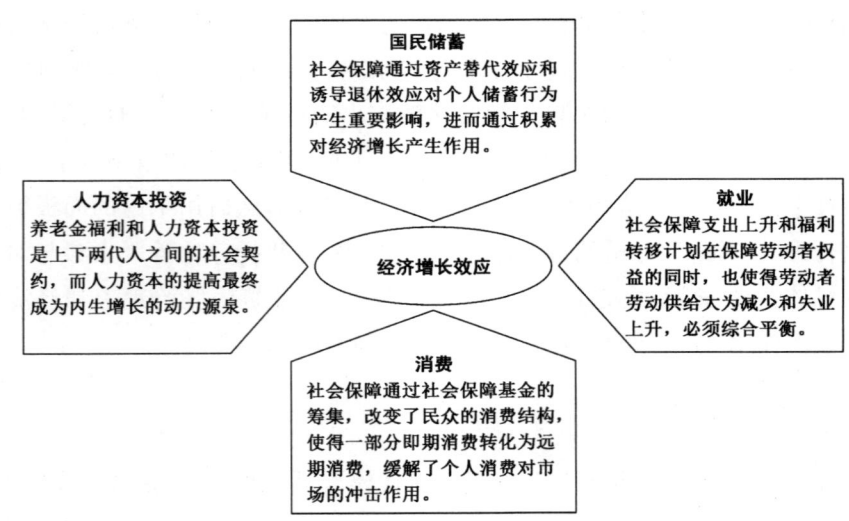

图1—1 社会保障支出经济增长效应中的宏观变量

经济增长的影响因素很多,在经济增长的驱动因素分析上,多数情况下采用因素分解方法。在宏观经济研究中,全要素生产率(Total Factor Productivity,TFP)的估算有助于探析经济增长的源泉,衡量各种宏观变量(储蓄、消费、人力资本投资、就业)对经济增长的贡

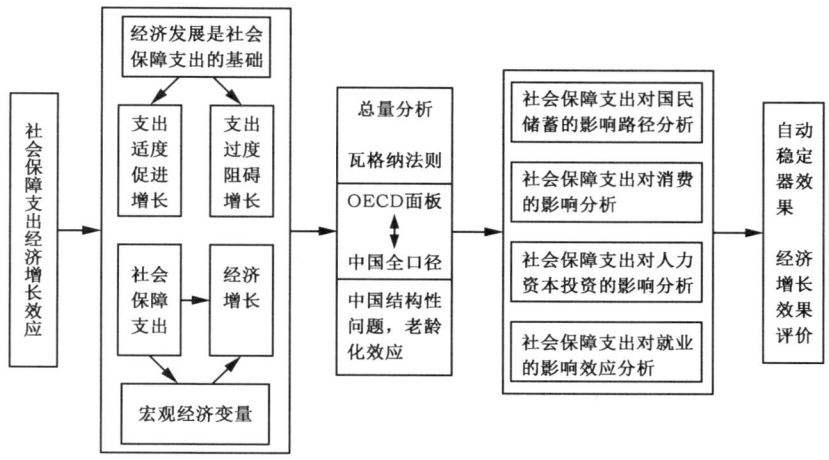

图 1—2 研究的框架结构

献,索洛(Solow)核算框架开创了全要素生产率(TFP)的研究范式,从曼昆(Mankiw,1991)等的经典扩展 C-D 生产函数出发[①],可以把经济增长驱动要素分解为五个方面:技术进步水平、资本深化水平、人力资本水平、劳动力(人口)增长率、要素产出弹性。考虑新增长模型的简化形式[②],产出 $Y(t)$ 可以表示成资本 $K(t)$、人力资本和技术 $A(t)$、劳动和就业 $L(t)$ 等因素组合的柯布-道格拉斯(Cobb-Douglas)方程:

$$Y(t)=[(1-a_K)K(t)]^{\alpha}[A(t)(1-a_L)L(t)]^{1-\alpha}, 0<\alpha<1$$

传统宏观经济学的研究已经表明,技术进步、固定资产投资、人力资本对 GDP 增长贡献作用较为显著,而过缓的人口增长和老龄化对经济的影响相对不利。

在细分层次上,张屹山等(2019)进一步将经济增长的要素分解成存量及生产率两部分(见图 1—3)。

而社会保障通过对各宏观变量的影响作用最终传递到经济增长,从而对国民经济产生重要影响,形成一种复杂的功能性机制,本质上,经济增长效应只是社会保障作用各宏观变量后的次生因素。

因素分解的非参数估计方法还包括指数法(Laspeyres 指数、Divisia 指数、Tornqvist 近似等)与数据包络分析法(DEA)。指数分解法的基本思想是把目标变量分解成若干影响因素组合的形式,因素变量对时间 t 连续可微,微分分解,然后计算这若干个影响因素的贡献率。例如运用 Divisia 分解[③],可以将社会保障支出经济增长效应中各宏观变量的影响效果

[①] Mankiw N G. The Reincarnation of Keynesian Economics[R]. NBER Working Papers,1991,36(2—3):559—565.

[②] Aghion, Philippe and Howitt Peter. A Model of Growth through Creative Destruction[J]. Econometrica 60 (March),1992:323—351.

[③] 需要注意的是,Divisia 分解采用的积分形式只能适合于连续时间数据。

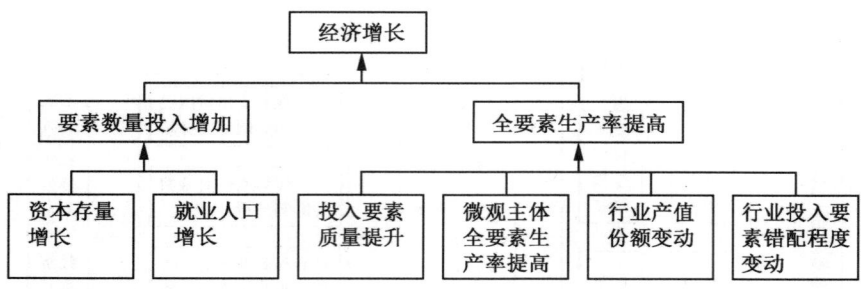

资料来源：张屹山，胡茜. 要素质量、资源错配与全要素生产率分解[J]. 经济评论，2019，(1)：61—74。

图1—3 经济增长的因素分解

剥离出来,测度和考量单个因素在经济增长中的功效大小。基于Divisia(1926)提出的Divisia分解法[①],Liu和Ang(2001)在此基础上提出了对数平均迪氏指数分解法(Loga-rithmic Mean Divisia Index,LMDI分解法)[②],这种方法克服了Divisia分解法统计测验不通过的问题,并且没有残差项。

单维度下,构建包含产业结构的产出模型 $G=F(X_i)$，X_i 表示第 i 产业的产出。全微分可得：

$$dG = \sum_i \frac{\partial G}{\partial X_i} dX_i$$

进一步转化为：

$$\frac{dG}{G} = \sum_i \left(\frac{X_i}{G} \frac{\partial G}{\partial X_i}\right) \frac{dX_i}{X_i} = \sum_i \alpha_i \frac{dX_i}{X_i}$$

即经济产出增长率等于各产业增长率与贡献度的乘积之和。

两维度下,用 G 表示经济增长,用 k 和 i 分别代表产业和行业,那么有：

$$dG/dt = \sum_k \sum_i d(x_{1,i}, x_{2,i}, \ldots, x_{k,i}, \ldots, x_{n,i})/dt$$
$$= \sum_k \sum_i G_i d(\ln x_{k,i})/dt$$

两边对时间进行积分，

$$\int_0^T dG/dt = \int_0^T \sum_k \sum_i G_i d(\ln x_{k,i})/dt = \sum_k \int_0^T \sum_i G_i d(\ln x_{k,i})/dt$$

那么,有LMDI指数分解的加法形式：

$$\Delta x_k = \sum_i \frac{G_i^T - G_i^0}{\ln(G_i^T/G_i^0)} \ln(x_{k,i}^T / x_{k,i}^0)$$

---

① Divisia F. L'indice Monétaire et la Théorie de la Monnaie (suite et fin)[J]. Revue D'économie Politique,1926,40(1):49—81.

② Ang A,Liu J. A General Affine Earnings Valuation Model[J]. Review of Accounting Studies,2001,6(4):397—425.

如果对等式两边同除以 G^T，并进行指数运算，可得 LMDI 指数分解的乘法形式：

$$D_{x,k} = \exp\left[\sum_i \frac{(G_i^T - G_i^0)/\ln(G_i^T/G_i^0)}{(G^T - G^0)/\ln(G^T - G^0)} \ln(x_{k,i}^T/x_{k,i}^0)\right]$$

这样在研究中既可以考虑各大产业的产值与增长率，以及在 GDP 中的比重与贡献，又可以考虑各个产业中不同行业的产值与增长率，以及行业在本产业中的比重与贡献。对社会保障支出而言，也就可以很好地衡量其在产业的作用与贡献。

第四节 研究的创新之处与未来展望

一、研究的创新之处

在中国社会保障研究上，以往研究所关注的焦点更多地放在养老金个人账户的亏空以及精算平衡上，从宏观视野研究社会保障支出对整个经济的影响作用在中国最近几年才兴盛起来。宏观研究中流派纷纭，问题更错综复杂，加之中国社会保障本身还处于发展阶段，政策变化频繁，且研究数据缺乏，都对研究提出了挑战。我们要坚持目标导向、问题导向，坚持系统观念、战略眼光，增强风险意识。就问题导向而言，社会保障问题中的"以房养老""养老金并轨"等都可以形成一个专门的研究课题，这样的研究也会更聚焦，但在北欧福利体制困境以及中国社会保障事业加速发展和国际接轨的这个时代，宏观视野的研究更加迫切，也更有意义，如何高屋建瓴把握全局并厘清脉络需要高超的研究技巧，而这也正是研究的价值所在。

本书在于全面系统地分析研究社会保障支出经济增长效应，揭示社会保障与经济增长、储蓄、消费、人力资本投资、就业之间的复杂机理，分析人口老龄化和延迟退休年龄通过社会保障对经济的冲击作用，研究社会保障支出与失业率、通货膨胀的相互作用，检验其是否真正起到"安全阀"与"稳定器"的功效。概括起来，主要在三个方面进行了创新：

一是角度上从宏观视野对社会保障支出经济增长效应进行了全方位的研究。当前形势下，财政政策的实施向民生项目倾斜，社会保障支出作为财政支出的一个大类，在民生财政中居于核心地位。当前社会保障的研究中倾向于关注社会保障本身存在的问题，如养老保险个人账户空账运转、人口老龄化背景下养老金不足问题、医疗卫生改革问题等，而对社会保障支出对经济增长以及经济发展进程中几个宏观变量影响的关注则相对不足，在欧债危机和人口老龄化的大背景下对社会保障支出的经济增长效应做出体系研究具有重要意义。这不仅有利于补充研究上的缺失，而且可为社会保障制度的一些深层次问题提供独到的解释，为中国社会保障制度未来的可持续发展提供正确的方法论依据。

二是研究上采用跨期叠代理论实证与中外比较经验实证相结合。关于养老金支出的精算平衡问题固然应该得到关注，但不应忽略其对储蓄、消费、人力资本投资、就业等宏观经济变量的影响，应用世代交叠模型分析社会保障支出的经济增长效应在国外的研究中较为常见，但在中国仍然相对欠缺。社会保障保险精算和财务平衡上的可持续性是可以预测的，基于人的生命风险和生计需求的社会上的可持续性则难以采用同样的方法预测分析。本研究在社会保障支出对经济增长影响的总量分析基础上，对 OECD 国家面板数据的系统 GMM 回归和中国时间序列数据的 VECM 协整分析结果进行比较分析，研究二者社会保障支出对长期经济增长的不同影响效果，透视其深层次的原因，并为未来中国社会保障支出定位方向和发展趋势做出判断。本研究通过梳理社会保障支出对经济增长作用的几条路径，有望为增长理论做出完整的答复，并通过中国 31 个省区市的面板数据检验社会保障支出对各宏观经济增长变量影响的实际效果，结合老龄化和延迟退休背景探讨其中所存在的一些问题和今后政策导向。

三是分析上形成对社会保障支出在各经济变量影响上的合理评价。社会保障支出对各经济变量的影响并非简单的促进或阻碍，而是需要基于一定的条件，如社会保障支出规模、支出结构、人口增长率、老年人口抚养比、资本市场利率、老龄化速度、经济运行的阶段等，把握国情和认识相关条件，使社会保障支出在经济发展阶段中发挥对经济的正面效果同时减轻不利影响，对中国特色的社会保障制度的发展和完善大有裨益。

二、研究的不足与未来研究展望

任何一项研究都不可能做到完全的尽善尽美，况且是驾驭这样一个庞大的体系，从研究范围、概念体系、口径直至理论模型、经验验证、结论分析都存在很多争议，当然本研究确实存在着几点不足之处：

一是理论上社会保障支出对各宏观经济变量产生作用，各宏观经济变量又对经济增长形成合力，最终形成社会保障支出经济增长效应，各宏观经济变量在社会保障支出经济增长效应中的贡献度应当可以分离出来，但在实际操作中并非易事。

二是在经济增长效应宏观变量研究的过程中，只研究了社会保障支出对单个宏观变量的影响，而宏观变量之间也存在相互作用机制，需运用一般均衡模型进行研究，得出的结论较之现行研究成果可能存在弱化效果。因此单向维度单个切入点的研究还是不够的，未来的研究中还需要对现行分析做进一步的深化，对结论做进一步的规范。

三是研究方法上尽管采取了系统 GMM、聚类稳健标准差的固定效应、FGLS 随机效应等多种面板处理方法，但基本养老保险通过人口的流动会产生空间上的相互作用，因此采用空间计量进行分析是有必要的，当然省级统筹限制了这方面功能的发挥，从而保证了当前研究的稳健性，随着交通进步，劳动力流动性上升，以及基本养老保险跨省转移，后续研究确实需要对这方面认真关注。

另外，除了宏观经济影响之外，社会保障还会对收入分配格局产生重要影响，使贫富差距产生变化。顾及研究内容必须有所侧重，关于社会保障对公平性的影响作用并没有纳入其中，社会保障支出的福利改进作用及对人类发展指数（HDI）的影响则体现在作者的其他著作中。

第二章 社会保障基本经济理论、研究综述及实践经验

第一节 社会保障发展的经济理论背景

一、社会保障基本经济理论发展自公平与效率的持久论辩

社会保障制度的产生具有很深的思想渊源,人类历史上很早就存在着慈善型、救助型社会保障思想和空想社会主义理论。而现代社会保障体系真正得以建立的经济理论基础则与经济学本身的发展一脉相承,其本质就在于对自由竞争和国家调控的辩证上,关于这个话题的争论不仅之前是,而且未来也将是经济学界的永恒主题。

《道德经》有言:"天之道,损有余而补不足;人之道,损不足而奉有余。孰能有余以奉天下?其唯有道者!""人道"是短视的,只有"天道"才能长远。变革的目的,不是要均贫富,而是要做到以人民为中心,让全体社会成员都成为富裕者,获得自由而全面的发展。

无论是实行国家干预,还是实行经济自由,目标都是相同的,在于使社会成员享有最大的、最长远的福利。社会保障的目标也应该是增进社会的总体福利,在公平与效率之间取得平衡,既增加社会公平,又促进经济增长。尽管有良好的出发点,现实运行的结果却不容乐观,从而衍生出新的理论来为社会保障的进一步改革和完善提供支持(见表2—1)。对社会保障发展的经济理论做出归纳和总结,能够为社会保障深入研究开辟前进的路径。

表2—1　　　　　　　　社会保障思想流派及其经济理论

流派	社会保障经济思想	代表人物
马克思主义理论	保障人的基本需要,人的存在为社会的第一存在,对社会总产品实行六项扣除	卡尔·马克思(Karl Marx)
新历史学派	主张社会改良和国家干预,国家应负担文明与福利的职责,缓解劳资冲突	古斯塔夫·施穆勒(Gustav Schmoller)、卢约-布伦塔诺(Lujo Brentano)

续表

流派	社会保障经济思想	代表人物
旧福利经济学派	经济福利的增大取决于国民收入的总量和国民收入分配的平均程度	A. C. 庇古(A. C. Pigou)
新福利经济学派	通过社会福利函数和社会选择,序数效用和一般均衡实现经济社会福利最大化	帕累托(Pareto)、埃奇沃思(Edgeworth)、费雪(Fisher)、勒纳(Lerner)、阿罗(Arrow)、黄有光(Yew-Kwang Ng)、阿马蒂亚·森(Sen Amartya)
瑞典学派	国家干预平抑经济周期,收入再分配实现福利和收入均等化	克努特·维克塞尔(Knut Wicksell)
凯恩斯学派	解决有效需求不足,刺激经济,实现充分就业,运用社会福利调节国民收入分配	约翰·梅纳德·凯恩斯(John Maynard Keynes)
新剑桥学派	改善资本主义社会收入分配结构,消除私人财富大量集中是经济政策的首要目标	琼·罗宾逊(Joan Robinson)、卡尔多(Kaldor)、斯拉法(Sraffa)、帕西内蒂(Pasinetti)
供给学派	社会福利就像是对就业者征的税,降低税率可以刺激生产和储蓄,促进经济发展	蒙代尔(Mundell)、拉弗(Laffer)、万尼斯基(Wanniski)、肯普(Kemp)
生命周期理论	理性消费者追求一生效用最大化,在生命周期内实现平滑消费,世代交叠模型是其扩展	莫迪利安尼(Modigliani)、萨缪尔森(Samuelson)、戴蒙德(Diamond)
新自由主义学派	强调自由市场,废除最低工资,实行社会保障私有化,不应把平等放在自由之上	米塞斯(Mises)、哈耶克(Hayek)、弗里德曼(Friedman)、布坎南(Buchanan)、塔洛克(Tullock)、贝克尔(Becker)
第三条道路理论	变消极福利为积极福利,由输血到造血,变社会福利国家为社会投资国家	安东尼·吉登斯(Anthony Giddens)

在国家干预态度上,功利主义者[如杰里米·边沁(Jeremy Bentham)、约翰·斯图尔特·穆勒(John Stuart Mill)等学者]既认识到资本主义效率的长处,又认识到资本主义市场的缺陷,强调社会总体效用最大化和个人边际效用递减,支持社会保障系统对个人收入进行再分配;罗尔斯主义者[如约翰·罗尔斯(John Rawls)等学者]强调社会福利函数取决于最贫困人群的效用,因此政府应当以最贫困人员的福利最大化为目标,因而运用社会保障进行调节是合理和公正的;自由放任主义者则认为政府的目标不应该是结果平等,而应该是机会均等,国家养老金存在的重要原因是某些人出于私欲不愿为退休后的生活来源着想而必须采取强迫手段(马青平,2012)。公平与效率认识上的天平倾斜状况直接影响了各国社会保障体系本身的改革与发展,成为社会保障私有化改革或养老金国家化的依据。而全球金融危机和经济危机暴露出来的市场失灵背后,也隐藏着很多方面的政府失灵,支持自由市场和支持政府干预的派别在这一场危机中相互抓住机会谴责对方的论题并成长起来,为社会保障的改革动向和政策设计注入新的元素。

二、社会保障的提供是政府职能的需要

从政府职能上理解,美国经济学家罗斯托(Rostow,1960)认为,在经济发展的不同阶段,政府的职责和范围是不同的。经济发展的早期阶段,政府的职责是基础设施建设;中期阶段,政府的目标是对私人投资进行补充和支持;高级阶段,政府的职责就是实施再分配和社会保障。[①] 而社会保障天然地具有收入分配和福利保障的功能,防止老年贫困问题的发生,是经济社会稳定发展的必然举措。维伦斯基(Wilensky,1975)指出,工业化和城市化进程导致了人们生活方式的转变,使得养老、教育等个人私人事务转化为社会责任,从而导致社会保障支出不断增加。[②] 事实上,如果没有一种国家强制因素,资本主义将面临各种市场缺陷,如需求不足、生产无效率、严重的收入分配不平等。凯恩斯写道:"对政府来说,最重要的不是去做那些私人已经在做的事情,把它做得更好些或者更坏些,而是去做根本没人做的那些事情。"(George & Wilding,1985)[③]

卢梭认为,"人生而自由,却无往不在枷锁之中"。现实中面临的诸多困境和束缚,都需要社会保障功能上的发挥。德国乌尔里希·贝克(Ulrich Beck,1992)就风险社会进行了重要研究,认为全球化背景下,职业模式的转化、工作危险程度的提高、传统和习俗对自我认同影响的减弱、传统家庭模式的衰落和个人关系的民主化,都使得个人在现代社会面临着更大的不确定性,而国家提供的社会保障作为最重要的分散风险机制是必须的。[④] 社会保障制度不同,对风险的分担作用也就不同。但社会保险作为一个对普遍市场风险的广泛反应,可以弥补私人保险的固有缺陷,这一点是有共识的。至少社会保险管理成本的降低,实质上很大程度来自取得保险金的节约措施。因为保险金的取得不仅包括办公成本,而且包括向顾客推销时的成本。从这个方面来说,国家保险比私人保险在经济规模上更具优越性。

老年人"桑之落矣,其黄而陨",1994年世界银行报告《防止老龄危机——保护老年人及促进增长的政策》承认社会保障带来的收入再分配在解除老年贫困方面做出了很大的贡献,但同时成本又是非常巨大的,造成了逃税、劳动力和资本以及公共资源配置上的扭曲。占社会保障较大部分的社会保险确实是防止贫困最重要的手段,但在政策设计上必须使得社会保险与激励结果相配而非相背。

1996年出版的《21世纪社会保障》(Eric R. Kingson & James H. Schulz,1996)指出,其实社会保障存在的问题在现实中被夸大了,社会保障作为政府的积极行为,较之于私人计

---

① Rostow Walt Witman. The Process of Economic Growth[M]. New York:W. W. Norton & Company,1960:317.
② Wilensky Harold. The Welfare State and Equality:Structural and Ideological Roots of Public Expenditure[M]. Berkley:University of California Press,1975:402—417.
③ George Victor and Wilding Paul. Ideology and Social Welfare[M]. London:Psychology Press,1985:54—58.
④ New C,Ulrich Beck. Risk Society:Towards a New Modernity[J]. Radical Philosophy,1992:75.

划、个人储蓄制度具有诸多优点,对动态的、充满风险的经济运行重要性不言而喻。[①]

三、社会保障的目标涵盖民生福利的多重方面

尼古拉斯·巴尔和大卫·怀恩斯(Nicholas Barr & David Whynes,1993)提出福利国家的12项目标:宏观效率、微观效率、激励作用(福利应该对劳动供给和就业以及对储蓄的负面影响最小化)、减少贫困(不应该使任何个人生活水平降到贫困线以下)、维持原有生活水准(失业津贴)、收入平滑、纵向平等(收入再分配向低收入个人和家庭倾斜)、横向平等(津贴要考虑年龄、家庭规模)、尊严(权利而非施舍)、社会团结、可理解性、防止滥用。[②] 尼古拉斯·巴尔和大卫·怀恩斯(1993)提出的这12项目标确实比较全面,概括了福利国家所涉及的所有方面,并把效率和激励放在了首要地位,这也暗含了一种倾向,要确保社会保障支出对经济发展起到正面的促进作用。

即使对社会保险中的养老金制度来说,也存在多个目标:个人或家庭的目标是平滑消费,政府则可能还会关注贫困与再分配问题。社会保障会涉及劳动力市场、经济增长、收入分配等多个方面,政府政策的目标必须在稳定消费和减少贫困之间寻求最佳平衡。

2005年世界银行《21世纪的老年收入保障——养老金制度改革国家比较》指出,社会保障体系评估的首要标准包括:一是充足性,社会保障应当能为老年人提供充足的收入保障,包括绝对水平和相对水平,绝对水平主要是指防止老年贫困,相对水平主要是指实现一定的收入替代;二是可负担性,社会保障负担应当保持在合理的范围之内,缴费率不能太高;三是可持续性,长期内能在财务上保持平衡,不需要突然增加缴费或降低待遇,也不需要大规模的财政转移;四是稳健性,应对诸如经济、人口、政治风险等外部因素的冲击。附属标准是社会保障要能够促进经济发展,具体途径主要包括:减少对经济的负面影响,诸如减轻养老金制度对劳动力市场和宏观经济的扭曲效应;增加对经济的正面影响,诸如增加国民储蓄和促进金融市场发展。而首要标准往往挤占附属标准,体现公平的同时,很难再实现经济上的效率。

因此相互矛盾的目标意味着政策有时候不得不采取一种折中的方案。目标的选择和优先顺序安排一直是福利国家争论中的重要议题,对福利国家的批评也常常是批评这种目标的选择而非福利制度本身。

总的来说,社会保障制度本质上就是国家对经济运行的干预手段,要不要社会保障是一个规范性问题,而社会保障在经济中的运行效果则是一个实证问题。现实的结果是,到20世纪末世界上172个国家和地区,即绝大多数国家和地区已经建立了社会保障制度,尽管在采取的模式上有所区别。因此研究的目的就在于根据社会保障的经济理论,理性分析

---

① Kingson E R, Schulz J H. Social Security in the 21st Century[J]. Scandinavian Journal of Economics,1996(10):737—749.
② Barr N, Whynes D K. Current Issues in the Economics of Welfare[M]. MacMillan Press,1993:152—168.

社会保障支出的宏观经济效应，实现经济学研究的初衷。

第二节　社会保障支出与长期经济增长的关系分析

社会保障最初是作为工人阶级斗争的结果和资产阶级缓和阶级矛盾的产物而登上历史舞台的。其制度设计的初衷并不在于公平，而是为了维护统治阶级的利益和社会稳定的需要，从这种角度讲，劳动力的充足稳定为利益集团提供了持久的利润源泉，同时实现了社会的安定有序，这成为社会保障被广泛推广的诱因。

社会保障制度在全社会范围的实施，并且支出份额不断扩大，会对经济产生不可避免的影响，尽管这种影响作用在制度设计初期并未预料到。于是社会保障在后期被赋予了更多经济上的功能，同时关于这种经济功能的争论也越来越大。社会保障支出作为政府的最大一笔开支，逐渐成为实现宏观调控目标的一种机制。天然地追求公平，作为收入再分配和转移支付的重要手段是社会保障的首要属性，并且其效用也是值得肯定的。但阿瑟·奥肯(Arthur Okun,1975)指出，收入和消费的平等将不得不以资源配置的效率下降为代价。[①]可以肯定，社会保障支出会对经济的发展起到某种不利的影响。情况并非不容乐观，社会保障支出也会改善消费者预算约束、平滑消费、提高人力资本，从而也会对经济的发展起到促进作用。但从根本上说，社会保障支出的提高还是依赖于经济的发展，如果一味地拔高社会保障水平，危及支撑经济发展的要素提供，社会保障支出就变得不可持续，最终成为无源之水、无本之木。经济增长决定着社会保障支出的增长，社会保障支出反过来促进或制约经济的发展。因此可以这样归结：

一、经济增长是社会保障支出的基础和先决条件

社会保障支出与经济增长之间的关系非常复杂，取决于特定的社会经济环境。一般而言，随着经济社会的发展，一国的社会保障体系建设也会不断完善。从西方发达国家的发展经验来看，当经济社会发展到较高水平时，其社会福利水平也随之提升。

事实表明，第二次世界大战后西欧、北欧国家实行的高福利得益于经济的高速增长、较低的通货膨胀率和较低的失业率。人们对经济前景展望良好，追求高质量生活，推升了对福利的需求，而现实的经济发展成果也使得这一愿望得以实现。

落后的发展中国家显然不具有经济上的优势，要强调经济增长目标，就必须以维持高储蓄为条件，并牺牲眼前暂时的福利，发展中国家大多采取了高增长、低福利的发展战略，因为分享蛋糕的前提是蛋糕必须已经做得足够大。对于中国等资本短缺的发展中国家而言，李珍(1998:37)前瞻性地指出，必须重视资本的形成，并把重心放在退休金制度设计上

[①] Arthur Okun. Equality or Efficiency:The Big Tradeoff[R]. Washington:The Brookings Institution Press,1975:124.

以提高储蓄率和形成资本。

不丹所倡导的以摆脱单一衡量标准局限性的人类发展指数（HDI）来代替西蒙·库兹涅茨所倡导的 GNP 衡量标准，但贫穷且感到幸福是一种宗教思想上的自我麻痹，真正的福利源自经济发展基础上的社会的自我实现。经济发展是社会保障得以实现的物质基础，它根本上决定着社会保障的支出水平。没有最好的制度，只有最适宜的制度，因此无论采用什么样的社会保障制度，只有同经济发展所处阶段和国家的基本国情相符合，才能最大限度地体现公民福利。当然经济发展水平高的国家，往往伴随着较高的社会保障和社会福利水平，这是经济成果向社会发展转化的重要标志。

近几年来，中国所面临的国际形势依然复杂严峻，国内需求收缩、供给冲击、预期转弱三重压力仍然较大，经济恢复基础仍不牢固。只有稳增长、稳就业、稳物价，推动经济运行整体好转，努力实现质的有效提升和量的合理增长，才能保证社会保障等民生方面的供给持续有效提高。经济增长意味着输入，社会保障支出意味着部分输出，保证了源头输入安全，输出的安全系数才能获得提升。

二、适度的社会保障支出对经济增长产生促进效果

社会保障的建设需求本身对经济发展具有拉动作用，如社会保障促进了大健康产业的发展，而健康则是生产力提升的先决要素。社会保障支出可以支持消费者支出，有助于促进经济增长。社会保障支出可以改善家庭收入，有助于促进经济增长。社会保障支出也可以支持劳动力参与劳动，促进经济增长。

社会保障支出在于降低劳动者面临的各种风险，改善市场环境下人力资本投资的条件。社会保障中的社会保险通过对劳动者的保护间接地促进了经济增长，如养老保险解除了退休后的后顾之忧，医疗保险保证了劳动者身体健康，工伤保险确保了劳动者伤残后的补偿，失业保险促进了劳动者的再就业，而劳动者再生产是社会再生产的必要前提。在保险市场中，存在着投保人与保险人之间信息不对称而导致的逆向选择问题，从而造成保险市场的失灵。保险市场存在逆向选择，按照定义来说，竞争均衡是不存在的（Wilson，1977；Riley，1981）。[1] 既然保险对社会来说是一种具有分散风险和正外部性的优质品，就必须由国家来统一提供这样的项目。而针对贫困和自然灾害的救助、对军人和遗属的抚恤、惠及全民的民生福利，则必须由国家来提供。

当今的社会政策需要解决与众多经济相关的挑战，如人口、社会、技术和其他问题。社会保障战略的核心是整合生命周期风险方面的方案，包括针对儿童、工作年龄人群（优先考虑社会中最贫穷和最脆弱的成员，特别关注青年和弱势妇女、失业者、老年人和残疾人）的

---

[1] Wilson Charles. A Model of Insurance Markets with Incomplete Information[J]. Journal of Economic Theory，1977，16(2)：167－207.

John G. Riley，William F. Samuelson. Optimal Auctions[J]. The American Economic Review，1981，71(3)：381－392.

方案,从而有效解决贫困和防止不平等,促进更广泛的人类发展、就业和经济增长。

已经证实,社会保障支出对储蓄、健康和社会福利体系以及劳动力的边际生产率产生积极影响,同时可以提高公民的生活质量,改善教育并诱导退休,这有助于政治和投资环境的稳定,从而促进增长,但是社会保障提供经济效率的功能目前仍未完全确定。

经济增长并不会自然而然地带来社会福利的提高,且经济增长带来的一系列社会问题还有赖于社会保障制度发挥积极作用而消除或缓解。因此要考虑在保证经济发展的同时,逐步完善适应劳动力发展需求的社会保障体系。但社会保障支出必须考虑经济的可承受能力,与经济发展相适应,才可能在不损害经济效率的前提下促进社会公平,在解决社会问题的同时获得健康持续的发展。

三、过度的社会保障支出对经济增长产生阻碍作用

社会保障安全网的建设在一定程度上也会对经济发展形成制约,社会保障支出过高可能会导致劳动力动力不足,减少劳动力参与劳动,从而减缓经济增长。社会保障支出会增加政府的财政负担,减少可用于投资的资金,从而减缓经济增长。尤其是在经济下行期,企业面临经营困境,政府收支压力较大,在此情况下,维持原有社会保障水平甚至进一步提高社保支出水平,会在一定程度上加重企业和政府负担,扰动经济修复节奏。如何将高质量、可持续性的社会保障需求与经济下行调整期的政策相协调值得进一步研究。

路德维希·艾哈德(Ludwig Erhard,1995)在《大众的福利》一书中坦言,一个国家人民的消费不能超过自己创造的价值。福利国家是由西欧和北欧社会民主党的基本经济政策所导致的,是一个现代化的幻象,一方面,大规模福利支出侵蚀了经济发展的基础,造成财政赤字恶果,并引发通货膨胀;另一方面,福利国家政策同经济自由极不相容,高福利导致劳动者智慧和创业精神衰减,最终将带来人民的集体贫困。[①]

社会保障支出的一个重要特性就是棘轮效应。福利具有刚性,能升不能降,因为政府对福利的任何下降调整都必然招致劳动者的抗争。但过度的社会保障支出对经济的发展显然是不利的,正如潘莉(2005)所指出,其原因可能在于多个方面:为了维持高标准的社会保障水平,需要征收高额的所得税和社会保障税,而高税收的替代效应容易对私人投资产生抑制;维持高福利需要较高的政府财政转移支付,从而影响将这些资源配置到其他领域,投资活动和就业机会会因此而减少,机会成本很高;政府的高福利也可能使得劳动者行为选择发生变化,用休闲代替工作,减少劳动供给。[②]

高福利滋生福利病,劳动者过于依赖福利体系,工作积极性难以被调动起来,从而产生养懒汉现象,使得失业率居高不下。高福利的实现需要高税收的支持,使得企业负担加重,竞争能力减弱,并导致逃税、资本和人才外流。政府将税收用于福利支出的同时,用于投资

---

① 路德维希·艾哈德.大众的福利[M].丁安新,译.武汉:武汉大学出版社,1995:17.
② 潘莉.社会保障与经济增长相关性的理论分析[J].学术论坛,2005(2):88−92.

的部分就会减少,最终导致福利国家内部经济产业低迷,生产力水平下降。

因此,社会保障支出对经济来说是一把"双刃剑",社会保障支出的利弊各有所成,社会保障既可能是经济发展的动力,更可能成为经济发展的阻碍(见图2—1)。太低水平的社会保障,社会保障的功能就难以充分发挥,无法起到应有的作用;太高水平的社会保障,则直接损害经济发展的效率,加重企业负担,损害企业竞争力,助长懒惰思想,降低劳动积极性。超前于经济发展的最终后果是损害经济增长而使得社会保障制度本身不可持续。满足人们福利需要的活动本身就是经济总量的重要组成部分,无论这个活动是通过市场、国家还是第三部门来实现。如果快速削减福利的同时市场没有及时跟进,就无法满足真正的福利需要,从而不一定实现经济的效率。因此,要依据经济发展阶段不断修正社会保障制度,既要避免和减少对经济的不利作用,又要充分发挥对物质资本积累和人力资本积累的正面作用,使之真正成为经济发展的动力。西方国家实行的多福利和平均主义已经引发了诸多社会问题,普遍福利难以为继,社会保障费用负担过重,形成庞大的预算赤字,必须引以为鉴。短期内政府可以通过赤字政策来提高福利水平,从而使社会福利在某种程度上高水平发展,但是在长期政府的财政开支不可能背离经济发展水平,在保证社会保障建设阶段性目标实现的同时,社会保障与经济发展水平相协调的动态平衡机制必须纳入考虑范围。中国的社会保障水平也只能随着社会生产力的提高和现代化进程的推进而逐步提高,并且应顾及中国城乡与各地区间经济发展的不平衡状况,发达地区和落后地区、城市和乡村之间社会保障的范围和标准可以有所区别。

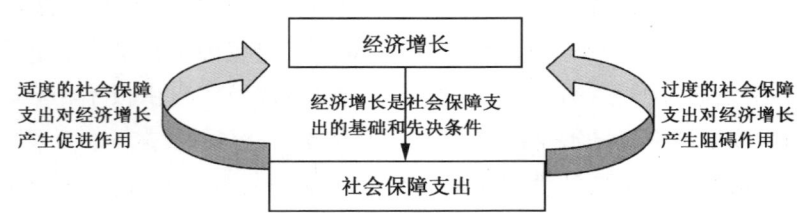

图 2—1 社会保障支出与经济增长的关系辨析

政府必须恰当控制社会保障支出,以充分发挥社会保障支出的积极作用,同时避免其负面影响,使社会保障在经济增长中整体发挥正面效果。坚持社会保障体系建设推进节奏与经济社会发展阶段相匹配,并针对不同人群的需求实施差异化的保障策略,以提高社保资源使用效率。

关于社会保障支出对经济增长的总体效用[①],不同学者采取各异的研究方法,针对不同国家的社会保障模式进行了分析,得出了相向的结论,并引发了关于此问题的持久争论。但经济增长本身是一个极其复杂的动态过程,涉及多种因素的共同作用,社会保障支出通

[①] 有学者质疑社会保障支出对经济增长的推动效果可能远小于经济增长对社会保障支出的拉动效果,因此在实证分析中需要采用格兰杰(Granger)因果检验深入分析两者之间所存在的因果关系。

过对这些因素的复杂影响机制呈现出对经济增长的影响效果,必须深入研究,为此在本研究中对于经济增长效应这一领域,整个脉络按照总—分式结构,在第三章进行总的分析,并运用经验实证分析 OECD 国家和中国社会保障支出对经济增长作用的总体效果,在第四、第五、第六、第七章,运用理论实证和经验实证分析社会保障支出对经济增长核心变量的作用机制和影响效果(见图 2—2)。

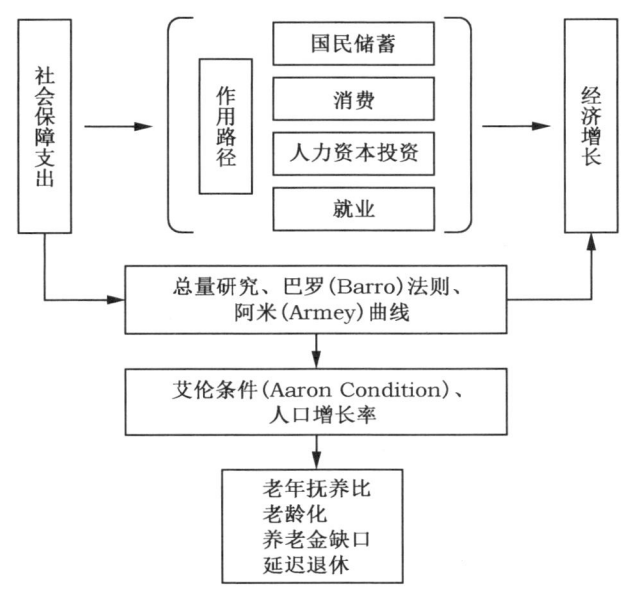

图 2—2　社会保障支出对经济增长影响作用路径与研究脉络

第三节　社会保障支出经济增长效应的国内外研究综述[①]

一、国外社会保障经济增长效应的现代理论基础及发展脉络

认识和了解西方主流经济学界对这一问题的争论和发达国家社会保障体系的改革经验有助于完善中国社会保障的运行机制,并为中国社会保障下一步改革提供指导和借鉴。在发达国家,由于基本养老保险在众多社会保障项目中的占比最大,地位最突出,因此经常以基本养老保险作为社会保障名词的替代,来研究对整个经济的影响效果。当然,在理论上关于社会保障经济增长效应并不存在一致性结论,由于假设前提的不同,结果有时会大相径庭,这些争论也为了解社会保障支出宏观经济效应提供了一个多维的视角。

研究社会保障支出对经济增长的影响,需要在现行的宏观经济学增长模型中引入养老

---

① 在研究中,部分文献综述内容融于各章节当中。

保险进行分析,新古典经济增长理论(Solow,1956)认为资本和劳动是生产的主要因素,在经济增长中,假定劳动力是外生的,因此资本积累就起到了决定性作用,资本边际报酬递减使得经济向稳态收敛。[1] 如果长期的资本收入增长取决于储蓄率、投资率以及基于不同部门资本预期收益的投资分配比率,那么社会保障支出对储蓄和物质资本积累的影响就成为研究经济增长问题的关键。既然资本积累取决于储蓄率,于是储蓄就成为经济增长的源泉,但在新古典经济增长理论中储蓄一直被设定为外生的,因为索洛模型并没有提供关于消费者行为的微观基础,无法将储蓄率内生化。拉姆齐(Ramsey,1928)考虑了代表性消费者的效用最大化问题,假设没有代际的新老更替,代表性消费者可以无限生存,不存在衰老和退休,也就没有养老保险存在的必要。[2] 萨缪尔森(1958)和戴蒙德(1965)世代交叠模型假设经济体中每一时刻都有两代人的共同存在,年轻人拥有的劳动和老年人拥有的资本一起构成了经济增长要素。[3] 因而社会保障制度会改变消费者的约束条件并影响消费者的福利,从而对物质资本积累和经济增长产生深刻影响。20世纪80年代兴起的新增长理论(Romer,1986;Lucas,1988)认为技术进步和人力资本积累才是经济增长的最终源泉,对社会保障的研究从而转向引入人力资本投资的个人预算约束下对经济增长的影响。[4] 萨拉·I.马丁(Sala I. Martin,1996)分析了社会保障有助于发挥人力资本的外部性从而有利于经济增长,但并没有指出人力资本本身在社会保障制度中的形成问题[5],关于这方面的讨论在后续的研究中逐渐丰富起来。根据以上主流宏观经济学界关于社会保障支出经济增长效应的发展历程,将整个脉络简化为图2—3。

二、国内学者社会保障经济增长效应的研究经验

国内学者对社会保障支出与经济增长关系的研究也日益增多,与国外相一致,在整个社会保障宏观经济效应研究中,养老保险居于主要地位,这方面的研究也更加成熟。潘莉(2006:271)对几种因素进行了全面的研究,将养老保障对经济增长的作用归纳为:以储蓄为中间变量对物质资本积累和经济增长造成影响;通过改变消费者预算约束进而影响储蓄行为;通过增进人力资本投资对经济产生影响;以经济增长黄金率为基础,直接分析社会保

---

[1] Solow R M. A Contribution to the Theory of Economic Growth[J]. The Quarterly Journal of Economics,1956,70(1):65—94.
[2] Ramsey F P. A Mathematical Theory of Saving[J]. Economic Journal,1928,38(152):543—559.
[3] Samuelson P A. An Exact Consumption-Loan Model of Interest with or without the Social Contrivance of Money[J]. Journal of Political Economy,1958,66(6):467—482.
  Diamond Peter A. National Debt in a Neoclassical Growth Model[J]. American Economic Review. 1965,55(5):1126—1150.
[4] Romer Paul M. Increasing Returns and Long-Run Growth[J]. Journal of Political Economy,1986,94(5):1002—1037.
  Lucas Robert E. On the Mechanics of Economic Development[J]. Journal of Monetary Economics,1988,22(1):3—42.
[5] Sala I. Martin,Xavier X. A Positive Theory of Social Security[J]. Journal of Economic Growth. 1996,1(2):277—304.

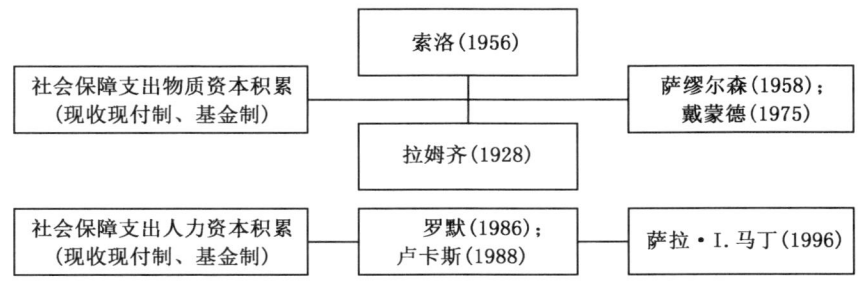

图 2—3 社会保障支出经济增长效应宏观经济学模型基础

障支出对经济增长的影响。

在经验实证当中,社会保障支出对经济增长影响的讨论一般涉及消费、储蓄、投资、人力资本和就业等方面。穆怀中教授(2007:76—80,136—143)采用 1960—2003 年 UN、WD、OECD 等多种口径数据,考察两类国家——福利型国家(以瑞典、丹麦、英国为代表)和保险型国家(以德国、日本、美国为代表)社会保障支出与宏观经济变量的相关关系,指出社会保障水平正相关于 65 岁及以上人口比重、失业率、通货膨胀率;负相关于国内储蓄占 GDP 比重、国内投资占 GDP 比重、私人消费占 GDP 比重。另外,福利型国家的社会保障支出占GDP 的比重高出保险型国家很多,不受财力制约的社会保障支出必使经济出现窘困,由此导致宏观层面的问题更为严峻。[①]

为深刻揭示社会保障支出作用于宏观经济变量的内在机制,必须用理论实证来做进一步的分析,并通过单一口径的面板数据进行经验检验,因为同时运用多个国际组织的数据可能会面临口径不一的问题,从而影响分析的效果。

与潘莉(2006)的分析类似,杨聪敏(2009)指出,关于社会保障支出的经济增长效应,可以归结为三个方面:一是政治经济学派认为,社会保障支出的互济性和再分配作用可以为经济增长提供稳定的环境,进而促进经济增长;二是新古典学派以储蓄为核心变量,分析社会保障支出对储蓄率和物质资本积累的影响进而对经济增长的作用;三是新经济增长理论增加考虑了社会保障支出对劳动力供给和人力资本投资的影响进而对经济增长的作用,并认为人力资本积累才是经济增长的最终源泉。[②]

在郑伟和孙祁祥(2003)、何樟勇和袁志刚(2004)、彭浩然和申曙光(2007)以及邵宜航

---

① 穆怀中.社会保障国际比较[M].北京:中国劳动社会保障出版社,2007:76—80,136—143.
② 杨聪敏.论社会保障与经济增长——社会保障体系建设中的分配、消费与经济增长的关系探讨[J].浙江社会科学,2009(8):60—65.

等(2010)的基础上[①],贾俊雪和郭庆旺等(2011)另辟蹊径,从儒家传统文化角度出发,分析社会保障支出对短期和长期经济增长的影响效果,指出社会保障支出对长期经济增长具有显著的抑制作用,而儒家传统文化有助于缓解短期经济增长效应中社会保障支出对物质资本积累的不利影响,遏制长期经济增长效应中社会保障支出对人力资本积累的负面影响(见图2—4)。

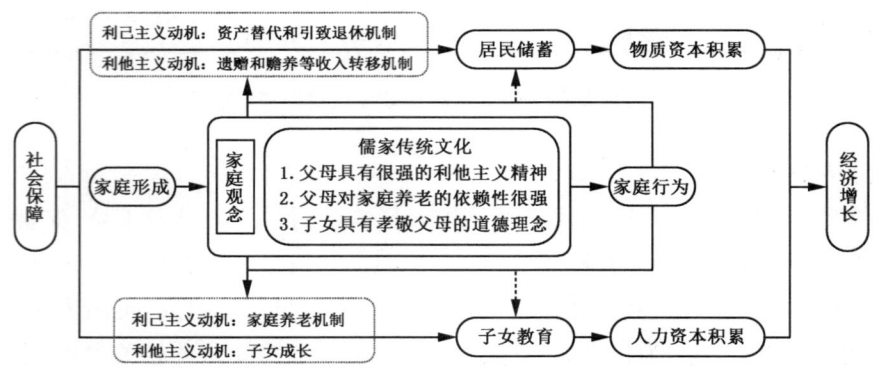

资料来源:贾俊雪、郭庆旺、宁静.传统文化信念、社会保障与经济增长[J].世界经济,2011(8):16.

图2—4 社会保障对经济增长的影响路径

社会保障兼具利己主义动机和利他主义动机,通过两条路径分别对物质资本积累和人力资本积累产生效果,进而作用于经济增长,这种思路为社会保障宏观经济效应研究提供了一个很好的切入点。但是把利他主义动机归结于一种传统儒家文化,并以此来对世界上一些主要国家进行划分,本身还是有值得商榷的地方,因为在很多西方国家,上一代人也有为下一代人留有遗产的动机;而儒家文化深厚的日本和新加坡,却更多强调的是自我保险、自我储蓄,利他主义动机并不显著。哈伯德、乔纳森·斯金纳和泽尔德斯(Hubbard,Jonathan Skinner & Zeldes,1995)实证研究发现养老金对储蓄有18%的替代率[②],张继海和臧旭恒(2008)的研究表明居民增加预防性储蓄和降低当期消费支出的主要动因在于自身寿命的不确定性所造成的养老风险[③],方丽婷和钱争鸣(2012)通过对社会保障支出与储蓄的

[①] 郑伟,孙祁祥.中国养老保险制度变迁的经济效应[J].经济研究,2003(10):11.
何樟勇,袁志刚.基于经济动态效率考察的养老保险筹资模式研究[J].世界经济,2004,27(5):10.
彭浩然,申曙光.现收现付制养老保险与经济增长:理论模型与中国经验[J].世界经济,2007,30(10):9.
邵宜航,刘雅南,张琦.存在收入差异的社会保障制度选择——基于一个内生增长世代交替模型[J].经济学(季刊),2010,9(3):16.

[②] Hubbard,Jonathan Skinner,Stephan P. Zeldes. Precautionary Saving and Social Insurance[J]. Journal of Political Economy,1995,103(2):360—399.

[③] 张继海,臧旭恒.寿命不确定与流动性约束下的居民消费和储蓄行为研究[J].经济学动态,2008(2):41—54.

非参数模型分析表明社会保障支出对城镇居民的储蓄水平存在着显著的非线性影响。[①] 方显仓等(2014)运用协整检验、脉冲响应和方差分解等手段的实证检验结果表明：过去30年中国人口老龄化和储蓄率与经济增长正相关，人口增长率与经济增长负相关。但从长期看，中国人口老龄化、储蓄率、人口增长率均与人均实际产出呈反向相关关系，故需要稳健调整现行计划生育政策、完善社会保障体系、强化对储蓄—投资有效转化的引导，在关注人口数量及人口年龄结构的同时，更应关注人口质量。[②] 孔杏(2015)采用向量自回归模型、向量误差修正模型以及脉冲响应和方差分解方法，对经济增长、社会保障和储蓄的互动性关系进行实证研究。结果表明，从长期来看经济增长对社会保障有巨大的影响，但影响的方向存在不确定性，同时，经济增长也会促使储蓄率的上升，而社会保障对储蓄率有显著的促进作用。[③] 可以发现，除了社会保障支出的再分配效应，目前主流的社会保障支出经济增长效应都集中于以物质资本积累为核心的新古典经济增长研究和以人力资本投资为核心的新经济增长理论研究。在模型的建立上，要注意到变量和参数设定上的合理性，以体现国情和政策的不同，对社会保障支出经济增长现实运行结果做出有效解释，为社会保障的未来改革提供支持。

关于社会保障支出总量经济增长效应的一些研究成果，基本都是采用时间序列数据进行分析，笔者将部分研究成果归总为表2—2。

表2—2　　　　　　　关于社会保障支出与经济增长关系的系列研究成果

研究人员	采用数据年限	研究发现
马会和吴云勇(2007)	1993—2005年	中国社会保障支出对经济增长存在推动效应，但小于反向拉动效应
董拥军和邱长溶(2008)	1989—2003年	中国社会保障支出与经济增长之间存在长期的正向协整关系
于泳(2009)	1980—2005年	中国社会保障支出与人均GDP的相关系数为0.761
胡颖和张璨(2010)	1989—2008年	中国经济增长对社会保险带动作用不明显，社会保险对经济增长有一定程度的促进作用，但是效果不显著
田美玉和蒋新坤(2011)	1980—2009年	中国目前的社会保障支出并没有在经济增长中发挥出应有的作用
赵蔚蔚(2011)	2000—2010年	财政社会保障支出与经济增长之间存在协整且互为双向的格兰杰因果关系

在近两年又出现了一些新方法和新思路的应用。杨红燕等(2014)从中央和地方的社会保障支出分权新视角研究了对经济增长的影响效果，发现财政总支出分权有利于经济增

---

① 方丽婷,钱争鸣.社会保障支出与中国居民储蓄——基于非参数可加模型的分析[J].统计与信息论坛,2012(10):30—37.
② 方显仓,谢欣,黄泽民.人口老龄化与中国经济增长——基于CES生产函数的分析[J].上海经济研究,2014(12):90—96.
③ 孔杏.经济增长、社会保障和储蓄的互动性关系研究[J].经济与管理,2015(1):31—36.

长,这可能是由于地方政府的信息优势、人口流动、地方间的竞争,财政分权能保证效率和福利的实质性获得,并指出政府间的竞争有助于增强地方政府的责任感和提高社会保障管理水平,因此向地方转移社会保障支出责任有利于提高经济效率。但实际上社会保障责任向地方的转移某种程度上加重了社会保障的"碎片化",待遇上的差距增大对收入分配格局的影响将进一步威胁到经济增长,劳动力流动上的门槛限制也不利于资源的合理配置和新型城镇化的建设。① 张志伟和佘金花(2014)运用中国1978—2011年的年度数据分析了财政支出结构对经济增长的推动作用,发现经济增长与社会保障支出之间存在正相关性。社会保障支出每增加1%,GDP增长大约0.1%。社会保障支出与物质水平的提高有直接关系,成为经济增长的重要条件。② 葛翔宇等(2015)采用随机增长模型,并选取中国24个省份1986—2012年的面板数据对公共支出占GDP份额的经济增长影响进行了实证研究,发现社会保障支出对经济增长的影响显著为正,完善的社会保障体系将为中国经济发展产生强有力的助推作用。③ 赵一阳和寇业富(2015)则提供了一种新的研究方法和思路,运用灰色关联模型,通过相对关联度和绝对关联度对社会保障水平与国民经济增长之间的关系进行分析,指出社会保障体系还不够健全,社会保障支出的数量和结构还不够合理,由此削弱了其应有的积极作用。④ 总的来说,中国社会保障支出规模在世界范围内还是相对处于低位,尚没有呈现对经济增长的负面作用,但并不意味着就没有问题,相反其中所存在的结构性问题还是很多的,需要在社会保障本身的发展进程中妥善处理。

第四节 社会保障的实践脉络、发展模式与现代改革

一、社会保障的实践脉络

社会保障是市场经济运行的必要条件。随着市场经济的不断发展,社会保障制度本身也在不断丰富和创新。社会保障的发展同社会成员本身的发展相互依存,美国人本主义心理学家马斯洛(Maslow)发展了亨利·默里(Henry Murray)关于人的需要的思想,在其《激励与个人》一书中提出需求层次论,即生理需要→安全需要→社交需要→尊重需要→自我实现需要五个层次,而这恰好也是社会保障体系从低到高发展的几个层次。社会成员的需要与满足,离不开社会保障的支持作用,并在社会保障体系的发展中享受到更高层次的福利。

现代社会保障制度从建立、发展、改革到完善,经历了多个阶段,日趋成熟。由于各国

---

① 杨红燕,李倩,谢萌. 财政社会保障支出分权与经济增长[J]. 管理现代化,2014(2):4—8.
② 张志伟,佘金花. 财政支出结构的变化与经济增长研究[J]. 湖南社会科学,2014(4):139—142.
③ 葛翔宇,叶提芳,李玉华. 中国公共支出增长对经济增长的影响研究[J]. 统计与决策,2015(10):125—128.
④ 赵一阳,寇业富. 社会保障水平与经济增长的灰色关联分析[J]. 税务与经济,2015(2):37—43.

的国情、传统文化、风俗习惯、经济水平、社会结构和政策目标上的不同,因而不存在一个规范且统一的社会保障体系范畴,各国在发展中都带有各自的鲜明特色。依据不同的社会保障经济理论和基于各自不同的国情,各国进行了不同的社会保障制度建设的实践,并由此划分了社会保障发展史上的里程碑。

(一)萌芽时期

现代社会保障萌芽于 1601 年英国伊丽莎白颁布的《济贫法》,在 1834 年英国政府又颁布了新的《济贫法》,《济贫法》的实施,使得老年和体弱者被送往贫民所,精神病患者被送往疯人院,体格健全者被提供就业机会,年轻人接受培训,懒惰的人被送到教养院以示惩罚。《济贫法》已经认识到对穷人的援助是社会的责任,鉴于贫穷有各种各样的原因,有必要采取相应的解决办法。

但政府认为,接受国家的福利津贴对劳动者的努力具有抑制作用,所以提供给需要资助者的援助数量和质量都应该使得他们的境况明显低于那些就业的人,并需要采取强制收容手段来迫使他们改变恶习,因此这些人受到了政府的不公待遇和社会的各种歧视。尽管 1948 年废除了《济贫法》,但该法已经以各种形式存在了近 350 年之久。

(二)初创时期

现代社会保障开创于德国 19 世纪 80 年代三项社会保障立法,即 1883 年《疾病社会保险法》、1884 年《工伤事故保险法》、1889 年《老年和残障社会保险法》。与英国费边社遥相呼应,德国新历史学派(讲坛社会主义)主张调和阶级矛盾,既反对亚当·斯密的自由放任主义,又反对马克思的革命主义。当时的工人运动风起云涌,德国面临的最大问题就是劳工问题,俾斯麦从新历史学派寻求理论根据,实行了恩威并施的"胡萝卜加大棒"的社会保险政策,消除了德国严峻的社会问题。

俾斯麦宣称:社会保险是一种消除革命的投资,一个期待养老金的人是最安分守己的,也是最容易被统治的。因此初创时期的社会保障其实并没有被赋予更多经济学意义上的目标,仅仅是作为缓和阶级矛盾的工具,或者说是因为阶级斗争而产生的。

自此之后,大规模缴费型公共养老保险制度 1891 年出现在丹麦,1898 年出现在新西兰,1908 年出现在奥地利和英国,1919 年出现在澳大利亚……社会保障制度以前所未有的规模干预经济和社会生活,因此成为很多经济社会现象的原因。社会保障会对劳动参与率水平、储蓄水平、人口结构、家庭结构产生不可忽视的影响。

(三)形成时期

完整意义上的"社会保障"一词出自美国 1935 年罗斯福新政时期的《社会保障法案》,法案要求对退休者、贫困人员、失业者、单身母亲和孤儿提供帮助,减小生存危险,从而实现了社会保障内容与形式上的统一。但之后美国在社会保障制度的设计上,受到了新古典综合派提出的把效率置于相对优先地位的基本思想影响,与西欧相比,其福利项目有限,政府市场干预程度较小，体现了低标准和高效率（葛寿昌，2002）。①

美国是一个相当强调个人责任的国家，美国社会保障体系主要包括老年残障遗属社会保险、医疗保险、失业保险、工伤保险和福利补助等，社会保障基金由雇主和雇员各承担50%，特殊项目由政府财政资助。由于强调财务自理原则，社会保障体系倾斜于保两头，即老人和儿童。

（四）发展时期

威廉·坦普尔（William Temple，1941）在《平民与牧师》一书中首次提出福利国家概念（为普通平民利益服务的国家），以便与纳粹德国的权力国家相比较。② 而后关于宗教和道德的内涵，逐渐转变为对提供福利服务的国家供给的经济上的强制。他并不否认工党试图创造一套综合性的社会福利政策的激进性质，甚至暗含着在现代之前，人们就已经开始探索福利政策。

第二次世界大战前，贝弗里奇曾专门到德国访问，学习其社会保障的俾斯麦模式。1942 年，英国部际协调委员会提出《社会保险和相关服务报告》[即《贝弗里奇报告》(Beverage Report)]，勾画了福利国家的建设蓝图，旨在消除 20 世纪上半叶的贫困、缺乏教育、卫生水平低下、失业率高和疾病"五大恶魔"，为英国人提供从摇篮到坟墓的福利支持。它取代了 19 世纪的"守夜人国家"的设想，即政府仅仅提供人身安全保护。③ 随着工党的上台，1948 年，英国首相艾德礼宣布英国成为世界上第一个建成了完整福利体系的国家。之后，福利国家模式在整个西欧和北欧国家推广开来，其中瑞典构建的世界最高水平的普享式社会福利体系被誉为福利国家的橱窗。

1952 年，国际劳工组织在日内瓦召开的第 35 届会议通过了《社会保障（最低标准）公约》，其社会保障待遇定期支付原则和工资替代率标准为大多数国家所接受，社会保障制度在全世界推广和发展起来。

（五）改革时期

战后福利国家经济繁荣和充分就业的时代一去不复返，取而代之的是经济增长减缓、预算赤字上升、失业率提高等各种危机状况。事实上，初期的制度设计和安排上并没有充分考虑到人口结构和经济形势变化可能引发的问题，在路径依赖下，造成当今的困境更加

---

① 葛寿昌.社会保障经济学[M].上海：上海财经大学出版社，2002：97.
② William Temple. The Citizen and Churchman[M]. London: Al and Spotswood Press, 1941: 44.
William Temple. Christianity and Social Order[M]. London: SCM Press, 1942: 27.
③ 在 2022 年 11 月，《贝弗里奇报告》出台的 80 周年，《经济学人》发表了题为《守夜人福利国家》(The Night-watchman Welfare State)的文章，对《贝弗里奇报告》极尽讥讽。目前从摇篮到坟墓的福利系统承诺已经被一个摇篮和坟墓的系统所取代，中间的部分基本上被遗忘，工作年龄段的福利非常糟糕，如失业救济金的设定略高于赤贫水平，每周仅有 80 英镑（91 美元），这相当于平均收入的 14%，或大约是 20 世纪 70 年代水平的一半。从理论上讲，守夜人国家做得很少，但至少其成本是很低的。一个福利国家可能花费很多，但它也提供了多种服务。目前英国介于这两种路线之间，一直试图提供廉价的福利。而人口老龄化迫使这个苦苦挣扎的国家面临更大的财政需求，这意味着之前的方法走不通了，一个半守夜人、半福利的国家已经不能很好地运转。

难以改变。经济的低增长和衰退使得社会福利资金的供给减少,而经济的不景气造成的高失业和通货膨胀又使得对福利的需求不断攀升,福利收支的天平严重失衡。

福利国家的公共开支膨胀问题确实使其经济受到一定的削弱,但这并不纯粹是个人权利无节制的原因造成的,人口老龄化、家庭结构转变、新就业问题出现、医疗卫生成本提高、社会期望提升等都对福利国家产生巨大压力。

20 世纪 70 年代两次石油危机使得西方国家先后陷入"滞胀"危机,经济衰退和人口老龄化更使得福利国家的财政不堪重负。新自由主义的哈耶克、货币主义的弗里德曼、公共选择理论之父布坎南都提出要摧毁福利国家,实施社会保障私有化,恢复经济自由。新自由主义者认为福利国家的支持者对人类本性和社会秩序缺乏理性的认识,福利国家不仅威胁到人类的自由,而且破坏了经济、政治、文化的发展,建立这样的制度并无必要。理想的社会应当把政府的干预控制在最低层面,从而降低 X-非效率,给予人们最大的自由选择权,让市场来发挥更大的作用。弗里德曼甚至提出这样的观点,为保证自由市场的有效运行,必须放弃福利国家追求的所谓平等,因为把平等放在自由之上的后果将是既无效率又不公平。以英国首相撒切尔夫人和美国总统里根为代表的西方国家实施了一系列私有化改革,在一定程度上克服了凯恩斯主义和福利国家的弊病。公共选择理论倾向于强调政府不顾社会整体的最优水平而扩大国家活动范围的趋势。诺齐克(Nozick,1974)持这样的观点,国家强迫保险,就是对个人自由的侵犯,即使社会保险会使人过得更好,它也会遭到人们的反对。[①] 哈耶克(1976)争辩说,社会团结这个目标,既无意义又很危险,社会保障的社会提供到私人提供的转换将给予人们更大的选择机会与自由,而且更能发挥福利的作用。[②]

自 1981 年智利开创社会保障私有化以来,已有 12 个国家效法并建立起智利模式,在社会保障中引入私人因子和市场因素,形成不同类型的部分积累制。然而在 20 世纪 80 年代末 90 年代初,自由化、私有化的政策造成了新的经济衰退和社会危机。2001 年,瑞典斯德哥尔摩召开的 27 届国际社会保障会议上,某些代表认为,并不是私有化就可以解决一切问题,私有化有可能导致问题变得更加严峻。1994 年完成私有化改革的阿根廷在 2008 年重新进行了国有化改革,而官方发布的消息是,为了保护社保参与人的切身利益,使之免受金融危机的侵蚀,必须进行必要的改革。

发达国家显然采取了更加温和渐进的改革手段,安东尼·吉登斯分别于 1994 年、1998 年、1999 年出版了《超越左与右——激进政治的未来》《第三条道路——社会民主主义的复兴》《第三条道路及其批评》,全面阐述了第三条道路的社会政策范式,寻求融合和包容的新的发展路径。其第三条道路理论被英国首相布莱尔、美国总统克林顿、德国总理施罗德所奉行,主张政府由管理型向治理型转变,走一条混合经济之路,变福利为投资,变"授人以鱼"为"授人以渔",充分体现个人责任与义务,强调"无责任无权利"。但是这种改革并不彻

---

① Robert Nozick. Anarchy,State and Utopia[M]. Hoboken:John Wiley & Sons,1974:98−107.
② Hayek Friedrich A. The Mirage of Social Justice[J]. Law,Legislation and Liberty,Vol. 2,1976:127−129.

底,随着西方社会民主党相继失去执政地位,福利国家的困境并没有从根本上得以缓解。

从某种程度上来看,福利国家越来越走向节俭,但保罗·皮尔逊(Paul Pierson,2001)认为,对福利削减的幅度不仅受到经济条件的制约,而且受到政治体系的约束。福利制度不是衰落了,而是经过调整变得更加适合经济发展的需要。[1]

在欧洲,福利国家政策被认为比世界其他地区更重要,家庭的作用不那么重要。尽管"弱家庭"和"强福利国家"的假设是西北欧的特征,但忽视了家庭制度和福利国家的多样性,低估了欧洲的异质性。西北欧社会强调住宅自治,这表现为过早离开家庭和很少返回父母的家。这不一定意味着不会从父母或其他亲属那里获得经济或育儿支持,而是这种支持更倾向于在独立家庭之间进行,而不是通过在同一屋檐下共同居住实现。北欧国家通过收入转移、公共托儿服务和受监管的住房市场,减少了依赖父母或其他亲属的必要性,进一步加强了居住独立。南欧社会强调家庭义务而不是代际自治,并且共同居住是一种规范形式的代际支持,被视为强家庭制度的典范。中欧和东欧的多代同居是一种稳定的生活安排,可能会持续多年。根据来自欧洲社会调查(ESS)、世代和性别调查(GGS)、欧盟收入和生活条件统计(EU-SILC)和国际综合公共使用微观数据系列(IPUMS-I)的人口普查和调查微观数据,这些数据集涵盖了来自不同人口背景的31个国家,地理差异反映在多代同堂家庭的总体流行率上。多代同堂的家庭约占北欧和西欧所有家庭的1%,南欧占3%,中欧和波罗的海国家占7%,东欧占14%。[2] 广义的解释是,在北欧和西欧,代际纽带在童年时期很强,但在向成年过渡期间会消失,成年期的支持主要通过公共政策提供,辅以老一辈的财政转移和偶尔的帮助。南欧、中欧和东欧的情况形成鲜明对比,那里的代际纽带在整个生命过程中仍然很牢固。事实上,亲属支持通常是出于义务,但多代同居确实是互惠互利的,至少在社会保障责任承担方面将一部分负担由国家转化为家庭内部消化。

当今世界各国的社会保障制度仍旧处于不断变革之中,各国的主要举措一是开源,增加社会保障税,增加福利项目个人应付部分额度;二是节流,削减各项社会保障支出,降低待遇标准,减少一些不必要的福利项目,在享受福利待遇方面附加更多的条件限制;三是调整社会保障项目结构,并放宽私人基金公司、保险公司的准入条件。无论从哪一方面讲,目标都在于使社会保障与经济发展有机结合起来,充分发挥社会保障对经济增长的正面作用,或者至少将社会保障对储蓄和经济增长的负面作用降到最低。

二、当今世界社会保障的运行模式

各国的社会保障制度既有其共性,又有其专属类别。在社会保障的研究中,往往根据

---

[1] Pierson Paul. Post-Industrial Pressures on the Mature Welfare States[J]. The New Politics of the Welfare State,2001(1):80—105.

[2] Iacovou M,Skew A J. Household Composition across the New Europe:Where do the new Member States Fit in? [J]. Demographic Research,2011,25(14):465—490.

不同的研究目的,基于不同的划分标准,对当今世界社会保障模式进行分类。

(一)按干预程度划分

日本广井良典把政府对市场的干预程度作为衡量社会保障模式的指标(姚玲珍,2010),据此,当今世界各国社会保障模式大致可分为:以德国为代表的社会保险模式、以瑞典为代表的普遍保障模式、以美国为代表的市场保障模式。

(二)按政治体制划分

埃斯平-安德森(Esping-Andersen Gøsta,1990)运用 7 项定量指标衡量社会保障的可及性,涉及范围及再分配效果,运用 4 项定量指标衡量对象国家的政治经济特征[①],发现社会保障制度的特征与政治体制模式之间存在着密切关系,并因此采取自由主义模式、保守主义模式和社会民主主义模式三种治理特征对这些国家进行了划分(见表 2—3)。

表 2—3　　　　　　　　埃斯平-安德森的三种福利资本主义模式

模式	代表国家	社会保障范围
自由主义模式	美、加、澳、日、瑞士	以家计调查的社会救助为主
保守主义模式	德、法、意、比、奥	社保缴费为依据统筹共济
社会民主主义模式	芬、荷、丹、挪、瑞典	所有领域福利分配均等化

(三)按福利类型划分

美国维伦斯基(1975)提出社会福利的二分法标准,即补缺型社会福利和制度型社会福利。补缺型强调家庭责任和市场作用,体现的是对自由选择的价值承诺,而政府只提供最后的安全网;制度型把提供社会福利看作政府的重要职责和重要功能,强调普遍性社会问题的解决,政府被放在了主要的责任者的高度。[②] 英国蒂特马斯(Titmuss,1960)在此基础上增加了绩效型社会福利,主张社会资源应按照工作表现来分配,更多地强调效率原则。[③]

(四)按传统模式划分

在中国社会保障的研究中,通常将社会保障模式划分为社会保险型、福利国家型、国家保险型和强制储蓄型四种类型。

国家保险型以苏联和计划经济时代的中国为代表,由国家制定政策,用人单位实施各种社会保险,但制度外公民基本无任何保障。这种制度加重企业负担,也使得个人怀有铁饭碗的心理而消极怠工,不利于国民经济的发展。最终这种形式的社会保障模式被彻底放弃。

---

① 具体指标详见 Esping-Andersen Gøsta. The Three Worlds of Welfare Capitalism[M]. Princeton, New Jersey: Princeton University Press, 1990:53—79.

② Wilensky Harold. The Welfare State and Equality:Structural and Ideological Roots of Public Expenditures[M]. Berkley:University of California Press,1975:402—417.

③ Titmuss Richard M. Essays on "The Welfare State"[M]. London:Allen & Unwin,1960:42.

强制储蓄型以新加坡、智利为代表,在亚非拉约有 19 个发展中国家实行。新加坡与智利的区别在于,新加坡中央公积金局负责储蓄基金的统一运作,在智利则是可以自由选择不同的私营基金公司来运作。强制储蓄主要基于两个主要原因:一是政府假定某些人不够理性或者缺乏远见,不能储蓄足够多的资产保证退休之后的生活需要,因此需要以立法形式强制他们为退休后的生活来源进行储蓄;二是某些人可能故意不储蓄,期待未来依靠救助性养老金的支持,因此国家也要对他们进行强制储蓄(Feldstein,1998)。[①] 但这种制度实行自我保障,没有社会统筹,不存在再分配,因此不能互助互济,共担风险,已经完全偏离了社会保障的本质要义。

新加坡、智利等国家出于自身条件的考虑,选择完全积累制,在其所处的时期和特殊的环境中取得了成功,这种成功并不具有普遍意义。小国寡民、人口稳定、自身积累性强、经济发展强劲,这样的条件显然不是大多数国家所拥有的。

(五)按联合国统计署的划分

联合国统计署(UNSD)《全部经济活动的国际标准产业分类》将人力资源与社会保障产业分为就业服务和强制性社会保障活动两大类。就业服务包括职业介绍、临时人员派遣、其他人力资源供应;强制性社会保障活动包括医疗、工伤和失业保险、养老金及对孕妇、暂时性伤残和寡妇等收入减少人员的救助。

总的来说,采取的社会保障模式不同,社会保障范围和涵盖项目就有所差异,由此导致的社会保障支出在财政支出中的比例就有所不同,社会保障在经济发展中的地位也就不同。各国社会保障制度基于其国情设计,各具特性,因此社会保障模式并不成为问题的核心,而在国际范围内可比较的社会保障支出的量才是更为关键的因素。

三、福利国家社会保障的现代改革

(一)社会保障向福利多元化扩展

罗斯(Rose,1986)就提出了福利应该多元化。福利既不可能完全依赖政府,也不能完全依赖市场,而应该来源于国家、市场、社区、非政府组织和家庭等多个方面。[②] 中国传统文化中就存在着一些非国家出面的福利部分,如家庭、邻里、社区、同乡等,必须发扬光大。福利制度关键在于多方面发展上的均衡和各方责任主体的协调,过分强调国家的作用,必然会产生福利国家的危机状态,过分强调个人自由,必然导致贫富差距的持续扩大和民众福利的下降。

1994 年世界银行研究报告《防止老龄危机——保护老年人及促进增长的政策》中首次提出并倡导养老保障"三支柱"(见表 2—4),给出了一个系统而又深入的改革方案,将储蓄

---

① Feldstein M. A New Era of Social Security[J]. The Public Interest,1998,18(130):102—125.
② Rose Richard. Common Goals but Different Roles:The State's Contribution to the Welfare Mix[J]. The Welfare State East and West,1986(5):13—39.

与再分配功能相分离,使之在不同的支柱下用不同的筹资模式和管理方式分别完成。

表 2—4　　　　　　　　　　　　　　养老保障三大支柱

支柱一	支柱二	支柱三
基本养老保险	私营养老金	个人储蓄
再分配＋社会保险	储蓄＋年金	储蓄＋商业保险
资产调查制度、最低养老金保证	企业年金	个人储蓄
税收	管制的完全积累	完全积累
强制＋公共管理	强制＋企业管理	自愿

资料来源：Estelle Lames. Providing Better Protection and Promoting Growth: A Defence of Averting the Old Age Crises[J]. International Social Security Review, Volume 49, Issue 3, 1994: 3—20。

2005 年世界银行出版《21 世纪的老年收入保障——养老金制度改革国家比较》,将"三支柱"拓展为"五支柱":零支柱的非缴费型国民养老金、提供最低保障水平;一支柱的缴费型社会养老保险,与个人收入水平挂钩;二支柱的企业补充性养老保险;三支柱的个人储蓄养老保险;四支柱的家庭养老保障。

在国际上,建设多层次养老保障体系是大势所趋,但各支柱如何协调统筹发展,需充分考虑国情。一是以第一支柱为主的德日模式,德国通过实施包括延长退休年龄、提高缴费费率、调整养老金计算公式及引入一项新的养老保险,完善第一支柱,并通过税收补贴等方式大力发展第二、三支柱,而日本养老金制度改革滞后,已错过时间窗口。二是以第二支柱为主的英美模式,成熟的资本市场为发展第二、三支柱提供多样化的养老基金产品,税收优惠、自动加入机制、合格默认投资工具(QDIA)机制和账户转换成为推动美国第二、三支柱发展的重要因素。三是养老金私人化的智利模式,智利采取 DC 型强制性个人账户养老金计划,不利于养老保险制度发挥互济性和公平性的社会调节作用。

北美的美国模式和加拿大模式堪称优秀。美国社会保障制度在全球范围而言,大体还是很成功的,其社会保障中多支柱(见表 2—5)主要包括:强制性的政府保障、企业(包括铁路退休局)或者政府机构以及国防部针对特定人群的保障、商业保险、慈善机构保障。多支柱方式分担了社会保障支出上的压力,也使得福利目标的实现更切实际。

表 2—5　　　　　　　　　　　　　美国社会保障计划组成部分

社会保障计划	对象范围及内涵
老年、遗属和残障保险制度(OASDI)	包括养老及遗属保险(OASI)、残障保险(DI)、补充性保障收入(SSI),倾斜对象为低收入人群
政府及雇主养老金计划(公共部门养老金计划)	公务员退休计划(CSRS)、联邦政府职工退休计划(FERS)、退伍军人养老金计划、州和地方政府养老计划等
政府及雇主养老金计划(私人养老金计划)	收益确定型计划、缴费确定型计划[如 401(k)计划]、混合计划
个人储蓄养老金计划	个人退休账户[如 401(b)计划]、罗斯(Roth)个人退休账户、小企业个人退休账户

资料来源：整理自李超民.美国社会保障制度[M].上海：上海人民出版社，2009：12—16。

加拿大和美国同属北美，但两国的福利制度具有很大差异。加拿大属于高福利高税收国家，贫富差异小，社会福利制度与中欧（德国）和北欧（挪威、瑞典）相似，福利健全程度可以称得上是"从摇篮到坟墓"，全面实现了幼有所长、贫有所助、病有所医、老有所养。加拿大有多重养老保障计划，分别是第零支柱老年保障计划，来自财政转移的非缴费型OAS；第一支柱加拿大养老金计划（CPP）和魁北克养老金计划（QPP），特点是强制性、现收现付制、统一待遇；第二支柱的注册养老金计划（RPP）、集合注册退休金计划（PRPP）、递延利润分享计划（DPSP），特点是准强制性、缴费确定型、积累制；第三支柱有个人注册退休储蓄计划（PRSP）、个人免税储蓄账户（TFSA），特点是自愿性、有待遇确定型、缴费确定型和混合模式三种模式、积累制（见表2—6）。加拿大私人养老金（第二、第三支柱）规模较大，且平均养老金替代率高于OECD国家平均水平。截至2020年年末，加拿大养老保险总规模为4.6万亿美元，过去30年的年均复合增长率高达7%。加拿大养老金第三支柱个人养老金规模约为1.4万亿美元，约占养老保险总资产的30.4%，规模占比较大的主要原因是其可享受税收优惠政策以及账户划转、资金提取的便利性，这一点值得很多养老保障三支柱改革的国家学习。

表2—6　　　　　　　　　　　加拿大的养老金体系

加拿大养老金体系	第零支柱	老年保障计划（OAS）
		三大津贴：低收入保障补助（GIS）、配偶津贴（Allowance）、丧偶津贴（Allowance for the Survivor）
	第一支柱	加拿大养老金计划（CPP）
		魁北克养老金计划（QPP）
	第二支柱	注册养老金计划（RPP）
		集合注册退休金计划（PRPP）
		递延利润分享计划（DPSP）
	第三支柱	个人注册退休储蓄计划（PRSP）
		个人免税储蓄账户（TFSA）

资料来源：https://www.canada.ca/en/revenue-agency.html。

与养老金体系相配套，健全的养老机构也是加拿大养老的一大亮点。按照不同的护理服务等级，加拿大养老机构可以分为：老年公寓、退休公寓、辅助生活护理中心、长期护理中心、持续护理中心。此外，老年痴呆护理中心、家庭护理中心被单列出来，作为独立的两类养老机构。相比起加拿大，中国的养老方式还停留在社区养老、居家养老这样比较传统的阶段，除了历史文化传统因素外，养老院的专业度也是一个重要的原因，中国的养老院还无法提供医疗级别的帮助，只能在基本生活层面给予一定的帮助。因此加拿大的老年人宁愿排几年的队，也要去养老院安度晚年，完善的养老保障制度体系以及健全的养老机构，让加拿大被誉为"老人天堂",在福利之国,老人们可以完全放心,不止有完整健全的养老体系和机构,退休生活也能够过得多姿多彩。

多元化福利启示:面对老龄化形势,应建设多层次养老保障体系,在顶层设计、部门协调、区域协调、激发市场主体积极性方面统筹推进。一是制度层面,合理界定政府、企业和个人的养老责任,三大支柱形成差异化定位。做大做实第一支柱以满足基本养老保障,积极发展二、三支柱,满足更多元的养老保障需求。二是筹集与投资方面,推进渐进式延迟退休政策,通过财税政策、自动加入、默认投资工具、便携性等手段大力鼓励二、三支柱发展。构建养老金与资本市场协同发展体系,引导养老金等长期资金入市,夯实金融机构资产配置与风险管理能力。三是养老产业层面,加大养老产业金融支持探索,优化养老服务供给。积极培育银发经济,推动老龄事业的高质量发展。四是养老模式层面,大力发展"互联网+养老"的智慧养老服务体系,推进适老化改造,保障老年人高质量、有尊严的退休生活。

(二)社会保障责任划定更为明晰

区分清楚社会保障体系中政府、企业、个人的责任,明确各方在社会保障中的地位和作用,是维系社会保障制度长期有效运行的基本条件。由国家单一控制的社会保障制度会对个人责任意识的发展产生不利影响,社会保障制度必须为个人的责任的发挥留下足够多的空间。企业的高税率会抑制资本和劳动的供给,降低国际竞争力,造成产业萎靡,因此企业在社会保障中承担的责任也必须位于一定的限度之内。

另外,区分清楚社会保障体系中政府间的责任以实现社会保障制度的高效运行也是非常必要的。以美国社会保障体系为例,美国社会保障中的社会保险部分是以联邦政府统筹下的"现收现付制"为基本模式,而福利和救助部分则是以州政府为主要载体,做到了统筹人群与受益人群的有机统一,政府财权与政府事权的有效结合。

(三)社会保障更加注重激励效应

从各发达国家在欧债危机后对社会保障的重新定位与思考可以看到,社会保障支出将更加注重对劳动供给的激励效应,注重与经济发展水平相匹配。为防止高福利待遇下的福利病对劳动者工作积极性的损害,防止福利依赖下贫苦高原的出现,OECD国家在社会保障制度策略上采取了更为灵活的方式,实行一系列积极的改革与调整,注重失业人员再就业和提供就业培训,扩大就业面,重视职业年金建设,分担国家在社会保障中的责任。为此,国际社会保障协会提出动态社会保障理念,以推动社会保障体系向一体性、应变性、前瞻性方向发展,切实增强社会保障体系能够积极应对老龄化和经济危机的抗风险能力,与经济社会的可持续发展相协调,渐进稳步地提高民众福利。

(四)社会保障可持续性增强

可持续的社会保障方案能够更好地自适应调整以减轻不利的经济环境带来的社会风险,但并不能孤立看待社会保障计划财政上的可持续性,它必须成为人类发展和社会经济进展更广泛的一个重要组成部分。采取一揽子的综合性措施有助于增强制度在未来的合理性和有效性,提高社会的凝聚力和稳定性。

有时候采取多种措施是必要的,同样以加拿大为例,在维持高福利的情况下,加拿大养老金成本不断攀升,退休金计划(CPP)难以为继,如果要继续保证CPP运行,缴费率需要从1994年的5.2%,逐步提高至2030年的14.2%。但如此之高的缴费率,不仅会影响代际公平,还会抑制就业与经济增长。传统改革路线有两种,其一是调整参数,也就是上调缴费率或下调替代率,这种方法会对经济造成沉重的打击;其二是结构转型,由DB型现收现付制向DC型完全积累制逐步过渡,但过程耗时过久且成本巨大。面对两难抉择,加拿大从多个方面按步骤进行改革,首先,在1997—2003年用7年的时间将缴费率从5.9%逐步上调到9.9%;其次,从1998年起控制养老金待遇增长;最后,成立养老金投资公司(CPPIB),利用1997—2020年因多缴费而形成的资金池进行投资。这样通过快速提高缴费率、降低福利,逐步积累成一个资产池,并利用资产池的投资收益来填补养老金缺口。

多元化的社会保障改革举措来自各国政治上的差异性,恰是这种差异性促进了社会保障发展进程中的包容性融合,汲取多种成功经验将为社会保障计划的健康运行带来新的发展契机(见表2—7)。

表2—7　　　　　　　　　　多元化的可持续性社会保障方案

可持续性的社会保障方案	改革的国家/地区
增加退休年龄	澳大利亚、捷克、丹麦、希腊、匈牙利
减少、消除或适应福利	澳大利亚、丹麦、匈牙利、挪威
要求获得效益的贡献增加	捷克、希腊、马耳他、西班牙
增加缴费的薪金改革	罗马尼亚、泰国
收紧提前退休的资格条件	捷克、丹麦、希腊、马耳他、挪威、西班牙
储备基金以应付未来负债	瑞典、中国、新西兰、爱尔兰、波兰、阿根廷
强制性的个人账户养老金计划	澳大利亚、智利、爱沙尼亚、中国、瑞典、拉脱维亚

资料来源:World Bank. Dynamic Social Security:Securing Social Stability and Economic Development,Developments and Trends Global Report[R],2010:17—23.

第五节　本章小结

对社会保障基本经济理论所涉思想流派进行归总分析,指出其在分配与发展问题上的目标侧重,以及在公平与效率问题上的辩证交锋。各国社会保障的发展轨道也随着立论依据的差别而呈现出多种形态,但不管是何种形式的社会保障制度,都旨在谋求社会成员的福利最大化,在公平与效率之间取得平衡,既增进社会公平,又实现经济增长。社会保障的提供是现代社会政府职能的体现,涵盖了民生福利的多重方面,并逐渐在经济运行中发挥重要作用,成为国家干预经济的新的手段。

在社会保障支出与长期经济增长的关系辨析上,指出经济增长是社会保障支出的基础和先决条件,适度的社会保障支出维护了劳动力的再生产,解除了劳动者退休后的后顾之忧,对经济运行存在促进效果,而过度的社会保障支出依托的高税收对私人投资产生抑制,并滋生福利病,损害劳动者工作的积极性,从而对经济增长产生阻碍作用。因此社会保障支出必须与经济发展水平形成相互协调的动态平衡机制,先满足人民基本福利需求,再寻求深层次发展需要。社会保障水平也只能随着社会生产力的提高和现代化进程的推进而逐步提高,并照顾到城乡与区域经济发展的不平衡状态。

现代社会保障支出经济增长效应的研究主要依托于新古典经济增长理论和新增长理论,前者以储蓄和物质资本积累为核心变量,后者以技术进步和人力资本投资为核心变量,通过生命周期理论、无穷寿命模型和世代交叠模型的最优化控制实现理论分析。国内学者在向国外借鉴学习的过程中,研究成果在近几年也突飞猛进,但需要关注的是,因为社会保障支出的口径在世界范围内并不一致,受规制的经验实证必须首先在口径上实现统一才能保证研究的有效性。中国现代化社会保障制度起步较晚,且特殊的人口政策、居民储蓄偏好、老龄化、地区发展差异等因素都使得社会保障支出经济增长效应呈现出有别于他国的差异性一面。

通过对当今世界社会保障实践脉络的梳理,社会保障运行模式的划分,笔者指出现代社会保障发展的几大趋向:社会保障向福利多元化扩展,社会保障责任划定更加清晰,社会保障更加注重激励效应,社会保障可持续性逐渐增强,社会保障制度在应对危机的自适应调整中更加适合经济的发展要求,保证人民的福利诉求。

第三章 适宜经济运行的社会保障边界与公共财政责任

第一节 社会保障范围的有效边界

必须承认,在社会保障研究中,有很多重要的概念难以精准下定义,或者根本不可能给出定义,或即使从分析的角度给出定义也面临着难以克服的度的问题,为了后续研究中指标的规范与统一,必须厘清一些富有争议的概念,当然更为详尽的辩证分析也是不必要的。

一、社会保障与社会福利的关系

保障(security)意指安全、平安,是稳固牢靠、免受攻击侵害和无忧无虑的状态。社会保障同工业化和都市化发展密切相关,是人类社会改善生活状况和提高福利水平历史长河中的早期和短暂阶段,这是具有普及性意义的历史发展规律。从兴办动机与发展动力源泉角度看,世界各国建立社会保障制度的直接动机是对经济问题及其衍生社会问题的被动回应,间接动因是为人口社会再生产,维护社会秩序和确保必要的社会整合(国际劳工组织,1989)。[1]

"福利"源于词汇"farewell",其意思是走向好,牛津词典将福利含义等同好运、幸福、福祉和繁荣。经济福祉要实现个人自主性和韧性,并维护个人的尊严和受到尊重的权利。社会福利则是与人类社会发展休戚与共的永恒主题,是现代社会生活方式的核心组成部分,是测量社会经济发展水平和社会文明程度的主要指标。英国马歇尔认为,社会福利政策目标是消除贫困、福利最大化和追求平等,而且三个目标之间相互融合(Marshall,1975)。[2]

研究中多次提到社会保障与社会福利,为避免概念上的混淆,必须做出合理的界定。

---

[1] 国际劳工组织. 土著和部落人民公约[EB/OL]. https://www.un.org/zh/documents/treaty/files/OHCHR-1989.shtml,登录日期:2021年7月1日.

[2] Warham, Joyce T. H. Marshall. Social Policy in the Twentieth Century[M]. Hutchinson University, London, 1975:240.

关于两者之间的关系,存在着三种理解方式:社会保障＞社会福利、社会保障＝社会福利、社会保障＜社会福利。

中国采取了"大社会保障,小社会福利"的定义,实际上中国的社会福利仅仅是针对弱势群体特定人群的福利,并不是完全意义上的社会福利;而欧美采取了"大社会福利,小社会保障"的定义,社会福利作为全民性的社会保障事业,内涵更加丰富,外延也更加广泛,内容涉及国民教育、住房、就业、日常生活、文化娱乐等多个方面,国家在提供现金和实物帮助的同时,还提供着广泛的福利设施和福利服务。与蒂特马斯(1960)关于福利的理论划分[①]相对应,欧洲国家的社会福利项目可划分为公共福利、特殊福利、职业福利三大类,其中,公共福利包括公共教育、公共卫生、公共文化、住房福利等;特殊福利包括老年人、青少年、残疾人、妇幼福利等;职业福利包括生活服务、文化福利、职工补助等。尽管福利项目划分可能比较繁多,福利国家的界限却应当明晰,最典型的是不应该包含公共卫生和环境政策,但至少包括现金津贴、健康保健、教育、食物医疗住房和其他福利设施等。相对于欧美的社会福利,其"社会保障"一词仅指针对退休人员的养老保险项目和针对困难群体的以救助为主的帮助。刘继同(2003)从社会保障与社会福利的词义、动机、阶段、目标、内容范围、服务对象、服务方法、资金来源、功能性质九个方面做出比较,并指出福利的国内理解与国际惯例背道而驰,有可能对以后中国福利政策的发展产生负面影响。[②]

社会保障制度目标是通过收入保障服务满足弱势社群的基本需要,进而达到维持现存社会秩序的目的。社会福利制度目标体系与层次结构远比社会保障丰富和复杂,覆盖人类生活方方面面。社会保障与社会福利关系既是部分福利(社会保障)与整体福利(社会福利)的关系、基础福利(社会保障)与主体福利(社会福利)的关系,又是物质福祉(社会保障)与社会心理福祉(社会福利)的关系,还是简单低级福利(社会保障)与复杂高级福利(社会福利)的关系、现实福利(社会保障)与未来福利(社会福利)状态的关系。这意味着社会保障与社会福利基本关系是,社会保障只是社会福利的基础部分,社会保障包括在社会福利之中,国家层面整体性制度安排和制度设计应该是"社会福利制度",而不是"社会保障制度"。中国社会政策优先领域与工作重点应尽快由社会保障向社会福利位移,并且在社会福利政策领域中同国际惯例尽快接轨。

为与国际通用定义相匹配,同时为了研究中的便利,在概念上选取"社会保障＝社会福利"的定义范围。

二、社会保障税与社会保障费的讨论

社会保障由政府通过征税、收费、接受捐赠、福利彩票收入等手段筹集资金,为参保者提供互济互惠平台,为贫困者提供最低生活保障、为军人提供特殊关照、为全体国民增进生

---

① Richard M. Titmuss. Essays on "the Welfare State"[M]. London: Allen and Unwinn, 1960:56—74.
② 刘继同. 社会福利:中国社会的建构与制度安排特征[J]. 北京大学学报:哲学社会科学版,2003,40(6):92—98.

活福利。就整体而言,各国的社会保障系统基本包括两大部分——缴税与缴费,当然这两种形式之外,还存在少许的财政转移支付,但数额毕竟很小。大多数国家都采用了税收与保险相结合的混合型方式。税收方式的优点在于社会保障基金来源更容易得到保障,但往往造成国家负担过重,这是由于支付水平的提高造成的,保险方式则恰好相反。

目前世界各国获取社会保险资金的方式(即筹资模式)通常有三种形式:缴税制、缴费制和预筹基金制(强制储蓄),总的来看缴税制比缴费制更有效率,比预筹基金制具有更强的约束机制,在纳税人和纳税对象的确定、起征点与财务处理、税率的确定、纳税人负担等方面均有优势。从费的形式转变为税的形式,还有一些额外的益处,开征社会保障税有利于社会保障收入的稳定、可靠;有利于将社会保障收支过程纳入法制化管理轨道,克服其他筹资模式存在的收支随意性和不规范性的缺陷;有利于将社会保障收支纳入预算管理。

需要注意的是,个人储蓄的私人养老金计划同国家社会保障性质完全不同,只对个人起作用,而在社会范围内起不到任何调节作用,因此不具有税收的一般性质。

当然,从本质上讲,无论是缴费还是征税,都相当于征收社会保障税。因此在研究上,默认为社会保障采取税收形式。

多数国家社会保障经费来源都基本类似,主要由国家、雇员、雇主三方担负。广义界定下社会保障税既然作为一种税收,就存在税负的转嫁问题,即使经费主要由国家和雇主承担,仍有可能通过各种途径将成本负担转移到雇员身上。因而社会保障税的最终归宿取决于劳动力市场上买卖双方的弹性,与最终缴纳对象无关,无论是政府、企业还是个人。当然每个身体健全的劳动者都要参加工作,对于个人而言,劳动供给弹性其实很小,如此说来,即使完全对企业征收社会保障税,最终也会转嫁到劳动者身上,因此在研究的假设中,默认为仅对劳动者征收社会保障税。

中国多地税务部门下发公告,自2020年11月1日起,企业职工各项社会保险费交由税务部门统一征收。其实早在2018年7月,中共中央办公厅、国务院办公厅印发《国税地税征管体制改革方案》,就明确从2019年1月1日起,将基本养老保险费、基本医疗保险费、失业保险费、工伤保险费、生育保险费等各项社会保险费交由税务部门统一征收。在实际征收中存在两种模式:全责征收模式和代收模式(社保医保核定、税务征收),多数地方采取了后一种模式,但是税务部门掌握职工工资数据,征管能力更强,全责征收有助于规范企业不合规的社保缴费行为,解决长期存在的费基不实的问题,有利于将社保费基向个税的税基靠拢;有助于解决漏缴、少缴社保问题,将保证社保基金及时入库,有效保护参保人的权益和社保资金的可持续发展。

三、社会保障支出范畴衡量

(一)国际社会保障支出口径覆盖范围

社会保障支出作为政府公共支出的主要领域,在促进经济社会发展方面发挥着重要作用,社会保障支出不仅体现了经济发展的水平,更关系到未来经济增长的走向。对社会保障支出进行研究的前提是支出口径的有效衡量,由于各国的社会保障项目千差万别,即使同一个国家,在不同的时期由于政策变化引起社会保障涵盖项目也大有区别,因此不存在通用意义上的社会保障支出口径规范。

在世界范围内,公认的社会保障支出口径有五种,即国际劳工组织(International Labor Organization,ILO)、经济合作与发展组织(Organization for Economic Co-operation and Development,OECD)、欧洲联盟(European Union,EU)、世界银行(World Bank)、国际货币基金组织(International Monetary Fund,IMF),将其详细信息绘制成表格3—1。

表3—1　　　　　　　　五种国际组织的社会保障支出范畴

世界组织	社会保障涵盖项目（统计口径）	社会保障支出部门	社会保障统计起始年份
国际劳工组织	老龄、遗属、残疾、劳动灾害、医疗保健、家属、失业、住宅、生活保护及其他	公共支出、准公共支出、独立机构支出	1949年开始对各国社会保障费用进行统计,1996年对统计标准进行较大修改,致使统计链条断裂
经济合作与发展组织	老龄、遗属、残疾、劳动灾害、伤病、医疗保健、家属、积极的劳动市场政策、失业、住宅、社会保障行政管理费	公共支出、强制性私人支出、私人自愿支出、福利机构设施配置费	1996年开始发布社会支出统计,形成专门的社会保障支出统计资料库(数据可得年份起自1980年)
欧洲联盟	医疗保健、残疾、老龄、遗属、家属、育儿、失业、住宅、社会保障行政管理费	公共支出、强制性私人支出、私人自愿支出	1996年开始建立了社会保障资金来源和支付综合统计体系(ESSPROS),包含EU27个成员国数据
世界银行	残疾、积极的劳动市场政策、养老金、社会安全及转移支付、社会资金、战略绩效	公共支出	1996年建立社会保障收支统计,包括社会贡献(Social Contributions)和雇员报酬(Compensation of Employees)统计
国际货币基金组织	疾病与残疾、老龄、遗属、家庭与儿童、失业、住房、未分类的社会排斥、社会保护研究和发展、未分类的社会保障	公共支出	1986年颁布《政府收支统计手册》,2001年修订并颁布第二版《政府收支统计手册》

资料来源:整理自林治芬.社会保障统计国际比较与中国建构[M].北京:经济科学出版社,2012:15—41。

实际上,相对于社会保障收入统计,社会保障支出统计显然更为复杂,OECD仅建立了社会保障支出统计,尽管世界银行和欧盟建立了社会保障收支两方面的统计,但社会保障支出统计仍旧处于最重要的地位,社会保障支出统计口径最宽的是OECD,最窄的是世界银行,社会保障支出统计内容最全面的是欧盟的社会保障支出与收入统计。高质量数据的获得是研究进行的必要前提,考虑到社会保障支出数据的可得性、连续性、时间长度以及研究宏观经济效应的客观需要,需要尽可能采取大口径数据,同时为了便于比较分析,而发达国家数据比较连贯完整,应该尽可能采取连续数据,符合此标准的只有OECD的社会保障支出口径。无论从何种角度出发,建立一个完善的福利社会都是全人类的远景目标,OECD国家提供了很好的借鉴,尽管各个国家都在对其自身的社会保障体制做出修正和改革。

(二)中国财政支出中支持社会保障的类目

完善的社会保障制度能够有效弥补市场机制的缺陷,从而维护社会稳定,促进经济有序发展,作为社会保障制度的最终责任人,政府主要通过财政支持来促进和完善社会保障制度,以契合高质量发展的要求、优化财政支出结构为主线,全面推进社会保障体系发展,并根据形势变化不断调整相关科目,如《2020年政府收支分类科目》在"对个人和家庭的补助"科目下增设"代缴社会保险费",以反映财政为城乡生活困难人员缴纳社会保险费。

社会保障预算是政府为保证社会成员基本生活权利而提供救助和补给,根据相关的法律法规编制的,反映社会保障收支规模、内容、结构与变化的计划,其实质是服务于社会保障的基本目标。社会保障预算由社会保障预算收入和社会保障预算支出组成,主要为以下几类:卫生经费类;抚恤和社会福利救济费类;行政事业单位离退休经费类;社会保障补助支出类;劳动事业费类。社会保障预算反映了社会保障活动执行的具体情况,是财政管理、监督和平衡各项社会保障资金收支的主要途径。完善的社会保障制度是新时期中国深化社会保障体制改革、监管社会保障资金的重要手段,因此,要坚持全面性与统一性原则、法制性与政策性原则、独立性与专用性原则、收支平衡与适当结余原则,对社会保障支出进行预算化管理,从而真实反映社会保障支出,保证社会保障制度的顺利运行,实现对社会保障资金的规范化投入与有效监督。而要达到财政社会保障管理的精细化,就必须建立社会保障资金管理考核制度并将考核结果作为分配专项转移支付资金的重要因素加以考虑。

一般公共预算支出功能分类科目中,涉及社会保障的只有"208 社会保障和就业支出""210 卫生健康支出"(见表3—2),以及一般性转移支付中"上级政府对下级政府的社会保障和就业、医疗卫生共同财政事权转移支付支出"、专项转移支付中"上级政府对下级政府的社会保障和就业、卫生健康专项补助支出"(所在项未列入上述表格),更广义的大福利范畴"205 教育支出""219 援助其他地区支出""221 住房保障支出"并未涵盖其中,如果将这些大福利范畴的类纳入或认定为广义的社会保障,那么社会保障与公共财政的重合度将会很高的。

社会保险基金预算收支科目中,既包含了社会保险基金收入(所在类未列入上述表格),也包含了社会保险基金支出,使社会保险基金来源清晰,收支明确。中共中央办公厅、国务院办公厅印发的《国税地税征管体制改革方案》明确,从2019年1月1日起,将基本养老保险费、基本医疗保险费、失业保险费、工伤保险费、生育保险费等各项社会保险费交由税务部门统一征收,整合纳税服务和税收征管等方面业务,优化完善税收和缴费管理信息系统。社会保险之外的社会保障项目则全面依靠财政支出,这些作为惠及民生的兜底线保基本的社会保障内容,是民生财政的应有之义,也并未占用财政支出的过多比例,其范畴随着经济社会发展应得到进一步细化和深化。

表 3—2　《2020 年政府收支分类科目》中关于社会保障支出功能分类科目（类、款）

一般公共预算支出功能分类科目	
208 社会保障和就业支出	01 人力资源和社会保障管理事务
	02 民政管理事务
	04 补充全国社会保障基金
	05 行政事业单位养老支出
	06 企业改革补助
	07 就业补助
	08 抚恤
	09 退役安置
	10 社会福利
	11 残疾人事业
	16 红十字事业
	19 最低生活保障
	20 临时救助
	21 特困人员救助供养
	24 补充道路交通事故社会救助基金
	25 其他生活救助
	26 财政对基本养老保险基金的补助
	27 财政对其他社会保险基金的补助
	28 退役军人管理事务
	30 财政代缴社会保险费支出
	99 其他社会保障和就业支出
210 卫生健康支出	01 卫生健康管理事务
	02 公立医院
	03 基层医疗卫生机构
	04 公共卫生
	06 中医药
	07 计划生育事务
	11 行政事业单位医疗
	12 财政对基本医疗保险基金的补助
	13 医疗救助
	14 优抚对象医疗
	15 医疗保障管理事务
	16 老龄卫生健康事务
	99 其他卫生健康支出

续表

政府性基金预算支出功能分类科目	
208 社会保障和就业支出	22 大中型水库移民后期扶持基金支出
	23 小型水库移民扶助基金安排的支出
	29 小型水库移民扶助基金对应专项债务收入安排的支出
国有资本经营预算支出功能分类科目	
208 社会保障和就业支出	04 补充全国社会保障基金
社会保险基金预算支出功能分类科目	
209 社会保险基金支出	01 企业职工基本养老保险基金支出
	02 失业保险基金支出
	03 职工基本医疗保险基金支出
	04 工伤保险基金支出
	10 城乡居民基本养老保险基金支出
	11 机关事业单位基本养老保险基金支出
	12 城乡居民基本医疗保险基金支出
	99 其他社会保险基金支出
230 转移性支出	09 年终结余
	14 社会保险基金上解下拨支出
	17 社会保险基金转移支出

另外，国家设立全国社会保障基金，由中央财政预算拨款、国有资本划转、彩票公益金、基金投资收益和以国务院批准的其他方式筹集的资金构成。根据《全国社会保障基金条例》（国务院令第 667 号），全国社会保障基金作为国家社会保障储备基金，主要用于人口老龄化高峰时期的养老保险等社会保障支出的补充、调剂，以及重大自然灾害等特殊情况和国务院批准的其他社会保障支出，未雨绸缪，有备无患。

第二节 社会保障支出的合理规模与经济增长的关联

财政的社会保障水平可以通过以下指标来衡量：社会保障相对规模（社会保障支出占GDP 的比重）、社会保障政府负担率（社会保障支出中政府负担的比例）、财政社会保障支出比例（财政支出中社会保障所占比例）、中央财政社会保障负担率（中央财政社会保障支出占央地财政社会保障支出的比例）、社会保险政府支持率（财政对社会保险基金的补助占社会保险支出的比例）。其中前三项衡量的是社会保障的整体水平，第四项是央地财政在社会保障上的责任划分，第五项是财政针对社会保险的兜底责任。在本节中，主要考虑前三项标准。

　　社会保障支出规模的度在现实经济中并不容易被适量掌控,太低不足以发挥社会保障的应有功能,太高则对经济形成掣肘而损害经济增长,巴罗(1990)最早对公共福利开支的最优规模进行了论述,[①]本章借鉴贝尔托拉和德拉岑(Bertola & Drazen,1993)和托洛维斯基和费雪(Turnovsky & Fisher,1995)[②]的研究进行了修正后的理论推导,并通过实证研究指出对照组 OECD 国家的福利开支已经处于高位,对经济的影响效果显著不利,中国的社会保障支出规模虽然尚处于低位,但进展迅猛,对经济运行的影响效果开始逐步凸显,并需要密切关注社会保障支出结构上的失衡偏向。

　　福利国家的公共开支有自我膨胀的倾向,这一现象被称为"瓦格纳法则",而公共开支中社会保障支出的扩张尤为明显。巴罗(1990)首先对这个问题进行了分析,他指出,公共支出规模(分别按政府支出和税收衡量)的扩大会对经济增长产生双重效应,公共支出的增加提高了资本的边际生产率,从而提高了经济增长率;税收的增加降低了经济中的激励,从而降低了经济增长率。当一国公共支出规模较小时,前一效应占主导地位;但公共支出规模较大时,后一效应将占主导地位,因而公共支出规模的扩大对经济增长的影响并不是线性的,同时他提出了"巴罗法则"或"政府规模的自然效率条件",即最优政府规模的条件。随后,阿米等(1995)明确提出了福利支出最优规模曲线(一种倒 U 形曲线),后来被称为阿米曲线,他指出福利支出规模较小时,福利支出对产出的增强效应将占主导地位,此时福利支出规模的扩大将伴随着产出增加;但当福利支出规模达到某一临界点之后,产出的增强效应就会递减,福利支出规模的进一步扩大将阻碍经济增长。[③]佩辛(Pevcin,2004)也指出,若经济的发展水平较低,则政府支出规模的扩大将会提高国民经济的产出水平;若经济的发展水平已经很高,则政府支出规模的扩大将会降低国民经济的产出水平。他认为造成这种非线性关系的主要原因在于:在经济发展水平较低的不发达国家中,绝大部分政府支出用于兴建基础设施,因此会极大地提高私人部门的生产率;相反,在经济发展水平较高的发达国家,其基础设施已经比较完善,所以政府支出主要集中于社会福利项目上,而社会福利项目在促进私人部门生产率提高方面的作用显然要低于兴建基础设施项目。[④]罗伊(Roy,2009)与阿方索和富尔切里(Afonso & Furceri,2010)分别根据美国和欧盟及 OECD 国家的

---

　　① Barro R J. Government Spending in A Simple Model of Endogenous Growth[J]. Journal of Political Economy,1990:98.

　　② Bertola G,Drazen. A Trigger Points and Budget Cuts:Explaining the Effects of Fiscal Austerity [J]. American Economic Review,1993:11—26.

　　Turnovsky S J,Fisher W H. The Composition of Government Expenditure and its Consequences for Macroeconomic Performance[J]. Journal of Economic Dynamics and Control,1995,19(4):747—786.

　　③ Armey,Richard K. The Freedom Revolution:the New Republican House Majority Leader Tells Why Big Government Failed,Why Freedom Works,and How We Will Rebuild America[M]. Regnery Pub. Distributed to the Trade by National Book Network,1995:77—83.

　　④ Primo Pevcinž. Does Optimal Size of Government Spending Exist? [Z]. University of Ljubljana,2004,10(1):101—135.

数据,验证了这些富裕的发达国家福利支出规模已经超过最优规模,福利支出规模的增加对经济增长有显著的负面影响,并将导致财政危机和经济危机,必须采取有力措施来缩减福利支出规模。[1]

一、福利开支模型设定及最优性条件

借鉴贝尔托拉等(1993)和托洛维斯基等(1995)的分析,将公共支出分为生产性支出和福利性支出,但对代表性消费者的效用函数以及代表性厂商的生产函数采取不同的设置,并考虑了人口变化对约束条件的影响。生产性支出以外部性作用于企业,促进生产,进而促进经济增长;福利性支出直接作用于消费者,提高消费者效用,进而提高社会福利。生产性支出对消费者、福利性支出对厂商也会产生影响,但作用效果显然会弱一些。下面分别从消费者、厂商、政府的角度出发,给出一般性条件,分析经济增长与社会福利的变化路径。

(一)代表性消费者

代表性消费者家庭的人均消费水平为 $c(t)$,$l(t)$ 为人均劳动供给($l \leqslant 1$),工资水平为 $w(t)$,人均资产为 $a(t)$,瞬时效用函数 u 连续可微,且满足 Inada 条件[2],g_C、g_I 分别表示政府福利性公共支出和政府生产性公共支出。代表性消费者家庭在预算约束下选择消费路径和资产积累路径来极大化他的贴现效用之和:

$$\max \int_0^\infty u(c,l,g_C,g_I) e^{nt} e^{-\rho t} \mathrm{d}t$$

需要满足约束条件及初始条件:

$$\dot{a}(t) = w(t)l(t) + r(t)a(t) - p(t)c(t) - na(t) - T, a(0) = a_0$$

其中,$r(t)$ 为利率,$p(t)$ 为价格水平,n 为人口自然增长率,ρ 为贴现因子且满足 $0<\rho<1$,T 为一次总付税。

(二)代表性厂商

假设代表性厂商的生产函数是柯布-道格拉斯型的,那么在人均资本存量 $k=K/L$ 的基础上,生产函数可表示为

$$y = Ak^\alpha g_C^\beta g_I^\gamma$$

其中,$\gamma = 1-\alpha-\beta$,$0<\alpha,\beta<1$。

代表性厂商的利润最大化为:

$$\max \pi = (1-\tau)y - w(t)l(t) - (r+\delta)k$$

---

[1] Atrayee Ghosh Roy. Evidence on Economic Growth and Government Size[J]. Applied Economics,2009,41(5):607—614.

António Afonso,Davide Furceri. Government Size,Composition,Volatility and Economic Growth[J]. European Journal of Political Economy,2010,26(4):517—532.

[2] 瞬时效用函数 u 的 Inada 条件:$u(0)=0$,$u'>0$,$u''<0$。

其中，τ 为税收比率，r 为利率，δ 为资本折旧比率。

得到最优性条件：

$$w=(1-\tau)y_l, r+\delta=(1-\tau)y_k$$

(三)政府预算约束

政府通过税收来进行公共支出，假定政府是预算约束平衡的，那么

$$g=g_C+g_I=\tau y+T$$

进一步，若假定政府发行债券，类似于托洛维斯基的分析，政府的收入来自税收收入和债券发行，政府的支出包括实际公共支出和债券利息，那么预算约束平衡方程为：

$$\dot{b}=g_C+g_I+rb-T-ry$$

其中，b 为当期债券收入。

(四)宏观经济均衡

在宏观经济均衡的平衡增长路径上，代表性消费者资产等于代表性厂商对资本的需求，把代表性厂商行为约束代入代表性消费者的约束条件，得到宏观经济问题的最优控制。

(五)福利开支的最优性条件

把问题进一步简化，假定代表性消费者存活无限期界，具有连续可微的(凹)瞬时效用函数 $u(c,l,g_C)$，其中 c 为人均私人消费，l 为人均劳动($l \leq 1$)，g_C 为人均消费性公共福利支出水平。假定私人消费与公共福利支出的边际效用为正，而劳动的边际效用为负，即 $u_c>0, u_l<0, u_{g_C}>0$。消费者的目标是通过选择私人消费和劳动的时间路径，以最大化一生总效用，即：

$$\max_{c,l} \int_0^\infty u(c,l,g_C)e^{-\rho t}dt$$

满足：

$$\dot{a}=\overline{w}l+\overline{r}a-\overline{p}c, a(0)=a_0$$

其中，a 为消费者拥有的人均资产，包括人均资本 k 和人均政府债券 b，假定初始人均资产为 a_0。$\overline{r}、\overline{w}、\overline{p}$ 分别表示(资本)税后利率、(工资)税后工资率和(消费)税后产品价格。

该问题的汉密尔顿(Hamilton)函数为：

$$H=u(c,l,g_C)+q(\overline{w}l+\overline{r}a-\overline{p}c)$$

由控制变量 c,l 的一阶条件推得消费者的需求函数 $c(q,g_C,\overline{w},\overline{p})$ 和劳动供给函数 $l(q,g_C,\overline{w},\overline{p})$。

q 的运动方程为：

$$\dot{q}=q\rho-\frac{\partial H}{\partial a}=q(\rho-\overline{r})$$

假定代表性企业具有连续可微的(凹)生产函数 $y=f(k,l,g_I)$，其中 $k、l、g_I$ 分别代表

人均资本、人均劳动和人均生产性公共支出水平。假定上述变量的边际产出为正,即 $f_k>0, f_l>0, f_{g_I}>0$。那么代表性企业的利润最大化条件为 $r=f_k, w=f_l$。其中 r 和 w 分别为税前利率和工资。

使用斯塔克尔伯格(Stackelberg)逆向归纳法,得到消费者间接效用函数

$$u[c(q,g_C,\overline{w},\overline{p}),l(q,g_C,\overline{w},\overline{p})]=v(q,g_C,\overline{w},\overline{p})$$

进而得到政府面临的最优税收与公共支出问题:

$$\max_{g_C,g_I,\overline{p},\overline{w},\overline{r}}\int_0^\infty v(q,g_C,\overline{w},\overline{p})e^{-\rho t}dt$$

政府最优控制问题包括三个状态变量,即人均资本 k、人均公债 b 和消费者效用最大化问题中的汉密尔顿乘子 q,q 由其他外生变量决定,$q=q(k,b,\overline{p},\overline{w})$。那么:

$$\max_{g_C,g_I,\overline{p},\overline{w},\overline{r}}\int_0^\infty v(k,b,g_C,\overline{w},\overline{p})e^{-\rho t}dt$$

意味着政府通过设置最优的福利性公共支出 g_C、生产性公共支出 g_I,以及最优消费税率 $\overline{p}-1$、工资税率 $w-\overline{w}$ 和资本税率 $r-\overline{r}$,以最大化社会福利水平(即代表性消费者的效用水平)。人均资本和公债满足:

$$\dot{k}=f(k,l,g_I)-c-g_I-g_C$$

$$\dot{b}=\overline{r}b+g_C+g_I-[f(k,l,g_I)-\overline{r}a-\overline{w}l+(\overline{p}-1)c]$$

运用汉密尔顿函数:

$$H=v(k,g,g_C,\overline{w},\overline{p})+\lambda[f(k,l,g_I)-c-g_I-g_C]$$
$$+\mu[\overline{r}b+g_C+g_I-f(k,l,g_I)+\overline{r}a+\overline{w}l-(\overline{p}-1)c]$$

得到一阶条件:

$$q\overline{p}=\lambda, \frac{\partial H}{\partial k}=\lambda r, \frac{\partial H}{\partial b}=\mu\overline{r}, r=\overline{r}$$

这意味着最优的资本税率始终为 0。

另外还可以得到:

$$u_{g_C}=u_c, f_{g_I}=1$$

这给出了政府福利性公共支出和生产性公共支出的最优条件。在均衡状态下,人均消费性公共福利支出给代表性消费者带来的边际效用应当等于消费者自身消费带来的边际效用,而人均生产性公共支出对企业产出的边际影响应当等于 1。

为了给最优公共支出筹资,最优消费税与工资税组合还应满足:

$$\dot{b}+(\overline{p}-1)c=(\overline{w}-w)l+rb+g_C+g_I$$

这个条件也体现了政府的收支平衡。可以说社会保障预算反映着政府参与社会保障管理的范围、规模与力度。如果社会保障预算自求平衡的余地较大,那么国家财政可以适当增加建设性预算的支出;如果社会保障资金收支缺口较大,就容易导致财政危机。

总的来讲,政府福利性公共支出应当保持在合宜的范围之内,既增进消费者效用,又促进经济增长。福利性公共支出过高时,短期提高了消费者效用,却损害了长期经济增长,最终损害长期消费者福利。过高福利待遇透支未来的行为显然是不可取的,因此把福利性公共开支,尤其是社会保障支出限定在必要的范围内,是各国政府必须慎重考虑的事情。

根据理论推导,下面将重点考虑福利性公共支出 g_C,即社会保障支出在经济增长中的作用,分别采用对照组 OECD 国家的面板数据和中国的时间序列数据展开实证分析。

二、OECD 国家社会保障支出水平的系统 GMM 分析

(一)变量选取及模型构建

为研究社会保障支出对经济体的影响效应,以 OECD 国家为主要研究对象,主要基于两方面的考虑:一是 OECD 国家作为全球的发达国家,其数据质量相对全面完整,二是 OECD 国家社会保障已经经历较长时间的发展历程,社会保障制度相对比较完善,不存在政策上的大起大落而对社会保障支出的连贯性造成影响。

被解释变量设定为不变价格下人均 GDP 的增长率($gdpr$),关键解释变量设定为社会保障支出占 GDP 的比重(sse)。长期经济增长通常受到资本、劳动力、人力资本的影响,因此在模型中考虑将资本形成率(资本形成总额占 GDP 的百分比,rf)、劳动力增长率(lr)、接受过高等教育的劳动力占劳动力总数的百分比(hum)作为控制变量。为了消除经济波动和通货膨胀的影响,另外引入长期失业率($unem$)和按消费者价格指数衡量的通货膨胀率(cpi)作为控制变量。在动态面板处理中,系统 GMM 将差分 GMM 和水平 GMM 结合在一起,有效提高估计效率,并且标准误更低。故采用系统 GMM 方法,构建动态面板模型如下:

$$gdpr_{i,t} = \alpha_0 + \alpha_1 gdpr_{i,t-1} + \alpha_2 gdpr_{i,t-2} + \alpha_3 sse_{i,t} + \alpha_4 rf_{i,t} \\ + \alpha_5 lr_{i,t} + \alpha_6 hum_{i,t} + \alpha_7 unem_{i,t} + \alpha_8 cpi_{i,t} + \varepsilon_{i,t}$$

其中,$\varepsilon_{i,t}$ 表示随机误差项,估计时,所有解释变量均为内生变量。

(二)OECD 国家社会保障支出数据来源

采用 24 个[①] OECD 国家 1991—2019 年的面板数据进行分析,其中人均 GDP 增长率、社会保障支出占 GDP 的比重数据来自 OECD 数据库[②],资本形成率、劳动力增长率、接受过高等教育的劳动力占劳动力总量比例、长期失业率和消费者价格指数来自世界银行 WDI 数据库[③]。

---

① 1991 年 OECD 有 24 个国家,后续东欧、南美一些新兴国家陆续加入其中,截至 2020 年年底 OECD 成员国共有 38 个。

② OECD 数据库链接:https://data.oecd.org,http://www.oecd-ilibrary.org/statistics;jsessionid=4s349h5q6v0po.x-oecd-live-03。

③ 世界银行数据库链接:http://data.worldbank.org/data-catalog/world-development-indicators。

(三)实证结果分析

从系统 GMM 回归结果(见表 3—3)可以看出,社会保障支出占 GDP 的比重对人均 GDP 增长率的影响显著为负,单位社会保障支出占 GDP 的比重上升将导致人均 GDP 增长率下降 14.59 个百分点。由于 OECD 国家长期福利开支巨大,对经济形成严重透支,因此对经济增长起到了不利影响。控制变量中,接受过高等教育的劳动力占劳动力总数的比例对经济增长的效果不明显,即人力资本并未起到太大的作用,而资本形成率、劳动力增长率对经济增长的影响显著为正,与观念相符合。

表 3—3　　　　OECD 国家社会保障支出经济增长效应系统 GMM 估计结果

$gdpr$	系数	标准误	p 值
$gdpr\,L1$	−0.003 372 9	0.042 121 8	0.936
$gdpr\,L2$	−0.160 587 1***	0.021 816 8	0.000
hum	−0.007 623 2	0.022 287 5	0.732
rf	0.472 521 3***	0.051 786 9	0.000
sse	−0.145 954 1***	0.052 624 6	0.006
lr	0.386 169 8***	0.072 621 4	0.000
$unem$	0.158 994 6***	0.022 332 2	0.000
cpi	−0.057 026 7***	0.019 699 9	0.004
_cons	−9.408 813***	1.770 572	0.000

注:(1)对应 p 值,***、**、* 分别表示 1%、5%、10% 水平上显著;(2)所有解释变量均设定为内生变量,且以各自的滞后两期为工具变量。

继续对系统 GMM 扰动项进行自相关检验,结果见表 3—4。

表 3—4　　　　一阶差分误差零自相关的阿雷拉诺-邦德(Arellano-Bond)检验

阶数	z	Prob>z
1	−3.810 5	0.000 1
2	−1.255 1	0.209 5

注:原假设 H0:没有自相关。

结果显示,可以接受"扰动项差分的二阶自相关系数为 0"的原假设,这样就可以确定系统 GMM 模型计量分析的有效性。总体来说,多数 OECD 国家的福利开支已经处于阿米曲线的右边,对经济增长影响显著不利,福利改革已经势在必行。

(四)OECD 国家福利开支对长期经济增长负效应的评价

人类对福利的追求是无条件的,但经济增长是有条件的。尽管福利社会是一种人类社会世外桃源般的理想状态,但福利提供必须控制在适度的范围之内。从 OECD 国家福利体系演变历程和目前遭遇的困境可以看出,对个人而言,福利国家破坏了个人责任,激发一种虚假的安全感和独立性,实则导致个人对福利体系的长期依赖,福利支持能够让职工和失业者体面生活,使他们缺乏工作就业的动力,降低劳动的积极性。对企业而言,维持福利体系的高税收增加了生产成本,削弱了产品的市场竞争力,使企业在国际竞争中处于不利地位。对国家而言,维持高福利的给付标准促使政府大量举债,带来了经济增长乏力和财政赤字高涨等一系列问题,而财政赤字的增加,不仅推动了物价的上涨,而且影响了人民生活水平的提高,因此过高标准、与经济发展水平不相匹配的社会保障支出必然导致经济衰退,并且为弥补财政赤字,各国政府进一步削减财政支出,迫使福利国家的作用更加弱化。福利供给无论就内容还是范围来讲,都是有限度的,超过经济发展水平和资源限制的极限就会陷入危险境地。财政赤字严重超标的希腊、西班牙、葡萄牙、意大利、爱尔兰五个欧盟国家,多年来依旧深陷困境而无法自拔。

在"棘轮效应"影响下,社会保障支出的标准一旦确定就很难降低,民众的福利需求和社会期望、人口老龄化和医疗卫生成本推升了社会保障支出,即使在全球金融危机和经济危机时期,社会保障支出也保持了刚性增长的趋势。这种刚性特征显然同经济发展变化和人口结构变动不相适应,最终导致对经济社会的不良影响,福利国家已经陷入了"高福利需求—高税收和高劳动成本—高财政赤字—高失业和低增长"的福利陷阱。对已经出现的危险信号,代表性国家瑞典的社会民主党决定进行意识形态的再思考,用职能社会主义来代替福利社会主义,使特殊的瑞典模式同普遍的西欧资本主义模式相融合,但随着社会民主党政治优势的削弱,其社会保障政策改革也逐渐式微,新的改革动向需要拭目以待。

出于经济、人口、社会转型期发展需要,OECD国家都对其福利体系和社会保障制度进行了调整与改革,并对政府责任进行重新定位与思考,其中一些新的发展动向值得留意:在社会保障支出上,各国政府越来越注重社会保障制度的可持续发展,充分考虑老龄化效应,在保证公平的同时体现效率,将养老金与个人工资收入挂钩,增进激励功能,体现个人责任,实现个人责任和政府责任分配上的合理性。在社会保障管理上,政府由承担直接管理责任向管理和监督分化转型,与其他市场主体和基金公司相结合,使社会保障制度更具包容性和开放性。福利制度不应该太过复杂,制度设计越复杂,管理成本就越高,实施上就存在缺乏效率的问题。

福利体系和社会保障制度的改革实践表明,只有随着经济所处阶段和社会发展变化不断修正和完善,才能革除弊端,消除对经济的负面影响,推动经济增长,实现民众的长远福利。但任何的政策实践往往都存在着很多争议,对于OECD国家来讲,固然在一时一事上表现不错,但却随着时间推移而面临新的挑战,不能期望完美的社会保障制度对经济社会问题进行一劳永逸的治理。

欧债危机并不会因为国际货币基金组织、欧盟、欧洲央行对危机国家的巨额救助和流动性支持而得到根本上的解决,况且来自国际社会的支持和援助往往是带有附加条件的。

财政赤字问题需要从福利国家体制本身着手，改革不可持续的福利体系和缺乏竞争优势的劳动力资源，建立起与经济发展相适应的社会保障制度，实现福利提高与经济发展的动态平衡。健康有效的福利体系不仅在于收入分配上的公平性和对弱势群体的关注，也应该鼓励自由竞争和体现工作激励，抵制不劳而获的道德风险，培养和鼓励优质人力资源创造更多价值。政府必须在财政可持续的基础上，对社会保障支出量能负担，并充分考虑经济发展水平和人口结构转型，构建多元化的福利体系，促进社会保障和经济社会的协调发展。

三、中国全口径社会保障支出与经济增长

关于人类的福利，福柯和米斯科维茨（Foucault & Miskowiec,1986）认为空间时代的来临使得我们处于一个同时性与并置性的处境[①]，因此社会保障的一些特性和问题在全世界都是相通的。关注 OECD 国家的福利困境及应对之举，并延伸到中国社会保障的一些问题上来，具有深刻的启发意义。中国现代意义上的社会保障虽然起步较晚，但发展迅速，并由于特殊的人口特质，如人口基数、劳动力存量、计划生育、老龄化、阶层划分、城镇化劳动力转移、退休年龄、人口储蓄偏好等多种因素，社会保障支出的规模呈现出一些独特之处，最终对经济大环境产生重要影响。

社会保障支出作为民生财政的重要组成部分，与国民经济发展的联系日益密切，并对宏观经济运行产生一系列深刻影响。经济增长固然是福利提供的基础，而社会保障支出作为政府的最大一笔开支，随着社会保障制度在全社会范围的实施，其支出份额不断扩大会对经济体产生不可避免的影响，社会保障也被赋予越来越多经济上的功能，逐渐成为宏观调控的重要调节机制，同时关于这种经济功能的争论声也越来越大。总的来说，在实践中社会保障一方面促进消费和改善人力资本，利于经济增长，另一方面也有可能造成沉重的财政负担，减少积累，从而阻碍经济增长，其经济功能随着国别、文化传统、发展阶段以及社会保障模式而相差悬殊。

在考虑异质国家效应后，李建强等（Lee Chien-Chiang et al.，2006）发现，有强有力的证据支持 GDP、资本存量和社会保障支出之间存在长期均衡协整关系，基于面板的纠错模型和格兰杰因果关系检验同样证明社会保障支出与经济增长之间存在长期的双向因果关系。[②]

随着社会保障项目在财政支出中份额的上升，其在经济增长中的重要性越来越大。运用 VECM 模型对中国全口径社会保障支出的经济增长影响进行实证分析，发现在现阶段社会保障支出的经济增长功能显著为正，并且在未来一段时间内将继续保持。尽管中国的社会保障支出水平尚处于低位，但面临着支出增长速度快、老龄化严峻以及发展不均衡等诸

[①] Michel Foucault,Miskowiec J. Of Other Spaces[J]. Diacritics. 1986,16(1):22—27.

[②] Lee Chien-Chiang,Chun-Ping Chang. Social Security Expenditures and Economic Growth:A Heterogeneous Panel Application[J]. Journal of Economic Studies,2006,33(5/6):386—404.

多问题,适度普惠并且与经济发展相协调的动态平衡有助于社会保障制度的健康运行。

(一)中国全口径社会保障支出的规模

中国社会保障支出项目曾经历过三次重要变化,1986 年《中国统计年鉴》财政支出统计上首次出现"抚恤和社会福利救济费"类,2007 年改为"社会保障支出",2008 年又改为"社会保障和就业",社会保障支出口径逐渐变大。2010 年 8 月 15 日财政部《关于报送 2010 年社会保障支出统计数据的通知》对 2008 年社会保障支出统计口径做出进一步修订。

鉴于社会保障支出涵盖项目自 1998 年之后有所扩大,宋士云和李成玲(2008)对中国社会保障支出情况分为 1992—1998 年、1999—2006 年两个阶段进行分析,研究中国社会保障水平的适度性和经济发展的可承受能力,并提供了社会保障支出的两种统计方法——项目数据加总法、部门数据加总法。[①] 林治芬(2011)从统计学角度总结出中国社会保障支出统计的四种方法:来源法、部门法、项目法和对象法,并指出四种方法各有利弊,需要根据研究目的而加以甄别。[②] 图 3—1 为中国以部门为划分的社会保障支出统计涵盖项目,共计四个部门、九个大类。

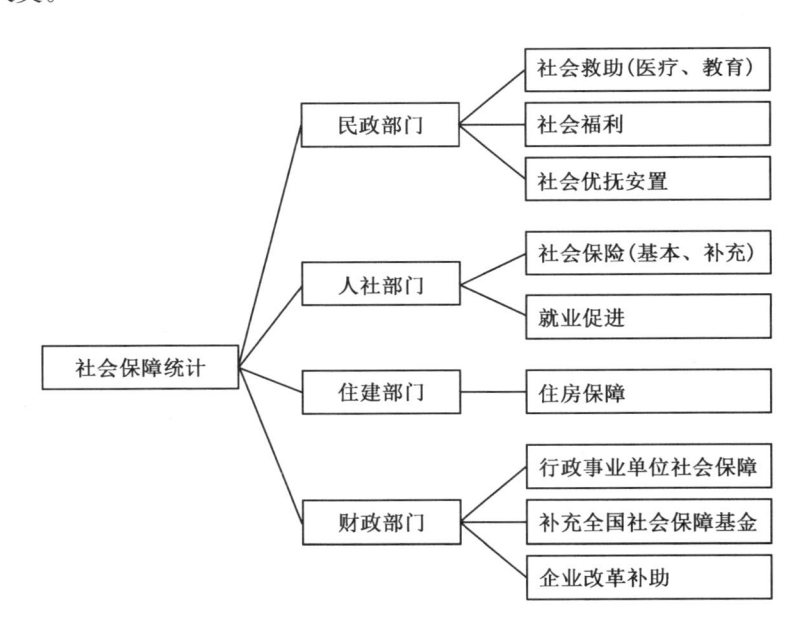

资料来源:林治芬.社会保障统计国际比较与中国建构[M].北京:经济科学出版社,2012:13.

图 3—1 以部门为划分的社会保障支出统计

尽管部门法看起来非常全面,但需要指出的是,在中国,由于社会保障管理政出多门,部门责任存在交叉,且很难获取完整的指标整体数据,因此部门法基本不可行。王延中和

[①] 宋士云,李成玲.1992—2006 年中国社会保障支出水平研究[J].中国人口科学,2008(3):38—46.
[②] 林治芬.社会保障统计国际比较与借鉴[J].统计研究,2011,28(10):16—21.

龙玉其(2011)借鉴 OECD 国家社会保障支出口径统计方法,将中国的社会保障支出统计口径分为小、中、大三类:口径一,即财政社会保障支出,包括社会福利与救济支出、行政事业单位离退休费、社会保障补助支出等;口径二,在口径一的基础上加上社会保险基金支出减去财政补助社会保险基金支出;口径三,在口径二的基础上再加上教育、卫生等支出。①

当然,考虑与国际接轨来讲,社会保障的合理外延应该包括住房建设与廉租房、经济适用房、教育、医疗卫生、劳动就业与人力资源支出等方面。但考虑到国内外分析时的统一,并为研究上的方便,最终选取与 OECD 国家社会保障支出口径相接近的,王延中和龙玉其(2011)所论述的口径二作为中国全口径社会保障支出统计标准,其计算方式设计为:

全口径社会保障支出＝财政社会保障总支出②＋全国社会保险基金支出－财政对社会保险基金的补助

之所以减去财政对社会保险基金的补助,是因为存在重复计算的问题。需要注意的是,2015 年起实施的养老金并轨方案仅是将对机关事业单位退休人员的支出由财政社会保障总支出转移到全国社会保险基金支出上来,对全口径社会保障支出不会造成丝毫影响。

财政社会保障总支出和全国社会保险基金支出数据始于 1989 年(见表 3—5),财政对社会保险基金的补助始于 1996 年。同西方发达国家相比,中国社会保障发展年限较短,且缺乏省级层面的面板数据,使得在研究中处于不利地位。

表 3—5　　　　1978—2021 年中国财政支出、GDP 与全口径社会保障支出③　　　　单位:亿元

年份	全国一般公共财政支出(国家财政支出)	国内生产总值	财政社会保障总支出(社会保障和就业)	全国社会保险基金支出	财政对社会保险基金的补助	全口径社会保障支出
1978	1 122.09	3 645.22				
1979	1 281.79	4 062.58				
1980	1 228.83	4 545.62				
1981	1 138.41	4 891.56				
1982	1 229.98	5 323.35				
1983	1 409.52	5 962.65				
1984	1 701.02	7 208.05				

---

① 王延中,龙玉其.改革开放以来中国政府社会保障支出分析[J].财贸经济,2011(1):15－20,136.
② 财政社会保障支出项目包含行政事业单位离退休、行政事业单位医疗保障、就业补助、抚恤和社会福利、廉租住房支出、农村危房改造、企业改革补助等支出项目,并不存在漏损情况。
③ 本表按当年价格计算。由于 2007 年政府收支分类科目发生调整,2007 年以后年度财政社会保障支出科目口径与之前年度不一致,因此 2007 年以后年度社会保障支出数据与之前年度无可比性,为保证数据的有效性,对于 2006 年之前的年度社会保障支出,可采用全口径社会保障支出＝全国社会保险基金支出＋抚恤和社会福利救济费＋社会保障补助支出的计算方法。

续表

年份	全国一般公共财政支出（国家财政支出）	国内生产总值	财政社会保障总支出（社会保障和就业）	全国社会保险基金支出	财政对社会保险基金的补助	全口径社会保障支出
1985	2 004.25	9 016.04				
1986	2 204.91	10 275.18				
1987	2 262.18	12 058.62				
1988	2 491.21	15 042.82				
1989	2 823.78	16 992.32	49.6	120.9		170.5
1990	3 083.59	18 667.82	55.04	151.9		206.94
1991	3 386.62	21 781.5	67.32	176.1		243.42
1992	3 742.2	26 923.48	66.45	327.1		393.55
1993	4 642.3	35 333.92	75.27	482.2		557.47
1994	5 792.62	48 197.86	95.14	680		775.14
1995	6 823.72	60 793.73	115.46	877.1		992.56
1996	7 937.55	71 176.59	182.68	1 082.4	54.65	1 210.43
1997	9 233.56	78 973.03	328.42	1 339.2	186.28	1 481.34
1998	10 798.18	84 402.28	595.63	1 639.9	21.55	2 213.98
1999	13 187.67	89 677.05	1 197.44	2 108.1	169.66	3 135.88
2000	15 886.5	99 214.55	1 517.57	2 385.6	498.65	3 404.52
2001	18 902.58	109 655.17	1 987.4	2 748	938.23	3 797.17
2002	22 053.15	120 332.69	2 636.22	3 471.5	933.05	5 174.67
2003	24 649.95	135 822.76	2 655.91	4 016.4	542.98	6 129.33
2004	28 486.89	159 878.34	3 116.06	4 627.4	798.31	6 945.15
2005	33 930.28	184 937.37	3 698.86	5 400.8	805.94	8 293.72
2006	40 422.73	216 314.43	4 361.78	6 477.4	1 463.18	9 376
2007	49 781.35	265 810.31	5 447.16	7 887.9	1 275	12 060.06
2008	62 592.66	314 045.43	6 804.29	9 925.1	1 630.88	15 098.51
2009	76 299.93	340 902.81	7 606.68	12 302.6	1 776.73	18 132.55
2010	89 874.16	412 119.3	9 130.62	15 018.9	2 309.8	21 639.32
2011	109 247.79	487 940.2	11 109.4	18 652.9	3 152.19	26 011.81

续表

年份	全国一般公共财政支出（国家财政支出）	国内生产总值	财政社会保障总支出（社会保障和就业）	全国社会保险基金支出	财政对社会保险基金的补助	全口径社会保障支出
2012	125 952.97	538 580	12 585.52	23 331.3	6 271.76	30 244.76
2013	140 212.1	592 963.2	14 490.54	27 916.3	7 371.5	35 863.04
2014	151 785.56	643 563.1	15 968.9	33 002.7	8 446.35	41 203.5
2015	175 877.77	688 858.2	19 018.69	38 988.1	10 198.15	47 790.85
2016	187 755.21	746 395.1	21 591.5	46 888.4	11 104.34	57 375.56
2017	203 085.49	832 035.9	24 611.68	57 145.6	12 193	69 564.28
2018	220 904.13	919 281.1	27 012.09	67 792.7	17 654.83	77 149.96
2019	238 858.37	986 515.2	29 379.08	75 346.6	19 103.12	85 622.56
2020	245 679.03	1 013 567	32 568.51	78 611.8	21 015.52	90 164.79
2021	245 673	1 149 237	33788.26	86 734.9	22 606.32	97 916.84

资料来源：历年《中国统计年鉴》《中国财政年鉴》《中国劳动统计年鉴》和历年全国社会保险基金收入决算表。

为进一步分析 GDP、全国一般公共财政支出、全口径社会保障支出三者之间的增长关联，画出三者的增长趋势图。

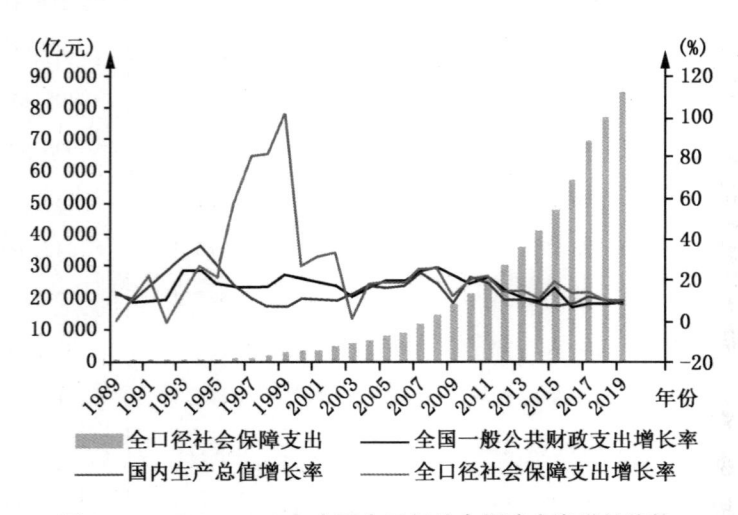

图 3—2　1989—2019 年中国全口径社会保障支出增长趋势

从图 3—2 可以看出，中国全口径社会保障支出总量在近二十年间呈现出迅猛增长态势，从 1989 年的 170.5 亿元上升到 2019 年的 85 218.03 亿元，全口径社会保障支出占全国一般公共财政支出的比重也从 1989 年的 6.04% 上升到 2019 年的 35.67%，社会保障作为民生财政的主要构成要素,其地位的重要性日益凸显。而从增长态势折线图可以发现,尽管全口径社会保障支出增长率的走向与 GDP 增长率和全国一般公共财政支出增长率一致,但前者的增长率远远高于后二者的增长率,直到最近几年才有所缓和。在现阶段养老金缺口加大和人口老龄化加速的大背景下,民众对经济有效运行和社会保障事业健康发展增加了几分隐忧。

(二)VAR 系统构建及协整分析

因为 GDP 和全口径社会保障支出都采用当年数据,因此不需要运用 GDP Deflator 去除通货膨胀因素。但为了消除指数化增长趋势,对两者进行 ln 变换。

在计量上,VAR 模型可以将变量放在一起,作为一个系统进行估计,从而使得估计相互自洽。为此,将时序变量$\{\ln GDP, \ln SSE\}$(SSE 为 Social Security Expenditure 的缩写)分别作为两个方程的被解释变量,构建 VAR(p)系统如下:[①]

$$\begin{cases} \ln GDP_t = \sum_i^p \beta_{1,i} \ln GDP_{t-i} + \sum_j^p \gamma_{1,j} \ln SSE_{t-j} + \varepsilon_{1,t} \\ \ln SSE_t = \sum_i^p \beta_{2,i} \ln GDP_{t-i} + \sum_j^p \gamma_{2,j} \ln SSE_{t-j} + \varepsilon_{2,t} \end{cases}$$

其中$\{\varepsilon_{1,t}\}$和$\{\varepsilon_{2,t}\}$均为白噪声过程,因此不存在自相关。但是系统允许两个方程的扰动项之间存在同期相关性,这并不会对结果造成影响。β_i、γ_j 分别为方程组的待估系数。

为检验 $\ln GDP$ 和 $\ln SSE$ 的平稳性,必须进行单位根检验。根据图 3—3 左边 1989—2019 年间 GDP 和全口径社会保障支出的增长态势可以看出,两者都具有时间趋势,因此考虑带常数项,且带趋势项的 ADF 单位根检验,结果表明,$\ln GDP$ 与 $\ln SSE$ 都是 1 阶差分平稳过程。

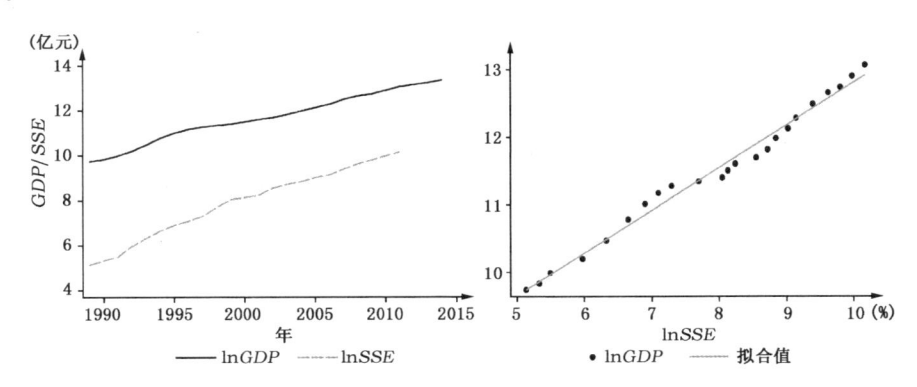

图 3—3　1989—2019 年 ln*GDP* 与 ln*SSE* 的增长关系趋势

而根据图 3—3 右边 1989—2019 年 ln*GDP* 与 ln*SSE* 的增长趋势拟合曲线可以看出,

---

① 公式中涉及变量 *GDP*、*SSE* 的大小写是为了区别变量和运行程序需要,无特殊含义。全书变量均按照这一方法处理。

ln*GDP* 与 ln*SSE* 可能存在长期均衡关系，即协整系统，通过约翰森（Johansen）检验考察变量间是否具有协整关系。

包含常数项与时间趋势项的协整秩迹检验结果（见表 3—6）表明，只有一个线性无关的协整向量（打星号者），最大特征根检验（5.148 6＜6.40）也表明了同样的结论。

表 3—6 协整的约翰森检验

最大秩	参数估计	对数似然	特征值	迹统计量	5%临界值
0	8	56.928 711		23.907 1	23.46
1	11	66.307 953	0.590 68	5.148 6*	6.4
2	12	68.882 243	0.217 43		

考虑 VAR 系统的滞后阶数，用 Stata 处理得到表 3—7。

表 3—7 VAR 表示法滞后阶数检验

滞后阶数	LL	LR	df	p	FPE	AIC	HQIC	SBIC
0	−16.625 7				0.024 356	1.960 6	1.977 42	2.060 01
1	49.403 8	132.06	4	0.000	0.000 036	−4.568 82	−4.518 34	−4.270 57
2	59.999 9	21.192	4	0.000	0.000 018	−5.263 14	−5.179 02	−4.766 07*
3	64.756 3	9.512 9	4	0.049	0.000 018	−5.342 77	−5.224 99	−4.646 87
4	70.026 5	10.54*	4	0.032	.000 017*	−5.476 47*	−5.325 05*	−4.581 74

大多数检验准则表明，VAR 系统应选择滞后阶数为 4 阶。

下一步使用约翰森的 MLE 方法估计该系统的向量误差修正模型（VECM），结果见表 3—8。

表 3—8 协整方程回归结果

beta	Coef.	Std. Err.	z	P>|z|
ln*GDP*	1	—	—	—
ln*SSE*	−0.766 815 5***	0.028 877	−26.55	0.000
_cons	−4.553 561	—	—	—

注：***、**、* 分别表示 1%、5%、10%水平上显著。

作为回归上的对比，用 EG-ADF 两步法估计社会保障支出与经济增长之间的长期均衡关系，可以得到表 3—9。

表 3—9　　　　　　　　　　　　EG-ADF 两步法 OLS 回归结果

ln*GDP*	Coef.	Std. Err.	*t*	*P*>|*t*|
ln*SSE*	0.749 118 2***	0.013 455 5	48.24	0.000
_cons	6.372 752***	0.113 835 5	55.98	0.000

注：***、**、*分别表示 1％、5％、10％水平上显著。

可以看出，EG-ADF 两步法 OLS 估计系数同约翰森的 MLE 方法估计结果非常接近，当然，从理论上讲还是 MLE 估计更有效率。从误差修正模型和协整方程可以得到：

$$\widehat{\ln GDP} = 4.553\,561 + 0.766\,815\,5\ln SSE$$

社会保障支出的经济增长弹性为 0.767，表明当前体制下的全口径社会保障支出对经济增长起到了积极作用，部分原因可能也在于当前的社会保障水平[①]与 OECD 国家相比尚处于低位，而社会保障支出对经济增长的不利后果主要在其后期水平较高的阶段才能体现，因此只能说明中国社会保障支出在对经济的长期影响表达上尚未完全发力，目前中国社会保障支出的增长速度远远超出 GDP 和财政收入的增长速度，福利开支的临界线虽未达到，却指日可待，需要时刻保持警惕。另外，中国居民较高的储蓄偏好通过社会保障对经济产生了主要的正面影响，但这种影响在未来很可能被内需不足、劳动力下降、老龄化等因素所抵消。

（三）VECM 系统稳定性检测及格兰杰（Granger）因果检验

最后对 VECM 系统的稳定性进行检测，结果见表 3—10。

表 3—10　　　　　　　　　　　　VECM 系统稳定性检验

特征值		模
1		1
0.757 291 1+	0.293 736i	0.812 263
0.757 291 1−	0.293 736i	0.812 263
−0.187 706 6+	0.766 085 6i	0.788 746
−0.187 706 6−	0.766 085 6i	0.788 746
0.402 489 5+	0.607 179 8i	0.728 468
0.402 489 5−	0.607 179 8i	0.728 468
−0.684 700 3		0.684 7

从图 3—4 中可以看出，除了 VECM 模型本身所假设的单位根之外，伴随矩阵的所有特征值均落在单位圆内，故系统是稳定的。

---

① 社会保障支出与 GDP 或者国民收入的比重。

伴随矩阵的特征值分布

除 VECM 模型本身所假设的单位根之外

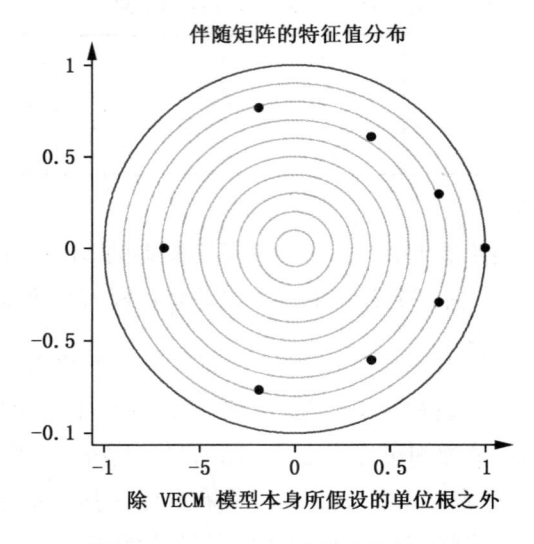

图 3—4　VECM 系统稳定性判别

为分析 GDP 和全口径社会保障支出的相互影响机制，考察 10 期的 VECM 模型的脉冲响应函数，结果见图 3—5。

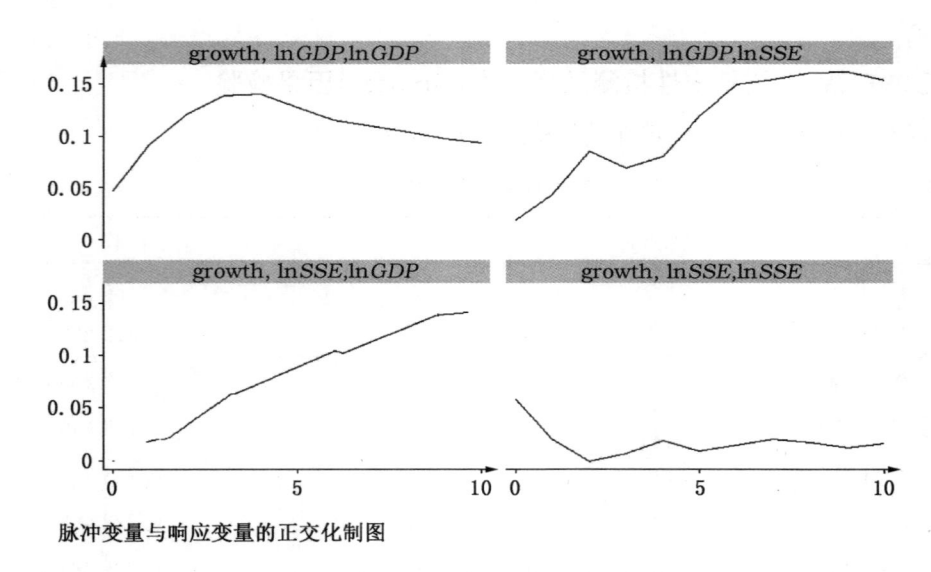

脉冲变量与响应变量的正交化制图

图 3—5　GDP 和全口径社会保障支出的脉冲响应图

正交化的脉冲响应图①显示，经济增长（lnGDP 上升）将使得社会保障支出（lnSSE）增加，而社会保障支出的增加也会推动经济增长。进一步对 GDP 和全口径社会保障支出的格兰杰因果检验发现，社会保障支出增长有助于促进经济增长，但 GDP 的过去值却不能帮

---

① 正交化的脉冲响应图的大致趋势与未正交化的脉冲响应图类似，但响应的幅度会变小。

助预测社会保障支出的未来值,可以认为中国的社会保障支出对 GDP 存在着单向的因果关系,对经济发展起到正面影响。[①] 中国的社会保障支出与 OECD 等发达国家相比还远远落后,离上限还有一段距离,处于阿米曲线的左边(见图 3—6),这也是中国社会保障支出对经济增长起到了积极作用的重要原因。

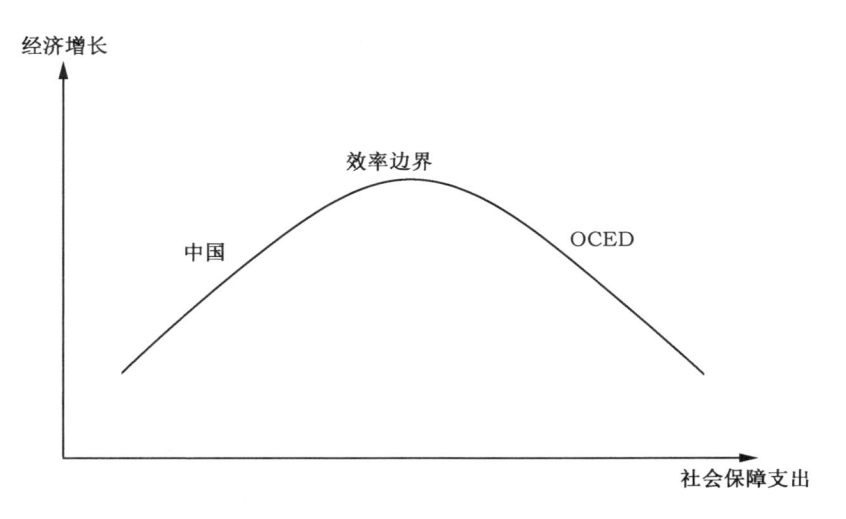

图 3—6　中国与 OECD 国家在阿米曲线上的位置

(四)运用 VECM 模型对未来经济增长与社会保障支出的估计及预测

如果仅用 2006 年之前的数据来估计 VECM 模型,然后测算 2006—2015 年变量的增长情况(虚线),并与实际观测值(实线)相比较,可以得到图 3—7。

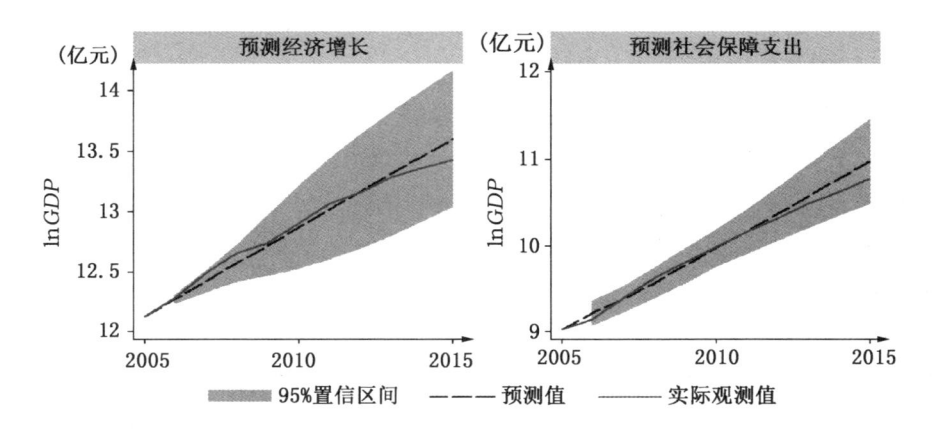

图 3—7　2006—2015 年 GDP 与全口径社会保障支出的实际值与测算值的比较

[①] 赵蔚蔚(2011)采用协整和格兰杰因果检验,运用 2000—2010 年的时间序列数据对财政社会保障支出与 GDP 的关系进行了分析,发现财政社会保障支出和经济增长存在双向的格兰杰因果关系。出现这种情况的原因在于其采用的是财政社会保障支出,而非全口径社会保障支出,另外数据的年限也相对较短。

可以看出，对经济增长（lnGDP）和全口径社会保障支出（lnSSE）的测算都相当精确，实际观测值全部落在预测值95%的置信区间之内。基于VECM模型的有效性，现采用"十三五"时期的数据所估计的方程来预测未来"十四五"GDP与全口径社会保障支出的发展情况，可以看到在未来几年两者都呈现出强劲的增长态势，而全口径社会保障支出的增长曲线则更为陡峭，因为基数较小的缘故，社会保障支出有望在未来几年加速上升，进而对经济增长产生更加深刻的影响（见图3—8）。

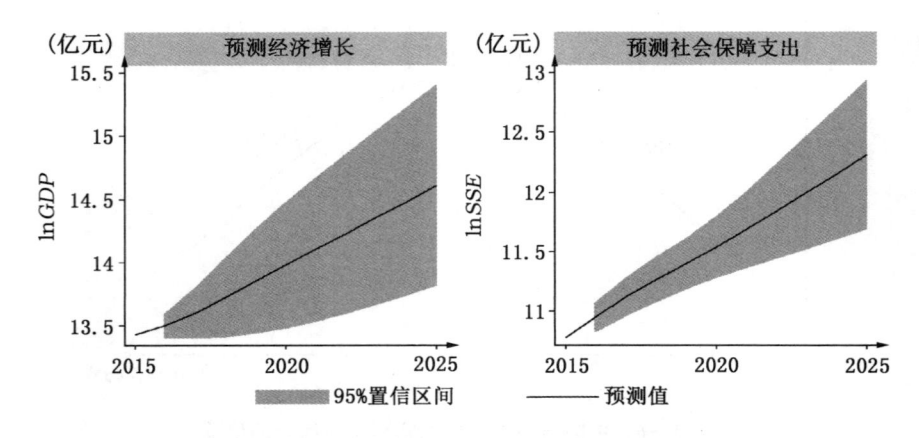

图3—8 "十四五"时期GDP与全口径社会保障支出增长情况的预测估计（对数值）

（五）结论及政策建议

运用VECM协整总量分析全口径社会保障支出经济增长效应的实证研究表明，在中国现阶段社会保障对国民经济发挥了正面的功能，促进了经济增长，并且在未来的一段时间内将继续保持。这显示了中国社会保障水平与发达国家相比仍旧处于低位，在阿米曲线的效率边界上处于左边位置，未来上升空间还很大。

但需要密切关注的三个问题是：中国社会保障支出的增长速度远超GDP和财政收入的增长速度，人口老龄化进程在深度加速，社会保障支出水平在地区、人群间存在结构性失调，这些问题都使得未来社会保障支出对经济增长的影响堪忧。中国经济在新常态下下行压力加大，经济运行风险不言而喻，警惕南美的"中等收入陷阱"以及北欧的"福利陷阱"，在这种情况下，社会保障追求普惠、适度不失为一个好的选择，福利支出与工资的比例关系适当，并充分考虑老龄化效应造成的影响，更多地与宏观经济变量、人口与劳动力变化趋势、公众社会需求和社会发展相匹配和自适应，最终提高全国人民福祉，共享经济发展成果，实现社会包容性和经济发展性的统一。

四、人口老龄化负担下的社会保障支出与经济运行

老龄化作为人口变化的一种趋势，深刻地改变了经济社会形态。而人口既是经济增长的红利，也是社会共担的负债。从最简单的分析视角来看，老龄人口的增加加重了社会保

障支出负担,与此同时劳动年龄人口的减少降低了经济增长的速度。人口的变化需要长时间的积累,而趋势一旦形成,数年之内都难以扭转。

根据目前的人口演化,未来中国人口老龄化呈现五大特点:

(1)老年人口规模庞大。2020年中国65岁以上老龄人口达到1.91亿,占总人口比重为13.5%,全球每4个老年人中就有一个中国人。预计2057年中国65岁以上人口达4.25亿的峰值,占总人口比重为32.9%~37.6%。

(2)老龄化速度快。2001年中国65岁以上人口超过7%,标志着进入老龄化社会,用了21年的时间步入深度老龄化,届时65岁及以上人口占比超14%,时间短于法国的126年、英国的46年、德国的40年。

(3)高龄化、空巢化问题日益突出。2020年中国80岁及以上人口3 660万,预计2050年将增至1.59亿,高龄老人可能面临更为严峻的健康问题,空巢老人和独居老人的增长将弱化家庭养老的功能。

(4)老年抚养比大幅上升,养老负担加重。2020年老年抚养比为19.7%,预计2050年突破50%,意味着每两个年轻人需要抚养一位老人。扶养老人和养育小孩成本高昂,年轻人两头承压。

(5)未富先老。中国人均GDP接近发达经济体下限,但13.5%的老龄化程度已经超过中高收入经济体10.8%的平均水平,将面临经济增长和养老负担双重压力。

新中国成立以来,中国经历了七次全国人口普查,根据2020年第七次人口普查结果来看,中国的老龄化状况不容乐观,老龄趋势也在加速(见表3—11)。

表3—11　　　　　　　　中国历次人口普查下人口基本数据

指标	1953年	1964年	1982年	1990年	2000年	2010年	2020年
总人口(万人)	58 260	69 458	100 818	113 368	126 583	133 972	141 178
男性人口	30 190	35 652	51 944	58 495	65 355	68 685	72 334
女性人口	28 070	33 806	48 874	54 873	61 228	65 287	68 844
性别比(以女性为100)	107.56	105.46	106.30	106.60	106.74	105.20	105.07
家庭户规模(人/户)	4.33	4.43	4.41	3.96	3.44	3.10	2.62
各年龄组人口比重(%)							
0~14岁	36.28	40.69	33.59	27.69	22.89	16.60	17.95
15~64岁	59.31	55.75	61.50	66.74	70.15	74.53	68.55
65岁及以上	4.41	3.56	4.91	5.57	6.96	8.87	13.50
平均预期寿命(岁)			67.77	68.55	71.40	74.83	77.93
男性人均预期寿命			66.28	66.84	69.63	72.38	75.37
女性人均预期寿命			69.27	70.47	73.33	77.37	80.88

资料来源:国家统计局人口和就业统计司.2021年中国人口和就业统计年鉴[M].北京:中国统计出版社,2021:28—30。

在人口总量上,第七次全国人口普查数据显示全国人口共 141 178 万人,与 2010 年第六次全国人口普查数据的 133 972 万人相比,增加 7 206 万人,增长 5.38%,年平均增长率为 0.53%,比 2000 年到 2010 年的年平均增长率 0.57% 下降 0.04 个百分点。数据表明,中国人口 10 年来继续保持低速增长态势。

中国人口的预期寿命也得到极大提升,从 1982 年的 67.77 岁增加到 2020 年的 77.93 岁,尤其是女性的人均预期寿命已经达到 80.88 岁。上海女性的人均预期寿命更是达到 86.56 岁(2021 年),处于世界前列(见表 3—12)。平均预期寿命是在一定的年龄别死亡率水平下,活到确切年龄 X 岁(一般指 0 岁)以后,平均还能继续生存的年数,它是衡量一个国家、民族和地区居民健康水平的指标,可以反映出一个社会的生活质量。

表 3—12　　　　　　　　　　全世界平均预期寿命变动(岁)

世界/国家	2000 年	2010 年	2019 年	2020 年	2021 年
全世界	66.5	70.1	72.8	72.0	71.0
低收入国家	52.5	59.3	63.3	62.9	62.5
中等收入国家	65.6	69.1	72.0	71.3	70.1
中低收入国家	62.2	65.7	68.9	68.1	66.4
中高收入国家	70.5	73.9	76.5	75.7	75.3
高收入国家	77.6	80.0	81.2	80.4	80.3
中国	71.9	75.6	78.0	78.1	78.2

资料来源:United Nations. Department of International Economic and Social Affairs. Population Division[R]. World Population Prospects,2022:18—19。

社会保障资金缺口的主要驱动因素不是预期寿命的增加,而是出生率的显著下降。社会保障的预计成本增长速度通常快于预期收入增长速度,主要是因为随着出生高峰一代退休,纳税(缴费)的人比例下降和随之而来的低出生率的影响,只有少量的在职人员供养退休人员。

历史总和生育率的变化是由许多因素引起的,包括计划生育政策、社会态度、经济条件、节育做法和人口的种族/族裔等构成。自改革开放以来,女性的教育程度更高,劳动力参与率更高,初婚平均年龄较大,未婚倾向上升,离婚率更高,所有这些因素都与总和生育率持续下降有关。

2020 年低至 1.3 的总和生育率,还有 1 200 万的年出生人口新低,昭示了中国人口发展的严峻挑战。在 20 世纪 70 年代以前,中国的总和生育率曾一度超过 6,在 1963 年中国的生育率曾高达 7.5。新中国成立时中国的人口总量只有 1.5 亿,随后迎来三次重要的生育高峰(见图 3—9),第一次出生人口高峰出现在新中国刚成立后,10 年间累计出生人口 2.3 亿。第二次出生人口高峰从 1962 年开始,持续到 1972 年,为中国带来了 2.8 亿的出生人口。从某种意义上说,中国经济近 40 年的强劲增长和韧性,都受惠于这两次人口高峰带来的人口红利。在第二次人口高峰的末尾,中国开始了影响深远的计划生育政策。婴儿潮时代的出生人口长大后,从 1985 年开始第三次人口出生高峰,但持续时间只有 5 年左右,累计出生人口 1.17 亿。而第七次全国人口普查的总和生育率,却标志中国已经进入全球生育率最低的国家行列。一位育龄女性,平均生育 2.1 个小孩,也就是总和生育率保持在 2.1,才能保证正常的人口更替水平,也就是下一代的人口总数不增不减。"低生育率陷阱"(Low Fertility Trap)理论认为,当总和生育率降到 1.5 时,会进一步降低,再次提高生育率将会变得更加困难,因此双独二孩、单独二孩、全面放开二孩等政策在实施之初就可以预料到其效果。2013 年,中国开始启动单独二孩政策。截至 2014 年 8 月,在全国符合单独二孩政策的 1 100 万个家庭中,只有 100 万个对申请生育二胎。2015 年 10 月,中共十八届中央委员会第五次全体会议公报指出:要促进人口均衡发展,全面实施一对夫妇可生育两个孩子政策,积极开展应对人口老龄化行动。2016 年,中国开始实施全面二孩政策。政策放开的第一年,人口出生率出现了大幅增长,并达到了近十年来的最高点,但是接下来的 3 年连续下跌。生育政策之外,经济的发展从某种意义上抑制了人们的生育意愿和生育行为。住房和教育开支成为影响生育意愿最重要的两大经济因素,另外许多女性"不生、少生"的原因是担心影响职业发展、遭遇"母职惩罚"。

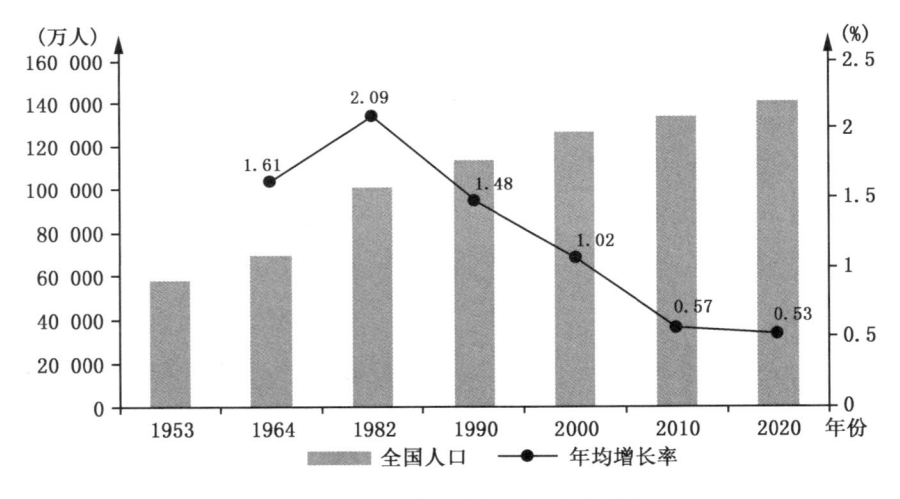

图 3—9 全国人口总量及年均增长率

在户别人口上,第七次全国人口普查数据显示全国共有家庭户 49 416 万户,家庭户人口为 129 281 万人;集体户 2 853 万户,集体户人口为 11 897 万人。平均每个家庭户的人口为 2.62 人,比 2010 年的 3.10 人减少 0.48 人。家庭户规模继续缩小,呈现出"原子化",主要是受中国人口流动日趋频繁和住房条件改善年轻人婚后独立居住等因素的影响。

在年龄构成上,第七次全国人口普查数据显示 0~14 岁人口为 25 338 万人,占 17.95%;15~59 岁人口为 89 438 万人,占 63.35%;60 岁及以上人口为 26 402 万人,占 18.70%(其中,65 岁及以上人口为 19 064 万人,占 13.50%)。与 2010 年相比,0~14 岁、

15～59岁、60岁及以上人口的比重分别上升1.35个百分点、下降6.79个百分点、上升5.44个百分点(65岁及以上人口的比重上升4.63个百分点)。中国少儿人口比重回升,生育政策调整取得了积极成效。同时,人口老龄化程度进一步加深,未来一段时期将持续面临人口长期均衡发展的压力。

根据国家统计局的数据,2022年年末全国人口141 175万人,比2021年年末减少85万人。全年出生人口956万人,人口出生率为6.77‰,死亡人口1 041万人,人口死亡率为7.37‰,人口自然增长率为－0.60‰。这也是中国人口自1962年以来(即近61年来)首次出现负增长。2022年60岁及以上人口28 004万人,占全国人口的19.8%,其中65岁及以上人口20 978万人,占全国人口的14.9%。[①]

按照65岁以上人口占总人口的比例,人口学上对老龄化有三个阶段的划分:老龄化社会,65岁及以上人口占7%～14%;老龄社会,65岁及以上人口占14%～20%;超老龄社会,65岁及以上人口占20%以上。

中国已经超越了老龄化社会,正式迈入老龄社会(见图3－10、图3－11和图3－12)。一个国家的老龄化越严重,承担的养老金支出费用越多,老年人口抚养比就越重,这种负担则主要是转移到劳动年龄人口上来。有种说法是,年轻一代赚钱能力的提高带来对年老一代赡养水平的提升,可以部分对冲赡养率高的问题。但年轻一代工资水平提高,更多的是市场经济下经济增长与通货膨胀的双重推动,而年老一代退休金的连年上涨幅度,也远超于年轻一代的工资上升比率。伴随人口增加和经济体量上升,现代社会人民的幸福感较之以前并未获得更大的提升,工资的实际购买力也并未完全超越以前。赡养率高的问题并非可以轻易得到解决,同时也要兼顾考虑比率与存量的问题,14亿人口的中国和一个几百万人口的欧洲发达国家相比,需要赡养的老年群体和所面临的问题不在同一个级别。

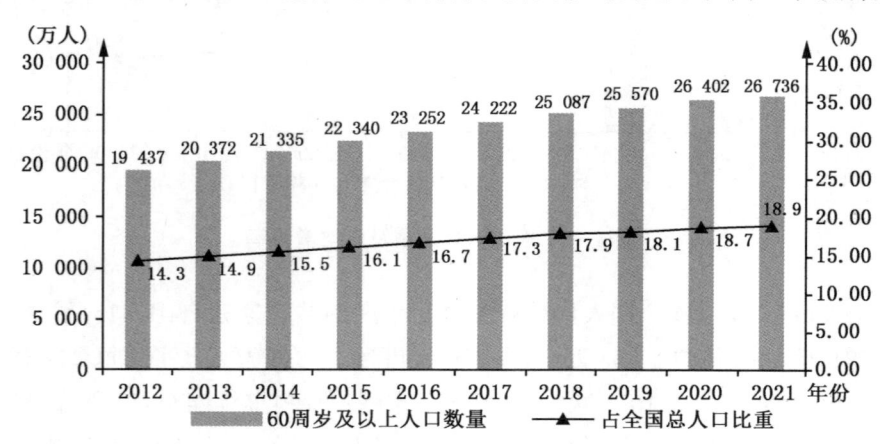

图3－10 2012—2021年全国60周岁及以上老年人口数量及占全国总人口比重

[①] 中国人口统计是10年做一次普查。10年期间,采用抽样调查和定向追踪的方法测算,在非普查年份,人口抽样调查的时点是每年的11月1日零点。

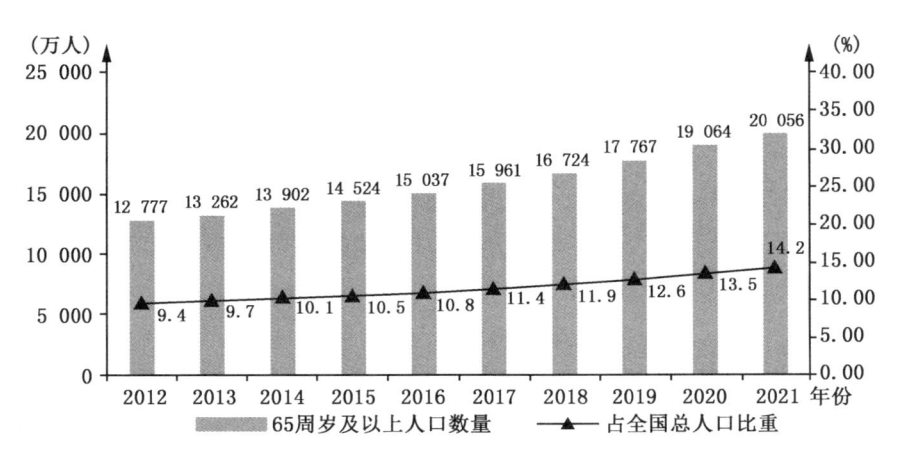

图 3-11 2012—2021 年全国 65 周岁及以上老年人口数量及占全国总人口比重

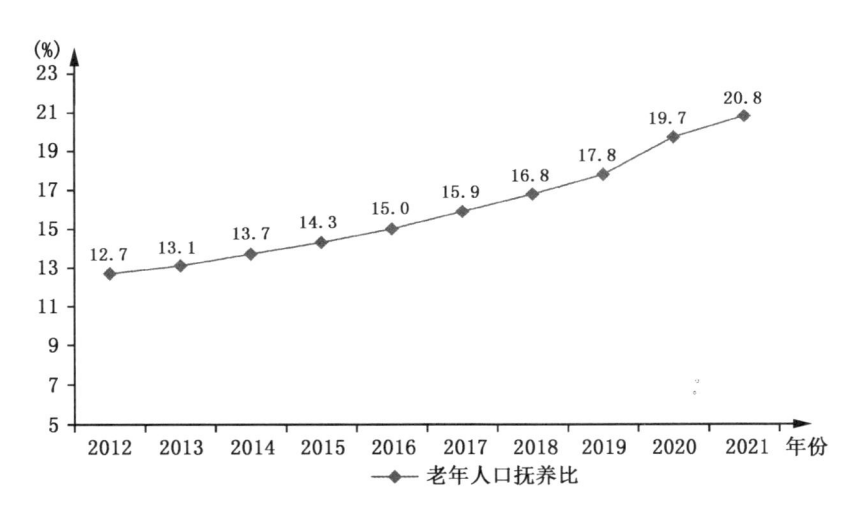

资料来源：国家统计局。

图 3-12 2012—2021 年全国 65 周岁及以上老年人口抚养比

尽管目前我国经济增速仍显著超过全球平均水平，但 2011 年以后经济持续减速，这与我国劳动年龄人口开始减少的时间非常吻合，说明人口老龄化会一定程度影响经济增速。当然这也是普遍存在的现象，发达国家的经济体在步入深度老龄化之后，GDP 增速也都出现了显著下降，而且平均增速都不超过 3%。老龄化加速对出口的负面影响主要体现在劳动力成本的上升上。近年来，我国出现了少数产业外迁现象。我国老龄化导致劳动年龄人口减少已经超过 3 000 多万人，国内劳动力成本不断攀升，与印度尼西亚、越南、印度等低廉劳动力成本形成明显反差。疫情之后全球经济增速出现回落，海外订单的减少使中国的出口增速将比经济增速回落更为迅猛。

从中国的省际数据来看，人口状况与社会保障和经济增长息息相关。随着中国各地逐步打破对人口流动的限制,许多中西部地区人才纷纷向广东、上海、浙江、江苏等东南沿海经济较发达地区迁徙,被形象地称为"孔雀东南飞"。第七次全国人口普查数据与第六次相比,31个省份中有25个省份人口增加。人口增长较多的5个省份依次为:广东、浙江、江苏、山东、河南,分别增加21 709 378人、10 140 697人、6 088 113人、5 734 388人、5 341 952人。人口数据一定程度上与经济数据呈现正相关,中国2020年各省份GDP排名中,人口最多的广东、浙江、江苏三个省,分别占据GDP排行榜的1、2、4名(见表3-13)。相比之下,黑龙江作为人口净流出最高的省份,GDP排名就处于靠后的位置。

表3-13　　省份人口增减排名与GDP排名的一致性

地区	七普人口数(人)	六普人口数(人)	人口增减(人)	人口增减排名	2020年地区生产总值(亿元)	GDP排名
全国	1 409 778 724	1 332 810 869	76 967 855		1 013 567.00	
北京	21 893 095	19 612 368	2 280 727	13	36 102.55	13
天津	13 866 009	12 938 693	927 316	19	14 083.73	23
河北	74 610 235	71 854 210	2 756 025	12	36 206.89	12
山西	34 915 616	35 712 101	-796 485	28	17 651.93	21
内蒙古	24 049 155	24 706 291	-657 136	27	17 359.82	22
辽宁	42 591 407	43 746 323	-1 154 916	29	25 114.96	16
吉林	24 073 453	27 452 815	-3 379 362	30	12 311.32	26
黑龙江	31 850 088	38 313 991	-6 463 903	31	13 698.5	25
上海	24 870 895	23 019 196	1 851 699	15	38 700.58	10
江苏	84 748 016	78 660 941	6 087 075	3	102 718.98	2
浙江	64 567 588	54 426 891	10 140 697	2	64 613.34	4
安徽	61 027 171	59 500 468	1 526 703	16	38 680.63	11
福建	41 540 086	36 894 217	4 645 869	6	43 903.89	7
江西	45 188 635	44 567 797	620 838	23	25 691.5	15
山东	101 527 453	95 792 719	5 734 734	4	73 129	3
河南	99 365 519	94 029 939	5 335 580	5	54 997.07	5
湖北	57 752 557	57 237 727	514 830	24	43 443.46	8
湖南	66 444 864	65 700 762	744 102	21	41 781.49	9
广东	126 012 510	104 320 459	21 692 051	1	110 760.94	1
广西	50 126 804	46 023 761	4 103 043	7	22 156.69	19
海南	10 081 232	8 671 485	1 409 747	17	5 532.39	28
重庆	32 054 159	28 846 170	3 207 989	11	25 002.79	17

续表

地区	七普人口数（人）	六普人口数（人）	人口增减（人）	人口增减排名	2020年地区生产总值（亿元）	GDP排名
四川	83 674 866	80 417 528	3 257 338	10	48 598.76	6
贵州	38 562 148	34 748 556	3 813 592	9	17 826.56	20
云南	47 209 277	45 966 766	1 242 511	18	24 521.9	18
西藏	3 648 100	3 002 165	645 935	22	1 902.74	31
陕西	39 528 999	37 327 379	2 201 620	14	26 181.86	14
甘肃	25 019 831	25 575 263	−555 432	26	9 016.7	27
青海	5 923 957	5 626 723	297 234	25	3 005.92	30
宁夏	7 202 654	6 301 350	901 304	20	3 920.55	29
新疆	25 852 345	21 815 815	4 036 530	8	13 797.58	24

资料来源：第七次、第六次人口普查数据，中国统计年鉴。

人口老龄化对经济的影响将是深重的，伴随着少子老龄化的趋势加剧，我国的人口红利时代正在褪去。最易受影响的当属作为国民经济支柱产业的房地产业，经济学家任泽平这样总结：房地产行业短期看金融，中期看土地，长期看人口。美国经济学家哈瑞丹特在《人口峭壁》一书中曾预测，人口下降将是中国房地产泡沫破灭的根本原因。房地产的繁荣依托于需求，但人口老龄化加速，不仅导致城镇化进程放缓，也会导致年轻人的购房需求下降，这都会终结房地产持续20余年的上行周期。房地产的需求下降又会进一步拖累制造业的投资增长，因此未来固定资产投资增速也会呈现下行趋势。

五、老龄化背景下与社会保障相关联的新政讨论

根据国家统计局《2014年国民经济和社会发展统计公报》，截至2014年年末，全国60周岁及以上人口21 242万人，占总人口的比重为15.5%，其中65周岁及以上人口13 755万人，占总人口的比重为10.1%，人口已经深度老龄化，而到2030年60周岁及以上人口预计更将达到总人口的25%。但中国的老龄化效应并不能与国外直接相比，长期实行计划生育与国外自愿减少生育带来的结果显然不同，这使得中国呈现出令人忧虑的"未富先老"特征。在中国，人口寿命的增长带来的将是社会保障支出的不断攀升并由此引发深远的社会结构变化。从总量上看，伴随着老龄化，社会保障支出额在不断增加。同时由于人们在结婚生育观念上的变化，出现了少子化，年轻人数量的减少使得负担社会保障费用的人数随之减少。这样最终导致社会保障基金收支上的不平衡，因此需要加强人口预测并通过科学测算，制订分阶段提高社会保障费用的征收比率计划，探讨社会保障基金新模式。从结构上看，农村人口的庞大基数以及青壮年进城务工人员的日益增加，必将导致农村老龄化程度远远高于城市，如何在完善城镇养老保障体系的同时，适当提高现有的低水平标准的农

村养老保障体系也是亟待解决的重要问题。劳动力是一项重要的资源,是产出方程的首要变量,人口红利指的是一国劳动年龄人口(15～60岁)比重较大,抚养率较低,增加消费,提高储蓄和投资,为经济发展创造有利条件。老龄化将导致劳动人口的萎缩,这一情况目前已开始显露,2013年国家统计局数据表明,2012年中国劳动年龄人口出现了第一次绝对下降,比上年减少345万人,人口红利趋于消失。2013年中国的劳动人口数量又减少了244万。老龄人口绝对数量和相对数量的增加,会使社会负担日益加重,社会保障资源面临巨大压力。而工作年龄段人口的逐渐减少以及抚养比率的上升可能对关键的增长决定因素产生深远影响,包括储蓄率、资本边际收益率以及全要素生产率。

因此应该实施今天为了明天的老年战略,创造老龄人口的红利效应,在增强养老储蓄和养老基金公共治理的基础上,通过提高老龄人口工作能力来拉动经济和创造红利,提高老龄人口的就业能力、消费能力,使国家重现劳动力优势的良好态势。中国在劳动力资源最丰富的时期是否已建立有效的社会保障体系关系到中国的长远发展,但显然"未富先老"作为中国老龄化的突出特征将对社会保障事业施加更大的压力并进一步影响经济增长进程,在中国需要考虑到一些特殊的问题。

(一)"单独二孩""全面二孩"政策对新增人口的影响

计划生育改善了中国人均禀赋严重不足的先天制约,但也使人口结构陷入"倒金字塔形"的严峻老龄危机。当今中国人口生育率维持在1.4～1.5,已经远低于人口更替率2.1的警戒线,十八届三中全会出台的放开"单独二孩"新政形成了一次系统脱敏,在当前形势下具有重要意义,据卫健委的数据表明,2014年全国符合"单独二孩"的家庭有1100万个,但实际上只有100万个家庭提出生育申请,新增生育情况远低于预期水平,在生存压力加大的情况下生育已经变得更加理性,鉴于此,十八届五中全会又进一步提出了放开"全面二孩"的决定。实际上从长远来看,应对老龄化下的劳动力存量下降的主要举措不在于延迟退休,而在于关乎国民大计的人口政策的转向。

(二)新型城镇化对农村劳动力转移的影响

温铁军(2014)认为,大规模农民市民化理论上可行,却可能在实践中导致农民工沦为城市贫民。因此引导人口向中小城镇就地转移的"就近城镇化"才是可行之举。新型城镇化的核心在于使农村劳动力有计划地向城镇转移,但当前的财政体制可能成为掣肘,因为在现行财政体制下地方政府的事权范围及转移支付的预算金额都是以辖区的户籍人口为基础的,没有涵盖城市新增的流动人口,而覆盖面的加宽将给地方财政带来巨大压力。另外,农村劳动力参与基本养老保险的比重低下以及基本养老保险跨省衔接的困境都将持续对新型城镇化的内涵形成考验。

(三)延迟退休对老年人就业的影响

未来20年,全球65岁以上人口将翻倍。发达国家大部分老龄人口受过良好的教育,能够适应新技术并保持高效的生产效率,推迟退休年龄并不会造成太大后果,因为这是一个具有财富积累并能够支付税费的群体。作为发展中国家的中国,老龄人口大多只有初级教育水准,其能胜任的工作对年龄的要求更为苛刻,而工作的低收入也使得他们更倾向于依赖社会福利,并且老一代的财富鸿沟还将遗留给下一代。实行延迟退休计划会带来弱势老年群体的抗争,这决定了中国的延迟退休计划必定是渐进的和审慎的。以德国为借鉴,尽管德国的老龄化比中国更为深重,但是德国政府和企业采取了一系列措施来积极应对老龄化的冲击,提供弹性的工作时间和退休时间,并尽量照顾老员工的身体健康,为适应员工老龄化的特点专门建造了老员工生产线,这些举措顺应了老龄化趋势的发展,极大地提高了生产率。如宝马集团这样的一些大型企业都被冠以"全球最适合老龄员工工作企业"的称号,所以既然老龄化不可避免,主动寻求应对之策就成为首选,借鉴发达国家有效的经验能够为中国老龄化应对之举提供有益帮助。年长者可能缺乏年轻人的一些特质,但应该设法利用不断增长的新生资源(如精深的专业知识),将老龄化的危机转变成新机遇的探讨。

(四)"以房养老""居家养老"对养老压力的影响

2014年7月1日起,老年人住房反向抵押养老保险开始在北京、上海、广州、武汉四个地区开展为期两年的试点工作,问卷调查反对者在九成以上。两年试点工作截止,全国老年人住房反向抵押养老保险投保人共有78人59户,办完所有流程的仅有47人38户。"以房养老"政策的不乐观,最主要的原因在于两方面:一方面房产作为中国家庭的首要资产,老年人更希望能够留给子女,另一方面,当今中国房地产业存在巨大风险,老年人不一定能够承受得住,"以房养老"脱离了中国的现实。

老龄化、产业化和城市化侵蚀了非正式的居家养老,如果说当前居家养老又逐渐被重视起来,正说明了形势的不容乐观,促使了养老向传统模式的回归。中国民政部数据显示,2014年在中国每1 000名老人只有25张养老床位,依靠政府养老存在着严重的资源不足问题,倒金字塔式的养老压力蔓延之下国家因此提出居家养老,如东县作为居家养老的示范点,正在推进"9073"养老模式,即90%由家庭照顾养老,7%由社区服务,3%进养老服务机构。居家养老与老年人的心境相契合,在当前的形势下具有特有的优势。计划生育政策实施多年后,许多中国家庭面临着家庭规模缩小以及家庭成员分离的问题,寻找履行孝道的办法将是一条可行的解决途径,但赡养父母的儒家传统在老龄化的今天却给独生子女带来了非同寻常的压力,部分学者因而怀疑是政府在实施鸵鸟政策,推卸责任并为自己的失职找借口。

(五)国有资本注资对养老保险基金缺口的影响

中国在20世纪最后十年里取得了令人瞩目的经济增长,很大程度上是以把养老金成本推迟至未来为代价的,中国经济目前正在偿还这笔旧债。2012年发生企业基本养老保险基金收不抵支缺口的省级单位就有17个,与此同时个人账户空账规模越来越大。2014年,中国的养老金缺口为2万亿元人民币,世界银行估算,到2075年缺口将达到9万亿元人民币。

而延迟退休一年,缴费可增收40亿元,养老金可减支160亿元(郑秉文,2021)①,对于2万亿元的缺口显然是杯水车薪。国有资产填补养老金缺口,不但缓解了城镇职工在经济增长过程中的不公平负担,而且有助于为新的经济增长带来推动,目前全国国有资产的2%即可满足填补养老金缺口的要求。2015年3月山东省出台《省属企业国有资本划转充实社会保障基金方案》,提出将山东省省属471户国有企业30%的国有资本划转充实省社会保障基金,为国有资产补充社会保障基金开了先河。国有资产划拨、国有利润上缴必将成为未来应对养老保险基金缺口的核心手段。

第三节　中国基本养老保险系统可持续的根本出路在于持续经济增长

一、基本养老保险可持续的研究背景

1997年中国初步建立了个人账户与社会统筹相结合的养老保险制度运行模式,然而养老保险制度设计作为世界性难题,实践探索发现养老保险体系运行的复杂性远远超出了制度设计预期。尹蔚民曾指出,中国养老保险存在三大难题:公平性、可持续性、流动性。② 关于公平性问题,2012年7月1日,全国所有县级行政区全部开展新型农村和城镇居民社会养老保险工作,基本实现制度全覆盖,2014年2月27日,《国务院关于建立统一的城乡居民基本养老保险制度的意见》顺利出台,2014年12月23日,第十二届全国人大常委会第十二次会议上通过推进机关事业单位养老保险制度改革,建立与城镇职工统一的养老保险制度,养老金"双轨制"矛盾得以从制度和机制上实现化解。在20余年的发展历程中,中国养老金体系在覆盖范围上取得了举世瞩目的成就,国际社会保障协会为此将社会保障杰出成就奖(2014—2016年)颁发给了中国。关于流动性问题,人力资源和社会保障部《关于贯彻落实国务院办公厅转发城镇企业职工基本养老保险关系转移接续暂行办法的通知》(人社部发〔2009〕187号)、《关于印发城镇企业职工基本养老保险关系转移接续若干具体问题意见的通知》(人社部发〔2010〕70号)、《人力资源社会保障部办公厅关于职工基本养老保险关系转移接续有关问题的函》(人社厅函〔2013〕250号)、《人力资源社会保障部关于城镇企业职工基本养老保险关系转移接续若干问题的通知》(人社部规〔2016〕5号)等一系列文件对城镇职工基本养老保险跨省转移做出了明确规定。归功于优化生育政策、逐步提高退休年龄和发展第三支柱养老金体系以补充国家主导的养老金计划的举措,2021年全球养老金指数通过三个加权分类指数(充足性、可持续性和完整性)来评估每个退休体系,在所有衡量

---

① 郑秉文.发达国家延迟退休的经验教训及其对我国的启示[J].清华金融评论,2021(7):63—66.
② 与郑功成提出的"覆盖率、替代率、公平性、可持续性"在本质上是相通的。华颖,郑功成.中国养老保险制度:效果评估与政策建议[J].山东社会科学,2020(4):66—74.

的分类指数中,中国大陆(内地)的得分在 43 个退休收入体系中排名第 28 位。在养老保险制度公平性和流动性上取得重大进展的基础上,可持续将成为下一步改革的重点。

《国务院关于完善企业职工基本养老保险制度的决定》(国发〔2005〕38号)提出养老保险制度改革的目标是建立适合中国国情,实现可持续发展的基本养老保险制度。《社会保障"十二五"规划纲要》强调了"广覆盖、保基本、多层次、可持续"的基本方针。党的十八大报告中关于社保的表述是,"坚持全覆盖、保基本、多层次、可持续的方针,全面建成覆盖城乡居民的社会保障体系",十八届三中全会提出的改革目标则是,"建立更加公平可持续的社会保障制度"。习近平同志在十九大报告中指出,"要全面建成覆盖全民、城乡统筹、权责清晰、保障适度、可持续的多层次社会保障体系"。相关政策文件无一不把养老保险的可持续放在突出位置。

在对各国养老金制度的可持续性问题的评价中,安联 2014 年对全球前 50 大经济体的养老金体系可持续状况做了相关统计,涵盖人口结构、养老金制度、养老金与公共财政占比等指标,中国的养老金可持续指数(PSI)排名第 45 位,甚至低于深陷债务危机的希腊(第 43 位)。2019 年 4 月 10 日中国社科院世界社保研究中心发布的《中国养老金精算报告 2019—2050》数据显示,尽管城镇职工基本养老保险基金 2019 年当期结余总额为 1 062.9 亿元,在 2028 年可能会首次出现负数,为−1 181.3 亿元,到 2035 年则存在耗尽累计结余的可能性。这无疑给 2019 年 5 月 1 日起即将实施的《降低社会保险费率综合方案》(国办发〔2019〕13号)浇了一盆冷水。

低水平低覆盖的养老保险自然不需要讨论可持续性的相关问题,研究可持续性,必然是在广泛覆盖、保障充分的养老保险前提下展开。随着中国人口老龄化的快速推进,基本养老保险财务隐患日显突出,福利刚性增长和政府财力增长减缓的矛盾成为"十三五"期间养老保险所面临的首要难题,经济发展新常态从收支两端双向挤压社保基金,对养老保险制度的可持续发展形成严峻挑战。自 2005 年始养老金的涨幅每年都在 10% 以上,《关于 2015 年中央和地方预算执行情况与 2016 年中央和地方预算草案的报告》明确,2016 年企业和机关事业单位退休人员养老金标准提高比例设定为 6.5%,这是多年来养老金涨幅首次跌回个位数,从侧面反映出养老保险可持续所面临的危机,2017 年涨幅进一步下调至5.5%,2018 年和 2019 年的涨幅则均确定在 5%,形势愈发严峻。对养老保险可持续性的关注使研究的视角得以转向,避免因过度关注当下与短期应对而忽略了养老保险发展应当重视的历史经验与长久的稳定预期,避免因过度关注局部与细节问题而罔顾了养老保险实践应当发挥的完整功能与综合效应。

二、优化路径下的养老保险参数决定机制

(一)统账结合体系的养老保险最优缴费比例

现行的"统账结合"的部分积累制混合养老体系设计为按照个人工资水平和相同的费

率缴费,但以平均替代工资和相同的替代率获得养老金的统筹账户和按个人工资的固定比率进行储蓄的个人账户的结合。根据迭代模型,将人生划分为两个时期——工作期和退休期,在任一时期 t 都存在 L_t 的工作人员和 L_{t-1} 的退休人员,n 为人口增长率,于是有 $L_t = L_{t-1}(1+n)$。设工资收入为 w,缴费比率为 $\theta(0 \leq \theta \leq 1)$,所缴费用一部分进入社会统筹,一部分进入个人账户,以 φ 表示社会统筹比率,$\varphi=1$ 即为完全的现收现付制,$\varphi=0$ 即为完全的基金制。因此 θ 可以衡量养老金的规模,φ 表示养老金体系的性质,$\theta\varphi$ 反映养老金的社会再分配程度。

设 t 期工作期的消费为 C_t,其老年退休期的消费为 C_{t+1},g 为工资增长率,r_{t+1} 为 $t+1$ 期的利率,于是老年期的消费可以表示为"工作期剩余储蓄+统筹账户+个人账户养老金",即:

$$C_{t+1} = (1+r_{t+1})[w_t(1-\theta) - C_t] + w_t\theta\varphi(1+n)(1+g) + (1+r_{t+1})w_t\theta(1-\varphi)$$

假设个人效用函数为 $\mu(C_i)$,满足单调增和严格凹,$\mu'(C_i) > 0$,$\mu''(C_i) < 0$,如果个人风险厌恶程度不随财富的变动而变化,则其效应函数为指数函数;但多数养老保险研究文献认为,效用函数随着财富的变大而增幅变缓,即效用函数为对数函数。设 $\rho(0 \leq \rho \leq 1)$ 为未来效用的贴现因子,消费者一生效用最大化问题就可以表达为:

$$\max U = \ln C_t + \frac{1}{1+\rho}\ln C_{t+1}$$

$$\text{s.t. } C_t + \frac{C_{t+1}}{1+r_{t+1}} = \left[1 - \theta\varphi + \frac{\theta\varphi(1+n)(1+g)}{1+r_{t+1}}\right]w_t$$

可求得工作期和老年期的最优消费,那么工作期的最优储蓄 S_t 就为工资收入减去工作期的最优消费支出:

$$S_t = w_t(1-\theta) - C_t^*$$
$$= \left[\frac{1}{2+\rho} - \theta + \frac{(1+\rho)(1-\theta\varphi)}{2+\rho} - \frac{(1+\rho)(1+n)(1+g)\theta\varphi}{(2+\rho)(1+r_{t+1})}\right]w_t$$

这时第 t 期末社会资本存量(第 $t+1$ 期初资本投入量)K_{t+1} 可以表示为 $K_{t+1} = S_t L_t$。假设企业的生产函数为柯布-道格拉斯生产函数:$Y_t = K_t^a L_t^{1-a}$,K 和 L 分别代表生产要素投入资本和劳动,a 为资本所占份额,$1-a$ 为劳动所占份额。企业的利润函数 p_t 就可以表示为:

$$p_t = Y_t - r_t K_t - w_t L_t$$

解得最优人均产出资本比:

$$\frac{y_{t+1}}{k_{t+1}} = \frac{Y_{t+1}/L_{t+1}}{K_{t+1}/L_{t+1}}$$

$$= \frac{(1+n)^2(1+g)(2+\rho)}{(1-a)\left[1 - \theta(2+\rho) + (1+\rho)(1-\theta\varphi) - \frac{(1+\rho)(1+n)(1+g)\theta\varphi}{1+a*\frac{y_{t+1}}{k_{t+1}}}\right]}$$

n、ρ、a 与 θ 显然是不相关的,实证研究显示 g 与 θ 也无显著相关性,于是令 $\frac{\partial \frac{y_{t+1}}{k_{t+1}}}{\partial \theta}=0$,便可以求得养老保险最优缴费比率:

$$\theta^* = \frac{\frac{(1-a)[2+\rho+(1+\rho)\varphi]}{(1+n)^2(1+g)} - 2(1+\rho)(1+n)(1+g)\varphi a}{\frac{(1-a)}{(1+n)^2(1+g)(2+\rho)}[2+\rho+(1+\rho)\varphi+(1+\rho)(1+n)(1+g)\varphi]^2}$$

如果将工作期人群细分为低收入者(人群比重 δ,工资水平 w_t^l)和高收入者(人群比重 $1-\delta$,工资水平 w_t^h),那么最优社会统筹比率也可以求得:

$$\varphi^* = 1 - \frac{(1+n)(1+g)}{1+r}\left[\frac{\delta}{\frac{(1+n)(1+g)}{1+r}-\frac{w_t^h}{w_t}} + \frac{1-\delta}{\frac{(1+n)(1+g)}{1+r}-\frac{w_t^l}{w_t}}\right]$$

在任何时期,养老金的经济增长效应与社会再分配效应总是既矛盾又统一的,但社会总福利的提高,归根结底还是依赖于经济增长,只有把经济总量的蛋糕做大,养老金才能成为有源之水。养老保险缴费,在满足社会再分配的情况下,应当优先考虑经济增长。因此下调养老保险缴费比率,收紧养老金增长速度,应当是一个契合时机的选择。

(二)影响公共养老金支出的参量

生命周期理论、再分配理论与效率理论为确定最优养老保险水平提供了规范分析的框架,合宜的养老保险水平则取决于缴费、待遇、覆盖面、退休年龄等因素。林德(Lindert,2004)根据 OECD 多年来社会保障支出数据发现,人口老龄化与一国社会保障占 GDP 水平之间存在显著的正相关关系,但存在上限。因为随着政府在社会保障方面支出成本的增加,社会保障规模不会再增加,这一拐点发生在社会保障支出占 GDP 的 22.4% 处。[①]

在某一时点,公共养老金支出水平的基本模型可以表示为:

$$PEL = \frac{N \times \bar{P}}{G}$$

其中,PEL 为公共养老金支出水平,N 为养老金领取人数,$\bar{P}$ 为养老金给付平均水平,G 为国内生产总值。

引入劳动力就业人数 L、15~59 岁劳动年龄人口数 $N_{15\sim59}$ 及 60 岁以上老年人口数 N_{60+},进行等价变换:

$$PEL = N \times \frac{\bar{P}}{G/L} \times \frac{1}{L} \times \frac{N_{60+}}{N_{15\sim59}} \times \frac{N_{15\sim59}}{N_{60+}}$$

这样,公共养老金支出水平可以改写为下列形式:

---

① Lindert P H. What Limits Social Spending? [J]. Explorations in Economic History, 2004, 33(1): 1-34.

$$PEL = \frac{N_{60+}}{N_{15\sim59}} \times \frac{N}{N_{60+}} \times \frac{\overline{P}}{G/L} \times \frac{N_{15\sim59}}{L}$$

根据劳动要素初次分配原理,国内生产总值(GDP)按照劳动要素分配系数进行初次劳动分配,此时,劳动力的平均工资可以表示为:

$$\overline{W} = \frac{G \times H}{L}$$

其中,$\overline{W}$ 为平均工资,H 为劳动要素分配系数。

这时就得到公共养老金支出:

$$PEL = \frac{D \times PR \times R \times H}{LR}$$

其中,D 为老年抚养比 $N_{60+}/N_{15\sim59}$,PR 为领取养老金人数比重 N/N_{60+},R 为养老金替代率 $\overline{P}/\overline{W}$,$LR$ 为劳动参与率 $L/N_{15\sim59}$。

假设劳动要素分配系数保持恒定不变,某一时点的公共养老金支出水平最终可以表示为:

$$PEL_t = PEL_{t-1} \times \frac{D_t \times PR_t \times R_t \times LR_{t-1}}{D_{t-1} \times PR_{t-1} \times R_{t-1} \times LR_t}$$

根据以上模型,公共养老金支出水平主要由老年抚养比、领取养老金人数比重、养老金替代率、劳动参与率等参数决定,并受到上期水平延续项的影响。其理论与政策含义为:老年抚养比的上升以及制度参数的不合理设置,导致养老金支出水平不断上升。人口老龄化是政策制定者无法控制的,但可以通过提高退休年龄、削减养老金指数等参量改革,合理控制公共养老金支出水平的过快增长,保持养老金制度的有效运行及可持续发展。

(三)经济增长容许线下的合意养老保险替代率

养老金替代率是退休时养老金领取水平与退休前工资收入水平之间的比率,或者是基本养老保险人均养老金占城镇居民人均可支配收入的比率,反映基本养老保险制度下退休者的生活保障情况。养老金水平与人均可支配收入存在明显的相关联系,如果该比率过低,显然待遇领取者晚年将陷入贫困(相对甚至是绝对贫困);如果该比率过高,则表明养老金制度过于慷慨,制度长期财务可持续性堪忧,而且容易引发收入倒挂现象。自 2005 年开始,中国城镇职工基本养老保险的待遇水平不断提高,企业部门退休人员月平均养老金水平到 2014 年已经达到了 2 050 元的水平,是 2005 年 713 元的 2.88 倍,如果以城镇居民家庭人均可支配收入和人均现金消费支出为度量基准,平均养老金的替代水平分别达到了 80% 和 120% 以上,相对于保基本的目标,这样的平均养老金水平已经很高。然而,如果以城镇单位在岗职工年平均工资为度量基准,2014 年平均养老金的替代水平却只有 40% 出头,其数值从 1997 年的 74.47% 到现在也是呈直线下降趋势,以至于在几年前就有学者认为中国的养老金替代率水平已经低于"国际警戒线",受这样的专家论断影响,中国政府受到了社会舆论一边倒的谴责。

关于养老金替代率,世界银行的标准是,要维持退休前的生活水平不下降,养老金替代率需不低于70%,国际劳工组织建议养老金替代率最低标准为55%,低于此水平,退休后的生活质量将显著下降。国家统计局最新公布的数据显示,2021年全国规模以上企业就业人员年平均工资为88 115元,对应月平均工资为7 342元,同时人力资源和社会保障部公布2021年全国企业退休人员月人均养老金为2 987元。从这两个平均水平来计算,2021年企业养老金替代率为40.6%$\left(\frac{2\ 987}{7\ 342}\right)$,显然不能满足退休群体更高的养老需求。社会平均工资替代率从20世纪90年代的77%一路下来,目前是40%(见图3—13)。老龄人口持续增加,出生人口持续降低,一增一减,所凸显出的经济代际传承的压力明显。

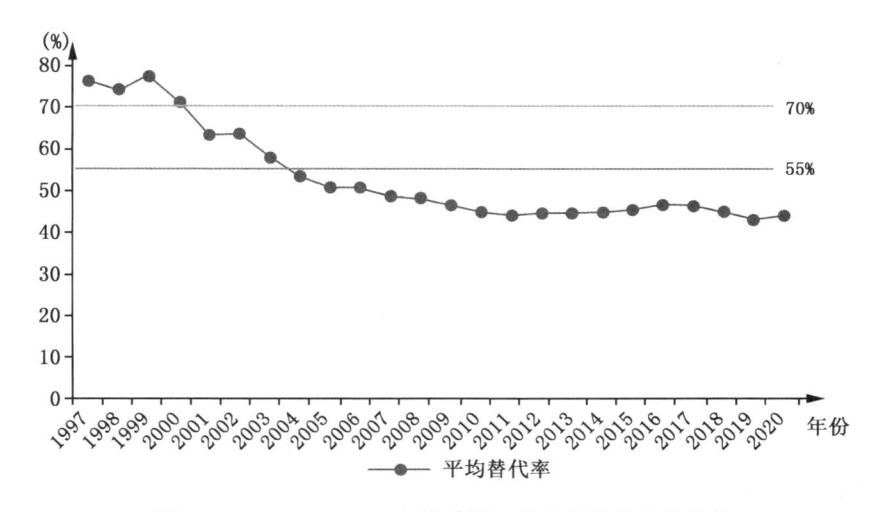

图3—13　1997—2020年城镇职工养老金替代率的走势

养老金替代率作为度量养老金水平最简单的数量指标,同时也是养老金问题研究中最容易混淆的概念。在"税前还是税后、即期还是退休年、简单个体还是社会平均"的影响下,养老金替代率的类型可以被概括成十几种之多。在OECD的统计数据库中,养老金替代率有毛养老金替代率(Gross Pension Replacement Rate,GRR)和净养老金替代率(Net Pension Replacement Rate,NRR)之分,毛养老金替代率是指以个人税前的养老金权益为分子、税前的退休前收入为分母计算出的养老金替代率,净养老金替代率是指以个人税后的养老金权益为分子、税后的退休前收入为分母计算出的养老金替代率。由于在中国养老金是免征个人所得税的,因此在进一步的归纳统计中,不用对作为分子的养老金进行税前税后区分。以此为基础,仅考虑税收对分母的影响,养老金替代率在口径上有以下八种(见表3—14)。

表 3—14　　　　　　　　　　　　养老金替代率的八种口径

分母（工资水平）			分子（养老金）		
			个人养老金		即期社会平均养老金
			即期	退休后第一年	
个人退休前一年或若干年平均工资		税前	动态 GTRR	静态 GTRR	—
		税后	动态 NTRR	静态 NTRR	—
即期社会平均工资		税前	动态 GCRR	—	动态 GARR
		税后	动态 NCRR	—	动态 NARR

资料来源：黄万丁. 基于 TRR 的养老金替代率精算模型研究——兼论中国公共养老金水平的高低[J]. 现代管理科学，2016(4)：66—68。

这八种口径是以"动态还是静态"为基础、围绕三种最基本的口径展开的，即目标替代率（Target Replacement Rate，TRR）、交叉替代率（Crossing Replacement Rate，CRR）和平均替代率（Average Replacement Rate，ARR）。目标替代率是指个人养老金与个人退休前工资水平的比率，交叉替代率是指个人养老金与社会平均工资的比率，平均替代率是指社会平均养老金与社会平均工资的比率。这三种类型替代率的差异不仅体现在数值大小上，更体现在背后的价值取向和应用背景上。目前，OECD 的统计以目标替代率为基础，关于中国养老金问题的研究多以平均替代率为基础并直接体现为动态 GARR 的形式。

除了技术上的统计口径，养老金替代率的精算模型同样有赖于制度的财务模式（需考虑制度的财务模式是现收现付制还是基金积累制），这两种模式下的养老金替代率精算模型也是不一样的。现收现付制养老金的替代率通常以平均替代率的形式出现，其水平由制度的抚养比（Supporting Ratio，SR）和费率（θ）决定，用公式表示即 $ARR = \theta \times SR$。如果一个社会的全体成员都是养老金制度的参保者，抚养比即代际抚养系数，假设人口增长率为 n，则代际抚养系数为 $1+n$，这是一般宏观分析的基础，所有关于现收现付会因为人口老龄化而不可持续的论述都是以此为基础的。完全基金积累制养老金的替代率通常以目标替代率的形式出现，其水平由费率（θ）、自我负担率（领取退休金的年数和缴费年数之比，E）、基金收益率（r）和个人工资增长率（g）共同决定，并取决于计发形式是生存年金还是定期年金。当基金收益率和个人工资增长率相等时，以退休第一年个人养老金水平为分子、以退休前一年个人工资水平为分母的目标替代率可以表示为：$TRR = \theta \times (1+g)/E$。如果 $r > g$，替代率会大于 $\theta \times (1+g)/E$，反之亦然。以此为基础，可以计算出以退休第一年个人养老金水平为分子、以当年社会平均工资水平为分母的交叉替代率，假设参保人的初始工资水平和当期社会平均工资相等且一直保持同等速度增长，当基金收益率和工资增长率相等时，交叉替代率可以表示为：$CRR = \theta/E$，同理，如果 $r > g$，替代率会大于 θ/E，反之亦然。

通过归纳可以发现,如果以纯个体的经济利益最大化为出发点,对基金积累制私人养老金和现收现付之公共养老金的取舍有赖于自我负担率和制度赡养率①的大小关系以及更复杂的工资增长率和基金增长率的高低关系、个体工资和社会平均工资的高低以及增长速度关系。如果抛开这些复杂的因变量就最简单的模型而言,代际负担轻、个体缴费年限长的社会总有长期维持任何一种养老金制度的潜力,因此最基础的工作仍然应着眼于人口增长和充分就业。

三、影响基本养老保险系统可持续的宏观要素分析

就整个养老保险系统而言,其可持续性表现为养老保险筹资系统、资金运营系统和支付系统的可持续性的统一,要求综合评价养老保险人口、机构设置、养老保险基金管理和代际平衡多个方面。如果只看到基金收支失衡问题本身,则眼界就过于狭隘。养老保险体系是一个整体的、协同发展的、动态的系统,可持续的养老保险制度的改革需要根据养老保险体系的整体功能进行层次和结构的优化安排,明晰系统内主要制度安排在结构和功能上的合理定位,厘清系统内各要素之间的相互作用方式及其传导机理,高度关注养老保险体系与社会经济外部环境之间的互动机理及其影响效应。

(一)人口老龄化加速、老年抚养比上升与延迟退休

中国的老龄化进程较之发达国家更为迅速,用于应对老龄化的准备时间却不多。根据国家统计局发布的关于人口的最新数据,2022 年全国 60 岁以上老年人口 28 004 万人,占全国人口总数的 19.8%,其中 65 岁及以上人口 20 978 万人,占全国人口总数的 14.9%。随着老龄化的加剧,领取待遇人数的大幅增长,基本养老保险制度对财政的依赖性日益增强。一些地方特别是中西部地区的部分省市城镇职工基本养老保险当期收不抵支,需要依靠财政补助资金或是动用基金积累来确保养老金按时足额发放,其中财政补助资金每年 3 000 亿元左右,中央财政补助占比 90% 以上。

中国基本养老保险刚建立时,老年人口抚养比约为 5∶1,2018 年老年人口抚养比就已达到 2.66∶1,老龄化使得年轻一代的缴费负担和养老压力大大加重。人口老龄化对经济的影响表现在储蓄率下降和投资不足,还表现在低成本优势丧失后企业竞争力的下降,而经济的衰退会使养老保险可持续面临更大的困难。在老年人口抚养比日益严峻的情况下,要维持养老保险制度的运行,养老保险费率还要面临上调压力。令人担忧的是,虽然养老保险的覆盖面在扩大,但仍有一些城市的城镇职工基本养老保险制度参保人数出现了负增长,同时参保人员的缴费不足现象也开始凸显。另外地区间的不平衡差距在加剧,从 2022

---

① 制度赡养率(Dependency Ratio,DR),旨在衡量制度内领取养老金的人数与缴纳养老保险费的人口结构,对养老金收支有着决定性影响。基本养老保险制度赡养率=离休、退休和退职人数/职工人数(即缴费人数)×100%,是制度抚养比的倒数。2020 年基本养老保险制度内赡养率全国平均值为 39.39%,这表明基本养老保险制度的财务长期可持续性存在压力。

年全国统筹调剂养老金上缴下拨情况来看,2022年广东省上缴了885亿元调剂金,北京市和江苏省分别上缴了323亿元和178亿元,意味着这三个省市不仅养活了各自的老人,还帮助全国其他地区养活了大量的老人。在下拨榜单上,黑龙江省(821.58亿元)、辽宁省(819.9亿元)和吉林省(237.6亿元)居前三位。2021年黑龙江省的老年人口抚养比为22.84%,广东省则为12.64%。东北的困难与当地经济下行压力较大、财政减收、人口转移及老龄化程度较高等因素密切相关。从目前的形势来看,中央通过养老金调剂,通过发达省份支援落后省份,似乎可以达到平衡,但其中的隐忧是巨大的,因为随着打工人口回流,广东省也进入了老龄化和少子化加速的转折期。

预期寿命延长、低生育率、高老年抚养比、退休年龄过早对养老金财务可持续性产生直接的负面影响。接近更替水平的生育率下的GDP总量与人均GDP最高,且养老保险累计债务最小,可减轻中国公共财政负担。目前约2.66个在职职工"供养"一个老人,现在人口趋势下,到2050年则只有2个缴费者赡养1个退休者,在老年抚养比持续上升的情况下,要维持养老保险制度的运行,养老保险缴费比率不但不能降低反而要进一步上调。伴随人均预期寿命延长、老龄化持续加深、就业人口减少、养老金支付缺口风险加大,推迟法定退休年龄成为世界范围大潮流。欧洲大部分国家法定退休年龄在65岁以上,美国没有法定退休年龄上限,只要医生证明身体健康,65岁以上老年人仍然可以继续就业并自行选择退休年龄;而65岁以前因健康欠佳提前退休必须有医院证明。然而,我国现行退休年龄为男60岁,女55岁;虽然公务员退休年龄已经开始逐渐提高的步伐,但仍然偏低,既浪费了大量身体健康并非高龄体弱的经验丰富的人力劳动资源,又造成许多身体健康老年人退休后无所事事反而影响身心安乐。因此建议积极推进逐步提高法定退休年龄,尽快达到男女65岁退休的目标。延迟退休年龄能明显降低老年抚养比、养老金的GDP占比和缴费率,增加保费收入和减少退休金支出,可双向正面影响制度的财务状况,在人口老龄化的情况下是必然的选择,同时也可以增加劳动力的供给,一举多得。部分学者认为延迟退休会对青年人就业产生挤出效应,这种对就业岗位的静态观察,忽略了老年人生产功能创造岗位需求,以及进入买方市场后消费拉动经济增长的动态原理。

(二)养老保险其他支柱对基本养老保险的分流功能

养老保险的三支柱(三层次)为基本养老保险、企业补充养老保险(企业年金)、个人储蓄性养老保险或商业养老保险(见表3-15)。目前中国的养老保险制度过于倚重第一支柱,形成孤军支撑局面,养老保险三支柱尚未完全发挥效能,更遑论五支柱。

表 3—15　　　　　　　　　　2020 年我国三支柱养老金体系构成

类型	构成		资金来源	参与人数（万人）	累计结余（万亿元）
第一支柱	基本养老保险	城镇职工基本养老保险	单位缴纳比例为 16%，个人为 8%	47 409	4.9
		城乡居民基本养老保险	由个人缴费、集体补助、政府补贴等构成	54 734	1.0
第二支柱	企业年金		企业缴费不超过职工工资总额的 8%，企业和职工个人缴费合计不超过 12%	2 718	2.3
	职业年金		单位缴费比例为本单位工资总额的 8%，个人缴费比例为本人缴费工资的 4%	4 235	1.3
第三支柱	个人储蓄型养老金		个人自愿参与	—	—
国家储备金	社会保障基金		由中央财政预算拨款、国有资本划转、基金投资收益和以国务院批准的其他方式筹集的资金构成	—	2.5

资料来源：全国社会保障理事基金会、人力资源和社会保障部。

2015 年企业退休人员养老金替代率（退休时养老金占退休前工资收入比例）达 67.5%，基本养老保险实际替代率为 43%，较之发达国家还是很不错的，但一旦加上第二支柱和第三支柱，与发达国家的差距就立刻显现。2016 年全国基本养老保险参保人数为 88 777 万人，而企业年金参加职工只有 2 325 万人，并且主要集中在垄断行业中的国企，目前中小型企业已经占到中国企业总数的 99%，但其企业年金份额仅占到市场份额的 1%，这种"国强民弱"的市场格局进一步加剧了中国养老金体系中公共部门与私营部门的割裂。三大支柱没有形成三足鼎立的局面，使得基本养老保险独木难撑，第一支柱的过高缴费率挤占了第二、第三支柱的发展空间，降低社会统筹部分的比例，并增加其他支柱，这样对企业和职工来讲都是有利的，并能促进企业年金和商业养老保险的快速发展。在确保基本养老保险财务可持续的前提下，通过第一支柱的"费率转移"，可以促进第二支柱企业年金的发展。完善企业职工基本养老保险全国统筹制度、夯实参保和缴费基数、实施渐进式延迟法定退休年龄等政策措施，可以进一步改善企业基本养老保险当期收支状况。预计采取上述措施以后，目前企业基本养老保险单位 16% 的缴费比例还有进一步下调的空间。

目前第二支柱发展较为缓慢，覆盖率依然有限。我国企业年金制度自 2004 年颁布实施，2006 年才逐步投入市场化运作。鉴于形势的严峻性，国家已开始启动相应措施，2015 年 3 月 27 日国务院通过的《机关事业单位职业年金办法》明确第二支柱的职业年金强制性建立，改变过度依靠基本养老保险的不平衡格局。《企业年金办法》由人力资源和保障部与财政部联合印发，自2018年2月1日起正式施行，只要参加了企业职工基本养老保险的用人单位及其职工，就可以建立企业年金制度，企业年金不论是企业缴费还是个人缴费，都记入个人账户，自开始之日起就属于个人权益，企业年金＝企业缴费＋个人缴费＋企业年金基金投资运营收益，实行信托制，由具有资质的基金管理机构投资运营。逐渐完善起来的积累制的第二支柱对养老保险制度的可持续具有重要意义，未来应严格划分不同支柱的界限，配合个税递延等税收优惠措施，大力支持企业年金和商业养老保险的发展。根据2021年度人力资源和社会保障事业发展统计公报，截至2021年年底，企业（职业）年金参加职工达7 000多万人，积累基金4.5万亿元；其中企业年金积累基金206万亿元，建立企业数量1 175万家，参与职工2 875万人。我国参加企业年金的职工人数仅占参加城镇职工基本养老保险人数的5.98%，占全部就业人口总量的3.85%，占全国总人口的2.03%。截至2022年9月，企业年金的覆盖人员实际上也仅相当于参加基本养老保险人数的7%。

要吸引中小企业建立年金计划，通过政策撬动单位缴费扩大企业年金覆盖面，需完善加入机制，探索企业年金从自愿到半强制的实施路径，逐步实现企业年金普惠性，可以建立简易年金计划，简化企业年金方案报备等审批流程，降低企业建立年金计划的准入门槛和管理费用，在促进企业年金市场管理机构规模扩大的同时，进一步调动企业年金市场的发展活力。

在第三支柱上，要开辟养老储蓄等新理财途径，满足不同层次劳动者积累养老财富的需求。参考国际经验，公募基金一直是养老保险第三支柱的重要参与者和引领者。以美国为例，2019年年末，美国DC计划中由公募基金管理的资产规模达到9万亿美元，占美国整体养老金资产的30%。在此过程中，关注税收递延和长期规划，以及产品的收益属性和风险属性。

2022年10月26日印发的《个人养老金实施办法》（人社部发〔2022〕70号）明确，个人养老金是政府政策支持、个人自愿参加、市场化运营、实现养老保险补充功能的制度，由此确立了我国第三支柱养老保险的基础制度框架。个人养老金实行个人账户制，缴费完全由参加人个人承担，每年缴纳个人养老金额度上限为12 000元。个人养老金账户的投资计划自主决定，可选择购买符合规定的储蓄存款、理财产品、商业养老保险、公募基金等金融产品（见表3—16）。个人养老金账户封闭运行，参加人达到领取基本养老金年龄或完全丧失劳动能力，或出国（境）定居，或符合其他规定，可领取个人养老金。个人养老金具有抵税、投资收益免税、可继承等多重优惠，给予个人更多资产配置的选择。

表 3—16　　　　　　　　　　　　　个人养老金融产品系列

行　业	产　品	基本情况
银行储蓄	养老储蓄存款、养老理财产品	过去养老理财产品中投资期限在1年以下和3年以下的产品数量占比分别为87%和94%,资产投向集中于高流动性、短期固定收益类资产。2020年年中开始受监管要求,若发行含有"养老"字样的理财产品必须获得监管部门认证,2020年2月20日,光大理财首款公募理财产品"阳光金养老1号"面向公众正式发售。2021年12月6日,工银理财、建信理财、招银理财和光大理财4家试点机构首批银行理财产品面向公众正式发售
保险	商业养老年金保险	过去养老年金保险的短期理财属性强、养老属性弱。2015年原保监会《人身保险公司保险条款和保险费率管理办法》,2017年《关于规范人身保险公司产品开发设计行为的通知》等进行了规范。2020年年末,商业养老年金保险保费收入712亿元,责任准备金超过5 800亿元
保险	老年人住房反向抵押保险	2014年6月原保监会发布《关于开展老年人住房反向抵押养老保险试点的指导意见》,2018年全面推行。截至2019年9月末,反向抵押保险期末有效保单129件,共129户家庭191位老人参保,参保老人平均年龄71岁
保险	个人税收递延型商业养老保险	2018年4月财政部等五部门发布《关于开展个人税收递延型商业养老保险试点的通知》(财税〔2018〕22号),自2018年5月1日起在上海市、福建省(含厦门市)和苏州工业园区开展试点。到2020年年底共有23家保险公司参与试点,19家公司出单,累计实现保费收入4.3亿元,参保人数4.9万人
保险	专属商业养老保险	2021年5月银保监会印发《关于开展专属商业养老保险试点的通知》,宣布自2021年6月1日起由6家人身险公司在浙江省(含宁波市)和重庆市开展为期一年试点
基金	养老目标基金	2018年2月证监会《养老目标证券投资基金指引(试行)》要求,以FOF方式操作,定期开放的封闭运作期或投资人最短持有期限不低于1年,包括目标日期、目标风险两类。截至2021年12月7日,我国养老目标基金达168只,封闭期为1年、3年、5年,规模合计1 115亿元

资料来源:银保监会、证监会、泽平宏观。

2022年11月25日,个人养老金制度正式启动,北京、上海、广州、西安、成都等36个城市和地区成为先行者。不同于基本养老保险的社会共济属性和企业年金、职业年金由用人单位建立,个人养老金的参加人将有更大的自由度和选择权。个人养老金实行个人账户制度,个人养老金投入的资金完全来源于个人,属于私有财产,没有社会互济性,实行完全积累。

个人养老金的吸引力主要体现在税收优惠和个人养老金产品两方面。从税收优惠角度看,部分群体缴费1.2万元的免税额度可能会降低当期一个税档,节税效应较为显著,根据参加人的年收入水平测算,每年可节税360元至5 400元。但从目前的安排来看,低收入群体参与积极性不高,个人所得税缴纳上,普通人在免征额6万元、"三险一金"和专项附加扣除之后本来不需要缴税了,此时不管缴纳多少钱的个人养老金,将来领取时都要按照3%纳税,因此税负反而增加了。从个人养老金产品来看,可信赖的投资机构、良好的资产组合和科学的资产配置,可以获取较好的长期投资收益。但是对于普通人而言,更在意当期的现金流,另外担心的还有金融机构所提供的个人养老金产品能否跑得赢通货膨胀。因此对于第三支柱是否能达到预期的效果尚不能完全确定。

人力资源和社会保障部数据显示，截至2022年年底，个人养老金参加人数1 954万人，但缴费人数只有613万人，总缴费金额142亿元。在难以享受优惠激励措施的情况下，民众可能缺乏参与个人养老金的积极性，因为数据表明符合政策优惠要求的人群规模仅6 000万~7 000万，从全国来看覆盖率远远不足。

因此需要进一步调整财税政策，建立动态调整机制来提高税收抵扣额度，并拓展税收优惠模式，提升制度的覆盖面以及公平性。农村居民、个体户、灵活就业人员往往养老保障不足，开展养老金积累的手段比较有限，期望未来有更多的金融机构针对这类人群提供产品和服务，所以养老金融创新要注重增强普惠性，充分考虑中低收入群体养老金积累需求。

《中国银保监会办公厅关于开展养老保险公司商业养老金业务试点的通知》（银保监办发〔2022〕108号）显示，为落实中共中央、国务院关于规范发展第三支柱养老保险的决策部署，进一步促进我国多层次、多支柱养老保险体系发展，更好满足人民群众多样化养老保障需求，银保监会决定开展养老保险公司商业养老金业务试点。自2023年1月1日起，在北京市、上海市、江苏省、浙江省、福建省、山东省、河南省、广东省、四川省、陕西省10个省（市）开展商业养老金业务试点，试点期限暂定一年。参与试点养老保险公司为：中国人民养老保险有限责任公司、中国人寿养老保险股份有限公司、太平养老保险股份有限公司、国民养老保险股份有限公司。试点内容包括：一是创新发展养老保险公司商业养老金业务，提供包括养老账户管理、养老规划、资金管理和风险管理等服务，满足客户生命周期内多样化养老需求。二是探索利用多渠道开展商业养老金业务，更广泛地覆盖和触达广大人民群众，特别是新产业、新业态从业人员和灵活就业人员。允许企事业单位以适当方式，依法合规为个人提供交费支持。三是探索建立与商业养老金业务特点相适应的销售长期激励机制、风险管控机制和投资管理机制等，坚持长期投资、价值投资、审慎投资，开展养老资金长周期管理。

发展商业养老金融，创新服务和产品形态，有利于满足人民群众多样化养老需求，也能够提供更多运作安全、成熟稳定、标的规范、侧重长期保值的满足不同偏好的金融产品。银保监会已经先后启动了专属商业养老保险、养老理财产品、特定养老储蓄等试点，取得积极成效。开展养老保险公司商业养老金业务试点，进一步丰富商业养老金融产品供给，是坚持人民至上、守正创新，贯彻党的二十大精神的具体举措，也是落实协调发展其他个人商业养老金融业务要求的创新探索，有利于促进和规范发展第三支柱养老保险。

商业养老金业务主要具有以下特点：一是账户与产品相结合。为个人建立信息管理账户，提供不同期限、风险、流动性等特征的商业养老金产品，满足客户稳健投资、风险保障、退休领取等养老需求。二是建立锁定养老账户与持续养老账户的双账户组合，兼顾锁定养老资金长期投资和个人不同年龄阶段流动性的双重需要。三是产品设计以积累养老金为主要功能，支持个人长期持续积累养老资金，并可提供一定的身故、意外伤害等附加风险保障。四是强化风险管控,建立产品托管机制,加强投资监督和估值对账,通过多种手段控制风险。五是提供定额分期、定期分期、长期(终身)年金化领取等多种领取安排。六是提供包括收支测算、需求分析、资产配置等养老规划服务,协助客户管理好生命周期内的养老风险。

商业养老金定位于面向广大人民群众的普惠性、创新性个人商业养老金融业务,是第三支柱养老保险的组成部分,对个人养老金制度发展具有支持和补充的作用。两者主要区别在于:第一,个人养老金是政府政策支持、个人自愿参加、市场化运营,实现养老保险补充功能的养老保险制度。商业养老金是个人自愿参与、市场化、法治化运作的养老金融业务,由养老保险公司提供包括账户管理、规划顾问、产品购买、长期领取等一站式服务。第二,国家制定税收优惠政策,鼓励符合条件的人员参加个人养老金制度并依规领取个人养老金。个人参与商业养老金业务,不享受相关个人所得税税收优惠政策。第三,在中国境内参加城镇职工基本养老保险或者城乡居民基本养老保险的劳动者,可以参加个人养老金制度。年满18周岁的个人可与养老保险公司签订商业养老金业务相关合同,通过商业养老金账户长期积累养老金。第四,个人养老金资金账户用于购买符合规定的银行理财、储蓄存款、商业养老保险、公募基金等金融产品。商业养老金客户可选择购买养老保险公司提供的多种商业养老金产品。

(三)收支缺口、个人账户空账与国有资本划转

《中国养老金发展报告2016》显示,2015年养老金累计记账额已经达到4.7万亿元,累计结余却只有3.5万亿元。社会保障司《关于2015年全国社会保险基金决算的说明》显示,2011—2016年5年的基金收入年均增速为15.1%,同期支出年均增速却是19.6%,支出增速快于收入增速4.5%。若不计入财政补助,2018年全国当期结余出现2 561.5亿元的缺口,到2022年这一缺口达到5 335.8亿元。可以看出企业职工基本养老保险基金保费收入无论从总量还是增长速度上都显著低于年度支出,缺口主要以财政补贴来弥补。

2019年5月1日实施的《降低社会保险费率综合方案》(国办发〔2019〕13号)规划将城镇职工基本养老保险单位缴费比例高于16%的省份降至16%,但又要求"保证按时足额发放养老金",支付压力可想而知。2019年当期收不抵支的省份已经高达16个,广东以外多数省份养老金支付持续性已经接近或开始触及警戒线。中国为应对人口老龄化所积累的储备基金受到经济发展程度的制约,收支缺口由财政托底,在可预见的未来,随着经济结构调整和经济增速放缓,缺口填补会使财政投入不堪重负。

个人账户的资金被挪用,用于填补社会统筹基金的缺口,个人账户实际上已经变成了名义账户,空账问题使得中国名义上的部分积累制变成实质上的现收现付制,个人账户所积累的养老金权益就是养老保险制度对缴费者的负债。个人账户的空账作为隐性债务的重要组成部分,但不是全部,由于事业单位和公务员之前未缴的空缺,全国统筹而产生的跨省支付也都形成庞大的隐性债务,实际上大多数学者对隐性债务的研究是基于封闭系统

的,而区域间流动人口的转入转出所造成的隐性债务也必须加以考虑。

养老保险基金收入增长明显放缓,主要受到两个方面因素影响:一是参保职工人数或覆盖率;二是缴费基数或工资水平。养老保险基金支出持续快速增长,同样受到两个方面因素影响:一是离退休人数或制度赡养率、退休年龄;二是养老金替代率水平及增长机制。当今养老保险基金财政补贴的快速增长不仅影响到财政支出结构,更深刻影响到国民经济的运行,并且作为养老保险基金重要收入来源的财政补助当前也面临着难以再大幅增长的困境,近年来,国家财政收入的增速从曾经的20%降低到了个位数。

用国债、福利彩票、国有资本划转来解决养老保险转轨成本造成的隐性债务,都具有较强的可操作性,其中国有资本划转弥补缺口,既不改变资产所有制性质,又能很好地促进经济发展和社会福利提高。为弥补个人账户的空账,2007年7月国资委和证监会发布《国有股东转让所持上市公司股份管理暂行办法》。中共十八届三中全会决定提出:划转部分国有资本充实社会保障基金。2017年11月18日国务院印发《划转部分国有资本充实社保基金实施方案》,基本目标是弥补因实施视同缴费年限政策形成的企业职工基本养老保险基金缺口,促进建立更加公平更可持续的养老保险制度。

(四)养老保险基金的保值增值

在国外,养老保险基金作为资本市场上重要的机构投资者,其投资行为对资本市场的波动、上市公司治理以及金融创新都有着重要影响。中国人力资源和社会保障部社会保险事业管理中心发布的《中国社会保险发展年度报告2015》显示,目前养老保险基金平均投资收益率只有2.32%,基本养老保险基金的收益率远低于同期CPI的增长率,基金处于贬值中,而全国社会保障基金和企业年金平均投资收益率则分别达到了8.36%和7.87%。尽管允许养老保险基金进入资本市场运作,可能会提高养老保险基金的投资回报率,但养老保险基金的市场化运作还是存在巨大风险,因为养老保险基金性质比较特殊,对风险规避有一定的要求,《全国社会保障基金投资管理暂行办法》对社保基金投资的种类及其比例限制就有明确的规定,养老保险基金是养老保险制度的物质基础,是退休人员的生活来源,是百姓的养老钱,其安全和保值增值关系到社会保障事业的健康发展,甚至是社会的和谐稳定。

基本养老保险基金的收益率低,究其原因主要是基金的投资渠道较窄,没有形成有效的市场化投资体系,存在银行和购买国债都无法使养老保险基金保值增值,而从长期的国际经验来看,投资资本市场能够较好实现基金的保值增值。构建养老保险基金最优投资策略和合理的监管机制模型,如综合考虑养老保险基金的收益性、风险性和流动性的动态资产配置模型、养老保险基金投资管理者的监管激励模型、基于嵌入收益保证的养老保险基金投资测算风险准备金模型,这些模型的构建都是对现有养老保险理论体系的丰富和完善。应用投资组合理论和优化决策理论,可以证明养老金在理论上存在最优投资策略,同时平衡风险与收益。中国应借鉴日本GPIF投资运营策略的经验做法,逐步实行法人机构投资者管理模式,积极培育养老基金管理人市场,采取被动投资为主、主动投资为辅的投资策略,逐渐拓展投资渠道,丰富投资工具,合理配置基本养老基金的资产组合,确保基本养老保险基金的保值增值。

四、维系基本养老保险系统可持续的对策建议

(一)经济社会宏观视野下的基本养老保险系统可持续

养老问题牵一发而动全身,必须放在人口背景、宏观经济、制度变革的大视野下研究,利用动态人口结构模型、动态约束理论、灰色理论进行动态开放系统的人口结构预测,量化缴费范围;应用福利经济学、最优决策理论综合考虑福利优化和经济增长条件下的最优缴费比例;应用系统动力学基于弹性退休对基金收支进行测算;运用现代投资组合理论、委托代理理论对养老保险基金投资运营与监管进行分析,然后再去关注基金本身所存在的问题就会相对更加清晰(见图 3—14)。

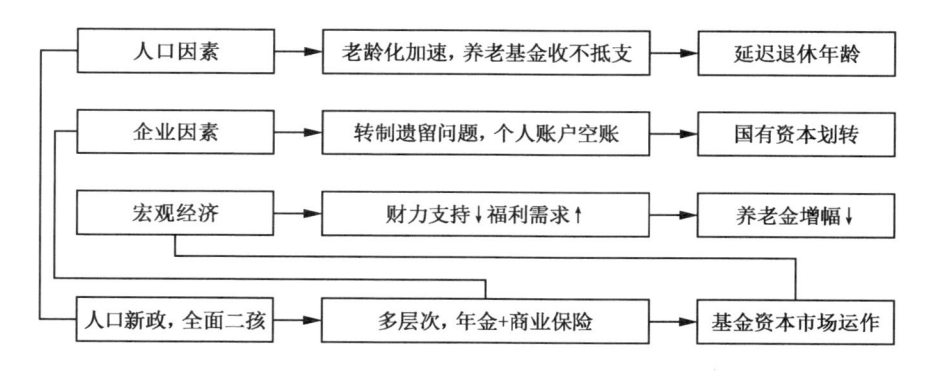

图 3—14 影响基本养老保险可持续的要素分析及解决方案

人口老龄化加速、国有企业历史转制、经济运行新常态,这些宏观背景直接关联到养老保险系统运行,并且宏观约束条件不能改变只能适应,这就要求必须在顺应历史趋势下找寻维系养老保险系统可持续的策略,高屋建瓴整体把控。应从国家战略高度,建立科学有效的人口生育管理和服务机制,切实做到人口政策调整的软着陆,提高政府对抚育孩子的支出成本,减少家庭养育负担,提高家庭生育意愿、生育水平和人口质量,应对少子化、老龄化危机对养老金支付体系的冲击;针对过去,划转国有资本解决国有企业转制遗留问题;面向未来,依据经济发展形势,科学合理确定养老金增幅。

(二)针对养老保险基金本身的"开源节流"措施

养老保险基金收支压力不断增大与参保人员对养老金待遇水平不断增长之间的矛盾越来越突出,已经成为目前养老保险制度体系建设所面临的直接问题,国家已着手实施基金统收统支战略,启动中央调剂制度,研究统筹基金与个人账户基金分账管理,按照"保基本"原则完善养老金计发及调整办法,试行弹性退休办法,建立财政投入的科学长效机制等。

就基金池而言,基金可持续最重要的应付手段是"开源节流",延迟退休既增加了缴纳养老保险的时间,又减少了领取养老金的时间,同时增加了劳动力供给和提升产出,多层次的养老保险体系是从开源上保证多重渠道养老供给,调低养老金增长幅度则是从节流上采取措施,国有资本充实社会保障基金则填补了历史遗留问题欠账(见图3—15)。

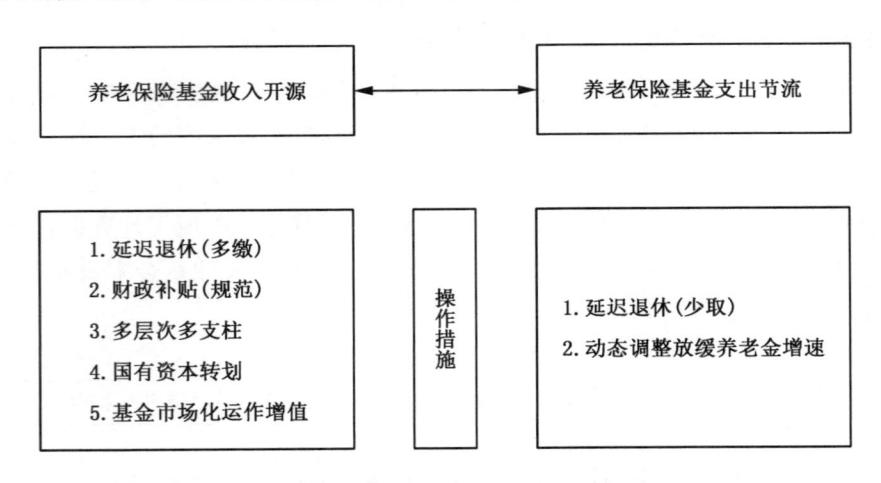

```
┌─────────────────────┐         ┌─────────────────────┐
│  养老保险基金收入开源  │ ◄─────► │  养老保险基金支出节流  │
└─────────────────────┘         └─────────────────────┘

┌─────────────────────┐   ┌────┐   ┌─────────────────────┐
│ 1. 延迟退休(多缴)    │   │ 操 │   │ 1. 延迟退休(少取)    │
│ 2. 财政补贴(规范)    │   │ 作 │   │ 2. 动态调整放缓养老金增速 │
│ 3. 多层次多支柱      │   │ 措 │   │                     │
│ 4. 国有资本转划      │   │ 施 │   │                     │
│ 5. 基金市场化运作增值 │   │    │   │                     │
└─────────────────────┘   └────┘   └─────────────────────┘
```

图3—15 维持养老保险基金本身的"开源节流"措施

缴费方面来看,中国养老保险缴费率已达到28%,属于缴费最高国家行列,缴费比例很难再继续追加[①],但即使是这样的缴费水平,依然满足不了养老金支付上的缺口,原因在于,一是当年计划生育政策造成现在的急剧老龄化,二是当年国有企业改革时所造成的转型成本。参保人员缴费与财政补贴受到未来工资收入增长和宏观经济增长的约束,增加养老保险筹资的空间有限,而养老保险制度整合降低养老负担的作用微弱。

因此重心落在支出节流方面,未来主要通过提高退休年龄和控制养老金待遇过快增长来实现养老保险制度可持续发展。提高退休年龄时,要及时出台针对老年人的就业支持、收入援助等综合配套措施,坚持保基本的原则,控制养老金待遇过快增长。

基金收支上的"开源节流"措施实施时必须权衡规划相关参数调整,改变基本养老保险相关参数的僵化局面而增加应有的弹性。基本养老保险作为公共养老金制度,有必要统筹考虑费基、费率、缴费年限、待遇水平、退休年龄等内在因素与财政投入、国资划转、物价变化等外部性因素,并赋予其根据现实情形有序调节的功能,打好组合拳。只要做到结构改革与参数调整并重,中国养老保险制度就必定能够在维护公平、稳定的前提下实现可持续发展。

(三)基本养老保险系统可持续根本出路在于长期经济增长

养老保险支付上的缺口填补取决于财政补贴和政府经济负担能力,由于养老保险的准

---

① 目前企业的缴费比例已经在削减。

公共品属性,决定其多样化的承担主体,由政府、企业和个人共同承担,养老保险制度因此绑架了政府财政,而财政的兜底,使得未来的养老金支付出现的任何风险都将放大成为中国的财政风险。拆西墙补东墙的措施虽可缓解一时之急,却不能从根本上解决问题,而长远来看,需要的是经济增长带来更多可分享成果的最终驱动力。总的来讲,要根据量能负担原则处理好养老保险水平与劳动力成本之间的矛盾,就中国处于经济增长新常态和快速深度老龄化的国情而言,更要权衡老年保障程度与经济增长之间可能存在的矛盾,在保证经济增长的同时提高劳动生产率才是应对老龄化和实现养老保险可持续的根本出路。

第四节 中国社会保障支出中的历史"碎片化"问题

中国社会保障支出规模对长期经济增长的影响是研究的主要方面,但不容忽视硬币的另一面,即社会保障支出结构上存在的深层次问题。

一、中国社会保障发展中的不平衡性问题严重

在发展中国家,劳动力从第一产业向第二、第三产业转移后,需要更为有效的社会保障支出保证。尤其在中国,由于历史原因造成的社会保障人群"碎片化"状况,人群待遇之间存在鸿沟,改革的压力可能更大。随着农民工市民化和新型城镇化进程,其原先参加的新农保转化为基本职工养老保险、新农合转化为基本职工医疗保险,再加上其他社会保障待遇,社会保障支出上也会出现急剧增加。社会保障制度的"碎片化",会造成人群间的福利攀比,不利于社会稳定。劳动力的流动性加剧了不稳定工作岗位的增加,若这些群体缺乏享受与正常职工同等地位的社会保障制度待遇保证,会造成缴费人群与享受人群的脱节,进一步影响社会的安定和谐。《社会保险法》实施之后,社会保险覆盖面不断扩大,但扩面的主要对象如农民工、小微企业员工、灵活就业者的参保率仍然较低。2012年全国农民工总量达到26 261万人,但是截至当年年末参加基本养老保险的农民工人数为4 543万人,仅占全部农民工的17.3%,外出农民工参加基本养老保险的比例则更低,只有14.3%(见表3—17)。另外,东部地区外出农民工参加基本养老保险的比例远高于西部地区,在行业划分中在建筑业工地上工作的农民参加基本养老保险的比例显著偏低。因此中国社会保障支出存在的问题不仅在于其规模,更在于其结构。

表3—17　　　　　　　外出农民工参加基本养老保险的比例　　　　　　　单位:%

年份	全国	东部地区	中部地区	西部地区	制造业	建筑业	交通运输业	批发零售业	住宿餐饮业	居民服务业
2008	9.80									
2009	7.60	8.80	5.20	4.20	8.80	1.80	10.70	6.10	3.60	4.80
2010	9.50	10.90	7.10	5.50	11.00	2.80	13.70	7.00	4.50	6.50

续表

年份	全国	东部地区	中部地区	西部地区	制造业	建筑业	交通运输业	批发零售业	住宿餐饮业	居民服务业
2011	13.90	16.40	8.30	8.30	14.10	4.30	24.40	15.10	7.30	12.40
2012	14.30	16.90	9.20	8.30	15.20	3.80	24.10	14.30	7.00	12.10
2013	15.70									
2014	16.70	20.00	10.70	11.40	21.40	3.90	17.60	14.40	10.00	11.80

资料来源：国家统计局，且2014年之后不再公布本项数据。

当前中国的社会保障体系很大程度上呈现出"碎片化"这一特征也成为学界关注的热点。"碎片化"是指完整的体系被分割成若干部分，部分之间彼此缺乏有效的沟通与协调，从而造成各部分发展上的不均衡和冲突。社会保障的"碎片化"可以分为社会保障对象的"碎片化"、社会保障项目的"碎片化"、社会保障管理的"碎片化"、社会保障资金来源的"碎片化"四种类型（关信平，2011），但是后三种"碎片化"实际上都是基于社会保障对象的"碎片化"，当然"碎片化"也可以采用人群、城乡、地区为主要划分标准。

人群之间的"碎片化"。政府在"碎片化"整合上的努力也是卓有成效，以养老保险为例，梳理政策逐步推进的脉络，得到表3—18。

表3—18　　　　　　　　　　中国养老保险政策演进

发布日期	文件名称	内容
1997年8月27日	《国务院关于建立统一的企业职工基本养老保险制度的决定》	职工保
2009年9月1日	《国务院关于开展新型农村社会养老保险制度试点的指导意见》	新农保
2011年6月7日	《国务院关于开展城镇居民社会养老保险试点的指导意见》	城居保
2014年2月21日	《国务院关于建立统一的城乡居民基本养老保险制度的意见》	城乡居民保
2014年2月24日	人社部、财政部《城乡养老保险制度衔接暂行办法》	居民保职工保转接
2015年1月14日	《国务院关于机关事业单位工作人员养老保险制度改革的决定》	养老金并轨
2015年8月23日	《国务院关于印发基本养老保险基金投资管理办法的通知》	基金投资
2017年7月4日	《国务院办公厅关于加快发展商业养老保险的若干意见》	商业养老保险
2018年6月13日	《国务院关于建立企业职工基本养老保险基金中央调剂制度的通知》	中央调剂制度

续表

发布日期	文件名称	内容
2019年12月3日	《人力资源和社会保障部办公厅关于职工基本养老保险关系转移接续有关问题的补充通知》	关系转移接续
2022年10月26日	《个人养老金实施办法》	个人养老金

资料来源：国务院政策文件库。

长期以来养老金双规制一直饱受诟病，机关事业单位工作人员的养老金已经成为国家的沉重包袱，是不可持续的。3 800多万政府公务员和事业单位工作人员（除此之外，纳入并轨的还有1 500多万已退休人员）缴纳养老金会使养老金制度更加公平，但在持续老龄化的背景下其持久性仍待考验。并轨成功使得这个群体必须缴纳养老金，但未缴部分又会带来数万亿元的养老金缺口。养老金储备耗竭的可能性逐渐增大，寻求国有资产注资填补养老金缺口的措施可能是一条解决之道。目前基本养老保险形成职工基本养老保险、城乡居民基本养老保险两大格局，但问题仍旧是存在的，制度上的并轨容易，实际待遇上做到无差别困难。2013年，北京大学国家发展研究院发布的"中国健康与养老追踪调查"显示，政府或事业单位养老金的中位数为24 000元，企业养老保险金的中位数为18 000元，城镇居民养老金的中位数为每年1 200元，新农保养老金的中位数仅为每年720元，群体间养老金差异巨大。目前机关工作人员的退休收入替代率已经超过80%，甚至达到90%左右，而企业职工的养老金替代率则从改革初期的60%下降至40%左右。在确定公务员和事业单位人员要缴纳基本养老保险的同时，职务与职级并行的改革方案也提上日程，机关事业单位工作人员人均每月工资还将增加300元左右。养老金待遇鸿沟未来将怎样变化尚不确定。

截至2020年年底，全国各省份实现了基金省级统收统支，解决了省内地区间基金负担不均衡的问题。但是，由于我国区域间发展不平衡，经济发展水平、人口年龄结构等存在差异，各省之间养老保险基金结构性矛盾日益突出。一些省份基金结余比较多，但一些人口老龄化程度比较重的省份，养老保险基金的支出压力比较大。在这种情况下，需要尽快实现全国统筹，在全国范围内调剂使用基金。

为均衡地区间企业职工基本养老保险基金负担，实现基本养老保险制度可持续发展，国务院决定建立养老保险基金中央调剂制度，并制定养老保险全国统筹的时间表、路线图，城镇职工基本养老保险和城乡居民基本养老保险都在全国统筹的范围内。全国统筹制度实施以后，将建立中央和地方政府的支出责任分担机制，使资金在全国范围内互济余缺，有利于发挥基金的规模效应，增强支撑能力。

同样，医疗保险也包括机关事业单位公费医疗、城镇职工基本医疗保险、城镇居民基本医疗保险、新型农村合作医疗四种类型，筹资方式、报销比例、起付线与封顶线也是相差悬殊。社会保障体系中的第三核心——最低生活保障，包括城市居民最低生活保障，农村低保与特困户救助，资金筹集以地方为主，各地采用"基本需求法"，制定了各自的贫困标准。

"碎片化"的社会保障制度之间难以进行有效的转换和接续,从而形成人群之间的利益分割。2016年1月12日发布的《国务院关于整合城乡居民基本医疗保险制度的意见》,对促进城乡医疗卫生事业的协调发展具有重要意义,又迈出了改革中的关键一步。

城乡之间的"碎片化"。截至2014年年末,全国城镇常住人口为74 916万人,占总人口比重为54.77%,乡村人口为61 866万人,占总人口比重为45.23%。社会保障在城乡之间形成鸿沟,尽管缺乏当前数据,但从国家统计局2007年数据来看,城市居民家庭人均社会保障支出为1 900.2元,而农村只有94.3元,相差极为悬殊。《中国社会保障发展报告2016》的数据显示,在2014年新农保与城居保合并之前,2009—2014年新农保基础养老金的全国最低标准一直维持在每人每月55元的水平,这样的养老金水平所发挥的功能极其有限,亟需财政上的进一步投入。

地区之间的"碎片化"。以城镇职工基本养老保险为例,2012年年底全国31个省份和新疆生产建设兵团都已建立养老保险省级统筹制度,但各省之间的待遇差别很大,尤其是东中西部的差异巨大,劳动力流动带来的基本养老保险跨省转移也因此而存在难度,2013年城镇职工基本养老保险跨省转移关系仅有156万人,相比参加城镇职工基本养老保险的人数24 177万人(见表3—19),劳动力跨省转移在制度壁垒下困难重重,显然不符合市场经济下劳动力资源自由转移的基本条件。

表3—19　　　　　　　　　　城镇职工基本养老保险的跨省转移

年份	城镇职工基本养老保险:基金收入:征缴收入(亿元)	城镇职工基本养老保险:个人账户基金(亿元)	参加基本养老保险人数:职工人数(万人)	城镇职工基本养老保险:跨省转移基金(亿元)	城镇职工基本养老保险:跨省转移关系(万人)
2010	11 110.00	2 039.00	19 402.30	33.00	29.00
2011	13 956.00	2 703.00	21 565.00	105.00	79.00
2012	16 467.00	3 396.00	22 981.12	178.60	114.70
2013	18 634.00	4 154.00	24 177.00	268.00	156.00

注:经过部分整理。关于跨省转移基金和跨省转移关系的数据仅有2010—2013年数据,人力资源和社会保障部2014年之后不再公布此项数据。

资料来源:国家统计局、人力资源和社会保障部、Wind数据库。

从全国统计数据来看,根据审计署的审计报告(2012),全国实际执行的企业职工基本养老保险单位缴费比例共有16种,最高为22%,最低为10%,有8个省份尚未实现省内缴费比例统一,有的省份缴费比例多达12种,缴费上的差别更带来退休后实际领取养老金金额的差距。

从表3—20中可以看出,西藏由于参加基本养老保险人口基数小,并由于高原补贴等原因,其离退休人员年人均领取养老金金额最高,其次是北京、上海两地,而江西、吉林、四川等地排名在末,北京 2013 年的数据基本上是江西的两倍,发达地区在退休后的养老金的发放上明显处于优势地位。从"碎片化"的退休后养老待遇差距可以认识到,"逃离北上广"显然是伪命题。

表 3—20　　　　　各地区参加城镇基本养老保险离退休人员年人均养老金　　　　　单位:元

地区	2011 年	2012 年	2013 年
北京	27 877.69	30 385.53	33 399.68
天津	21 168.51	23 264.25	25 319.44
河北	19 688.72	23 166.96	24 859.95
山西	20 731.91	23 188.10	26 465.56
内蒙古	19 731.86	22 463.29	23 818.50
辽宁	18 153.89	20 622.38	22 430.11
吉林	13 938.06	16 096.15	18 045.29
黑龙江	15 891.66	17 857.36	20 984.79
上海	24 441.30	26 608.93	29 900.43
江苏	18 605.40	20 881.03	23 092.69
浙江	21 434.72	22 527.57	23 689.49
安徽	16 707.63	19 802.42	20 494.15
福建	19 446.31	21 782.85	25 429.55
江西	13 831.10	15 702.54	17 011.24
山东	23 772.76	25 437.26	27 670.71
河南	17 585.69	19 998.79	21 851.00
湖北	15 317.58	17 636.04	20 155.78
湖南	14 991.69	16 738.35	18 880.66
广东	20 520.75	23 084.24	24 923.31
广西	16 082.43	18 161.60	21 099.18
海南	19 920.74	21 769.54	21 019.27
重庆	15 271.10	16 709.09	18 449.07
四川	15 217.44	17 126.97	18 577.25
贵州	17 877.02	19 697.95	21 601.16
云南	16 395.40	19 088.18	21 934.26
西藏	33 105.97	34 914.20	38 246.86
陕西	21 111.76	22 643.36	24 224.54
甘肃	18 093.34	20 608.54	22 503.74

续表

地区	2011 年	2012 年	2013 年
青海	21 323.24	24 832.19	28 098.63
宁夏	18 631.37	21 619.91	23 788.55
新疆	20 681.44	23 056.09	25 520.91

注：各地区参加城镇基本养老保险离退休人员年人均养老金采用各地区年城镇基本养老保险基金支出（亿元）除以各地区城镇基本养老保险离退休人员数（万人）得到。

资料来源：人力资源和社会保障部。

二、社会保障"碎片化"分割的形成机制

中国几个重要的社会保障制度的形成与建立和完善社会主义市场经济体制存在密切的联系，尤其是与国有企业改革密不可分。20 世纪 80 年代初，为配套国有企业的改革，取消政府对企业职工福利的统包政策，减轻企业负担，养老保险从国有企业中剥离出来，实行社会统筹。1997 年《国务院关于建立统一的企业职工基本养老保险制度的决定》把企业职工纳为一个整体，形成中国当今社会保障体系中第一个大的"碎片"，这一政策实现了特定历史条件下的改革初衷，社会保障起步阶段只能覆盖部分群体，因而必定是"碎片化"的。社会保障的建设和发展是"由点到面"式的，不可能一蹴而就。人群的差异性需求难以在开始就通过形成一个完整的社会保障制度予以解决，模式的一体化不仅不会产生公平，反而是导致不公的来源。在诸多限制因素下，如地区、城乡、人群之间发展的不平衡，从一开始就实现统一的标准是不可能的，因此社会保障的"碎片化"具有一定的历史必然性。中国的特殊国情——城乡二元分割，决定了城市和农村的社会保障体系必定是单独发展。城乡居民在收入和生活水平、生活理念等方面存在明显差距，很大程度上导致城镇与乡村的断裂和隔阂，使得中国的社会保障制度只能沿着城乡有别的路径分别发展，形成两个内在循环系统。

但"碎片化"的根源却在于财政分税制改革，地方政府的财政到哪一级，社会保障的统筹层次就到哪一级。尽管有上级政府的财政补贴和转移支付，社会保障的庞大支出项目也使得地方政府财政捉襟见肘。赵斌等（2009）指出，一方面财政收入在上移，另一方面支出责任在下移，不断推进的民生项目要求地方政府提供更多的配套资金，而资金的短缺就成为地方政府社会保障制度安排上责任缺失的重要原因。即使维持低水平的社会保障各项补贴，地方政府面临的财政支出压力也巨大。在现行的财权、事权划分体系下，地方政府心有余而力不足，强化了地方政府与中央讨价还价的动机。既然无法提供省级统筹的统一的社会保障标准，就只能一块一块地"打补丁"式发展社会保障事业，这也是越到基层政府"碎片化"越严重的重要原因。现实中，社会保障多种制度并存也必然要求部门管理上的协作，由此形成多头治理和制度空白，使得社会保障的"碎片化"更加"碎片化"。

三、广角视图和历史演进下的综合分析

中国社会保障"碎片化"在其特定的历史成因下,发展到现在,很难一概而论。郑秉文(2009)从社会稳定、社会公正、社会流动、资金运用效率、财政风险等角度历数了中国社会保障"碎片化"的十大危害。但是从客观上来讲,对问题的分析必须全面,社会保障的"碎片化"分割确实存在很大的弊端,但产生过程中也有其合理之处。

(一)"碎片化"的弊端

1. 地区之间的"碎片化"

社会保障的统筹层次低,无疑会妨碍劳动力在地区之间的自由流动,从而不利于全国范围内统一的人力资本市场形成和人力资源的优化配置,并造成劳动力市场供给与需求之间的扭曲。由此形成的地方保护主义、区域封锁等会对经济增长产生损害,且使得地区之间的差异增大和固化。第六次人口普查数据表明,中国当前人口居住地与户口登记地所在的乡镇街道不一致且离开户口登记地半年以上的人口为 26 139 万人,其中市辖区内人户分离的人口为 3 996 万人,合理的人口流动作为社会运行的"润滑剂",为社会系统注入了活力,如果没有社会保障的便利接续和流转,那么很难想象问题会有多么严重。中国《城镇企业职工基本养老保险关系转移接续暂行办法》已经出台,但在实际操作过程中仍然有许多问题亟待处理。社会保障制度在地方上的极度"碎片化",强化了人群流动和经济往来的障碍,抑制竞争从而最终造成对经济增长的不良影响。从公共选择理论视角看,社会保障"碎片化"状态下的公共管理也是失效的。查尔斯·蒂伯特(Charles Tiebout)的"用脚投票"表达偏好的方式在社会保障"碎片化"的状况下很难得以体现,实际上在缺乏政治载体情况下,分割的壁垒又如此之高,以至于"用手投票"也是无效的。

2. 城乡之间的"碎片化"

在中国城乡居民间的年人均收入差距巨大,社会保障制度"碎片化"造成的待遇不平等将进一步拉大城乡之间的差距,使城乡之间的离散作用加大,冲突加强,不利于社会的良性发展,并且阻碍城乡一体化进程,不利于农村剩余劳动力的转移。农民工作为城乡分割的中间群体,在社会保障中所处的地位相对尴尬。农民工身份地位的变迁滞后,不能适应其经济地位和专业选择的快速发展需要,其社会保障统筹账户不能实现跨区流动和有序衔接,统筹养老金沉淀在其打工地区,使农民工的利益受损,导致农民工"退保"现象时有发生。现行的农民工参加的社会保障模式主要有:(1)参加流入地的城镇职工社会保障,大部分省市采用此种模式,如广东、甘肃、陕西、河南等;(2)参加流出地的农村社会保障,2009 年的试点覆盖全国 10% 的县(市、区、旗);(3)参加"双低模式"社会保障,相对于城镇职工社会保障而言,此种模式缴费标准和待遇水平都比较低;(4)参加综合社会保险模式,如上海、成都等试点。尽管 2009 年的《农民工参加基本养老保险办法》征求意见稿已经出台,将免除农民工异地转续社会保障关系而造成的"便携性损失",但是对于已经缴费多年而又"退保"的

农民工来说,统筹部分的损失是无可弥补的,而多数农民工最终还是会选择回乡,如何形成与新农保的有效衔接也是一个问题。另外,户籍制度的限制使得大部分已参加新农合的农民工在外地的医疗保险问题难以解决,并且农民工无法享受当地的社会救助和社会福利待遇,因此农民工社会保障问题从根本上得到解决是很困难的。2003年沿海地区首次出现的"民工荒"近几年来有加剧的趋势,一方面是廉价劳动力供给在减少,之前的"人口红利"正在消失,根据国家统计局原局长马建堂的说法,中国的"刘易斯拐点"在2013年之后显现出来,农村劳动力成为产业工人已不再产生较大生产力。另一方面,是由于农民工在社会保障福利待遇上受到的不公正待遇使其外出参工的积极性下降。

3. 人群之间的"碎片化"

因身份不同而形成的保障待遇差别,会造成实质的不公。个人的福利状况主要取决于与他人相比较而获得的效用,在这样的情况下,保障待遇上的两极分化势必会造成社会不满情绪的上升,从而不利于社会的和谐稳定。随着民众对改革中社会公平的关注度日益提高,"养老金双轨制"问题成为近年来两会上的经常议题。有学者指出,中国各阶层的收入加上其享用的社会保障待遇后,收入差距不但没有缩小,反而扩大了(景天魁,2007)。社会保障没有起到应有的调节收入差距的功能,却起到了反作用,成为导致社会不公平的来源。这种由社会保障的"碎片化"造成的危害严重损害了社会保障的公平公正原则。另外,在社会保障和福利待遇水平的严重分化下,人力资源集中转向行政事业单位,形成就业选择的不合理偏好,影响人力资源的合理有效配置。

(二)"碎片化"的合理之处

1. 满足社会公平正义需求

在社会保障的未完善期,对于尚未进入社会保障体系的人员来说,"打补丁"的碎片化过程很大程度上满足了社会的公平正义需求,覆盖了更多的人群,给劳动者带来了福祉,就不能不说是一种好的方式。

2. 维护社会稳定

社会学研究认为,阶层利益的"碎片化",某种程度上减轻了社会震荡,从而有利于社会的稳定。那么,一定程度上的社会保障"碎片化"实际上是有益的。关信平(2011)指出,"碎片化"的社会保障体系较为灵活,可以适时应对经济周期以及处理新问题,并且对制度进行调整和改革也比较容易,而"一体化"的社会保障模式则恰恰相反,不利于各方面的利益协调,并且容易导致下级政府对上级政府的依赖,最终导致中央财政负担加重。

3. 提供社会激励

最根本的是,"碎片化"的社会保障提供了一种激励,这里的"碎片化"也可称之为"差异性",某个单位、某个地区经济效益好,理所当然可以在国家社会保障基础标准之上提高支付待遇,以使下辖的民众充分享受经济发展成果,从而刺激生产热情。从这种角度讲,也不能不说是一种有利的手段。维持竞争、刺激生产,是保证单位或地区经济有效运行的重要手段,而生产的越多,缴的越多,领的就越多。社会保障的"差异性"为经济体注入了活力,因而也是有益的。实际上,中国改革开放前的计划经济时代所实施的大一统式的国家保险型社会保障采取"一刀切"的方式,尽管没有"碎片",却泯灭了个人参与经济生产的热情,因而实际效果并不理想。可以这样讲,有利于经济发展的社会保障,必定是不完整的。

(三)"碎片化"的利弊综合分析

对社会保障"碎片化"的利弊进行全面的分析,就必须从发展的角度看待整个问题。

1. 社会保障体系发展的初期

社会保障的形成期,"碎片化"策略有利于社会保障体系的建设,降低政策执行成本和人群推行难度,并有助于实现地区统筹的可能性。甚至可以说,"碎片化"既是必要的,也是必然的。

2. 社会保障体系逐步完善期

在社会保障体系发展起来之后,如果没有统一的、保障基本需求的底线公平网,完全的"碎片化"的裂痕就会持续扩大,并对经济和社会造成严重的危害,如听而任之,这种"碎片化"利益格局固化后形成人群、行业、地区间的内部循环,会进一步增加政策改革的难度。内部循环形成群体内的"同质性",从而在利益分配上对弱势群体形成强有力的排斥,这种惯性使得利益分化加剧。

在制度经济学中,制度存在着自我强化和路径依赖,从而使得积重难返。社会保障制度的"碎片化"困境也是如此。因社会保障刚性需求和福利待遇"棘轮效应"的存在,享受社会保障政策待遇优厚的群体不愿放弃既得利益,出现要么"碎片化"下群体待遇差别持续增大,要么进行改革从而引起既得利益群体的抵抗这样的两难局面。谭兵(2011)指出,2008年以五省市试点的事业单位养老制度改革遭到事业单位人员的强烈抵制,根本原因在于"碎片化"造成的利益格局已经固化,必然使改革受阻。法国社会保障改革中所引起的不满和罢工也很好地说明了这一问题。

3. 社会保障体系成熟期

合适条件下,建立统一的、保障基本需求的底线公平网,在此基础上,允许各地区、各部门依据自身经济发展的水平,提供社会保障更高层面的福利待遇,给人群以激励,从而兼顾公平和效率。

但是对政策改变的效应进行完全的预测是非常困难的,事实上,一旦实现统一的社会保障待遇标准,财政支出风险就由地区层面上升到国家层面,尽管在大数法则下的共担机制有助于分散个人风险,但对国家而言却意味着支出风险的总体上升。确切分析其中的利弊,必须有待进一步的量化。

另外,统一模式下社会保障的管理成本对中央来说是大大增加的,尽管减轻了地方政府的管理负担;"碎片化"社会保障的管理模式加大了地方的管理成本,却使中央具有更加灵活的调控方式,孰轻孰重也是很难区别的。

四、国外相关问题的对待处理

国外社会保障"碎片化"问题也由来已久,郑秉文等(2009)指出,在发达国家,无论基本养老保险制度还是职业年金,都首先起源于公务员职业年金计划。[①] 从国际经验来看,绝大多数国家的社会保障覆盖都是从部分群体开始,因而必定是"碎片化"的。

欧盟的劳动者无论在哪个国家缴纳社会保险税,都会在其社会保障 IC 卡上留下记录,退休之后可以通过 IC 卡顺利享受社会保障待遇。这种转移的便利性,为发展中国家社会保障的一体化建设提供了一个很好的榜样。但是,欧洲大陆国家对人群社会保障分类计划降低了其劳动力市场的灵活性,并造成失业率居高不下,当然一定程度上还与其社会保障水平过高有关。

以"碎片化"严重的法国为例,其社会保障的"碎片化"形成的利益分化格局已经固化,每次社会保障改革时都会引起部分群体的强烈反抗和罢工,特别是改革分离的公务员计划时引起的公务员的罢工(郑秉文,2008),成为困扰法国政府的一大难题。

在世界银行五种社会保障制度改革模式基础上,孙守纪(2010)提出了第六种模式——统改的整合"碎片化"制度改革,指出目前有超过 30 多个国家已经或正在进行整合社会保障"碎片化"的改革,最早是 1981 年的智利,较晚的是 2005 年的斯洛伐克和 2006 年的澳大利亚,并以约旦的社会保障制度改革为例进行说明,约旦"碎片化"社会保障严重阻碍了劳动力的流动,造成养老金待遇水平不公和政府财政负担过重。在这种情况下,约旦政府通过改革私人部门社会保障制度的契机,果断把公务员(CP)和军事人员(MP)社会保障计划纳入其中,形成全国统一的社会保障一体化模式。

但在社会保障体系的完善过程中,各国也都考虑了人群的差异性需求,美国是相对做得好的国家之一。关键的问题在于要分清社会保障体系中哪些方面必须体现原则上的公平,而哪些方面必须体现效率。澳大利亚建立在统一安全网之上体现差异的社会保障模式对发展中国家社会保障的整合提供了有益的借鉴。

五、社会保障未来发展中的整合策略

"碎片化"是中性的,不代表一种缺陷或负面效应,反而在特定历史条件下是合理的,因此不能被简单定性。目前中国的社会保障"各自为政"模式之所以饱受诟病,是因为这种"碎片化"并没有以统一的底线公平为基础,由此形成的裂痕越来越大,以至于造成一种实质的不公。完全消除这种裂痕并不是要回到国家保险型社会保障模式,所有人的社会保障

[①] 公务员是社会保障制度中首先被覆盖的群体,即使在今天,孟加拉国、不丹、博茨瓦纳、黎巴嫩、马尔代夫等社会保障覆盖的群体也仅仅是国家公务员,而巴西、法国、德国、希腊、爱尔兰、墨西哥、波兰、秘鲁、土耳其等依旧采用单独的现收现付制公务员保障模式,韩国、印度、马来西亚、菲律宾、西班牙、新加坡、泰国、美国(部分州)实施积累制的公务员保障模式。

待遇完全一样,这样会严重损害经济效率,抹杀个人的劳动积极性,这种方式是危险的且不可取的。

社会保障作为一种特殊的公共品,必须在更大范围内实施,由国家统筹管理。社会保障中的社会保险覆盖人群越大,越有利于风险的分散。马歇尔(Marshall,1975)认为,社会保障作为人类基本权利,是缩小收入差距,促进社会公平的重要手段。社会保障底线公平,必须打破户籍制度,消除身份差别,实施基本公共服务均等化。社会保障体系的三个核心——养老保险、医疗保险、最低生活保障——必须体现公民权利的一致性,最大限度实现公平。当前形势下,底层群众和弱势群体的上进心理成为国家当前社会保障改革的重要动力源。中国当前的社会保障体制下,养老保险所面临的"碎片化"现象实际上比医疗保险更为突出,问题也更多,这主要是基于当时政策制定时的顶层设计不同。郑功成(2011)提出了中国社会保障体制中养老保险"碎片化"整合的详细路径。但如何在"碎片化"与"组织化"的对立中达到统一,关键在于国家社会治理过程中的定位(刘祖云和曲福田,2007)。

中国现代化社会保障体系的建立和完善有其自身的特殊性和复杂性,为实现社会保障的跨越式发展,保证社会保障改革的稳步,必须首先设立改革的过渡机制,保证政策的平稳衔接和有序结转,实施"老人老办法,新人新办法,中人补齐"。其次,遵循"低水平、广覆盖、易转移、可持续"的基本原则,建立统一的、保障基本需求的社会保障体系,实现人群的全覆盖,降低行政成本、政策成本和信息处理成本,保障民生,适度普惠,为社会保障的长远发展奠定基础。再次,在底线公平的基础上,为满足不同利益群体的诉求,再进行弹性化的制度设计,体现差别性,发展补充养老保险、补充医疗保险等,形成对个体的激励机制。当然,这种差别性是建立在底线公平上的差别性,而非是"碎片形式的"割裂的差异性。"求同存异",在实现公平的基础上体现效率原则,才真正发挥了社会保障的应有功能。

第五节　公共财政对社会保障的责任

一、财政与社会保障之间的关联

公共财政与社会保障都是现代国家的重要体现,两者虽然具有不同的内涵,但功效上存在交集。社会保障与公共财政都源于对市场缺陷的弥补,社会保障与公共财政的三大职能——资源配置、收入分配、经济调控——也紧密相连,并成为公共财政部分民生内容的体现。只有明确了财政与社会保障之间的关系,其他问题才有可能解决。社会保障财政责任的划定不仅是完善社会保障制度的现实需要,而且是维护社会公平正义和保障弱势群体的需要;不仅是应对老龄化和人口流动迁移的需要,而且是促进中等收入群体橄榄型社会转型和经济可持续发展的需要。从横向上看,越广义的社会保障,与财政的重合度越高;从纵向上看,越高水平高福利的社会保障,对财政的依赖度越高。前者是社会保障的应有之义,实现应保尽保;后者则是一种畸形福利,最终拖累整个经济增长。因此在政策实践中,应当发扬前者而警惕后者,社会保障需要内涵,需要外延,但不能过于丰厚,损害效率而助长懒惰。如果社会保障存在适度规模,则必定是既能保证人民生活,又能促进经济增长,在此基础上,再去讨论财政对社会保障托底的支持力度。而社会保障政策一旦制订,就具有一定时长的延续性和惯性,在实施之前,必须经过缜密的演算以保周全。

(一)两者的目标与内涵

公共财政,作为国家或政府为市场主体提供公共服务的分配活动或经济活动,既是国家满足社会公共需要而对社会产品所进行的一种社会集中性分配行为,也是一种宏观的社会公共管理活动,以达到优化资源配置、调节收入分配、维持经济稳定增长等目的,其定义与范围随着政府职能的拓展而丰富、发展。新时代的财政体制机制着力于建立现代财政制度,财政的职能定位已经转向优化资源配置、维护市场统一、促进社会公平、实现国家长治久安。

社会保障,是国家通过立法、积极动员社会各种资源,对国民收入进行分配和再分配,对无收入、低收入的社会成员,特别是生活有特殊困难的公民的基本生活权利给予保障的社会安全制度。新时代的社会保障瞄准的是更高水平、更加公平、更可持续、更有效率的高质量社会保障体系,也只能走结构调整之路,因为社会保障已经成为典型的公共物品和服务,必须循着公共化的道路继续强化社会保障的公共属性定位。社会保障从宏观上促进国民经济的健康发展,缩小社会不公,调节代际关系、群体关系、地区关系;从微观上保障和改善每个公民的生活,满足人民对美好生活的向往。社会保障作为一种由政府作为责任主体提供给人们消费的物品,其公共物品或准公共物品的性质决定了社会保障资金无论是筹集还是分配均要有国家财政的参与,政府的介入可以减少在筹集和支付中的成本、费用,提高资金的使用效率。

随着国家治理体系不断调整优化,社会保障制度越来越发挥出积极的经济社会功能。从社会转型之初市场经济制度居中、社会保障兜底,到市场经济制度与社会保障制度"双快速"发展,再到社会保障制度逐渐与经济制度融合,社会保障制度的政治、经济、社会功能不断升级。以现代经济学视野看待社会保障,并不仅仅是作为一种"安全网",也不再是传统意义上的分配,通过与国民储蓄、消费、人力资本投资等变量的作用,社会保障在经济发展中有了更深层次的价值,从而在财政上的重要性得到进一步提升。

(二)两者功效上的交集

目前世界上大多数国家的社会保障资金都以公共财政为主要来源。社会保障通常分为社会保险、社会福利、社会救济、社会优抚等类型。其中,社会保险的再分配是收入在风险发生者和未发生者之间的转移,社会福利、社会救济、社会优抚等所体现的分配则是一种整体上的再分配,将普通公民的收入向特定对象转移。就资金管理模式而言,社会保障属于专项基金管理,以收支平衡为基本原则来协调贡献与收益的联系。这些都与公共财政密不可分,尤其是社会救济等,完全依靠税收筹资实现。可以说社会保障制度是政府履行职能的重要手段,也是政府干预社会经济生活的直接形式,正因为有了公共财政的支持,社会保障制度才能够有序运行。

社会保障资金的收支直接影响着公共财政的分配,从收入的角度,社会保障资金实质上是财政资金的转移和让渡,如果不征收社会保障税(费),这部分价值就会以利润或所得税的形式流入财政收入。从支出的角度看,社会保障资金筹集和支付方式、范围和标准等的确定与调整,都会影响到国家财政支出,比如企业社会保险费税前列支会减少财政的所得税收入,由财政预算内支付的社会救济、社会福利等项目对财政支出的影响则更为直接,因此社会保障的资金收支数量直接、间接地影响财政收支分配的规模和结构,向社会保障方面倾斜,财政势必减少;社会保障支出增加,财政负担必然加重。

既然社会保险税和政府一般税收可以相互替代,政府在增加财政收入时就应考虑到两者的负担。社会保险税构成劳动力税收负担的一部分,其征收不仅要与工资、薪金所得税协调,而且要与增值税、企业所得税等税种协调,以平衡劳动、资本和消费三个税基之间的税负水平。在社会保险形式下,由于单独征收了社会保险税,因此政府可以腾出更多的一般预算资金用于其他社会经济事业;而在社会救助和普遍津贴形式下,由于政府完全要用一般税收收入为这类社会保障计划筹资,因此一般税收的负担就会加重。在现实中,各国政府对社会保险税和一般税收的负担往往是通盘考虑的,在总体负担大致相同的情况下,社会保险税与一般税收的负担往往是此消彼长的。

近年来,尽管中国国内生产总值庞大,但人均国内生产总值很低,这就决定了中国财政支出中社会保障支出的比例不可能在短时间内大幅度提高。虽然目前中国财政社会保障支出总量逐渐上升,但相较于同等经济条件下的一些国家,还存在着很大差距,并且地区之间的差距也不容小觑。中国财政保障能力低、力度小,刚性支出占总支出的比重较高,对社会保障的隐性债务和或有债务支付能力较低。因此在中国经济发展过程中,经济发展形势良好,但是社会保障支出却相对滞后,造成了社会保障制度发展与经济社会发展步调不一致的情况,总而言之,在社会保障支出方面,还有很大的提升空间。中国现有的社会保障支出水平不足以满足基本的保障需求,且存在人口老龄化加剧的状况,财政收入的增长量与增长速度小于社会保障支出,这在很大程度上加重了社会保障本身的压力。作为社会保障制度中的重要部分,养老保险是关乎民生的重要保险项目,养老保险支出缺口风险直接影响着社会保障支出的效率,此外失业保险和最低生活保障也在一定程度上增加了财政风险。社会保障制度运行的关键在于社会保障资金的筹集、分配、使用和管理,这种分配和再分配也正是国家财政的根本属性,因此要逐步建立起完整的社会保障预算体系,使社会保障分配水平与国家、企业和个人的经济承受能力相适应。

社会主义市场经济体制的完善需要与之配套的公共财政体系,以及科学的财政支出结构。中国城乡之间无论在社会保障覆盖面还是在社会保障投入上都存在很大的差异。在衡量社会保障水平适度与否上,存在着多种标准,比如,是否与国民经济发展水平相适应,是否与政府、企事业单位和居民个人承受能力相适应,是否与城乡差异的现状相适应。中国不同地区社会保障支出的财政负担存在很大差异,这与各地区经济发展水平有很大关系,要改善这种全国性不均衡状况,地方政府要因地制宜发展本地区经济,提高自身社会保障供给水平,而中央政府也可以根据地方实际情况,在社会保障领域内加大对地方政府的财政转移支付力度。政府间的转移支付手段,使各地区拥有基本均等的财政能力,根据缩小区域间社会保障支出差距的原则,加大对经济欠发达地区的支持力度,以平衡转移支付实现地域间的社会保障供给均衡化,逐步实现地区间的财政社会保障水平差异最小化。在中国,尽管农村和小城镇人口居多,社会保障费用却倾向于照顾占相对少数的大中城市人口,这就出现了保障规模上的不协调。公共财政支出应该体现公平效应,但显然现有的社会救济与补贴制度对于缩小城乡差距没有起到应有的作用。制度性问题是制约财政对社会保障投入的关键问题,政府对其投入方向不明确、支出结构不合理、力度不够、缺乏长效机制,保障项目、保障规模和给付水平不尽科学。若要实现改善民生、满足民需、提高公共服务能力的社会保障目标,就必须合理调整财政支出结构,建立以面向民生支出为主的公共财政;积极探索符合中国国情的养老保险制度,不断完善社会保障制度;全面推进覆盖全体居民的基本医疗保险制度建设;在实践中不断总结经验,创新就业模式、创造就业机会,使劳动力利用率最大化;根据实际需求调整低保范围,合理拓展其广度与深度。在城乡二元经济结构明显的情况下,确保农村居民与城市居民享受到同等的社会保障机会,在具体实施中,财政应该向农村社会保障支出倾斜,加大力度丰富农村社会保障项目、完善基础医疗设施的建设,缩小城乡差距、平衡地区社会制度,在建立城乡统一的低保线的基础上完善农村社会救助体系。

十八届三中全会《中共中央关于全面深化改革若干重大问题的决定》提出,要"健全社会保障财政投入制度""建立更加公平可持续的社会保障制度"。社会保障资金的来源需要强大的国家公共财政支持,所以夯实社保资金的基础就要通过扩大财政收入来源来增加国家财政收入:一是对现行的税收制度进行调整,通过适度扩大税基来实现财政收入的提高;二是以现代化手段来管理税收,保障税收征收工作的有序开展,从而减少税收流失。中国的财政支出规模有扩大的空间,财政支出规模扩大,意味着财政可支配的收入增加,这样可用于社会保障支出的资金也会相应丰盈。

按照公共财政框架体系要求,改变财政职能"缺位"和"越位"现象,逐步从一般性、竞争性领域退出,切实向社会提供社会保障等公共产品、满足社会共同需要。在预算安排上,把社会保障支出安排放在首要位置,大力压缩行政管理开支,并将新增财力优先用于社保支出,逐渐提高社会保障的补助支出占财政支出的比重。推动地方调整财政支出结构,整合地方财政资源,优化地方财政支出结构,提高社会保障支出比重,增强地方财政的社会保障能力。在确定中央政府与地方政府分别负责的社会保障项目上,坚持经济效益优先的原则。合理界定政府和市场各自承担的保障职能,做好各项社会保障政策之间及不同社会群体社会保障待遇之间的衔接和协调。

(三)财政对社会保障的责任衡量

财政对社会保障的责任,在层次上有三种:第一层次是政府与市场(包括社会主体中的企业与个人)的责任划分,第二层次是各级政府财政对社会保障的责任划分,第三层次是财政在不同社会保障项目上的责任划分。

财政做少了,是谓不足;财政做多了,是谓浪费。在第一层次中,政府通过宏观一般税收提供社会救助等项目;社会保险缴费则依赖于企业和个人,收支上自求平衡,而财政只提供缺口补助责任,以应对制度转轨和人口结构改变等风险。第二层次中,应该考虑到谁筹资,谁担责,全国统筹的社会保险项目,兜底责任由中央财政负责;地方性的社会救助项目,由地方财政负责(如果是全国性重大自然灾害或突发事件,则由中央财政负责)。第三层次中,对于社会救助等项目,国家财政具有完全责任;对于社会保险项目,国家财政承担底线责任,作为最后屏障和最终防线。

这三种层次在本质上是一体的,并不存在完全分割的界线。

从社会保障运行的风险上来看,包括制度设计风险、资金营运风险、投资风险、资产流动风险、偿付风险、财政风险、灾难风险、政治风险等,但最主要的是财政风险,杨良初(2013)就曾表示,当前形势下,社会保障项目不断增多,社会保障支付标准越来越高,如果社会保障收支出现问题,将转移给财政并成为财政重要的风险源。但是社会保障收支发生的赤字不能简单地、无条件地转移给财政负担,一旦出现收支不平衡情况,首先要从社会保障制度和管理上查找问题,在收支上尽量使用自身资金(比如历年结余),而后通过法定程序才从政府财政和其他可以动用的社会资金中寻求补偿的途径。[①]

关于社会保障财政与财政社会保障两个概念,刘继同(2011)指出社会保障财政泛指政府在社会保险、社会救助和福利服务的收支管理系统,而财政社会保障,即政府财政预算安排社会保障方面的支出。[②] 前者在中国主要包括两大类:一是由各种社会保险项目统收统支的社会保障资金,主要用于支付各项目参保者的保险支出;二是列入各级政府财政预算的社会保障支出,范围包括抚恤和社会福利救济支出、行政事业单位离退休经费和社会保障补助支出三部分[③],这部分资金来源于政府的一般财政收入,主要由中央政府对地方政府专项转移支付和地方政府的配套资金组成,称为财政社会保障,更能体现各级政府在社会保障这一公共产品供给方面的财政关系。这样,财政社会保障其实构成了社会保障财政的

---

① 杨良初.社会保障风险与财政风险的关联与规避[DB/OL],人民网理论频道,http://theory.people.com.cn/2013/0620/c365322-21914999.html,登陆日期:2021年7月1日。
② 刘继同.中国社会保障财政制度特征与公共福利财政制度框架建设[J].社会保障研究,2011(2):34—59.
③ 2007年中国对政府收支分类项目的设置情况进行了改革,将抚恤和社会福利救济费、行政事业单位的离退休费、社会保障补助支出的主要内容及其他一些支出合并为"社会保障和就业",新旧统计口径之间存在一定差别。

子集。

不同的社会保障项目,功能上是有差异的,公共性程度也是有区别的,这种差别势必影响公共财政合理分配和有效投入的程度和偏向。社会保险项目在社会保障中占比最重,作为政府根据保险原则组织的一种社会保障计划,虽然它有独立的收入来源(社会保险缴款),但社会保险计划的收支缺口往往由政府一般预算收入来弥补,财政是社会保险计划最终的资金担保人。财政对社会保险的缺口负有责任,这种责任却不是无限大的。即使是制度转轨过程中庞大的历史债务、资金缺口和隐形负担,本质上仍旧属于社会保险本身的问题,财政并不承担无限责任。如果社会保险费的征收完全由社会保险经办机构负责,财政只充当"补窟窿"角色,那么财政的权利和义务就不对称,这种"补窟窿"的义务很可能成为财政的沉重负担。绝大多数国家社会保险基金(主要是其中的基本养老保险基金)需要财政(包括中央财政和地方财政)给予补助,从发达国家的实践来看,除了美国的社会保险计划财务收支是完全的自求平衡外,其他国家要么财政给予社会保险计划一定比例或定额补贴(如日本、德国、英国、意大利等),要么财政用一般预算收入弥补社会保险计划赤字(如法国、丹麦、荷兰、卢森堡、比利时等)。

总体来看,不同维度的社会保障项目与财政的关系不尽相同,对财政构成的风险也存在差异(见图3—16)。国家财政承担着社会保障支付的最后防线,因为市场经济社会中的失业、养老、疾病等社会风险无处不在,诸如企业停产、破产带来的失业增加和人口增长带来的就业压力增大以及人口老龄化日益严重带来的退休金和医疗费支付的负担加重等,这些因素给社会保障收支的平衡或保持适当的结余带来极大的不稳定性,客观上要求国家财政给社会保障提供最后担保。公共性极强的保底性社会保障内容,与财政本身完全重合,由财政来提供。更高级的发展性需求的社会保障,如就业、卫生、教育、住房等,在国外纳入了社会大福利或社会总支出范畴,在中国未纳入社会保障而依旧归属于财政,只要保证这种福利的提供不过于优厚,标准提高与经济发展水平挂钩,对财政就不会构成太大的压力。真正对财政构成危机的是社会保险类项目,其性质是大数定律下的再分配,因为养老和医疗更多地与个体相关,寿命长短、个体健康是行为人自身的特质,多缴多得、长寿占优,国家所要做的只能是广覆盖、保基本,社会保险项目的准公共性(有些国家甚至认为是私人品)如果无限扩大上升为公共性,与老龄化相关的长寿养老金支出和老年就医支出的负担势必会将财政拖入极度危险的境地,现在的情况是工资涨得少而养老金涨得多,缴费涨得少而支出涨得多,老龄化逐渐加深的背景下,无节制地使用、无上限地提高,脱离了保基本的初衷,社会保险基金的蓄水池会枯竭,收支跷跷板会不再平衡,所以建立社会保险基金收支预算的重要性在提高,让社会保险税收化、规范化、预算化、制度化。社会保险之外的商业保险等产品的受益完全由私人享有,但政府依旧会提供一定的税收优惠措施,以使其构成对传统社会保险项目的重要补充。

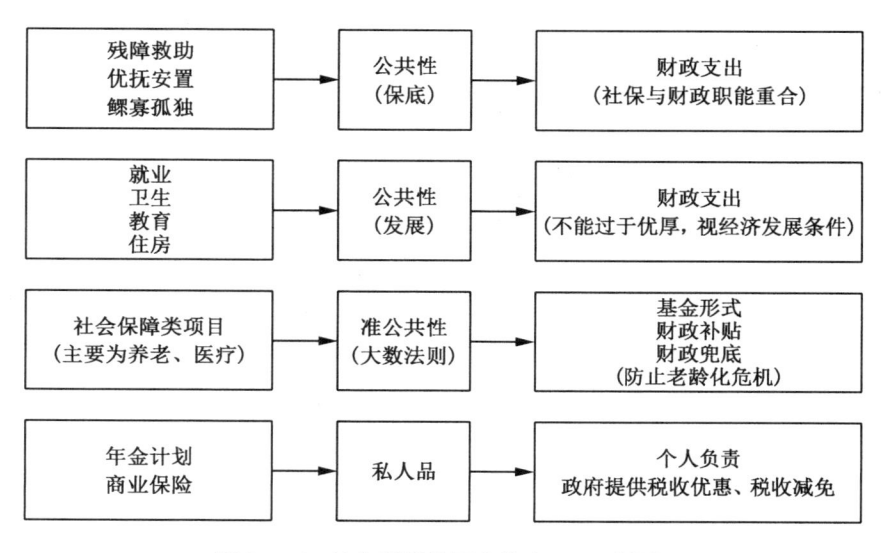

图 3—16　社会保障的四个维度（WPS 制图）

二、典型国家公共财政与社会保障基金之间的关系

（一）财政对社会保障基金的补助责任

现代国家社会保障均构成政府的重要职责，所区别的仅仅是财政对社会保障的支持力度和支持范围，通常情况下，残障救助、优抚安置、鳏寡孤独救助以及卫生、健康、就业、教育、住房，由政府的一般税收予以安排并纳入政府的预算管理；对于社会保险，政府的管理责任更强，而筹资责任明显较弱。郑功成（2011）按照社会保障制度的不同类型特点，将其分为福利型、保险型、市场型、转轨国家以及发展中国家[①]，选取若干代表性国家，分析其财政在社会保障中的责任。

1. 福利型国家财政对社会保障的责任

英国的社会保障项目大致分为 4 类：以缴费为基础的社会保障项目；以家计调查为基础的社会保障项目，经费来源于政府的一般税收；其他特殊津贴，主要用于资助未缴纳国民保险费的人，其经费来源于政府的一般税收；中央政府通过国民医疗保健服务体系（NHS）向公民提供的免费医疗服务，以及地方政府通过其税收收入和服务收入提供的补充性社会服务。英国的社会保障制度实行高度的中央集权管理，重大的全国性社会保障政策均由中央统一制定，补充性的和地方性的社会保障政策由地方政府自行制定。社会保障支出的 70% 来源于中央政府，20% 来源于地方政府，10% 来源于服务收费；在筹资渠道中，政府的一般税收占 55%，雇主承担的国民保险费占 25%，雇员承担的国民保险费占 20%。英国的养老保险中，基本养老金替代率不到 20%，补充养老金替代率大约为 6%，80 岁以上养老金替代

---

① 郑功成. 中国社会保障改革与发展战略（总论卷）[M]. 北京：人民出版社 2011：277—291.

率大约为12%,其他补充养老金因个人的缴费而有不同。另外,英国的职业年金和个人储蓄保险发展迅猛。英国的医疗保险自20世纪90年代有了重大转型,政府从办医院转变为管医院,不再向居民提供具体的医疗服务,而将更多的财力集中于医疗服务的社会公平性与可及性。

加拿大的社会保障项目分为全民福利计划、社会保险计划、低工资收入补助以及社会救济计划。加拿大社会保障制度的实施主要依靠联邦政府的转移支付,包括对个人和对地方的转移支付。社会保障的筹资渠道中,缴费收入约占整个社会保障资金的30%,其余的全部依靠税收。加拿大的养老保险包括由政府承担的不需缴费的普通养老金(替代率约为15%)和缴费的养老金(替代率约为25%),政府提供税收优惠和亏空补贴。加拿大的医疗保险,雇主交纳3%的健康保健税,大部分省份个人不交纳,而在医疗保健支出中,政府承担比例约为70%,由各省负责,联邦政府按比例补助,其余30%由个人和私人保险公司承担,目前加拿大的医疗费用增长大大超过税收的增幅,政府正处于降低医保费用还是加大税收的两难境地。

瑞典的社会保障体系包括养老保险、失业保险、医疗保险,以及其他社会补贴,其中养老、失业、医疗三项的保险约占整个社会保障支出的86%。社会保障基金收入来源中,雇主缴费约76%,国家和地方财政出资约24%。瑞典的养老保险体系包含基本养老保险和补充养老保险,基本养老保险的替代率在70%左右,在资金来源中,保险缴费约占45.68%,国家财政补贴约占50.49%,地方财政补贴约占3.83%,对于补充养老保险,国家和地方财政不承担任何补贴。瑞典的失业保险包含基本失业保险和补充失业保险,前者资金来源于国家税收,后者由雇主按3.22%缴费供款。瑞典的医疗保险包含法定医疗保险和志愿医疗保险,医疗保险基金收入中,缴费约占80%,财政补贴约占18.9%,基金利息收入约占1.1%。目前瑞典的国家保障正逐渐向私有化方向调整。

2. 保险型国家财政对社会保障的责任

德国社会保障的最大特点是基金的自求平衡,以自治形式的社会承担来实现,财政主要负责失业保险金领取期满后的补助、社会救济、公务员生活保障、儿童津贴和教育费用等开支,以及对社会保险基金进行必要补助、向企业支付工资性成本补贴。德国社会保障费用在1990年两德统一后大幅跃升,目前德国社会保障支出约占GDP的1/3,财政用于社会保障方面的开支约占整个社会保障支出的25%。德国的养老保险由法定养老保险、企业补充养老保险和个人养老保险组成,其中法定养老保险实行现收现付制,费率每年重新确定,目前养老金支出约占GDP的12%。德国的医疗保险包括法定医疗保险和私人医疗保险,实际涵盖医疗补助、生育补助、丧葬及疾病预防,费率为13.6%,目前法定医疗费总支出占GDP的8%。德国医院的运行费用由医疗保险基金支付的份额占到其筹资总额的67%,医疗保险项目中不属于医疗保险基金规定范围内的由病人自负。

美国的社会保障中政府所承担的责任仅限于市场失灵范围内,采取辅助性原则,更多交由市场来做,并严格划分联邦和州的社会保障责任。美国的社会保险以现收现付制为主,社会福利则由财政负担,采用一般税收并通过财政预算直接支付的项目有:医疗补助、现金援助、食品津贴、住房援助、教育补助、职业培训和能源救济等。美国的联邦社保基金(OASDI)养老保险由联邦政府管理,失业保险由联邦政府和地方政府共同分担,其余各项社会保险项目由各级政府负担,33 项社会福利与社会救济中有 18 项完全由联邦政府负责,2 项由地方政府负责,13 项由联邦政府和地方政府共同负责。美国的医疗计划是世界上最为昂贵的,财政投入占整个医疗支出的比重达到 1/3,其中联邦政府提供的医疗保险占全部医疗支出的 17%,地方医疗补助和州儿童健康保险计划占全部医疗支出的 15%,而财政对医院的补偿只针对 65 岁以上的老人,州政府提供的医疗补偿针对的是没有收入或者收入很低的人群,非政府投入占整个医疗支出的 2/3,其中私营医疗保险占全部医疗支出的 34%,个人自费占全部医疗支出的 15%,作为补充的其他公立保险和私营保险各占全部医疗支出的 12%和 6%。

日本社会保障的财政责任主要体现在对社会保险的补助以及社会救济等内容,同政府财政收支一样,通过政府一般会计预算提供资金,日本中央和地方财政负担的社会保障费用约占整个社会保障支出总额的 40%。社会保障的财政责任,主要通过一般岁出的社会保障关系费来体现,社会保障关系费包含 5 项内容,其中社会保险补助是按照法律规定的由政府承担的社会保险负担金或者转给社会保险特别会计账户的补助,体现的是财政对社会保险项目的补助支出,除此之外的 4 项是社会福利费、生活保护费、保健卫生费、失业对策费,5 项内容中财政拨款分别占到 28%、95%、100%、51%、25%。社会保险基金体现自我平衡的理念,由特别会计预算专门反映,日本的社会保障特别会计账户有 5 个:厚生保险、船员保险、国立病院、国民年金、劳动保险,日本政府一般会计转给特别会计的收入预算比例为厚生保险 8.9%、国民年金 6.8%、国立病院 13.4%、劳动保险 3.3%、船员保险 6%,这些比例都可以反映财政对社会保险的支持程度。日本的年金保险有国民年金、厚生年金、年金基金和共济组合年金,其中国民年金为基础年金,保险费用由中央财政负担 1/3,其余由雇主和被保险人负责;其他的属于第二层次的养老保险,其费用由雇主和雇员共同负担,中央财政负担部分费用。日本的医疗保险费用,由国家、单位和个人共同负担,雇主和雇员平均分担工资奖金的 8.4%和 1%用于缴费,国民健康保险税以家庭为单位缴纳,中央财政负担支付总额的 13%和全部的管理费,给付内容包括伤病津贴、医疗费、产假津贴等诸多项目,其中医疗费的 20%(家属 30%)由个人负担,其余由健康保险基金支付。

3. 市场化运作国家财政对社会保障的责任

新加坡的社会保障包含社会福利和社会保险,社会福利以财政供款为主,社会保险由国家强制个人储蓄建立中央公积金供款。社会服务项目中,公共卫生支出占整个财政支出的比重为 5.7%,社会福利与救济(灾害救济另列)支出占财政支出的比重为 1.9%,住房补贴支出占财政支出的比重为 5.4%,教育储蓄补助支出占财政支出的比重为 2.6%,保健储蓄补助占财政支出的比重为0.8%。中央公积金由雇主和雇员共同缴费,其中雇主负担13%,雇员负担20%,其缴费存入三个账户:普通账户、保健账户、特别账户,分别用于家庭住房保障、医疗保健、晚年和应急保障。

智利的社会保障自现收现付制转向强制性个人储蓄以来,个人账户由雇员按薪金收入的10%缴费,雇主不缴费,基金由民营机构负责运营,但是政府承担最终的风险,包括长期的个人最低养老金支付风险和个人账户投资风险。私有化改革初期,智利的国内储蓄率大大提升,但是后期面临着管理成本过高以及基金投资收益负增长的现象,也成为难以解决的问题。目前财政所承担的养老保险负担主要体现为四个方面:"老人"(转轨前的退休人员)退休金、认可债券(历史债务债券化、国有资产出售偿债)偿还、最低养老金支出、老年救助金支出,前两项随着时间的推移而消减,后两项则呈逐渐增长趋势。

4. 转轨国家财政对社会保障的责任

俄罗斯的社会保障制度,在苏联时期社会保障基金完全依靠国家财政拨款,1992年改革的基本方略是将全社会普遍的福利制度转向为最贫困者提供最低限度的社会保障,并相继成立俄罗斯联邦退休基金、社会保险基金、义务医疗保险基金、就业基金,独立于国家预算,2000年普京签署的《新税典》将社会保险、医疗保险、居民就业缴费改为统一社会税,统一社会税目前占到工资比重的30%左右。俄罗斯的退休养老基金,由单位按工资总额的31.6%缴纳费用,农场主按20.6%缴纳,工人按本人工资收入的5%缴纳,其他人员按工资收入的1%缴纳;养老金的发放,50%来自国家管理的养老退休基金,所有退休人员的数额都相等,按平均收入或者最低生活标准的百分比发放,50%来自个人账户,与领取者的工龄和收入水平挂钩。俄罗斯的社会福利和社会救济主要包括对贫困的救济和福利的补助,补助项目包含食品补贴、贫困家庭补助、老年人和残疾人福利等,贫困救济和福利补助的资金来源于中央和地方政府预算及专项基金。俄罗斯目前社会保障管理混乱,表现在企业上缴的比例过大,导致私人企业在社会保障缴税上的逃税行为严重,联邦和地方在社会保险方面的权责并没有划分清楚,这成为经济转轨后期俄罗斯以及东欧各国社会保障事业全面衰败的根本原因。

匈牙利的社会保障中,各项社会保险事务管理主要由非营利的自治机构负责,财政对社会保险基金超支承担最终责任,地方政府负责社会服务与现金补助项目,匈牙利的社会保障预算已经占整个中央财政预算的50%以上。匈牙利养老保险制度从1997年开始由现收现付制转向混合制,包含社会养老保险以及强制性个人储蓄养老保险,社会养老保险由雇主按22%工资比例缴纳养老保险费,雇员按1%工资比例缴纳伤残保险金,强制性个人储蓄养老保险由雇员按8%工资比例缴费建立个人账户,基金由私人组织运营,政府成立担保机构为其承担风险。匈牙利的医疗保险制度从1993年开始由全民公费医疗转向国家、企业、个人共同负担的医疗保险制度,经费来源是雇员工资4%的缴费,以及资产经营收入、财政对基金收支缺口的补助,但是医疗保险基金超支的额度已经占到了基金收入的9%,目前还在继续增加当中。

5. 发展中国家财政对社会保障的责任

印度的社会保障体系中,政府和市场的责任分工比较明晰。印度的养老保险体系分为公共部门养老保险和非公共部门养老保险,公共部门养老保险主要包括公务员、公共企业、银行和保险公司的养老保险,其中公务员养老保险实行待遇确定型,由联邦政府和州政府筹资,待遇为公务员最后 10 个月工资的 50%;非公共部门养老保险主要包括雇员长期基金计划、雇员存款继承保险计划、雇员养老保险金计划,其中雇员长期基金计划实行基金积累制,由雇员和雇主共同缴费,构成印度最大最为重要的养老保险计划。印度的医疗保障体系包括公共医疗体系、私人医疗体系、农村三级医疗网,公共医疗体系由政府免费提供资金和医疗预防健康服务,财政投入公共医疗体系的份额占印度卫生总支出的 18%,其中地方和州政府负担 3/4,中央政府负担 1/4;私人医疗体系的医疗费用占卫生总支出的 80%,地位最为重要;农村三级医疗网由保健站、初级保健中心、社区保健中心组成,最基层的保健站由中央财政支付费用,初级保健中心由州政府负责,社区保健中心由州政府负责免费向穷人提供医疗服务。另外,印度无组织系统的劳动者约占全部劳动力人口的 93%,印度政府已加强对这部分人的专门的社会福利,包含最低保障计划、建筑工人保险、流动工人保险、农村就业保障等。

巴西的社会保障体系包含民众健康、退休制度和社会救助。在退休制度中有无需缴费的养老补贴制度,专门针对农村 65 岁以上的老人;有强制性的国家社会保险计划,分为私营部门和公共部门计划;有辅助性的私人补充保险计划,包括封闭式基金和开放式基金。巴西政府向企业征收工资总额的 20%作为社会保险金(INSS),2007 年之后巴西决定将社会保险税的计征由工资总额改为以公司收益为基准,从而使出口型劳动密集型企业受益。巴西的社会保障水平相对比较高,但是存在两个问题,财政亏损与分配不公,如巴西的人口虽未达到老龄化,但是其社会保障支出占 GDP 的比例排在全球第 14 位,并且巴西公共部门与私营部门的社会保险待遇差距过大,公务员作为特权阶层的优势显著,因此巴西自 1988 年就开始酝酿的社会保障渐进式改革距离其真正目标依旧还有很长的路要走。

(二)社会保障收支占财政收支比重及影响因素

1. OECD 国家社会保障支出的典型特征

OECD 国家大部分为发达国家,社会保障政策较为成熟,包含内容也比较丰富,表 3-21 是 OECD 国家社会保障九大分类中的覆盖内容。

表 3-21　　　　　　　　　　OECD 国家社会保障九大分类中的覆盖内容

OECD 国家社会保障类目	覆盖内容
养老	养老金、提前退休养老金、家庭帮助和老年人居住服务
健康	住院和门诊护理、医疗用品、预防方面的支出

续表

OECD 国家社会保障类目	覆盖内容
家庭	子女津贴和信贷、儿童保育支持、休假期间的收入支持、单亲父母付款
失业津贴	失业补偿,因劳动力市场原因提前退休
丧葬	养老金和丧葬费
与丧失工作能力相关的福利	护理服务、残疾福利、工伤和事故立法产生的福利、员工疾病津贴
劳动力市场政策	就业服务、培训、就业激励、残疾人融合、直接创造就业机会和创业激励
住房	住房补贴和租金补贴
其他社会政策	对低收入家庭的非分类现金福利、其他社会服务,例如粮食补贴等支持方案

以 2018 年度 OECD 国家社会保障支出占 GDP 比重的数据为例,亦可发现,发达国家社会保障支出比重高于新兴国家、北欧福利型国家的社会保障支出比重高于投保公助型国家、老龄化严重的国家的社会保障支出比重高于老龄化不太严重的国家(见表 3-22)。社会保障支出比重与各个国家的国情紧密结合在一起,不存在某个确切的可以一刀切的数据标准。

表 3-22　　　　　　　　2018 年度 OECD 国家社会保障支出占 GDP 的比重　　　　　　单位:%

OECD 国家	社会保障支出占 GDP 的比重	OECD 国家	社会保障支出占 GDP 的比重
澳大利亚	17.8	韩国	11.1
奥地利	26.6	拉脱维亚	16.2
比利时	28.9	立陶宛	16.2
加拿大	17.3	卢森堡	22.4
智利	10.9	墨西哥	7.5
捷克	18.7	荷兰	16.7
丹麦	28.0	新西兰	18.9
爱沙尼亚	18.4	挪威	25.0
芬兰	28.7	波兰	21.1
法国	31.2	葡萄牙	22.6
德国	25.1	斯洛伐克	17.0
希腊	23.5	斯洛文尼亚	21.2
匈牙利	19.4	西班牙	23.7
冰岛	16.0	瑞典	26.1
爱尔兰	14.4	瑞士	16.0

续表

OECD 国家	社会保障支出占 GDP 的比重	OECD 国家	社会保障支出占 GDP 的比重
以色列	16.0	土耳其	12.5
意大利	27.9	英国	20.6
日本	21.9	美国	18.7

资料来源：OECD 社会支出数据库（Social Expenditure Database，SOCX）。

如果观察 OECD 各国 1960 年、1990 年、2018 年社会保障支出占 GDP 比重的变化情况，有一个明显的趋势就是这个比重在逐年增加，显示了福利支出易上难下的"棘轮效应"（见图 3—17）。

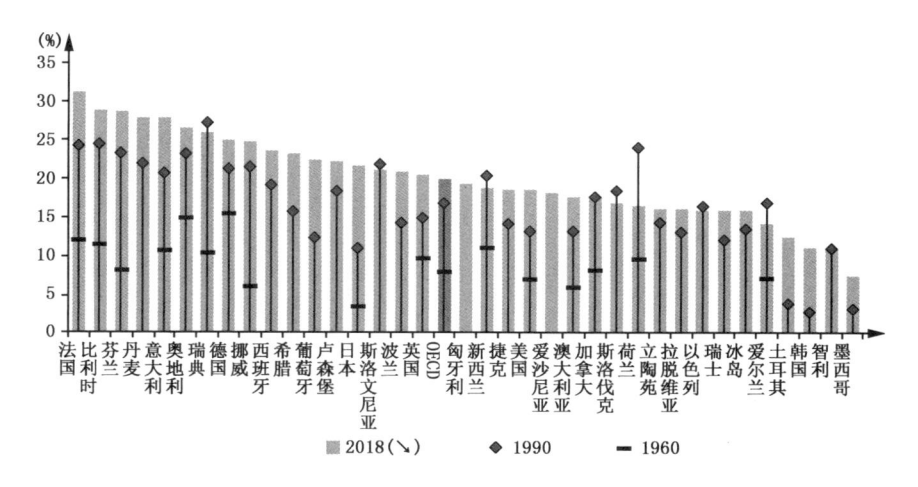

资料来源：OECD 社会支出数据库。

图 3—17　OECD 国家社会保障支出占 GDP 比重的变化情况（1960—2018 年）

OECD 国家社会保障分项支出占 GDP 的比重中，养老、健康、家庭所占的份额较大，构成了社会保障支出的主要内容（见图 3—18）。这种状况与世界上绝大多数地方社会保障分项支出比重的情况相一致。

OECD 国家社会保障中的现金福利支出指的是老年人和遗属抚恤金、丧失工作能力津贴、家庭现金津贴、失业和其他社会政策的类别，以现金形式来提供；社会服务支出指的是对老年人和残疾人的照顾和住宿、残疾服务、保健、儿童保育、住房援助和其他社会服务，以服务内容来满足。现金福利支出和社会服务支出共同构成社会保障支出的重要内容（见图 3—19），两者同等重要，因为在财政中，有些类目仅仅依靠提供现金补贴形式难以发挥足够的功效。

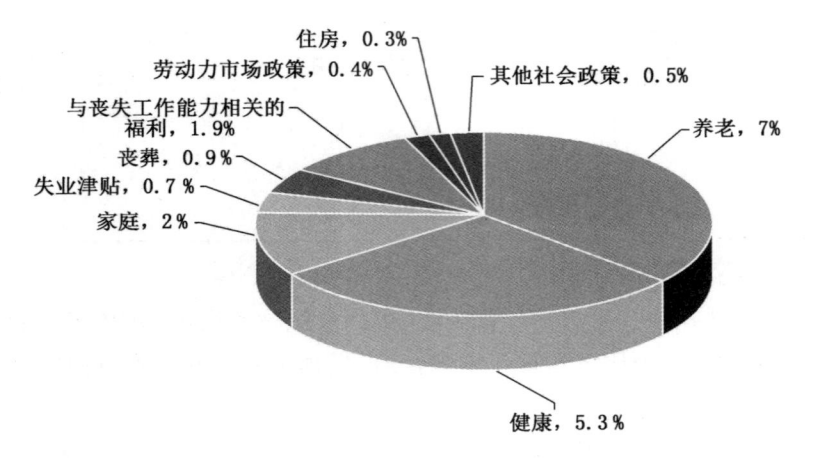

资料来源：OECD 社会支出数据库。

图 3—18 2017 年 OECD 国家平均社会保障分项支出占 GDP 的比重

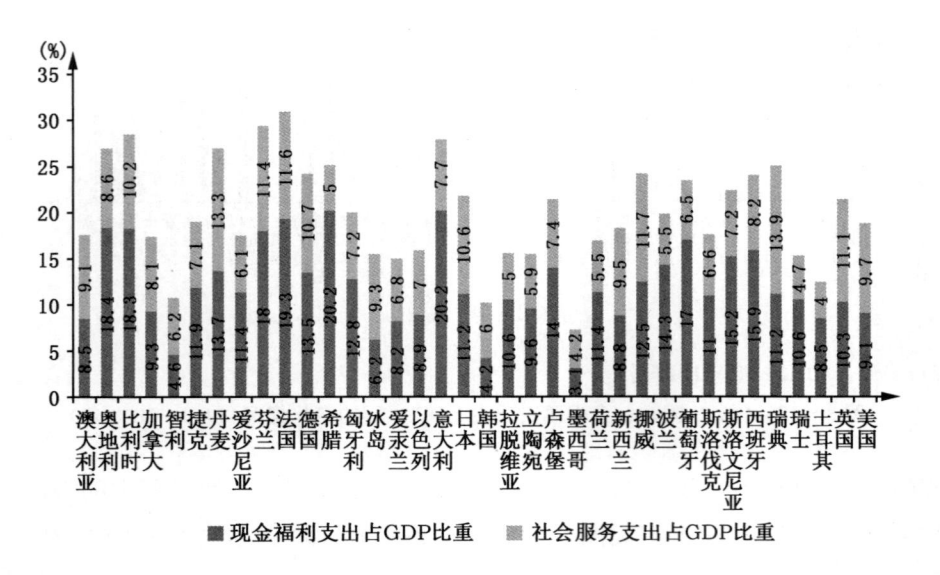

资料来源：OECD 社会支出数据库。

图 3—19 2017 年 OECD 国家社会保障中现金福利支出和社会服务支出分别占 GDP 的比重

2. 国内社会保障支出在财政支出中的比例分析

就业和社会保障支出占一般公共预算支出的比例越大，财政负担越重，经济发展的动能就越不足。2021 年中国 65 岁及以上人口已经达到 20 056 万人，占全国人口的 14.2%，这一比重在未来 20 年中仍会持续走高，财政支出需要为应对老龄化预留充足的政策空间。

东北三省以及川渝地区社会保障支出占比较高，在各省份中位列前五，且社会保障支出占比持续增加，其中社会保障支出占比最高的为辽宁，比重高达 28.06%（见图 3—20）。

东北三省作为老工业基地,众多离退休以及下岗职工的社会保障负担较为沉重,因此社会保障支出占比较高也符合实情。而社会保障支出占比最低的省份为西藏,比重仅为9.57%,较占比最高的辽宁低了18.49个百分点。东北三省地方政府尽管因经济增长动力衰竭已经财力紧缺,但仍要承担繁重的社会保障压力,其下一步的财政收支状况和经济社会发展态势值得关注。

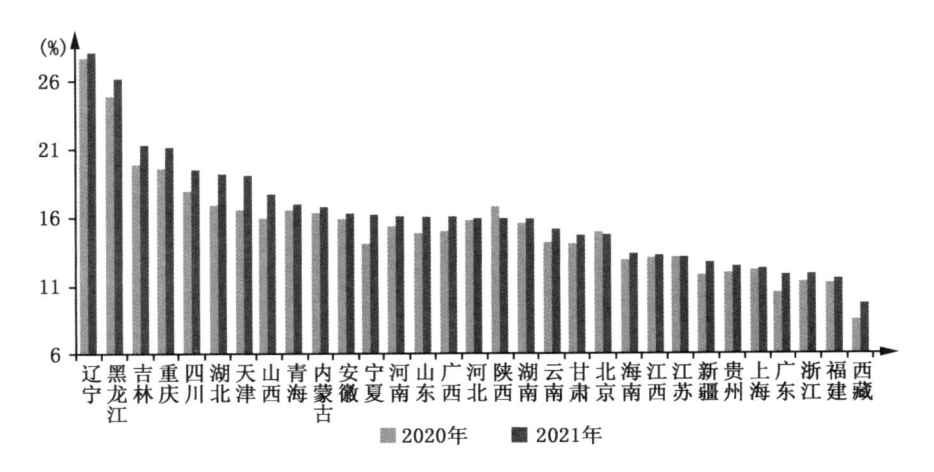

资料来源:中国统计年鉴。

图 3—20　2020 年和 2021 年各省就业和社会保障支出占一般公共预算支出的比例及变动

教育、医疗和社会保障这三类支出为典型的民生性财政支出,属广义上的社会保障,为财政支出的重中之重。当前我国财政支出的民生性特征不断显现,财政支出效率正在逐渐提升,财政支出职能越来越能够与经济和社会的发展相协调。我国人均财政支出规模不断扩大,教育、医疗、社会保障等民生性支出占比在 2021 年继续提升至 41.01%,表明地方政府切实落实了保障民生支出、不断增进民生福祉的工作。

三类核心民生性支出的占比之和在 2008—2010 年经历了三年的下降,这可能是由于金融危机后国家财政需要时间来逐步恢复;而从 2011 年起开始呈现上升趋势,逐渐恢复至金融危机前的水平;2016—2019 年占比稳定在 37%~38%。2020 年开始,为抵御新冠疫情所带来的负面影响,我国地方政府将财政支出更多地配置在民生性支出方面,民生支出占比大幅度上涨。2021 年我国地方政府继续加大对于教育支出以及社会保障支出的投入,同时继续保障医疗卫生支出,使得民生支出继续保持增长,占比较 2020 年增加 1.31 个百分点,达到 41.01%。

教育支出在民生性支出中占据首位。在 2012 年前,教育支出在三种民生支出中占比最高,且呈现持续上升趋势,在 2012 年占比达到最高值 18.14%。这一定程度上是由于 2012 年义务教育、高等教育、职业教育以及学生资助的财政支持教育政策不断出台,使得教育支出比重达到峰值。此后,教育支出占比缓慢减少。2017 年《关于深化教育体制机制改革的意见》（中办发〔2017〕46号）提出"确保一般公共预算教育支出逐年只增不减"。2020—2021年教育支出占比再次恢复上升趋势,且增幅不断增大,其中2021年教育支出占比提高0.5个百分点。

从社会保障与就业支出来看,社保支出占比在2012年前呈现明显的下降趋势。2011年《社会保险法》的实施以及社会保障改革的不断推进有效地促进了社保支出的增长。2012年后,社保支出占比开始不断增长,并于2017年恢复到了2008年的水平。此后,2017—2019年社保支出增速有所放缓,占比稳定在14%左右。2020年后社保支出占财政支出比重再次大幅提升,2021年我国进一步提高了对企业职工基本养老保险基金的补助规模以及基金中央调剂力度,同时继续提高退休人员基本养老金、优抚对象抚恤和生活补助标准。当年社保支出占比增长0.83个百分点,达到16.05%。社保支出比重的增长一方面体现了政府对保障民生的重视,另一方面也反映出我国人口老龄化等问题的严峻。

从医疗卫生支出来看,2008年以来我国医疗支出占比始终呈现缓慢增长趋势。2020年新冠疫情后,为了保障人民正常生活,我国地方政府的医疗卫生支出大幅提高。在2020年医疗支出高基数的基础上,尽管2021年疫情得到控制,但地方政府继续保持较高支出强度,支出规模与上年基本持平,仅下降0.01个百分点,支出占比达到8.77%。

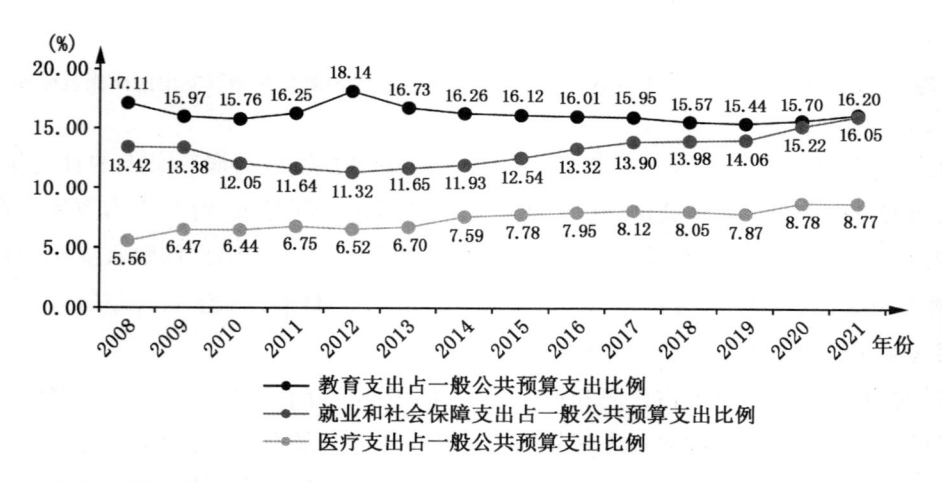

注：民生性财政支出主要包含教育、医疗以及社会保障支出。
资料来源：中国统计年鉴。

图3—21 2008—2021年我国民生性财政支出占比的变动趋势

各地区财政支出结构既有相似性,同时也存在着差异（见图3—22）。从地区间的共性来看,东中西部地区的财政投资性支出占比均为最高,表明我国当前仍处于投资建设的重要阶段,投资性支出对于地区发展而言仍然是必不可少的。

从东中西部地区间的差异来看,东部地区的教育支出占比（17.85%）与科技支出占比（4.12%）在三大地区之中均为最高,说明东部地区相比于中部更加重视人力资本的积累以

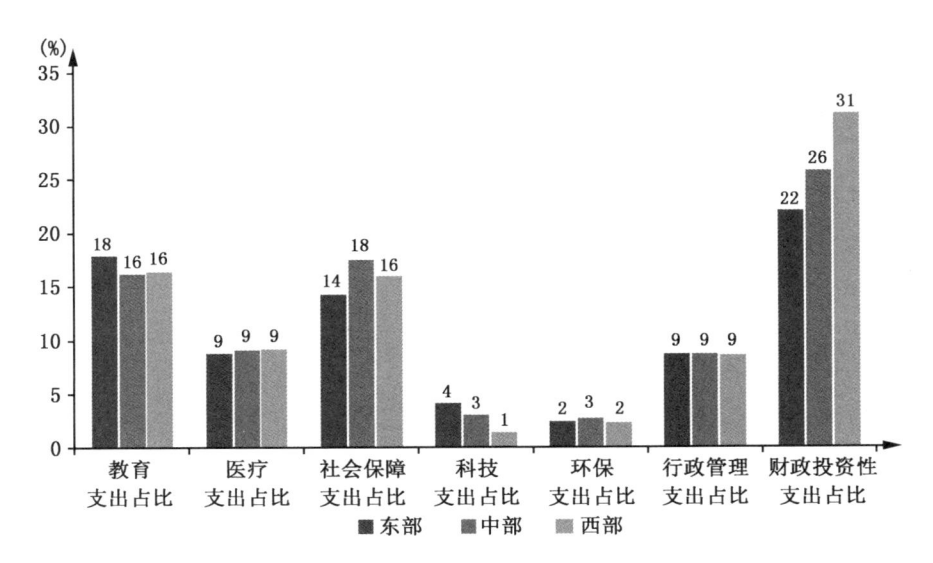

资料来源：中国统计年鉴。

图3—22　2021年东中西部地区财政分项支出占比情况

及科技与生产率的提高。中部地区社会保障支出占比在东中西部地区中最高，占比达到17.53%，表明中部地区比东部和西部地区更加注重保护居民福利或者当地老龄化等民生问题更加严重。西部地区财政投资性支出达到了31.07%，远高于东部（22.02%）与中部（25.75%）地区，这与西部地区经济发展相对滞后、基础设施亟待投资建设的现状相吻合。同时西部地区的科技支出占比仅为1.04%，远低于东部（4.12%）与中部（3.05%）地区的水平。此外，东中西部地区医疗支出、环保支出以及行政管理支出占比较为相似。

3.影响财政对社会保障责任的因素变量

财政对社会保障的责任，不同国家的政策不尽相同，并且不同历史阶段也是有所变化的。财政对社会保障责任的影响因素是多种多样的，需要综合考虑和整体考虑。

(1)国家经济体制、政府组织形式、财政分权

以市场经济为主导的经济体制，社会保障责任分担中财政的责任就轻一点，更多的交由市场来解决；偏向政府主导的经济体制，财政的社会保障责任就会重很多。

政府的组织形式包括联邦制与单一制，联邦制下因为公共决策的民主程序存在多方博弈，财政的社会保障责任成为多种力量参与的平衡结果；单一制下社会公共政策由政府确立，财政的社会保障责任则要重一些。

财政分权下各级政府具有明确的事权与财权划分，即使存在政府间转移支付，社会保障也会减少对中央财政的依赖，更多地下沉到地方政府，在范围较小的福利项目上表现得更为明显；中央集权型财政，社会保障对财政的压力则更大。

(2)社会保障制度模式、社会保障项目类别

不同的国家因为政治、经济、文化、历史选择确立的社会保障制度模式对财政的社会保障责任构成直接影响,责任显然呈现"福利型＞投保公助＞市场化运作"的梯度排列,当社会保障责任向市场转移时,财政所承担的压力就会下降。

在不同的社会保障项目中,社会保险基金由于互助互济与自我平衡,除非因老龄化危机需要干涉外,财政不应做太多介入;社会救助等项目具有地域性特点,与地方政府治理相关,需要财政尤其是地方财政的负责。

(3)经济发展阶段、劳动供求与老龄化

国际社会保障发展的历史经验表明,随着经济体的富足,公民的生活诉求上升,财政承担的社会保障责任将大幅提高。当经济处于维持基本生活阶段时,政府的财力有限,社会保障处于低位,财政对社会保障的付出较少,当然对其他支出项目的付出也比较少。经济体的发展使财政收入水涨船高,政府社会保障的财政责任就开始加强,所以发达国家财政在社会保障上的付出要大于发展中国家。还有一点需要注意的是,社会保障支出上去容易下降困难,存在"棘轮效应",即使经济后续发展乏力无法维持高昂的社会保障支出,政府也难以出台政策来削减社会保障支出减轻财政的负担,过惯富足生活的民众不会愿意回到之前的苦日子,这在陷入"中等收入陷阱"的南美、中东、东欧地区的民主国家表现尤为明显。目前中国的社会保障支出水平仍旧处于低位,但从一开始就应避免福利提供上的过于慷慨,来预防未来可预见的老龄化危机和不可预见的其他支付危机。

生产要素包含劳动力、资本、企业家才能、技术、数据等,劳动力能为一个国家提供经济起飞初期的资源优势,而这时社会保障的诉求反而较低,促进经济体的高速增长。当经济体逐渐成熟,劳动力供给不足和老龄化态势明显时,需要保障的人员增加,需要的保障水平提高,而就业端、产出端、缴费端的人员减少,使财政的社会保障负担加重。

三、中国央地财政在社会保障责任划分上的实践

在不同的社会保障项目上,中国政府社会保障财政责任划分较为清楚(见表3—23),但由于政策原因导致的项目变化、历史债务负担以及统筹层次低、地区不平衡等因素,政策的细节上需要进一步修订完善。如中央财政和地方财政在城镇职工基本养老保险制度的运行上都承担了责任,但责任的划分并不如增值税分成那样明晰,在转轨成本的分担上处于模糊状态,对当期基金缺口的分担比例上也呈现出"上轻下重"的局面,在城乡居民基本养老保险的"入口补贴"和"出口补贴"上,更是较多地依赖地方财政。

表3—23　　　　　　　　中国政府社会保障财政责任分担

项　目	特　征	市场与社会责任	政府财政责任	中央政府财政责任	地方政府财政责任
社会保险	基金自我平衡				

续表

项 目	特 征	市场与社会责任	政府财政责任	中央政府财政责任	地方政府财政责任
基本养老保险（职工、居民）	基金自我平衡①	个人8%缴费 单位16%缴费② 补充保险不超过4%	参保人30%替代率的养老金 城乡老年津贴 农村参保补助 历史债务	"老人"全额退休金 "中人"基础养老金 "新人"基础养老金 落后地区老年津贴	"中人"过渡性养老金 老年津贴
基本医疗保险（职工、居民）（合并生育保险）	基金自我平衡	个人2%缴费 单位6%缴费 原生育保险单位1%缴费	城乡居民医疗保险参保补助 独生子女风险家庭保障	困难地区参保补助 困难地区独生子女风险家庭保障	一般地区参保补助 独生子女风险家庭保障
失业保险	基金自我平衡	2%，单位和个人缴费的具体比例由各省、自治区、直辖市人民政府确定	特殊重大危机失业补助 失业预防	特殊重大危机失业补助	失业预防
工伤保险	基金自我平衡	单位按行业差别费率缴费	特殊重大危机下的补助	极其重大危机下的补助	重大危机下的补助
社会救济	一般税收安排；底线必保	自愿捐献	资金筹集	—	资金筹集
社会福利	一般税收安排	自愿捐献	资金筹集	军人福利 困难地区老年福利等	大部分资金筹集
社会优抚	一般税收安排		资金筹集	大部分	小部分

注：①在代际负担失衡的情况下，政府可以有补助；②应当按照部分积累制设计费率，适当下调。《国务院办公厅关于印发降低社会保险费率综合方案的通知》（国办发〔2019〕13号）对降低社会保险费率给出了新的具体方案。

社会保障作为政府重要的社会职能，随着经济和社会发展，社会保障支出在国民收入和政府财政支出中所占的比重将越来越大。社会保障事权是指各级政府具体承担的社会保障事务责任，财权是指各级政府负责筹集和支配收入的法定财政权力。要实现社会保障支出的均等化目标，就必须以公平、均衡为原则，保障每个地区、每个阶层的人都能公平地享受到各项公共服务，要注意的是这种公平依旧是一种底线公平，在合理测算各地社会保障需求和政府财政能力的基础上，通过转移支付制度实现各地区大体均等的社会保障财力，提供大致相同的社会保障公共服务，而统筹层次越高，越能避免地方政府的各自为政。

因此明确划分中央与地方政府社会保障的财政责任,合理界定各级政府之间的财权和事权,完善社会保障财政转移支付体系,不断提高地方财政能力,对中国社会保障事业乃至社会经济健康发展意义重大。

四、中国公共财政对社会保障的补助规模预测

(一)公共财政对社会保障的补助规模预测

全国一般公共预算支出决算表中的教育支出(五)、社会保障和就业支出(八)、卫生健康支出(九)、住房保障支出(十九)等都属于广义的社会保障,其中社会保障和就业支出(八)中的就业补助、死亡与伤残抚恤、退役安置、儿童与老年福利、残疾人事业、红十字事业、最低生活保障、特困人员救助供养等以及卫生健康支出(九)中的公共卫生、医疗救助等项目的财政特征非常明显,从一般公共预算中支出。

真正需要公共财政补助的是单独列支的社会保险项目,尤以城镇职工基本养老保险、城乡居民基本养老保险、城镇职工基本医疗保险、城乡居民基本医疗保险为代表,收入端以保险缴费本身的资金不够用而需财政的援手,支出端养老金的连年上涨也构成近年来财政补贴大幅增加的重要原因之一。随着老龄化的加剧①、经济社会发展、预期寿命延长和医疗水平提高,保险类项目需要的财政补贴越来越大,从某种程度上绑架公共财政。

从2019年全国社会保险基金收入决算来看,显著的特点是居民类保险对财政补贴的依赖度大大高于职工类保险,居民类保险距离保险属性较远而距离福利属性更近;对保险项目的财政补贴在央地之间更依赖于地方财政,造成地方财政的负担较重(见表3—24)。如果再对比2019年之前十年的数据,可以发现财政补贴收入在社会保险基金收入中的比例呈现逐渐上升的态势(见图3—23),尽管更详细的数据自2018年的财政决算表中才开始体现。另外存在的问题是区域之间、群体之间的保险待遇差距逐渐凸显,地区之间基金结余的不平衡度也在逐渐增加,社会保险基金收支整体缺口(不考虑财政补贴情况下)越来越大(见图3—24)。

表3—24　　　　　　　　2019年全国社会保险基金收入决算　　　　　　　单位:亿元

社会保险项目	全国		中央		地方	
	预算数	决算数	预算数	决算数	预算数	决算数
一、企业职工基本养老保险基金收入	36 659.62	38 174.79	319.23	314.89	36 340.39	37 859.9
其中:保险费收入	28 800.63	30 008.75	151.44	148.77	28 649.19	29 859.98
财政补贴收入	5 825.59	5 587.76	162.78	160.18	5 662.81	5 427.58
利息收入	1 010.73	1 149.45	3.57	2.81	1 007.16	1 146.64
委托投资收益	323.24	507.7		1.16	323.24	506.54

---

① 需要注意的是,老龄化是所有影响财政补贴因素中最重要的方面,但不是全部。

续表

社会保险项目	全国		中央		地方	
	预算数	决算数	预算数	决算数	预算数	决算数
二、城乡居民基本养老保险基金收入	4 072.62	4 149.44	1.22	1.45	4 071.4	4 147.99
其中:缴费收入	857.27	1 000.17	0.74	0.9	856.53	999.27
财政补贴收入	3 005.06	2 880.51	0.43	0.45	3 004.63	2 880.06
利息收入	163.89	189.13	0.05	0.07	163.84	189.06
委托投资收益	15.28	31.82			15.28	31.82
集体补助收入	6.63	9.1			6.63	9.1
三、机关事业单位基本养老保险基金收入	13 841.67	14 456.25	323.6	312.25	13 518.07	14 144
其中:保险费收入	9 000.82	9 506.18	170.96	155.77	8 829.86	9 350.41
财政补贴收入	4 751.97	4 731.1	151.14	148.62	4 600.83	4 582.48
利息收入	43.42	51.83	1.49	1.75	41.93	50.08
委托投资收益						
四、职工基本医疗保险基金收入	14 727.22	15 638.36	50.21	53.09	14 677.01	15 585.27
其中:保险费收入	14 026.35	14 898.45	45.64	48.09	13 980.71	14 850.36
财政补贴收入	106.48	92.88	4	4.15	102.48	88.73
利息收入	456.94	517.1	0.54	0.7	456.4	516.4
五、居民基本医疗保险基金收入	8 403.84	8 679.84	8.9	9.18	8 394.94	8 670.66
其中:缴费收入	2 550.58	2 773.31	2.87	3.2	2 547.71	2 770.11
财政补贴收入	5 767.21	5 796.24	5.9	5.76	5 761.31	5 790.48
利息收入	80.94	88.19	0.13	0.22	80.81	87.97
(一)城镇居民基本医疗保险基金收入	192.68	200.39	8.9	9.18	183.78	191.21
其中:缴费收入	58.64	85.42	2.87	3.2	55.77	82.22
财政补贴收入	130.55	112.14	5.9	5.76	124.65	106.38
利息收入	3.47	2.6	0.13	0.22	3.34	2.38
(二)新型农村合作医疗基金收入	772.22	636.53			772.22	636.53
其中:缴费收入	233.34	203.4			233.34	203.4
财政补贴收入	532.47	426.14			532.47	426.14
利息收入	4.54	4.08			4.54	4.08
(三)城乡居民基本医疗保险基金收入	7 438.94	7 842.92			7 438.94	7 842.92
其中:缴费收入	2 258.6	2 484.49			2 258.6	2 484.49
财政补贴收入	5 104.19	5 257.96			5 104.19	5 257.96
利息收入	72.93	81.51			72.93	81.51
六、工伤保险基金收入	815.09	804.68	2.77	2.64	812.32	802.04

续表

社会保险项目	全国 预算数	全国 决算数	中央 预算数	中央 决算数	地方 预算数	地方 决算数
其中:保险费收入	763.68	744.73	2.74	2.58	760.94	742.15
财政补贴收入	12.43	14.46			12.43	14.46
利息收入	35.44	40.35	0.03	0.06	35.41	40.29
七、失业保险基金收入	1 157.48	1 248.77	3.3	3.44	1 154.18	1 245.33
其中:保险费收入	994.4	1 059.88	3.15	3.27	991.25	1 056.61
财政补贴收入	0.22	0.17			0.22	0.17
利息收入	155.26	173.3	0.15	0.17	155.11	173.13
社会保险基金收入合计	79677.54	83152.13	709.23	696.94	78 968.31	82 455.19
其中:保险费收入	56 993.73	59 991.47	377.54	362.58	56 616.19	59 628.89
财政补贴收入	19 468.96	19 103.12	324.25	319.16	19 144.71	18 783.96
利息收入	1 946.62	2 209.35	5.96	5.78	1 940.66	2 203.57
委托投资收益	338.52	539.52		1.16	338.52	538.36
中央调剂基金收入	4 844.6	6 303				
扣除中央单位上缴的中央调剂基金	18	23				
地方上缴的中央调剂基金收入	4 826.6	6 280				
中央社会保险基金收入合计	5 535.83	6 976.94				
地方社会保险基金收入合计	83 781.91	88 728.99				

资料来源:2019年全国财政决算。

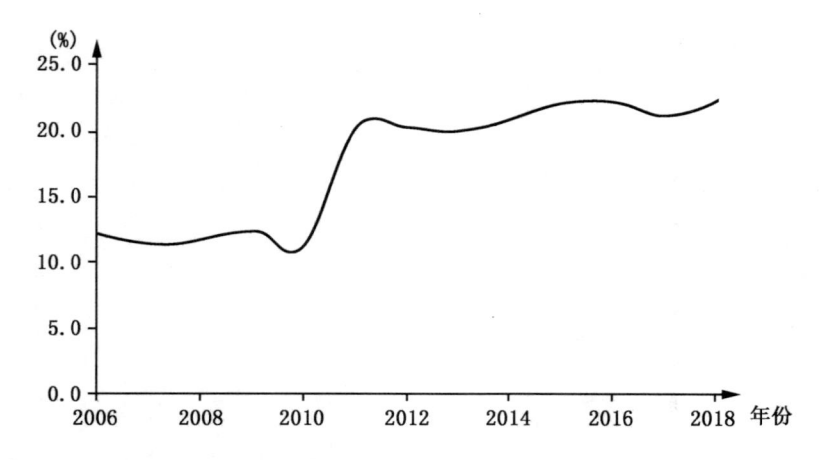

资料来源:2005—2019年《中国人力资源和社会保障年鉴》《中国财政年鉴》。

图3—23 财政补贴占全国社会保险基金收入的比重

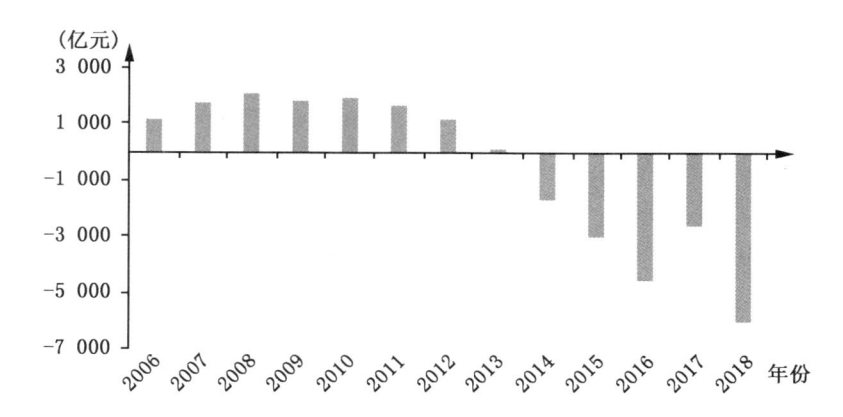

资料来源：2005—2019 年《中国人力资源和社会保障年鉴》《中国财政年鉴》。

图 3—24　不考虑财政补贴情况下全国社会保险基金的收支缺口

财政补贴既有对社会保障历史欠账弥补的贡献，又有对老龄化压力的分担，但具体的量度并未有确切的标准。如基本养老保险财政支持存在两种模式：一是完全的兜底模式，缺点是财政风险比较高；二是支出上的固定配比制度，缺点是设计上不够灵活。德国在后者上贯彻得相对彻底，中国也应制定类似的财政规则，一旦确定就严格执行。2019 年中国社会保险基金收入合计 83 152.13 亿元，其中保险费收入 59 991.47 亿元，财政补贴收入 19 103.12 亿元，财政补贴与保险费的比例已经将近 1∶3，相当之高，如果后续再继续提高，社会保险的保险价值和保险属性都将大打折扣。

基于目前的老龄化增长速度和经济增长的新常态，对未来社会保险基金的财政补贴规模做出合理预测。已知 2020 年全国老年人口抚养比为 19.7%，2050 年预测约为 50%，按照匀速上升的变化规律进行模拟（见表 3—25）。2020 年养老金增幅是 5%，已经连续 16 年调整上升，考虑到新冠疫情对经济的冲击以及双循环模式下经济的不确定性，预测期的年度养老金增幅设定为 3%。

表 3—25　　　　　　2021—2050 年间财政对社会保险基金的补贴预测

年份	企业职工基本养老保险基金财政补贴（亿元）	城乡居民基本养老保险基金财政补贴（亿元）	机关事业单位基本养老保险基金财政补贴（亿元）	职工基本医疗保险基金财政补贴（亿元）	居民基本医疗保险基金财政补贴（亿元）	社会保险基金财政补贴合计（亿元）	社会保险基金财政补贴合计占全国一般公共预算收入的比例（%）
2021	6 083.09	3 102.06	6 546.46	129.50	6 742.60	22 365.87	10.90
2022	6 346.99	3 219.15	7 700.67	152.91	7 272.24	24 200.63	11.35
2023	6 622.34	3 340.66	9 058.39	180.55	7 843.48	26 185.89	11.83

续表

年份	企业职工基本养老保险基金财政补贴（亿元）	城乡居民基本养老保险基金财政补贴（亿元）	机关事业单位基本养老保险基金财政补贴（亿元）	职工基本医疗保险基金财政补贴（亿元）	居民基本医疗保险基金财政补贴（亿元）	社会保险基金财政补贴合计（亿元）	社会保险基金财政补贴合计占全国一般公共预算收入的比例（%）
2024	6 909.63	3 466.75	10 655.49	213.19	8 459.59	28 334.02	12.33
2025	7 209.38	3 597.60	12 534.17	251.73	9 124.10	30 658.36	12.85
2026	7 522.14	3 733.39	14 744.08	297.24	9 840.81	33 173.37	13.39
2027	7 848.47	3 874.31	17 343.63	350.97	10 613.81	35 894.71	13.95
2028	8 188.95	4 020.54	20 401.50	414.42	11 447.53	38 839.28	14.54
2029	8 544.21	4172.30	23 998.51	489.33	12 346.75	42 025.41	15.15
2030	8 914.87	4329.78	28 229.72	577.79	13 316.59	45 472.91	15.79
2031	9 301.62	4493.21	33 206.93	682.25	14 362.62	49 203.21	16.45
2032	9 705.14	4662.80	39 061.69	805.58	15 490.82	53 239.53	17.15
2033	10 126.17	4838.80	45 948.70	951.21	16 707.64	57 606.97	17.87
2034	10 565.47	5021.44	54 049.97	1 123.17	18 020.03	62 332.67	18.62
2035	11 023.82	5210.98	63 579.58	1 326.22	19 435.52	67 446.05	19.40
2036	11 502.06	5407.66	74 789.37	1 565.97	20 962.20	72 978.90	20.22
2037	12 001.04	5 611.77	87 975.57	1 849.06	22 608.80	78 965.62	21.07
2038	12 521.67	5 823.59	103 486.65	2 183.33	24 384.74	85 443.46	21.96
2039	13 064.89	6 043.40	121 732.50	2 578.03	26 300.18	92 452.70	22.88
2040	13 631.67	6 271.51	143 195.30	3 044.08	28 366.08	100 036.93	23.84
2041	14 223.04	6 508.23	168 442.23	3 594.38	30 594.26	108 243.32	24.85
2042	14 840.07	6 753.88	198 140.48	4 244.17	32 997.46	117 122.91	25.89
2043	15 483.86	7 008.80	233 074.86	5 011.42	35 589.44	126 730.93	26.98
2044	16 155.58	7 273.35	274 168.56	5 917.37	38 385.02	137 127.13	28.12
2045	16 856.45	7 547.88	322 507.54	6 987.10	41 400.19	148 376.17	29.30
2046	17 587.72	7 832.78	379 369.22	8 250.22	44 652.21	160 548.01	30.53
2047	18 350.71	8 128.42	446 256.26	9 741.67	48 159.68	173 718.35	31.82
2048	19 146.80	8 435.23	524 936.22	11 502.76	51 942.67	187 969.10	33.16
2049	19 977.43	8 753.62	617 488.34	13 582.20	56 022.80	203 388.89	34.55
2050	20 844.10	9 084.02	726 358.43	16 037.56	60 423.44	220 073.62	36.01

根据预测,如果不考虑其他渠道资金的汇入,社会保险基金财政补贴合计在 2050 年将上升至 220 073.62 亿元,占全国一般公共预算收入的 36.01%,对其他公共财政项目产生一定程度的挤出。2019 年社会保险基金财政补贴合计占全国一般公共预算收入的 10.03%,如果执行严格的财政规则,未来应当将这一比例限制在 10% 以内,避免财政对社会保险基金的包袱过重,对社会保险基金可持续运作也是有裨益的。

根据国家统计局最新数据,2018—2021 年,全国各级财政累计安排养老保险补助支出 7.77 万亿元,其中中央对地方转移支付 3.07 万亿元,有力地支持了各地区养老金按时足额发放。建立退休人员基本养老金合理调整机制,连续提高退休人员基本养老金标准。建立城乡居民基本养老保险待遇确定和基础养老金正常调整机制,推动待遇水平随经济社会发展逐步提高。从 2018 年起建立并实施企业职工基本养老保险基金中央调剂制度,作为养老保险全国统筹的第一步,调剂比例从 3% 起步,并以每年 0.5 个百分点的幅度提高,2021 年达到 4.5%。

支持构建多层次医疗保障体系,强化基本医保、大病保险、医疗救助三重制度综合保障。2018—2021 年,全国各级财政累计安排对基本医疗保险基金的补助和医疗救助资金 2.61 万亿元,其中中央对地方转移支付 1.42 万亿元。国家整合新农合和城镇居民医保,合并实施生育保险和职工医保,提升了管理效能。推进药品和医用耗材集中带量采购,加强医保基金监管,控制医疗费用不合理增长,实现所有省份所有统筹地区住院费用和普通门诊费用跨省直接结算全覆盖。职工医保和城乡居民医保政策范围内住院费用支付比例分别稳定在 80% 和 70% 左右,困难群众经基本医保、大病保险、医疗救助三重保障梯次减负后住院费用实际报销比例达到 80% 左右,群众就医负担有效减轻。全民医疗保障制度顶层设计不断完善,管理服务水平逐步提升,构建起以基本医疗保险为主体,医疗救助为托底,补充医疗保险、商业健康保险、慈善捐赠、医疗互助共同发展的多层次医疗保障制度体系。

(二)公共财政对社会保障的补助规则建议

宏观方向上,公共财政对社会保障的补助需要考虑到中国的基本国情,如人口老龄化、经济增速下降的新常态、内循环背景下的量能负担等多个方面,单纯地补社会保险基金缺口不符合公共财政的应有内涵。在整体规划中,张怡恬(2017)提出需分两个层次:第一个层次考察社会保障的适应性,如社会保障制度与经济基础的契合度、与国家治理模式的契合度、与经济发展水平的契合度、与经济结构和社会结构的契合度、与社会公平共识的契合度等;第二个层次考察社会保障对经济运行的影响,综合分析社会保障对储蓄、资源配置、劳动力市场、经济结构调整等的影响,进而考察在具体社会情境下社会保障与经济运行的关系。只有把这两个层次的研究结果结合起来,才能判断出社会保障的基本面貌,最后界定财政对社会保障的补助责任。[①]

---

① 张怡恬. 探寻"社会保障之谜":社会保障与经济发展关系辨析[DB/OL]. http://theory.people.com.cn/n1/2017/0718/c45031-29412812.html,登录日期:2021 年 7 月 1 日。

指标操作上,财政补助社会保障支出缺口主要集中于财政对社会保险基金的补助,关联于老龄化率、老年人口抚养比、养老金提高速度、GDP 增长率与财政收入增长率等因素,除人口与经济的宏观制约难以控制外,调整养老金增长幅度的决策权则是容易把握的,当缴费收入端难以大幅增加时,减少养老金支出进而减少财政对社会保险基金补贴的增长幅度则是题中之义,最终使财政在社会保险基金的兜底和固定配比中达到一种适当的平衡。

第六节 本章小结

能够促进经济增长和增进人民福利的适宜的社会保障支出规模与一国国情紧密联系,且具有很强的路径依赖性,而公共福利开支的自我膨胀倾向与宏观经济均衡的实现存在着条件上的背离。根据优化控制理论,首先得出最优的政府福利性公共支出规模,然后分别对对照组 OECD 国家和中国的社会保障支出长期经济增长影响展开实证分析。OECD 国家现代化社会保障制度起步较早,但暴露出来的一些问题作为前车之鉴值得发展中国家尤其是中国认真考虑对待,无论是削减福利后的北欧国家,还是经过社会保障私有化改革之后的国家,经济都处于长期停滞或缓慢增长状态,社会保障改革并未起到预想的效果。采用系统 GMM 对 31 个 OECD 国家 1991—2019 年的面板数据进行分析,发现在控制其他因素影响下社会保障支出对 GDP 增长影响显著为负,OECD 国家福利开支已处于阿米曲线的右边,对经济形成严重透支,维持高福利的举债带来了经济增长乏力和政府赤字高涨,民众的福利需求和社会期望与老龄危机和医疗成本的推升之间的矛盾裂痕愈加深重。采用 VECM 模型对中国 1989—2019 年全口径社会保障支出的长期经济增长影响进行实证分析,结果显示社会保障支出的经济增长弹性为 0.69,表明当前形势下社会保障支出对经济增长发挥了积极的影响,部分原因在于中国当前的社会保障水平与 OECD 国家相比尚处于低位,部分原因在于中国居民较高的储蓄偏好,但中国社会保障支出的增长速度远超 GDP 和财政收入的增长速度,福利开支达到警戒线指日可待,并且较高的储蓄偏好所发挥的作用在未来很可能被内需不足、劳动力下降、老龄化等因素所抵消,时刻保持警醒是十分必要的。

除社会保障支出规模问题外,中国社会保障体系中存在的碎片化问题也十分严重,地域差别、城乡差别、人群待遇差别限制了社会保障功能的部分发挥,建立统一的、保障基本需求的社会保障体系是下一步改革的关键,在底线公平的基础上,再进行弹性化的制度设计以满足不同利益群体的诉求。另外,中国社会的老龄化效应加剧了社会保障支出的压力,为创造新的人口红利,国家实施了新型城镇化、从"单独二孩"到"全面三孩",再到二十大报告提出的"实施渐进式延迟退休年龄"等重要举措,旨在缓解中国"未富先老"的老龄化危机,这些新的举措对社会保障支出乃至对整个宏观经济的影响都有待继续关注。

第四章 社会保障支出对国民储蓄的影响分析

社会保障通过资产替代效应和诱导退休效应对个人储蓄行为产生影响,进而对积累和经济增长产生作用是新古典经济学关于社会保障支出研究的重要脉络,尽管当今学界关于社会保障的储蓄影响仍存有相当大的不确定性和争论。当然,无论是现收现付制、基金制还是部分积累制,无论是确定受益型年金还是确定供款型年金,都会积累一定数量的基金,从而对个人乃至整个经济社会的发展起到资本集聚的作用,这是研究的前提。在本章中运用世代交叠模型对社会保障税的储蓄影响展开分析,并通过中国 31 个区省市的面板数据对其影响效果展开进一步的实证检验。

第一节 以储蓄为核心变量的社会保障支出经济增长效应研究综述

在以储蓄为核心变量的社会保障支出经济增长效应研究中,因为现收现付制和完全积累制前提条件的不同,对物质资本积累的效果可能完全不同,有必要把两者区分开来,分别进行研究并做比较。由于现收现付制社会保障自 20 世纪 70 年代后期在发达国家出现危机,老龄化程度不断加深和财政负担持续加重,并由于新加坡和智利等国的基金制改革的成功经验,国际上要求由现收现付制向基金制转轨的呼声不断,也出现了关于社会保障私有化改革可能带来的收益的一系列研究成果和争论。

一、现收现付制下社会保障支出的物质资本积累效应

建立社会保障制度的目的在于防止退休后丧失劳动收入和由于长寿而导致的老年贫困风险,在社会保障制度存在之前,人们为了保证老年时生活水平一般会在年轻时进行相应的储蓄,弗里德曼(1957)指出,社会保障解决了老年后顾之忧,这样就会显著减少年轻时的储蓄,但弗里德曼并没有通过相应的理论实证来佐证这样的观点。[1]

---

[1] Friedman M. Consistency of the Permanent Income Hypothesis with Existing Evidence on the Relation between Consumption and Income: Budget Studies[M]. Princeton: Princeton University Press, 1957: 88—114.

费尔德斯坦(Feldstein,1974)将现收现付制对储蓄的影响分为两种效应:资产替代效应指的是养老金收益可能会减少用于退休后生活的储蓄,从而对个人储蓄产生挤出;诱致退休效应指的是为了保障退休后的生活,人们增强了在工作期间的储蓄,因为获得养老金的前提条件是在规定年龄退休,这就失去了继续工作而增加收入来源的机会。当资产替代效应大于诱致退休效应时,养老金计划使得储蓄率降低;当诱致退休效应大于资产替代效应时,养老金计划使得储蓄率上升。社会保障支出对储蓄影响的最终效应取决于两者的权衡。费尔德斯坦(1974)运用美国时间序列统计数据进行分析表明,现收现付制对储蓄的总体效应使私人储蓄总量下降30%~60%,股本下降38%。因此在非利他条件下,如果储蓄率较低而不能达到经济的最优状态时,向完全积累制的部分转变就会提高储蓄率,改进经济效率。[①] 费尔德斯坦(1981)又进一步讨论了市场主体存在短视行为、部分短视、不同短视下的最优社会保障支出。[②]

巴罗(1974)提出人们储蓄的目的并不仅仅是为了保障个人退休后的生活水平,也有一部分出于父母对子女关爱的利他动机。如果上一代人都给下一代人留有遗产,那么下一代人就可以用这些遗产来弥补缴纳社会保障税而导致的收入下降部分,从而使他们的预算约束保持不变,这样,社会保障税与政府债券很类似,按照"李嘉图等价",整个社会的储蓄总量最终不会发生任何变化,从而社会保障的作用是中性的。[③]

但是在现实经济中,存在着各种风险,有可能使得父母留有遗产的动机无法实现(Laitner,1979),考虑到对风险的防范,人们会选择更多储蓄来应对不测情况的发生。社会保障减少了老年风险,缓解了人们对未来生活的忧虑,年轻时就不必要进行足够多的储蓄,这样无形中减少了就业时的储蓄。[④] 莱特钠(Laitner,1988)进一步提出了子女对父母赡养的利他动机,有了子女的扶助和赡养,父母年轻时就不必要进行足够多的储蓄,这样某种程度上减少了储蓄。社会保障支出减轻了子女对父母的赡养负担,父母意识到这点,对子女依赖程度的减弱将促使他们年轻时进行更多储蓄,这样又会带来总储蓄的上升。[⑤]

除了保证老年养老需要和防止长寿风险,还存在着疾病、伤残等风险,应对这些不确定性风险的储蓄通常称之为预防性储蓄,预防性储蓄增加了社会总储蓄量(Page,1998)。但是由于存在疾病、伤残津贴等社会保障支出,会对预防性储蓄产生替代,降低社会总储蓄水

[①] Feldstein M. Social Security, Induced Retirement and Aggregate Capital Accumulation[J]. Journal of Political Economy,1974,82(5):905—926.

[②] Feldstein M. Inflation, Capital Taxation, and Monetary Policy[R]. National Bureau of Economics Research, 1981:31.

[③] Barro R J. Are Government Bonds Net Wealth? [J]. Journal of Political Economy,1974,82(6):1095—1117.

[④] Laitner John. Household Bequest Behaviour and the National Distribution of Wealth[J]. Review of Economic Studies,1979:46.

[⑤] Laitner John. Bequests, Gifts, and Social Security[J]. Review of Economic Studies,1988.55(2):275—299.

平。①

以上分析都是建立在劳动力是外生的基本假设之上,巴罗和贝克尔(Barro & Becker,1988)将生育行为内生化,他们指出父母的效应不仅依赖于自身的消费,而且还和抚育子女有一定的关系。父母的最优生育率条件为增加一个子女得到的边际效用恰好等于抚养他的净成本(抚养子女的花费减去子女未来工作中的收入)。而社会保障支出的上升意味着子女承担的社会保障税的税负加重,工资减少,从而造成抚养子女的净成本上升,减少生育率。由于上一代的养老金要由下一代来负担,如果利率大于生育率,那么父母预期得到的养老金现值必然低于现在缴纳的社会保障税,父母的实际税负为正,未来收入下降,同样会减少生育率。生育率的下降并不是坏事,这意味着人均物质资本的提高,有利于增加产出,促进经济增长。②

二、完全积累制下社会保障支出的物质资本积累效应

完全积累的基金制具有强制储蓄功能,将带来资本积累的增加(Estelle,1994;Feldstein,1997)。③ 但这忽略了一个方面,有社会保障的国家强制储蓄和无社会保障的个人自由储蓄存在着某种替代,最终并不一定带来储蓄的增加和资本积累的增加。

完全积累制可以消除政府频繁干预社会制度的政治风险,使得家庭倾向于减少储蓄,但是通货膨胀风险又迫使家庭增加储蓄以应对未来的不测,这样对储蓄的影响就并不确定(Coronado,1997)。④ 戴蒙德(1998)指出实行基金制可以减轻税收负担,如果将减少的税负储蓄起来,将有助于增加资本存量。⑤ 把社会保障基金交由专门的投资运营机构管理,事实上是可以实现很高的收益率,费尔德斯坦(1999)曾做过估计,如果年工资增长率为7%,资本回报率为12%,那么提供同样水平的养老金,在完全积累制下,个人所需缴纳的费率仅相当于现收现付制下社会保障税税率的1/4,这样个人在现期拥有更多的可支配收入,既可以增加消费,又可以增加储蓄。⑥

---

① Page B. Social Security and Private Saving: A Review of the Empirical Evidence[R]. Report to Congressional Budget Office,1998:23—38.

② Barro R J, Becker G S. A Reformulation of the Economic Theory of Fertility[J]. The Quarterly Journal of Economics,1988,103(1):1—25.

③ Estelle Lames. Providing Better Protection and Promoting Growth: A Defence of Averting the Old Age Crises[J]. International Social Security Review, Volume 49, Issue 3,1994:3—20.

Feldstein M S. Transition to a Fully Funded Pension System: Five Economic Issues[J]. Social Science Electronic Publishing,1997:22—38.

④ Coronado J L. Behavioral Responses to Social Security Privatization: Evidence from the Chilean Reform. [D]. The University of Texas at Austin. 1997:174—179.

⑤ Diamond P. The Economics of Social Security Reform[J]. NBER Working Papers,1998:17—26.

⑥ Feldstein M. Social Security Pension Reform in China[J]. China Economic Review,1999:10.

三、两种制度相互转化带来的物质资本积累效应的变化

(一)制度的帕累托效率

艾伦(Aaron,1966)在迭代模型中引入了生产和投资,指出养老金的增长取决于人口增长率和劳动生产率增长率,并证明当生物收益率[人口增长率与实际工资增长率之和,由萨缪尔森(1958)提出,实际均衡条件下,劳动生产率增长率是等于实际工资增长率的[1]]大于市场利率(养老金投资回报率)时,此即艾伦条件,现收现付制具有帕累托效率。[2] 当生物收益率小于市场利率时,完全积累制具有帕累托效率。

后续学者证明,无论艾伦条件是否存在,只要时间是无限的,完全积累制都不可能达到帕累托最优,而现收现付制总是可以实现这一目标。对于人口结构稳定、经济快速发展的国家来说,现收现付制确实再好不过了,但现收现付制的缺点就在于面临外部冲击时缺乏可持续性,随着人口老龄化加速、经济发展缓慢的问题出现,现收现付制将不可持续。

(二)财富的代际转移

在财富的代际转移上,现收现付制的功效显然是确切的。现收现付的社会保障制度意味着通过以支定收,使养老保险收入与支出在年度内大体平衡的财务机制。根据代际转移理论,一代人的社会保障待遇可以由同时期正在工作的下一代人缴费支付,社会保障财务就可以实现横向平衡。现收现付制会导致财富的代际转移:

一是由于人口增长而产生的代际转移,如果每次后一代的人口是多于其前一代的,则同稳定的人口相比,增长的人口有着更高的青年人对老年人的比率,人口增长优势就意味着社会保障制度上的负担轻松。但当人口增长结束时,依旧要保持预期的退休金,工作一代的分摊额将会大幅度增加。正如当今世界上大多数工业化国家趋向于人口零增长甚至负增长时所发生的情况。

二是由于收入增长而产生的代际转移,在经济增长的前提下,年轻一代有着比老年一代更高的收入水平。在现收现付的制度中,由于分摊额来源于年轻一代较高的收入,退休群体得到的退休金多于他们自己的分摊额。只要经济增长持续下去,在年轻一代生产率提高的基础上,每一代就可以指望得到额外的退休金。但是如果长期经济增长不稳定,这种制度将会崩溃。

三是由政治程序而产生的代际转移,年长的一代至少在某些情况下,通过政治制度可以强制实施代际转移。当前的一代可以为他们的退休金计划投赞成票,而不用考虑将要替他们进行支付的尚未出生的一代。在这种情况下,即使考虑到人口和收入的增长,社会保

---

[1] Samuelson P A. An Exact Consumption-Loan Model of Interest with or without the Social Contrivance of Money [J]. Journal of Political Economy,1958,66(6):467—482.

[2] Aaron C J E. The Social Insurance Paradox(Henry Aaron)[J]. Canadian Journal of Economics and Political Science,1966,32(3):371—374.

障仍被设置成支付的退休金多于分摊额水平所能承担的情况。这种制度有利于早期的受益人,但是可以预料到现在的年轻人支付的每一单位分摊额在将来所能够得到的退休金将远远低于当前的退休人员。

(三)私有化改革的问题

社会保障私有化的改革正是针对现收现付制的问题。科特利科夫(Kotlikoff,1996)提出社会保障私有化改革对储蓄影响的两种效应:替代效应和收入效应。[①] 替代效应抑制储蓄,收入效应促进储蓄,两者共同决定了对经济增长的影响。米切尔和泽尔德斯(Mitchell & Zeldes,1996)讨论了社会保障私有化改革对更广泛意义上的国民储蓄(政府储蓄与私人储蓄之和)的影响,私有化将使得政府丧失社会保障税的收入来源,增加预算赤字。[②] 但是米切尔和泽尔德斯(1996)的分析没有意识到政府社会保障税减少的同时,承担的社会保障支出也减少了,这样政府并不需要增加预算赤字。

在现收现付制和基金制的争论中,以马丁·费尔德斯坦(Martin Feldstein,1995)为主席的美国国家经济研究局(National Bureau of Economic Research,INC)强调社会保障的私有化有助于解决社会保障制度未来的赤字问题,同时提高储蓄率,促进经济增长[③],其支持者还有洪堡(Homburg,1997)、科特利科夫、斯迈特和瓦利泽尔(Kotlikoff,Smetter & Walliser,1998)、费尔德斯坦和塞姆维克(Feldstein & Samwick,1998)、博尔施-苏潘(Börsch-Supan,1998)等。[④] 而以戴蒙德为主席的美国国家社会保障协会(National Academy of Social Insurance)则持相反的观点,只需将退休年龄与人口预期寿命指数化并将社会保险信托基金一部分投资于股票市场即可解决未来的财务问题,鲁德克(Ludeke,1998)、布雷耶(Breyer,1989)、芬格(Fenge,1995)、布鲁纳(Brunner,1996)、吉纳科普洛斯、米切尔和泽尔德斯(Geanakopolos,Mitchell & Zeldes,1998)、辛恩(Sinn,2000)站在同一立场上,不认为

---

① Kotlikoff L J. Privatization of Social Security:How it Works and Why it Matters[J]. Tax Policy and the Economy,1996,10:1—32.
② Mitchell O S,Zeldes S P. Social Security Privatization:a Structure for Analysis[R]. NBER Working Paper 5512,1996:2—14.
③ Feldstein M S. Would Privatizing Social Security Raise Economic Welfare? [R]. NBER Working Paper 5281,1995:39.
④ Homburg S. Old-age Pension Systems:a Theoretical Evaluation[M]. Springer Berlin Heidelberg,1997:233—246.
 Kotlikoff L J,Smetters K,Walliser J. Social Security:Privatization and Progressivity[R]. NBER Working Paper 6428,1998:21.
 Feldstein M,Samwick A. The Transition Path in Privatizing Social Security[M]//Privatizing Social Security. Chicago:University of Chicago Press,1998:215—264.
 Börsch-Supan A,Schnabel R. Social Security and Declining Labor-force Participation in Germany[J]. The American Economic Review,1998,88(2):173—178.

转轨会带来帕累托改进。①

但宏观经济问题中,如果考虑通货膨胀因素,人口问题的影响在于养老金领取者的负储蓄超出下一代工作者的储蓄,而既定的产出水平上,储蓄的下降产生通货膨胀的压力将减少养老金的购买力(Barr,1989),这样的情况下,基金制和现收现付制其实没有本质的不同。②

从整个分析来看,在对储蓄的影响上,现收现付制比完全积累制更具优势。1981—2004年全球有31个国家和地区对养老金计划进行了私有化改革,然而私有化浪潮在2005年之后并未延续下去,中欧、东欧和南美的很多国家又将养老金计划重新改回了现收现付制。鉴于大多数私有化改革的国家是发展中国家,养老金计划的转轨成本巨大,且缺乏完善的资本市场和监管措施,改革的实施效果不佳,这是导致改革失败的重要原因。私有化改革的缺点显而易见:养老金账户不具有任何再分配功能,造成贫富差距过大和晚年贫困人员增多;全球金融危机和经济危机使养老金账户的投资回报率未能达到预期效果;养老金账户管理成本居高不下。世界银行作为基金制的主要推动者,也逐步认识到养老金私有化改革的问题——市场化并不是万能的。而储蓄的核心作用,成为体现现收现付制和完全积累制实施效果的分水岭。

(四)医疗保险领域的扩展

当然不仅在养老保险领域有制度转化的争论,在医疗保险领域个人账户的改革上也存在类似问题。我国职工医保制度实行社会统筹和个人账户相结合的保障模式,1998年颁布的《国务院关于建立城镇职工基本医疗保险制度的决定》标志着我国职工医保制度正式建立,实施了40多年的公费、劳保医疗制度终结。统账结合模式下单位缴费率为工资总额的6%左右,职工缴费率一般为本人工资收入的2%,单位缴费的一部分和职工个人缴费的全部划入个人账户,主要用于保障普通门诊和购药费用,单位缴费的另一部分形成统筹基金,主要用于保障参保职工住院费用。统账结合模式是医疗保险制度全面改革与创新的肇始,是医保制度历史必然和改革的现实最佳选择,符合当时社会经济发展的现实国情和医疗保

---

① Ludeke J T. The Evolving Industrial Relations Regime: the Federal System: 1992—1998[J]. Australian Law Journal,1998,72(11):863—870.

Breyer F. On the Intergenerational Pareto Efficiency of Pay-as-you-go Financed Pension Systems[J]. Journal of Institutional and Theoretical Economics (JITE)/Zeitschrift für die gesamte Staatswissenschaft,1989:643—658.

Fenge R. Pareto-efficiency of the Pay-as-you-go Pension System with Intragenerational Fairness[J]. Finanz Archiv/Public Finance Analysis,1995:357—363.

Brunner J K. Transition from a Pay-as-you-go to a Fully Funded Pension System: The Case of Differing Individuals and Intragenerational Fairness[J]. Journal of Public Economics,1996,60(1):131—146.

Mitchell O S,Geanakoplos J,Zeldes S P. Would a Privatized Social Security System Really Pay a Higher Rate of Return?[R]. Wharton School Center for Financial Institutions,University of Pennsylvania,1998:32—34.

Sinn H W. Why a Funded Pension System is Needed and Why it is not Needed[J]. International Tax and Public Finance,2000,7(4—5):389—410.

② Barr N. Social Insurance as an Efficiency Device[J]. Journal of Public Policy,1989,9(1):59—82.

障制度建设的具体需求。

目前统账结合最突出的问题是公平性很弱,年轻人和身体好的,个人账户中存了大量结余,但身体不好或是有慢性病的老年人,个人账户的钱是不够的。全国居民因慢性病导致的死亡人数占总死亡人数的比例超过 85%,导致的疾病负担占总疾病负担的 70% 以上。真正需要门诊医疗保障的参保人群得不到更好的保障,而一些地区医保个人账户的基金还存在被不合规地滥用和误用,未能发挥医疗基金共济保障的应有作用。《2021 年全国医疗保障事业发展统计公报》显示,统筹基金(含生育保险)当期结存 2 542.77 亿元,累计结存(含生育保险)17 685.74 亿元。2021 年,职工医保个人账户当期结存 1 713.61 亿元,累计结存 11 753.98 亿元。据此测算,个人账户积累的资金占到职工医保基金总量(统筹基金加个人账户)的 40%。

职工医保门诊共济改革因减少了划入个人账户资金引发了部分参保人的高度关注,个人账户改革在落地中带来的阵痛可能会持续数月甚至经年。个人账户改革是一场欲扬先抑的改革,表面看起来个人账户减少,但后面一步是提高门诊报销比例,归根结底还是要依靠后面一步的实现。

不同的统筹地区,报销水平往往不同,起付线、门诊的封顶线以及报销比例都是有差异的,像佛山、深圳,职工医保又分为 a 档、b 档,或者一档、二档、三档,有个人账户或没有个人账户,就逐渐变成了一个碎片化的制度。全国有几百个医保统筹区,各地医保报销水平、待遇、门诊共济保障能力差异巨大,加上个人账户改革在地区间的不同推进,原本制度本身的碎片化,让情况变得更复杂。

第二节 私人储蓄功能及社会保障支出储蓄理论模型

宏观经济学中,私人储蓄一般可表示为:
$$S_{pvt}=Y+NFP-T+TR+INT-C$$
其中,Y 代表国内生产总值,NFP 表示来自国外的净要素支付,TR 表示从政府那里得到的转移支付,INT 表示政府债务的利息支付,T 表示税收,C 表示消费。如果税收为社会保障税时,可以看出,现收现付制下社会保障税对个人自愿储蓄有一对一的挤出效应。

政府储蓄可表示为:
$$S_{govt}=T-TR-INT-G$$
其中,G 表示政府购买。

国民储蓄作为整个经济体的储蓄,等于私人储蓄与政府储蓄之和:
$$S=S_{pvt}+S_{govt}=Y+NFP-C-G=GNP-C-G$$
利用 Y 的支出法表示形式 $Y=C+I+G+NX$,那么 S 可简化为 $S=I+(NX+NFP)$,其中 $NX+NFP$ 称之为经常账户余额,用 CA 来表示,那么 $S=I+CA$。私人储蓄

就可以表达为

$$S_{prt} = I + (-S_{gout}) + CA$$

这个式子描述了经济体中私人储蓄的三个重要用途：一是用来投资，二是用来弥补政府预算赤字，三是为经常账户盈余提供资金。当然，宏观中的私人储蓄体现的是总量储蓄。微观中，个人的净收入主要由初始收入减去社会保障税得到，用于消费和个人自愿储蓄，社会保障税对消费和个人自愿储蓄的影响效应是下一步研究的核心。

关于社会保障支出，主要是养老金支出，存在三个极为关键的模型：生命周期理论、无穷寿命模型和世代交叠模型。

一、生命周期理论

生命周期理论由安多和莫迪利安尼（Ando & Modigliani，1963）提出，理性经济人按照收入的预期来平滑一生的消费，追求其生命周期内效用最大化。假设一生共有 N 期，T 期时退休。$U(C_i)$ 表示第 t 期消费 C_i 带来的效用，W_t 为在 t 期时的财产，Y_i 表示收入，ρ 表示时间偏好率，r 为利率。则问题可表述为：

$$\max U = \sum_{i=t}^{N} \left(\frac{1}{1+\rho}\right)^{i-t} U(C_i)$$

$$\text{s.t.} \quad \sum_{i=t}^{N} \left(\frac{1}{1+r}\right)^{i-t} C_i = W_t + \sum_{i=t}^{T} \left(\frac{1}{1+r}\right)^{i-t} Y_i$$

二、无穷寿命模型

无穷寿命模型由拉姆齐（1928）在研究跨期资源配置时提出，当时要解决的问题是收入多大部分应该用于消费以获得当前效用，多大部分用于储蓄投资来增加未来的生产和消费。卡斯（Cass，1965）和库普曼斯（Koopmans，1965）在研究经济增长最优路径中各自独立发展了拉姆齐模型，他们增加了每期效用的折现因子，从而保证效用最大化问题存在收敛解，并且还考虑了人口增长的影响。

三、世代交叠模型

阿莱（Allais，1947）提出关于世代交叠模型（OLG）的初步思想，研究不同代人跨时的一般均衡问题，萨缪尔森（1958）运用 OLG 研究了只有交换没有生产情况下简单经济体的运行，戴蒙德（1965）则在萨缪尔森（1958）的基础上引入了生产过程。世代交叠模型假定人的一生分为两期：年轻时工作获得收入，用作消费、个人自愿储蓄和社会保障缴费（量上等于上一代人的保险金）；年老时只消费，享受养老金（量上等于下一代人的社会保障缴费）。

三种模型中，生命周期理论仅仅考虑的是单个人生命周期内效用最大化问题，且只考虑消费问题，无穷寿命模型尽管可以得到跨期资源分配的重要结果，但个人只具有有限寿命，显然世代交叠模型更适合于下一步养老问题中跨期资源分配问题的分析。

第三节　世代交叠模型下社会保障的储蓄效应

一、代表性消费者效用最大化问题

借鉴布莱克(Blake,2006)的分析[①],但将寿命设定为常数,劳动力供给和退休年龄设定为外生变量。假设个人的存续期为年轻时和年老时两期,年轻时工作获得收入,年老时不工作且享受养老金,每个时间点上同时有两代人的存续。那么代表性个人的效用最大化问题为:

$$\max U = U(C_t^Y) + \frac{1}{1+\rho} U(C_{t+1}^O)$$
$$\text{s.t.} \quad C_t^Y = W_t - T_t - S_t$$
$$C_{t+1}^O = (1+r_{t+1})S_t + P_{t+1}$$

其中,Y 表示年轻时,O 代表年老时,参数 ρ 表示个人时间上的偏好。边际效用满足 $U'(x)>0$,且 $U''(x)<0$。个人年轻时的工资收入 W_t 用于消费 C_t^Y、储蓄 S_t 和缴纳社会保障税 T_t,年老时的收入主要由私人储蓄 $(1+r_{t+1})S_t$ 和养老金 P_{t+1} 构成,其中 r_{t+1} 表示银行利率。约束条件可以转化为:

$$W_t - T_t + \frac{P_{t+1}}{1+r_{t+1}} = C_t^Y + \frac{C_{t+1}^O}{1+r_{t+1}}$$

等式左边是个人一生的财富,即税后工资收入和养老金收入,等式右边为个人一生的消费,等式两边获得平衡。在此约束条件下,代表性消费者效用最大化问题的欧拉方程为:

$$(1+\rho) \frac{U'(C_t^Y)}{U'(C_{t+1}^O)} = 1 + r_{t+1}$$

取 $U(C_t)$ 为不变替代弹性效用函数,即令 $U(C_t) = \frac{C_t^{1-1/\sigma}}{1-1/\sigma}$,$\sigma>0$ 且 $\sigma \neq 1$。这样就可以得到最优的 $(C_t^Y)^*$ 和 $(C_{t+1}^O)^*$ 的显性表示,两者均为 $(\rho, r_{t+1}, \sigma, W_t - T_t + \frac{P_{t+1}}{1+r_{t+1}})$ 的函数。

二、代表性厂商的产出最大化问题

假设代表性厂商处于完全竞争市场当中,生产要素中资本 K_t 来自年老的一代人,需要付出利息 r_t;劳动 L_t 来自年轻的一代人,需要付出工资 W_t。那么代表性厂商的产出最大化问题可以表述为:

$$\max F(K_t, L_t)$$

[①] Blake D. Pension Economics [M]. Chichester: Wiley, 2006: 39—40.

$$\text{s.t.} \quad (r_t+\delta)K_t+W_tL_t=Y_t$$

其中,δ 表示资本折旧率。假定生产函数为齐次函数,用柯布-道格拉斯生产函数表示为 $y_t=k_t^{1-\epsilon_L}$,可以得到生产最大化的一阶条件:

$$W_t=W(k_t)=\epsilon_L k_t^{1-\epsilon_L}$$

$$r_{t+1}=r(k_{t+1})=(1-\epsilon_L)k_{t+1}^{-\epsilon_L}-\delta$$

三、两种社会保障制度下的均衡状态

对于完全积累制,代表性消费者年老时获得的养老金恰好等于年轻时所缴纳的社会保障税,$P_{t+1}=(1+r_{t+1})T_t$,那么社会保障税呈现出中性,即和经济体中无社会保障制度时作用是一样的。

这样的模型分析可能过于理想,但是现实中的三个问题必须加以认真考虑:一是完全积累制的储蓄功能有待继续考证,在完全积累制国家,国民收入中的储蓄率总体上并没有显著变化,因为用强制储蓄代替了私人储蓄,储蓄仅仅在形式上做了转换,从而将近期消费转化为远期消费,不会增加个人一生的福利;二是完全积累制已经失去了互助共济的社会保障功能,不利于收入差距的缩小,背离了社会保障公平目标的实现;三是即使把积累的基金交由专门的投资运营机构管理,也可能存在投资失败的风险,并且由于市场风险的存在和金融危机的影响,对于大国来说,采取完全积累制显然也是不合适的。

如果这样的储蓄并没有带来经济增长上的好处和国民收入分配的改善,并且把个人自由意志强制地用国家意志来替代,实行社会保障私有化改革就是不必要的。那么极端一点地说,废除社会保障制度,把收入的自由支配权力完全放权于人民,这样对经济增长来说显然更有效。

对于现收现付制,下一代人缴纳的社会保障税作为上一代人的养老金,$L_{t-1}P_t=L_tT_t$,转化为 $P_t=\frac{L_t}{L_{t-1}}T_t=(1+n)T_t$,其中 n 表示人口增长率。如果每一代人缴纳的社会保障税都相同,即 $T_t=T_{t+1}=T$,那么代表性消费者的净财富可以表示为:

$$\hat{W}_t=W_t-T_t+\frac{P_{t+1}}{1+r_{t+1}}=W_t-\left(\frac{r_{t+1}-n}{1+r_{t+1}}\right)T$$

这正是艾伦条件,当人口增长率大于利率时,即 $n>r_{t+1}$ 时,现收现付制下净财富值会高于完全积累制下净财富值,这样现收现付制就具有帕累托效率。在完全积累制下,个人进行缴费积累将获得收益为 r_{t+1},而在现收现付制下,个人将获得更高的收益 n,这可以看作个人为社会保障体系中上一代人养老金做出贡献而获得的奖励。

储蓄函数可以表示为:

$$S_t=S_1(W_t,r_{t+1},T)=S_1(k_t,k_{t+1},T)=S_2(k_{t+1})$$

第一个等号,因为 $(C_t^Y)^*$ 是 r_{t+1} 的函数;第二个等号,因为 W_t 是 k_t 的函数,r_{t+1} 是

k_{t+1} 的函数;第三个等号,因为在现收现付制下,资本市场均衡条件为 $L_t S_t = K_{t+1}$。根据第三个等号,得出 k_{t+1} 是 k_t 的函数 $k_{t+1} = g(k_t, T)$,尽管函数形式为隐函数而难以直接表示出来,但这形成了现收现付制下的经济增长路径。对 $S_1(k_t, k_{t+1}, T) = S_2(k_{t+1})$ 两边进行微分并化简可得:

$$\frac{\mathrm{d}k_{t+1}}{\mathrm{d}k_t} = \frac{W'(k_t)}{(1+n)\left\{(2+\rho) + \dfrac{-r'(k_{t+1})}{[1+r(k_{t+1})]^2}(1+\rho)T\right\}}$$

因为 $r'(k_{t+1}) < 0$,故 $\dfrac{\mathrm{d}k_{t+1}}{\mathrm{d}k_t} \geq 0$,考虑到 $g(k_t, T)$ 曲线与稳态时 ($k_{t+1} = k_t$) 的两次相交,只要初始资本足够高,物质资本积累就会向更高水平的稳态收敛。

稳态时,代表性消费者将面临 $\dfrac{\mathrm{d}W}{\mathrm{d}T} < 0$ 且 $\dfrac{\mathrm{d}r}{\mathrm{d}T} > 0$(形式过于复杂,在此省略),现收现付制下的社会保障税导致了资本拥挤,使得工资更低、利率更高。

在现收现付的社会保障制度中,由于分摊额立刻被支付出去而没有创造出生产性资本,因此整个社会没有为未来进行储蓄。对于那些无论如何都已储蓄大笔金额进行投资的人来讲,则降低了投资效率。尽管社会保障分摊额肯定不会100%地挤出私人生产性、退休性储蓄,但是被取代的每单位的私人储蓄明显地减少了社会为将来使用而积累的财富的规模。为减少现收现付社会保障制度的低效率,涉及的是社会保障信托基金进行生产性投资的部分。同投资政府债券相比,对私人部门的投资会赚取较高的回报,因此允许进行多渠道生产性投资也有助于解决清偿能力低的问题。

但缴纳社会保障税的边际效用正相关于 $n-r$,这说明 $n-r$ 越大,缴纳社会保障税带给消费者的边际效用就越大,现收现付制就越具有优势,重新印证了艾伦条件。在人口生育率不断下降的形势下,甚至某些发达国家的人口增长率已经为负,并伴随着老龄化的持续加深,若现收现付制的优势逐渐丧失,转向部分积累制就不能不说是一种帕累托改进。

考虑人口增长率的下降趋势,只需要把人口增长率由常数 n 转化为 n_t,在现收现付制下,$P_{t+1} = (1+n_{t+1})T$,这时储蓄方程就变为 $S_1(k_t, k_{t+1}, T, n_{t+1}) = S_2(k_{t+1}, n_{t+1})$,得到经济增长路径为 $k_{t+1} = g(k_t, T, n_{t+1})$。人口增长率的下降,将带来未来养老金收入的下降,如果人们预期到这点,就会在工作年龄削减消费并增加储蓄,于是会有 $\dfrac{\partial S}{\partial n_{t+1}} < 0$。对经济增长路径方程两边进行微分,再令 $k_{t+1} = k_t$,会发现 $\dfrac{\mathrm{d}k}{\mathrm{d}n} < 0$,人口增长率的下降反而会带来资本存量的上升。因此在现收现付制下,预期到的人口增长率下降对资本存量上升是有益的,情况不是变糟而是变得更好。

四、考虑利他主义时社会保障的储蓄效应

对不平等的代际传递的研究往往侧重于获得财富或遗产的不平等。代际财富主要是一个家庭中一代人传给另一代人的金融资产,这些资产可以包括现金、股票、债券和其他投资,以及房地产和家族企业。近年来,代际财富已成为关于群体贫富差距和财富日益集中讨论的焦点。在某些情况下,资产在死后以遗产的形式转移,在其他情况下,当给予者还活着时,他们会直接传给下一代。

富裕家庭有办法通过信托和其他法律手段减轻遗产税的负担。普通家庭可以通过其他方式转移大部分财富,在中等收入的家庭中一个常见的代际礼物就是年长一代帮助年轻人支付第一套房子的首付,一代人为另一代人的教育支付的钱也是财富转移的常见方式,包括向教育机构支付的学费、食宿、书籍和其他费用,而医疗费与学费一样,也可以直接支付给后代作为保险或医疗费用。

主张采取更多措施缩小贫富差距的专家提出了一些政策性建议,如更高的遗产税、更高的边际所得税率以及引入财富税。但明智的遗产规划可以帮助确保代际财富不会因税收而减少,因此通过遗产和其他方式将财富代代相传,通常不会产生税收影响,反而加剧了不平等。

盖茨比曲线(The Gatsby Curve)说明了一个国家的收入不平等与其公民实现向上流动的潜力之间的关系,数据表明不平等与一代人之间缺乏向上发展之间存在很强的正相关关系。在美国,前10%的人口拥有该国76%的财富,而底层50%的人口仅拥有1%,造成这种差距的一个主要原因就是财富的代代相传。美联储2018年的一项分析报告指出,大部分代际转移流向了已经拥有大量资源的家庭。就收入而言,近40%的代际转移流向了收入最高的10%的家庭,而只有约20%流向了收入最低的50%的家庭;就财富而言,超过50%的代际转移流向了前10%的人,而只有8%流向了底层50%的人。美联储估计,最富有的72%的人持有的财富中有10%可归因于代际转移。

(一)父母对子女的利他主义在效用函数中的体现

现在假设父母关爱子女,并将子女的效用作为自己效用的一部分。令 t 期出生的消费者的效用为 U_t,那么代表性消费者的效用函数变化为:

$$U_t = \left[U(C_t^Y) + \frac{1}{1+\rho} U(C_{t+1}^O) \right] + \frac{1+n}{(1+\rho)(1+\varphi)} U_{t+1}$$

中括号内表示代表性消费者从自己的消费中获得的效用,最后一项表示其子女效用的贴现值。用 $\varphi \geqslant 0$ 来代表自私系数,体现效用折扣。

将代表性消费者的效用函数递推下去,可以看出 U_t 将变为整个家族的永久贴现效用。

$$U_t = \sum_{i=0}^{\infty} \left(\frac{1+n}{(1+\rho)(1+\varphi)} \right)^i \left[U(C_{t+i}^Y) + \frac{1}{1+\rho} U(C_{t+1+i}^O) \right]$$

只要满足 $1+n < (1+\rho)(1+\varphi)$,$U_t$ 就是有限的。在这种无穷期效用函数条件下,世代交叠模型已经等价于永续生存的拉姆齐模型,只不过从连续形式转变成为离散时间的级数形式。

(二)父母为子女留有遗产情况下的约束项

受儒家传统思想的影响,如果父母为子女考虑,并为子女留有遗产,那么代表性消费者的约束条件就变成:

$$C_t^Y = W_t - T_t - S_t + IH_t$$
$$C_{t+1}^O + (1+n)IH_{t+1} = (1+r_{t+1})S_t + P_{t+1}$$

其中,IH_t 表示 t 期来自父辈的遗产(Inheritance)。可以直观地看出,如果 $T_t = IH_t$ 且 $(1+n)IH_{t+1} = P_{t+1}$,那么社会保障制度存在时和无社会保障制度时代表性消费者面临的约束条件是相同的。对子女工作时来讲,来自父辈的遗产恰好抵消了当期社会保障税;对子女退休后来讲,父辈对子女留有遗产恰好抵消了自己获得的养老金收入。

一般情况下,两个约束条件可以转化为:

$$W_t - T_t + \frac{P_{t+1}}{1+r_{t+1}} + IH_t - \frac{(1+n)IH_{t+1}}{1+r_{t+1}} = C_t^Y + \frac{C_{t+1}^O}{1+r_{t+1}}$$

即使假设每一代人为子女留有遗产的数量都相同,即 IH_t 是常数,也需要比较人口增长率 n 与利率 r_{t+1}。如果 $n < r_{t+1}$,那么代表性消费者一生净资产变大,消费提高,从而福利状况得到提升;如果 $n > r_{t+1}$,那么代表性消费者的福利下降,情况恰好相反;如果 $n = r_{t+1}$,那么父辈为子女留有遗产和无遗产时状况是一样的,代表性消费者的福利不变。

代际关系和遗赠动机作为经济学和金融学的重要研究问题,但现有文献一般难以识别人们的遗赠动机到底有多么强烈,困难在于很难将遗赠动机(即积金以遗子孙)和预防性储蓄动机(即以备不虞)区分开来。因为随着人们预期寿命的提升,无论是基于遗赠动机还是预防性储蓄动机,都将提升财富积累的边际效用,从而在行为上都表现为家庭消费支出的降低和家庭储蓄的居高不下。J. S. 卡瓦纳(Kvaerner J. S., 2022)给出了识别遗赠动机大小的一个解决办法:如果预期寿命的变化是突然的,那么会引发老年人储蓄计划的变化,将为识别老年人的储蓄动机提供条件。① 具体而言,如果老年人的储蓄主要是为了对冲其未来生活的不确定性,即个人储蓄主要是基于预防性储蓄动机,那么当遭遇预期寿命的突然变化后,个人财富将随之变化;但由于缺乏遗赠动机,其子女的财富将不受影响。与之相反,如果个人储蓄主要是基于遗赠动机,那么当预期寿命突然下降时,子女的财富会有所增加,但个人和子女的总财富将受影响较小。

(三)子女对父母的利他主义在效用函数中的体现

为回报父母的培养,子女会对父母进行赠与和赡养,并将父母的效用也视为自己效用的一部分,这样就有:

$$U_t = [U(C_t^Y) + \frac{1}{1+\rho}U(C_{t+1}^O)] + \frac{1}{(1+n)(1+\varphi)}U_{t-1}$$

---

① Soerlie K J. How Large Are Bequest Motives? Estimates Based on Health Shocks[J]. The Review of Financial Studies, 2022: 93.

但在现实中,这里的效用折扣系数 φ 要更大一些,因为父母对子女,甚至孙辈承担了抚养义务,而子女只对父母起到了有限扶养的责任,造成所谓的"代际责任不平等"现象,在社会学上称之为"恩往下流"。递推下去,可以得到:

$$U_t = \sum_{i=-\infty}^{0} [(1+n)(1+\varphi)]^i \left[U(C_{t+i}^Y) + \frac{1}{1+\rho} U(C_{t+1+i}^O) \right]$$

这样同样可以回到永续生存的拉姆齐模型。

(四)子女赡养老人情况下的约束项

现收现付制本身已经具有子女对父母进行经济支持的效果,如果再加上子女对父母赡养上的回馈(Support),就有:

$$C_t^Y = W_t - T_t - S_t - (SU)_t$$
$$C_{t+1}^O = (1+r_{t+1})S_t + P_{t+1} + (1+n)(SU)_{t+1}$$

约束条件可以转化为:

$$W_t - T_t + \frac{P_{t+1}}{1+r_{t+1}} - (SU)_t + \frac{(1+n)(SU)_{t+1}}{1+r_{t+1}} = C_t^Y + \frac{C_{t+1}^O}{1+r_{t+1}}$$

下一步的分析类似于父母为子女留有遗产情况下的分析,在此从略。

五、寿命不确定时的扩展分析

雅里(Yaari,1965)和布兰查德(Blanchard,1985)最早提出了连续时间下寿命不确定时世代交叠的储蓄模型,尽管模型比较简单,但为后续的发展指明了方向。[①]

雅里(1965)假定死亡密度函数为 $f(x)$,存活区间为 $[0,\overline{D}]$,那么活到 t 时刻死亡的概率为 $\beta(t) = \frac{f(t)}{1-F(t)}$,且有 $\int_0^{\overline{D}} f(t)dt = 1, f(t) \geqslant 0$。而布兰查德(1985)直接将死亡密度函数设定为指数函数形式:

$$f(t) = \begin{cases} \beta e^{-\beta t}, & t \geqslant 0 \\ 0, & t > 0 \end{cases}$$

这时任何年龄阶段所面临的死亡概率都为 β,也就是说代表性个人在某种程度上永远年轻,当然这并不等同于永续生存的拉姆齐模型。雅里(1965)的设定是比较现实的,而布兰查德(1985)指数形式的死亡密度函数在进行叠加分析时更为方便一些,因此在研究中借鉴布兰查德(1985)的死亡密度函数设定。

在 t 时刻代表性消费者的期望效用函数就可以写为:

$$EU = \int_t^{\infty} [1-F(s-t)] U[C(v,s)] e^{-\rho(s-t)} ds$$

[①] Yaari M E. Uncertain Lifetime, Life Insurance, and the Theory of the Consumer[J]. Review of Economic Studies,1965,32(2):137—150.

Blanchard O. Debts, Deficit and Finite Horizons[J]. Journal of Political Economy,1985,93:223—247.

其中,$1-F(\ )$表示生存概率,$U[C(v,t)]$表示瞬间效用函数是消费的函数,ρ 为时间偏好的折现,v 为代表性个人的出生时间。

消费者的财富总量变化为:

$$\dot{A}(v,t)=[r(t)+\beta]A(v,t)+W(t)-T(t)-C(v,t)$$

之所以做出$[r(t)+\beta]A(v,t)$的设定,是因为可以将财产投资于一个生命公司,生命存续时获得这样的收益,死亡时财富余额归于公司,这样也可以看作一种特殊的储蓄。$W(t)$表示工资收入,$T(t)$表示社会保障税支出。

消费者效用最大化时导出代表性消费者消费的欧拉方程为:

$$\frac{\dot{C}(v,t)}{C(v,t)}=r(t)-\rho$$

代表性企业的生产函数 $Y(t)$ 依旧设定为资本和劳动的函数,其利润现值可以表示为:

$$\pi=\int_{t}^{\infty}[Y(s)-W(s)L(s)-I(s)]e^{-\int_{t}^{s}r(t)dt}$$

利润函数中,$I(t)$表示投资。令企业的利润现值 π 等于其资本市场的置换价值 $K(t)$,且资本积累约束条件为 $\dot{K}(t)=I(t)-\delta K(t)$,其中 δ 表示折旧率。

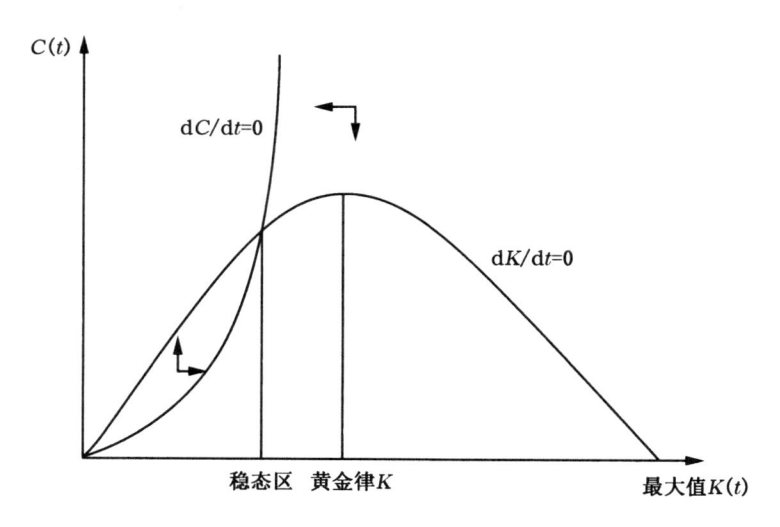

图 4—1 生存时间不确定时模型的相图

稳态均衡时,$\dot{C}(t)=0$ 且 $\dot{K}(t)=0$。经相图观测,这时由于生存时间不确定性的影响,资本积累的稳态水平和消费的稳态水平都将低于黄金律下的水平。

第四节　中国社会保障支出储蓄效应的实证检验

一、变量选取及模型构建

社会保障费用具有专用性与直接返还性,缴款与受益之间的紧密联系更多的是一种收入策略,虽然社会保障的受益值并不一定等于纳税人实际所交付的款项,但是它却同各缴款人实际所交付的税款有着很强的关联性。一般税收所征收的税款由政府预算统一安排来提供公共产品和服务,社会保障缴款则由法律明文规定只能用于社会保险支出,其税款虽然也列入预算管理,但却全部划转给专门负责社会保险的专职机构,因而具有专款专用的特点。社会保障缴款的专款专用性以及与受益的强关联性并没有改变其税收的本质,只不过是征税的手段更有艺术性而已,因为在当代各经济体普遍减轻纳税者税负的大背景下,把社会保障税纳入一般税收从而加重税负的做法显然不合时宜。社会保障税既然被用作这样一个特别的开支计划,如果不考虑财政上的转移支付,则社会保障税与其支出其实是平衡统一的,理论实证中的社会保障税和经验实证中的社会保障支出在阐明同一个道理时就并行不悖。

中国社会保障建设步入现代化进程的时间并不长,尽管在1951年就颁布了《中华人民共和国劳动保险条例》,但现代意义上的职工基本养老保险制度在1991年《国务院关于企业职工养老保险制度改革的决定》和1997年《国务院关于建立统一的企业职工基本养老保险制度的决定》后才正式确立。中国的养老保险制度实行统筹账户与个人账户相结合的部分积累制,但是由于个人账户的空账运行,因此事实上仍旧为现收现付制模式。为检验养老保险支出对国民储蓄的影响效果,并充分考虑数据的可得性和完整性,采用中国31个省区市1995—2020年的面板数据进行经验分析。在所有社会保障支出项目中,基本养老保险对宏观经济的影响最为突出和显著,因此在实证研究中,经常采用基本养老保险支出作为研究的核心变量,而有意忽略社会保障其他项目对宏观经济的影响,如果映射$f:X\rightarrow Y$表示社会保障支出对经济增长(包括国民储蓄、消费、人力资本投资、就业)影响的一种函数关系,映射$g:Z\rightarrow Y$表示城镇基本养老保险支出对经济增长影响的函数关系,$Z\subseteq X$,此时有$grg\subseteq grf$,那么映射f可以作为映射g的延拓,因为城镇基本养老保险支出在整个社会保障支出经济增长效应中起主要作用,就可以采用映射$g=f|_Z$来进行替代研究。① 另外,基本养老保险支出的数据也相对全面,对实证研究形成有力支撑。因此被解释变量设定为城镇居民新增储蓄存款(new savings deposits of urban residents, urs)占地区生产总值的比

---

① 更为详细的证明过程见徐胜芝.实分析与泛函分析[M].上海:复旦大学出版社,2006:11.

重,关键解释变量设定为城镇基本养老保险支出(uban basic old-age insurance,uboi)①占地区生产总值的比重。为消除各地区经济增长中的不均衡状态,在模型中加入各地区人均 GDP 增长率(gdpr)作为控制变量;为消除地区经济增长中的经济波动问题,在模型中加入各地区城镇登记失业率(unemployment rate,ur)和通货膨胀率(cpir)作为外生变量。考虑到艾伦条件的影响,引入各地区人口自然增长率(national population growth rate,npgr)和人民币存款基准利率(interest rate,ir)分析现收现付制的储蓄效果。

考虑到面板为静态的短面板,构建面板模型如下:

$$ursr_{i,t} = \_cons + \alpha_1 uboir_{i,t} + \beta_1 gdpr_{i,t} + \beta_2 ur_{i,t} + \beta_3 cpir_{i,t} + \beta_4 npgr_{i,t} + u_i + ir_t + \varepsilon_{i,t}$$

其中,$ursr_{i,t}$ 表示各省市年度城镇居民新增储蓄存款占地区生产总值的比重,$uboir_{i,t}$ 表示各省市年度城镇基本养老保险支出占地区 GDP 的比重,α、β_i 为待估系数,u_i 表示各省影响城镇居民储蓄存款比率的其他特质,$\varepsilon_{i,t}$ 为随省份和时间而改变的扰动项。

二、数据来源

城镇居民新增储蓄存款数据(亿元)来源于各省统计年鉴,按支出法计算的各地区生产总值数据(亿元)来源于国家统计局,各地区社会保险基金支出中的城镇基本养老保险支出数据(亿元)来源于人力资源和社会保障部。各地区人均 GDP 增长率(%)、城镇登记失业率(%)、通货膨胀率(%)、人口自然增长率(‰)数据来源于历年中国统计年鉴。人民币存款基准利率(%)采用 1 年期(整存整取)的定期存款利率,数据来源于中国人民银行,因为基准利率在年度内可能多次变动,取每年年初央行所设定的基准利率。

三、中国省际面板数据的实证检验

首先将数据作为一个整体进行混合回归,并采用 LSDV 法考察,发现省份虚拟变量均很显著(p 值为 0.000),拒绝"所有省份虚拟变量都为 0"的原假设,即认为存在个体效应,不应使用混合回归。因为固定效应模型(FE)比一阶差分估计(FD)更有效率,直接采用固定效应模型分析,选择聚类稳健标准差和普通标准差分别回归,为考虑固定效应模型中的时间效应,以 1995 年为基期定义年度虚拟变量加入模型。作为对比,采用随机效应(FGLS)和随机效应(MLE)回归,并将所有回归结果列出(见表 4—1)。

---

① 根据《中国统计年鉴 2008》中的指标解释,城镇基本养老保险支出是指按照国家政策规定的开支范围和开支标准从养老保险基金中支付给参加基本养老保险的个人的养老金、丧葬抚恤补助,以及由于保险关系转移、上下级之间调剂资金等原因而发生的支出。包括离休金、退休金、退职金、各种补贴、医疗费、死亡丧葬补助费、抚恤救济费、社会保险经办机构管理费、补助下级支出、上解上级支出、转移支出、其他支出等。中国目前尚未实现基本养老保险的全国统筹,所以中央对地方的转移支付省际差异较大,但对城镇基本养老保险支出总量效果的实证分析影响并不太大。

表 4—1　　　　　　　　养老保险支出储蓄效应模型的估计结果

ursr	固定效应			随机效应	
	普通标准差估计	聚类稳健标准差估计	时间效应估计	可行广义最小二乘估计	极大似然估计
uboir	3.195 371*** (4.60)	3.195 371*** (3.32)	2.233 46* (1.87)	3.950 574*** (4.02)	3.582 717*** (5.29)
gdpr	−0.206 608 1*** (−3.29)	−0.206 608 1** (−2.44)	−0.387 378 7*** (−4.54)	−0.195 315 7** (−2.42)	−0.200 966 2*** (−3.23)
ur	3.547 489*** (6.16)	3.547 489*** (3.72)	1.569 824* (1.75)	2.909 432*** (3.42)	3.229 504*** (5.71)
cpir	−0.140 077 7* (−1.71)	−0.140 077 7 (−1.11)	0.111 993 5 (0.65)	−0.140 113 6 (−1.21)	−0.139 934 4* (−1.73)
npgr	−9.338 585*** (−4.17)	−9.338 585** (−2.35)	−3.785 641* (−1.02)	−8.370 957** (−2.21)	−8.822 046*** (−4.22)
_cons	46.605 6*** (14.13)	46.605 6*** (9.13)	48.210 92*** (9.65)	46.458 55*** (7.81)	46.485 91*** (12.27)
*year*2			0.611 361 7 (0.40)		
*year*3			2.258 997 (0.95)		
*year*4			3.591 124 (1.09)		
*year*5			4.402 63 (1.23)		
*year*6			3.097 882 (0.88)		
*year*7			3.582 763 (0.97)		
*year*8			6.712 088 (1.68)		
*year*9			10.181 77*** (2.76)		
*year*10			9.767 166*** (3.09)		
*year*11			9.236 962** (2.69)		
样本数 N	341	341	341	341	341
F 值	105.18	95.64	97.31		

续表

ursr	固定效应			随机效应	
	普通标准差估计	聚类稳健标准差估计	时间效应估计	可行广义最小二乘估计	极大似然估计
Wald chi2(5)				533.08	
LR chi2(5)					310.68

注：所有解释变量项中，括号上方为回归系数，括号内为 t 统计量。＊＊＊、＊＊、＊分别表示 1%、5%、10% 水平上显著。

从回归结果可以看出，在固定效应和随机效应下，解释变量的回归系数相差不大。而考虑时间效应后，回归系数出现较大变化，且年度虚拟变量不显著，这显示了人民币存款基准利率对城镇居民新增储蓄存款比率影响较小，城镇居民的储蓄动机更大程度上是受其他解释变量的影响。为进一步验证究竟是固定效应还是随机效应，进行豪斯曼（Hausman）检验，结果显示使用固定效应模型会更好一些。

固定效应模型按普通标准差进行估计时，可以看出城镇基本养老保险支出比重对城镇居民新增储蓄存款比率有显著的促进效果，系数达到 3.195 371，中国当前的养老保险体制对物质资本积累有重要的推动作用。国内长期计划生育政策造成人口自然增长率持续处于较低水平，艾伦条件并不满足，但人们预期到这点，就会在工作年龄削减消费并增加储蓄，回归结果显示单位人口自然增长率下降会带来 9.338 585 倍城镇居民新增储蓄存款比率的上升，结论与理论实证相吻合。人均 GDP 的上升带来了城镇居民生活水平的提高，从而降低预防性储蓄动机，使得城镇居民新增储蓄存款比率下降，与实际情况相符。而经济波动中城镇登记失业率的提高，强化了城镇居民的预防性储蓄动机，使得城镇居民新增储蓄存款比率上升。物价上涨和通货膨胀对储蓄的影响显著为负，这时城镇居民会选择将财富转移到有贮藏价值的其他资产（如不动产、贵金属等）上去，来降低通货膨胀的负面影响。

考虑到地区之间可能存在差异，将 31 个省市进一步划分为东、中、西三个部分[①]，设定地区哑变量，重新进行回归分析，鉴于前面研究中豪斯曼检验结果倾向于使用固定效应模型，采用聚类稳健标准差估计，对东中西地区分别展开分析。

回归结果显示东部地区的 *uboir* 系数较大（见表 4—2），较之中西部地区而言，东部省份城镇基本养老保险支出比重对城镇居民新增储蓄存款比率的影响更为显著，而东中西地区之间的其他差异则并不显著，地区因素对城镇居民储蓄率的影响有限。

---

① 根据《中国统计年鉴》中的划分标准，东部地区包括北京、天津、河北、辽宁、上海、江苏、浙江、福建、山东、广东和海南 11 个省（市）；中部地区包括山西、吉林、黑龙江、安徽、江西、河南、湖北、湖南 8 个省（区）；西部地区包括四川、贵州、云南、西藏、陕西、甘肃、青海、重庆、广西、宁夏、内蒙古、新疆 12 个省（区）。

表 4—2　　　　　　　　　　分地区的聚类稳健标准差估计结果

$ursr$	东部	中部	西部
$uboir$	3.893 654*** (2.89)	3.113 119*** (3.12)	3.148 953*** (3.44)
$gdpr$	−0.206 608 1** (−2.71)	−0.235 508 1** (−2.89)	−0.245 660 81** (−2.37)
ur	3.596 589*** (3.79)	3.525 459*** (3.98)	3.158 973*** (3.14)
$cpir$	−0.173 577 7 (−1.17)	−0.156 912 9 (−1.89)	−0.155 557 7 (−1.45)
$npgr$	−9.556 585** (−4.10)	−9.588 685** (−3.85)	−9.784 655** (−2.34)
$\_cons$	42.673 6*** (11.59)	49.545 6*** (8.13)	46.669 6*** (9.17)

注：所有解释变量项中，括号上方为回归系数，括号内为 t 统计量。***、**、* 分别表示 1%、5%、10%水平上显著。

总的来说，在控制其他因素影响的条件下，城镇基本养老保险支出比重的上升对城镇居民储蓄率的提高有积极效果。但是长期来看，由于社会保障体系的逐步完善会降低居民的不确定性预期，减少预防性储蓄动机并增加当期消费，并由于 2013 年十八届三中全会后"单独二孩"政策的实施，2015 年十八届五中全会"全面二孩"政策的出台，打破了以往计划生育政策对人口增长的束缚，人口自然增长率的上升有可能导致艾伦条件的变化，当前的现收现付制下城镇基本养老保险支出对城镇居民储蓄率的影响作用有待继续观察。另外，由于部分省份近几年城镇居民储蓄数据的不完整性，致使面板的时间维度受到影响，对经验实证分析造成了一定的损失。还需关注的是 2009 年新型农村社会养老保险、2011 年城镇居民社会养老保险、2014 年合并后的城乡居民基本养老保险对其他群体居民储蓄的影响，从而对整个中国的养老保险支出储蓄效应形成一个系统的分析，全面考察其在经济中的作用和效果。随着 2014 年起中国经济高速增长的回落，并考虑到中国迅速老龄化的人口以及储蓄和投资放缓的前景，社会保障政策转变的重要性将日益凸显。

第五节　现实生命周期中的储蓄安排

一、退休后老年人的收入来源

退休后，老年人虽然没有了工资性收入，但依然可以通过养老金等渠道获得生活来源。

（一）离退休金或养老金

用来保障人们因年老或疾病而失去工作能力后仍然能够维持基本生活的重要资金支

持。在中国尤其是男性老年人,很少需要子女或者亲属的帮助,因为他们通常可以获得比较高的离退休金。

(二)劳动收入

在中国依靠劳动获得经济支持一直是老年人收入构成的一个重要方面。城市老年人退休后仍然继续从事返聘工作的比重较小,但在农村,由于老年人当中能够获得退休金和养老津贴的金额非常少,因此有近一半的老年人仍然从事生产性劳动,其中80岁以上还在工作的老年人占到16.3%。

(三)子女供养

随着人口流动和家庭小型化,留在父母身边的子女越来越少,许多子女在考学或工作之后就定居外地甚至是外国,因而很难在父母身边照料他们的生活起居,而学业和工作上的忙碌使他们与父母的交流时间少之又少,空巢老年人成为现代社会的一种新现象。当子女无法在生活上照顾在精神上慰藉老年人时,他们对父母的经济供养就显得尤为重要,尤其是对于那些生活贫困的老年人而言,子女的资金支持是他们得以生存的基本保证。在我国农村地区,老年人对子女的经济供养需求较大,主要因为从社会获得的收入非常有限,工作机会也相对较少,因而依靠子女或孙子女资助成为老年人的必然性收入来源。在人口老龄化趋势的不断加剧下,子女对父母的供养问题日益成为社会焦点,一些地区相继出台了一系列规定,利用道德规范和制度约束的双重办法来帮助老年人从子女那里获得生活上的资助。

(四)储蓄存款

储蓄存款在个体全部收入中的比重虽然相对较低,但却是大多数老年人都采用的一种普遍做法,可以使老年人生活得更有尊严。市场条件下通过储蓄收入自主养老的渠道相对丰富,而经济发展相对落后地区和文化水平相对较低的老年人倾向使用自主储蓄方式来应对养老问题。

(五)金融资产性收入

高知退休群体还可以利用自身知识从金融市场上获取收入,主要包括从保险、企业年金、国债、基金和股票等投资中获得收益。

(六)财产性收入

房产是中国家庭的主要资产。中央和地方越来越重视通过财产性收入的提高来保障城市和农村老年人的养老问题。在我国城市老年人获得的财产性收入中,通过房屋的出租、出售所产生的收入比例越来越高。随着土地流转的开放,农村老年人通过出让土地承包经营权来获得收入的形式也在一定程度上开展起来。

(七)社会救济

没有生活来源的孤寡病残和城乡困难老年人可以获得来自政府和社会的救济,使他们得以维持基本的日常生活。

(八)其他收入

除了以上各种常见的收入形式外,老年人还可以通过亲友赠送、高龄补贴以及社会和政府帮助等渠道获得定期或不定期的收入。

我们通过退休后老年人主要收入来源城乡对比可以发现,城市地区退休后老年人收入来源主要依靠养老金,农村地区老年人收入来源主要依靠子女供养和继续劳动收入,养老金在农村地区依旧处于薄弱环节,支付水平亟待进一步提高(见表4—3)。

表4—3　　　　　　　　退休后老年人的主要收入来源　　　　　　　　单位:%

收入来源	所占比例		
	全体	城市地区	农村地区
养老金/退休金	24.1	66.3	4.6
子女供养	40.7	22.4	47.7
劳动收入	29.1	6.6	41.2
其他途径	6.1	4.7	6.5

资料来源:2010年中国老年人人口状况调查。

二、中国老年人的退休储蓄规划

改革开放以来,中国的终身就业保障制度已逐渐被打破,劳动者需要提高个人储蓄率来适应社会保障体系的变化。从2005年左右到2010年左右,中国成为全球储蓄水平最高的国家之一。但在2008年金融危机过后,为了适应国际经济形势的发展,中国由投资、出口导向,向消费导向转型,整个国家养老金体系也受到一定的影响,消费观念的转变造成了个人负债率的上升。中国年轻一代的储蓄率在不断下降。在独生子女政策下,年轻一代没有兄弟姐妹来分担抚养父母的重担。年轻一代父母们的养老态度也在转变,他们对养儿防老的期待不高,更多靠自己积蓄以备养老。但还是要富有同理心,现在的年轻一代,会成为未来的老年人,老年人现在所面临的问题也会成为年轻一代未来的问题。

储蓄与节约习惯可能维系很长时间,中国一直被视为一个现金社会,即便在一个见证了网络和移动端零售投资选择激增的时代,年轻一代仍然认为现金储蓄成为他们退休收入的主要来源,希望依靠政府养老金和现金储蓄来养老。

为了科学分析中国居民的退休准备情况,陈秉正(2022)调研选取了退休责任意识、财务规划认知水平、财务问题理解能力、退休计划完善度、退休储蓄充分度,以及取得期望收入的信心6个维度,并分别赋以每个指标相应的权重计算得出中国居民退休准备指数。[①]

---

① 毛羽,陈秉正.长寿风险认知扭曲对养老财务准备的影响[J].保险研究,2022(11):15.

退休准备指数的取值为 0～10，数值越大意味着退休准备越充分，其中数值 8～10 为高退休准备指数，表明退休准备非常充分；数值 6～8 为中等退休准备指数，表明已经有了一定的退休准备，但还有待进一步提高；数值低于 6 为低退休准备指数，表明退休准备不足，需要引起重视。在 6 个指标中，受访者在退休准备认识方面指数较高，其中退休责任意识、财务规划认知水平、财务问题理解能力 3 个指数均在 6 以上；但在退休准备行动方面的几个指数都较低，其中退休计划完善度和退休储蓄充分度指数仅为 4.19 和 4.44，取得期望收入的信心指数为 5.35。这说明我国居民对退休准备的意识和认知较高，但在退休准备的落实和措施方面存在不足。从年龄分布上来看，个体越接近退休年龄，越重视自身的养老责任。年轻人尚未完全认清未来要面对的养老形势，更注重眼前消费而轻视储蓄，更关注当前生活而轻视养老准备。如果按照受教育程度分类，具有更高学历的人群会具有更高的养老准备意识和更积极的养老财务准备。初中及以下学历与高中或同等学力受访者中表示已经开始为养老进行财务准备的比例分别仅为 23% 和 27%，显著低于其他人群。高退休准备指数人群具有较为年长、已婚且有子女、身心健康、接受过高等教育、在政府部门或国有企事业单位工作、高个人收入与家庭收入等特征，遗憾的是中国大多数老年人都达不到这样的条件。

未退休者选择的养老财务准备方式，排在前三位的选项分别是：社会基本养老保险、房产、银行储蓄，其中社会基本养老保险是人们选择比例最高的，在所有养老准备方式中"一枝独秀"（见图 4—2）。此外，房产、储蓄、商业健康保险和个人理财这四种产品被选择到的比例相似，均在 25%～30%。

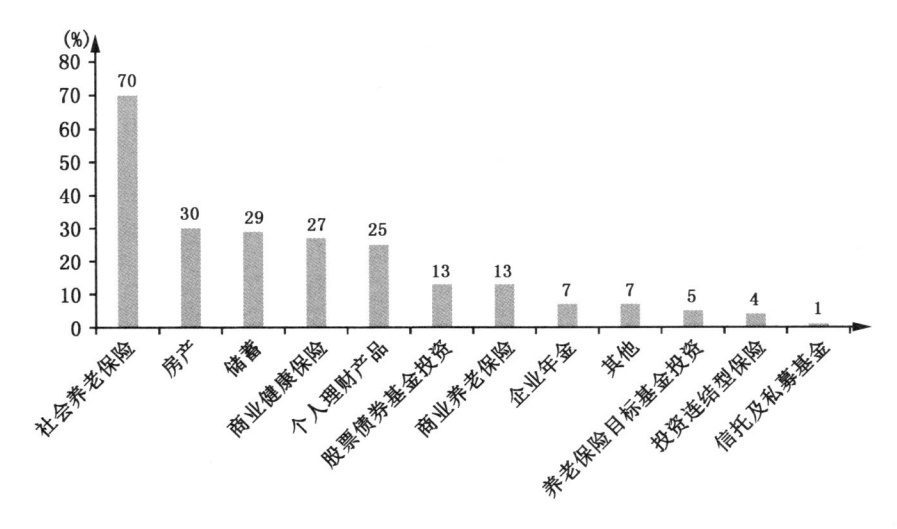

资料来源：中国证券投资基金业协会. 国人养老准备报告[R]. 2020:11。

图 4—2 未退休者选择期望养老财务准备方式的人数比例

但对于已经退休者而言，储蓄是其最主要的主动财务准备方式，位列第三的是个人理财产品，第四位是房产（见图 4—3）。储蓄在国人养老中的功能不言而喻。

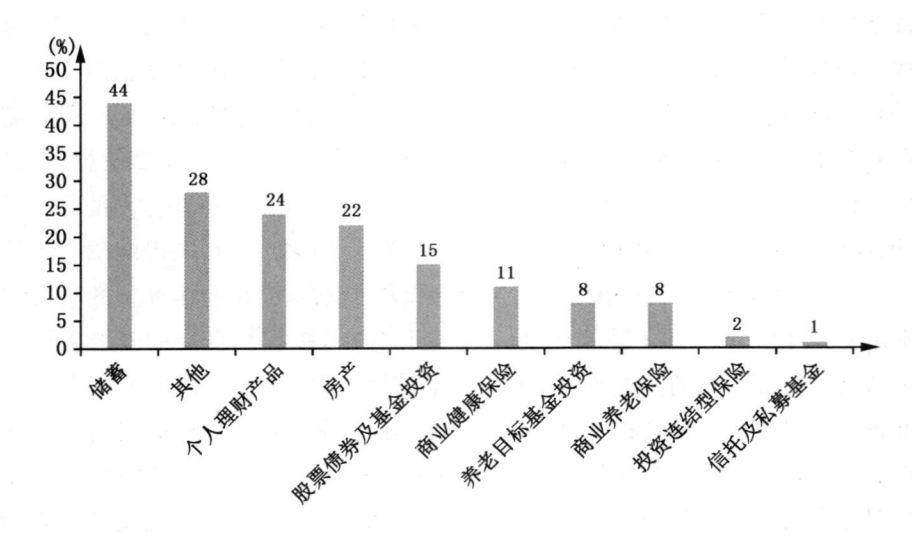

```
(%)
50
45    44
40
35
30         28
25              24
20                   22
15                        15
10                             11
 5                                  8    8
 0                                            2    1
   储蓄  其他 个人  房产 股票 商业 养老 商业 投资 信托
            理财      债券 健康 目标 养老 连结 及私
            产品      及基 保险 基金 保险 型保 募基
                     金投     投资     险   金
                     资
```

资料来源：中国证券投资基金业协会. 国人养老准备报告[R]. 2020：11。

图 4—3　已退休者实际养老财务选择方式的人数比例

关于退休生活愿景和退休财务规划，在退休年龄预期上，受访者希望的平均退休年龄为 58.6 岁，青年群体表现出希望提早退休的倾向，而高学历人士普遍期待更晚退休；在养老方式偏好上，大部分受访者还是倾向于选择家庭养老这一传统的养老方式，但年轻群体对社会机构养老、商业机构养老等新兴养老方式接受度有所提升；在退休信心上，多数居民在疫情过后有所降低，年轻人、中年人比老年人下降更多；在退休生活品质上，受访者最注重的是完善的医疗服务、良好的居住和服务设施，以及能够与家人生活在一起。在退休财务准备动机上，身体出现衰老征兆是居民进行退休规划的最主要原因，减税措施更容易促使居民进行更多储蓄；在退休财务准备方式上，受访者更愿意选择通过有规划的、定期的、定额的储蓄方式实现养老金积累，同时受访者退休后最主要的收入来源是政府提供的社会基本养老保险，其次是商业保险，再次是银行储蓄。

鉴于从负债型制度逐渐向资产型制度转型是未来养老金改革的基本方向，因此，需要唤起人们自我养老储备的观念，从舆论宣传和养老金教育等各个维度让人们尽快认识到未来的退休场景和自身的潜在需求，从年轻时就要树立起定期养老储蓄的价值观，并把这种价值观融入职业和人生规划。安享天年需要合理的规划和多年持续的努力，让更多中国人意识到仅靠国家养老金不足以支撑未来养老生活的现实，推广第三支柱个人养老账户，扩大民众的投资选择，减轻当前中国养老第一、第二支柱的负担。老年人已逐渐脱离完全依靠政府来养老的观念，居民在养老规划方面的需求也变得更加多样，不仅希望可以获得更多的财务收入，还希望获得更高质量的服务。虽然老年人退休后的收入仍主要寄希望于政府的社会基本养老保险，但商业保险已成为社会保险外最主要的退休准备方式。老年人在选择退休准备相关的金融产品时，风险偏好普遍较低，更倾向于商业保险产品，并且希望保险公司可以提供与产品配套的养老健康服务。因此站在老年人需求和国人储蓄习惯的基础上,国家可以重新考虑对商业保险产品的规划与布局。

三、预防性储蓄返升对经济的影响

我国的高储蓄曾经为经济发展提供了充足的资金,产生较强的经济增长促进动能,在我国经济建设初期极大地支持了经济发展。

储蓄率表示居民可支配收入中有多大的比例用于储蓄,另外有多大的比例用于最终消费。储蓄率并不是越高越好,从促进经济增长和促进消费的角度来看,理论界一般认为中国的最优储蓄率是30%,央行研究所测算出我国最优储蓄率在25%～30%。储蓄率超过30%不利于消费,低于30%则弱化了储蓄对经济的融资支持。

国家统计局数据显示2021年我国储蓄率高出世界平均水平16.3个百分点,比发展中国家平均水平高出10.7个百分点,这当然与我国经济增长阶段,特别是我国传统崇尚节俭、家有余庆等文化传统有关。而2022年全年储蓄存款增量又创下近20年来的历史新高,2022年住户存款也就是居民存款增加17.84万亿元,较2021年多增7.94万亿元,较2020年多增6.54万亿元,较2019年多增8.14万亿元,创有统计以来的新高。伴随存款的增长,居民贷款却在收缩,2022年居民贷款增加3.83万亿元,同比少增4.09万亿元。

预防性储蓄返升,反映出受多重因素的影响,如居民就业与收入不够稳定,预防性储蓄动机上升,日常消费需求下降,住房消费和投资意愿不高等。短期因素来看,首先,疫情冲击下,居民就业收入受影响,对未来预期不稳,消费行为更加谨慎,主动增加储蓄。其次,疫情防控导致的服务类消费等部分消费场景受阻,客观上限制了居民消费,同样增加存款。再次,资本市场整体表现不佳,理财产品波动明显增大,多次出现破净潮,居民投资更加谨慎,赎回投资理财产品增加储蓄。最后,受房地产市场波动影响,居民购房消费不足,也导致存款增加。长期因素来看,我国教育、医疗、养老等制度近年来改革力度较大,在社会保障体系难以全面覆盖的情况下,居民对未来收入和支出的不确定性预期提高,使得居民预防意识和储蓄意愿明显增强。

居民储蓄持续增加,提高了我国经济发展韧性,增强了居民部门抵御风险的能力,但也反映出居民对未来预期转弱、消费需求不足、投资意愿下降等问题的忧虑。预防性储蓄和被动性储蓄会随着经济形势的好转以及收入预期的改善而呈现出一定的稳中有降。应采取针对性的措施,稳住居民预期和信心,进一步提振居民消费和投资。

从储蓄与投资的关系来看,根据传统理论的宏观经济恒等式:储蓄＝投资＋净出口,储蓄投资可以互相转化,因此引导居民储蓄向投资转化是我国近20年的基本政策。根据央行的数据结论,我国投资率与国民储蓄率的相关系数为0.81,其中与居民储蓄率的相关系数为0.72,与企业储蓄率的相关系数为0.83。但巨大的储蓄存款增量短期内难以向投资转化,另外,当期的收入转化为消费和投资也需要时间、空间以及转化的途径。在投资引导上,除了加大基础设施建设、科技创新之外,还要调整股市功能,恢复房地产业国民经济支柱产业的定准,增强企业投资的财政税收优惠力度,多方位出手。

居民部门储蓄与消费"此消彼长"。在消费引导上,则是要提高社会保障安全网的覆盖面,解决就业风险,降低居民部门预防性储蓄的忧虑,增强其消费信心,从而稳住经济发展的大盘。

第六节 本章小结

新古典经济学假设劳动力外生,资本积累取决于储蓄,因而储蓄就成为经济增长的源泉。社会保障支出通过两大效应——资产替代效应和诱导退休效应——对储蓄产生重要影响,进而作用于经济增长。运用世代交叠模型分别对完全积累制和现收现付制下的社会保障进行分析,得到在完全积累制下社会保障的中性特征,在现收现付制下社会保障对积累的影响则关联于艾伦条件。

为检验中国社会保障支出的储蓄功能,采用31个省市1995—2020年的面板数据进行实证分析,固定效应模型结果显示在控制其他因素影响的前提下,中国当前的养老保险体制对物质资本积累有重要的推动作用。设立地区哑变量,运用聚类稳健标准差估计,发现东部省份较之中西部省份其储蓄影响更为显著,但整体而言地区因素的影响有限。2021年7月实施三孩生育政策及配套支持措施,这是继2013年单独二孩、2015年11月全面二孩政策之后在人口政策上的再一次松动,人口自然增长率的调整很可能会导致艾伦条件的变化,未来中国社会保障支出的储蓄功能也将受到一定的冲击。

第五章　社会保障支出对消费的影响分析

消费理论研究中,存在着凯恩斯的绝对收入理论、莫迪利安尼的生命周期理论、弗里德曼的持久收入假说等几项重要理论基础。其中凯恩斯的绝对收入理论认为边际消费倾向取决于收入的性质,不稳定的收入显然会造成较低的消费倾向,于是收入的不确定性和支出刚性使得居民预防性储蓄居高不下而不敢消费。不确定性预期既源自对未来支出的不确定,也源自对未来收入的不确定,在支出项目上,中国居民所面临的子女就学、住房问题、大病医疗、养老困境都使得支出风险上升,而收入来源上,随着中国经济进入低速增长阶段,就业压力持续增大,这些因素都使得中国居民的消费趋于保守,国家刺激内需的政策长期难以奏效,加之中国社会保障体系尚不完善,居民的预防性储蓄动机并没有得到缓释。社会保障体制的健全可以提升居民的福利性收入,有助于居民消费信心的增强。在中国内需持续不足的时代,研究社会保障支出对消费的提升贡献作用进而对经济增长影响的意义就显得十分重大。

在经济实践中,拉动投资的主动权掌握在政府手中,而刺激消费的主动权掌握在民众手中。当经济下行压力较大的时候,中国通常采取逆周期政策来拉动投资,因为投资方式见效最快、实施便利、操作性强,可以有效应对中美经贸摩擦、新冠疫情、经济下行压力等挑战对就业带来的冲击。如2008年美国次贷危机后中国基建投资刺激政策,2019年实施的针对企业部门的减税降费政策,2020年开始推动的新基建政策等。在经济下行压力较大时,这些政策的实施对稳增长起到了关键性作用,投资所产生的乘数短期很高,但中长期会比较麻烦。消费的繁荣才是经济增长的长期基础,消费是最终需求,是人民对美好生活需要的直接表现,同时也是生产的最终目的和内生动力。消费虽然是慢变量,但如果在政策实施上总是考虑刺激消费见效慢,而过度依赖投资拉动,势必会导致经济结构的扭曲。

随着我国逐步形成以内循环为主体、国内国际双循环发展格局,预计未来我国财政支出的结构也会有所调整。从财政支出角度来看,公共消费中有相当一部分是社会福利支出,这部分支出的提高有助于提升中低收入特别是低收入群体的消费,尤其是在教育、医疗、养老领域,未来相关支出占比会进一步提升,进而有助于提升低收入群体的消费意愿,扩大消费需求。

内循环主要依靠的是居民消费,以内循环为主的一个重要抓手在于扩大内需,对于我国庞大的消费群体,促消费是主要路径之一。而居民的消费增长是以收入增长、就业保障为前提的。在对未来的预期不乐观的情况下,消费是没有办法刺激出来的。因为消费既是一种自然行为,也是一种经济行为,只有当人们对未来生存场景充满乐观时,消费才会有超前性。必须维护和提高居民的生存生活场景,而这有赖于社会保障支出占比的进一步提升,鉴于目前我国的社会保障支出与健康支出在国际对比中占比相对较低,还存在较大的提升及调整空间。

在人口向老龄化迈进的过程中,不仅年轻人占比下降,而且总人口也出现下降,加上城镇化进程放缓,导致购房需求大幅下降,持续20余年的房地产上升周期难以维持。与此同时,过去一直领先于经济发展水平的基建投资,随着投资回报率的下降,也无法维持高增长,且受到地方债的约束。这也意味着投资拉动经济增长的模式无以为继,未来只能越来越依赖于消费。

可解决的途径只有增加国家财政对居民部门的支持力度,增加居民部门可支配收入占GDP的比重。我国居民收入占GDP比重历年来都在45%左右,而全球平均水平大约为60%,这也是我国消费对GDP贡献相对低的原因。近两年来政府通过减税、降费或退税方式改善企业经营环境,支持企业发展,实际上就是政府部门向企业部门转移收入,从目前看,尽管这一方式取得了明显效果,但仍难以从根本上扭转"需求收缩"和"预期转弱"的状况,说明"授人以渔"的方式,受到了"鱼"(需求)不足的约束。不妨采取"放水养鱼"的方式,即政府部门向居民部门转移收入,从养老、医疗、住房、就业等社会保障多方面增加对民众的支持力度,降低居民部门不敢消费的风险因素,最终促进消费的全面提升。

第一节 社会保障参与后的个人消费行为

尽管社会保障支出体现在代表性消费者的约束条件中,影响消费并进而影响消费者福利,现实中关于社会保障支出对消费的直接影响的研究却并不多。将研究重点放在养老保险对消费的影响机制上,因为基本养老保险在社会保险中乃至在整个社会保障中都处于最重要的地位。直观上看,社会保障尤其是养老金具有四个目标:一是使一生消费平滑化,二是通过保险防止长寿风险,三是防止老年贫困,四是通过收入再分配向低收入群体倾斜。前两个目标是个人目标,后两个目标是国家目标。

对于第一个目标来说,艾伦等(Allen et al.,1997)关于养老金计划研究表明,通常的假设是退休后经济需求减少,在某种程度上这个假设是正确的,因为退休以后不需要抚养子女,已拥有房子和财产。但这种情况可能被夸大,一方面退休人员在文化、社会、旅游及其他娱乐活动方面可能仍然比较活跃,另一方面退休人员需要获得长期的护理导致的开销,另外还存在通货膨胀的影响。退休人员并不期望在退休后生活水平有较大的下降。对于第二个目标而言,社会保障支出尤其是养老金的支出免除了个人在退休后的后顾之忧,因而个人就不必要投入大量的预防性储蓄来防范老年风险,这样就可以敢于消费来增加自己的效用。海德格尔认为,人应该诗意地栖居,但实际上这是有条件的。中国国民消费水平不高,对经济增长的贡献率较低,而储蓄率比较高,一方面在于勤俭节约的传统,另一方面在于对社会风险的防范,国民预防性储蓄倾向和节俭能力居世界前列。完善的社会保障体系能够屏蔽掉个人大部分风险,显然可以从一定程度上缓解这种消费低迷的状况。从这个角度来讲,社会保障支出有助于扩大消费并促进经济增长。对于第三、第四个目标来说,穆斯格罗夫(Musgrove,1980)的分析表明,社会保障支出带来的收入再分配格局会影响消费需求,但这种收入再分配只有在超过基本生活水平之上才能对消费真正地起到作用。

在对人群的图谱分析上,由于健康差异以及社会经济地位不平等、行为因素、获得医疗保健和生存环境等因素之间的相互作用,贫穷者的死亡率更高。与社会经济地位较高的个体相比,社会经济地位较低的人的预期寿命通常较低。美国国家科学院(NAS)2015年的一项研究发现,收入最高的五分之一(前20%)的人在5岁时可能比收入最低的五分之一的男性多活1.50年,并随着时间的推移,这种差距显著增加,收入最高的五分之一人口在12岁时可能比收入最低的五分之一人口多活7.50年。高收入工作人员不太可能从事体力要求高的工作,并且更有可能获得高质量的雇主赞助的健康保险。富人和穷人寿命之间日益扩大的差距已经蚕食了低收入工人可以从社会保障中获得的福利。提高退休年龄只会加剧这些差距,模拟完全退休年龄增加到70岁,对于收入最低的五分之一人口,退休年龄的增加使福利减少了基线福利的25%,而对于收入最高的五分之一人口,福利减少了20%。高收入者能够比低收入者申请退休福利的时间更长,他们在退休后的预期寿命较长导致终身福利的下降幅度较小。提高退休年龄的政策建议往往会使社会保障福利向高收入者倾斜。

有专家建议提高社会保障的最低标准,以保护几乎没有长寿收益的低收入者。但是平均寿命往往比男性长的女性,其终生收入通常低于男性,如果采用低收入困难阈值来保护低收入者免受延迟退休变化的影响,这可能会产生不利影响,即保护具有预期寿命优势的妇女,同时无法保护许多收入较高但预期寿命较低的男子。因此,在提高退休年龄的政策提案中,基于低收入的困难条件阈值可能无法充分保护所有受预期寿命增长不均影响的人。

同样重要的是,并不是每个人都足够健康可以继续工作,即使他们更愿意工作到晚年。对于从事体力劳动的工人尤其如此,仅就服务业而言,许多服务工作都是超体力的,包括护理和疗养院护理、清洁工作、户外服务工作、服务员或任何工人必须整天站着工作。对于受教育程度较低的工人来说,他们从事对体力要求最高的工作或有毒有害的工作,无法要求他们在退休年龄上延长更多。尽管社会通常鼓励高收入专业人士无限期地继续工作,但很少有雇主渴望雇用70岁的蓝领或服务工人。事实上,当经济萎缩时,老年工人通常是第一批被买断或裁员的目标,而且很少被没有严重工人短缺的雇主招聘。此外,老年工人的平均失业时间通常比年轻工人长。尽管老年员工为雇主做出了许多贡献,但大多数公司仍然关注底线,这通常反映了老年员工的成本更高。当今的技术变革对年长的劳动力来说也可能具有挑战性,除非雇主优先考虑培训。很少有雇主愿意投入大量资金来招聘或留住年长工人,因为合格的年轻工人可以快速填补这些工作空缺。因此,提高退休年龄,减少社会保障获得,将导致大量工人在退休后面临贫困,并将增加低收入和高收入个人获得的终身福利的差距。

消费结构是在一定社会生产力条件下人们在生活中所消费的各种消费资料和劳务的构成与比例关系。通常按消费者收入水平分为高、中、低收入消费群体;或按消费层次分为生存资料、发展资料、享受资料。高收入群体的整体消费能力高,但低收入群体的边际消费能力更高,运用社会保障手段来保基本,促进低收入群体消费提高可以收到经济社会的双重收益,既能反贫困,又能促进经济增长。

杨良初(2010)关注的社会保障切入点正是低收入群体,并指出低收入群体是蕴含公共消费风险的主要对象,改善低收入群体的收入状况,增强他们的消费能力,是扩大消费、稳定社会环境的有效途径。我国社会保障支付标准偏低,使社会保障对象购买生存资料、发展资料的能力难以提高。在当前收入分配差距扩大的情况下,中低收入者的消费欲望受到抑制,特别是低收入户和困难户家庭仍停留在为自己温饱奔忙的阶段,客观上要求社会保障对低收入者和困难家庭给予更多的关注和资助,提高他们对生存资料、发展资料的购买能力,促进消费结构的升级。①

事实上,养老金制度要促进国民经济发展和社会福利提高,既在于国民总储蓄和人力资本积累的增加,也在于消费的增加,减少经济的动态无效率。运用消费函数理论对居民消费进行研究,可以发现储蓄意愿和消费倾向存在此消彼长的关系。社会保障改变了民众的消费结构,通过社会保障基金的筹集,使得一部分即期消费转化为远期消费,缓解了个人消费对市场的冲击作用。

加莱(Gale,1998)将心理因素纳入生命周期理论,认为个人难以抵挡当期消费的诱惑,致使当期的边际消费倾向比未来更高,因此强行缴纳社保基金将转化成未来储蓄,减少当期消费。王晓霞和孙华臣(2008)指出,社会保障对居民消费存在挤出效应,社会保障增加1%,消费支出下降0.27%。但何立新和封进(2008)的研究表明养老金财富对于家庭储蓄的替代效应更显著,家庭倾向于增加当期消费。杨河清等(2010)的研究表明,提高社会保障支出水平可以提高居民的消费水平,社会保障对居民消费存在正向的引致效应。白重恩等(2012)发现,2002—2009年参加养老保险的家庭消费性支出增长了11%,但养老保险缴费率的提高会对消费产生抑制效果,主要是由于职工养老保险缴费的预期收益率比较低,且居民面临信贷约束兼有目标储蓄动机,当期可支配收入被挤出,消费减少。职工养老保

---

① 杨良初.社会保障与消费关系研究[J].社会保障研究,2010(6):9.

险缴费负担的上升,并没有提高同期的养老金收益,而老年人的消费倾向又比缴费者要低,因此可以推断养老保险缴费率的上升会抑制总消费。在倡导提高社会保障水平以减少预防性储蓄的同时,必须注意实现这一政策目标的途径,如果社保水平的提高最终通过增加职工的缴费负担来实现(企业缴纳部分可能会部分转嫁给职工),这将导致职工当前可支配收入的下降,在信贷市场还不完善且人们有目标储蓄动机的时候,这样的政策很可能会抑制当前的总消费,而不是增加消费。[①] 邹红等(2013)利用广东省城镇住户调查数据(UHS),分析社会保险参与率和缴费率对城镇家庭消费的影响,发现养老保险缴费率与消费存在负向关系,养老保险缴费率对于食品、衣服、教育、娱乐和交通等支出大类有显著的抑制作用,对烟酒和在外就餐等细项却有显著的促进作用;但是医疗保险缴费率与消费之间正相关;另外家庭的异质性也显著影响着养老保险的消费效应。陈静(2015)利用2011年中国家庭金融调查(CHFS)的数据,分析了社会基本养老保险的持有状况对家庭消费的影响,计量模型的实证结果显示,在控制了年龄、收入、健康状况等变量之后,拥有基本养老保险家庭的衣物支出和耐用品消费支出,无论是消费倾向还是消费支出额都显著高于未拥有基本养老保险的家庭。实际上,社会保障支出和消费之间相互作用的机理较为复杂,目前为止学界关于两者之间的关系并未形成一致性的结论。

但有一点可以肯定,经济增长路径应尽可能在储蓄和消费之间保持平衡,不能失之偏颇。而个人出于习惯、疏忽或者其他原因,可能依据经验法则制定储蓄、消费决策,从而很难实现代际的最优化,必须以国家手段出面干预。

在当前形势下,中国陷入"中等收入陷阱"的可能性增大。中国的中等收入阶层未能成为拉动社会整体消费的引擎,究其原因在于对住房、教育以及社会保障的担忧,而高储蓄率则尤其显示了民众对养老问题的不安。2015年4月,财政部前部长楼继伟在中国经济高层讲坛上表示"中等收入陷阱"的主要原因在于中国老龄化进程的加速,1997年之前国企职工还没有缴纳养老保险,现在只有依靠国有资本划拨才能解决之前未交部分的亏欠,老龄化加速使得现收现付制下养老保险基金收支平衡压力持续上升。"中等收入陷阱"会造成民众消费趋于保守,不利于扩大内需,从而进一步形成经济下行态势,给国家宏观经济运行带来隐患。

需求收缩、供给冲击、预期转弱,这三重压力与长期以来经济的增长模式、经济结构紧密相关。但需求收缩的扭转是长期问题,需要一系列的长期改革和努力。政策层面上要扩大就业,同时增加国家财政对居民部门的支持力度,提高居民整体收入水平,尤其是中低收入群众的收入水平;多渠道增加居民的财产性收入,提高居民的消费底气;积极倡导第三次分配,改善居民部门内部的收入结构。

---

① 白重恩,吴斌珍,金烨. 中国养老保险缴费对消费和储蓄的影响[J]. 中国社会科学,2012(8):24.

第二节　OLG 模型下社会保障对跨期消费的影响

首先从简单情形出发,考虑一个寿命为 T 的人,其终生效用为:

$$U=\sum_{t=1}^{T}u(C_t),u'(\cdot)>0,u''(\cdot)<0$$

其中,C_t 为第 t 期的消费,u 为瞬时效用函数,如果采取风险厌恶形式,则效用函数可以表达为:

$$U=\sum_{t=1}^{T}\frac{1}{(1+\rho)^t}\frac{C_t^{1-\theta}}{\theta}$$

其中,ρ 为贴现率,θ 为风险厌恶系数。在外生利率 r 下,约束条件为:

$$\sum_{t=1}^{T}\frac{1}{(1+r)^t}C_t\leqslant A_0+\sum_{t=1}^{T}\frac{1}{(1+r)^t}Y_t$$

A_0 为个人的初始财富,Y_t 为每期收入(包含退休后的养老金)。最优化处理后,得到欧拉方程:

$$\frac{C_{t+1}}{C_t}=\left(\frac{1+r}{1+\rho}\right)^{\frac{1}{\theta}}$$

可以看出,代表性个人消费增长反应与真实利率、贴现率以及风险厌恶系数相关。但坎贝尔和曼昆(Campbell & Mankiw,1989)等人的实证研究表明,大多数情况下消费的跨期替代弹性其实并不大,这意味着消费会在生命周期内平滑分布。[①] 一个国家的国民消费水准与该国国民的年龄分布密切相关(见图 5—1),从道理上讲,根据生命周期理论,年轻人和老年人的边际消费倾向应该远远高于中年人,因为边际消费倾向与边际储蓄倾向之和为 1,中年人为了应对老人医疗、子女就学、购房需求等大的支出项目,不得不增加储蓄比重,因而边际消费倾向会更小一点,这在中国表现得尤为明显。因此可以推断,老龄人口比重的上升并不会降低消费,反而是促进消费。老年人虽然退休后收入减少了,但他们是资产的拥有者,而资产作为财富的比重是相当大的。消费具有棘轮效应,上升容易下降却很困难,老年人退休后充裕时间的增加,以及他们延续退休前的消费惯性,因此老龄化促进了国民消费。凯恩斯提出边际消费倾向递减规律,并认为这是人的本性所决定的,但现实中存在着几大因素拉升了边际消费倾向,除了人口老龄化因素之外,亚瑟·史密斯(Arthur Smithies,1954)提出,在人口不断地由农村转移到城市的过程中,其消费水准获得了较大提升,在经济发展进程中,越来越多的新产品成为一般居民生活的必需品,同样对消费提高起到了有益的作用。[②]

[①] Campbell J Y, Mankiw N G. Consumption, Income, and Interest Rates: Reinterpreting the Time Series Evidence [R]. NBER Macroeconomics Annual, 1989(4):185—216.

[②] Haller R. Economics and Public Policy. Brookings Lectures, 1954 by Arthur Smithies; Joseph J. Spengler; Frank H. Knight; John Jewkes; Jacob Viner; Lionel Robbins[J]. Weltwirtschaftliches Archiv, 1959, 83:11—12.

在中国随着新型城镇化的全面推进,内需亟待进一步释放和提高。

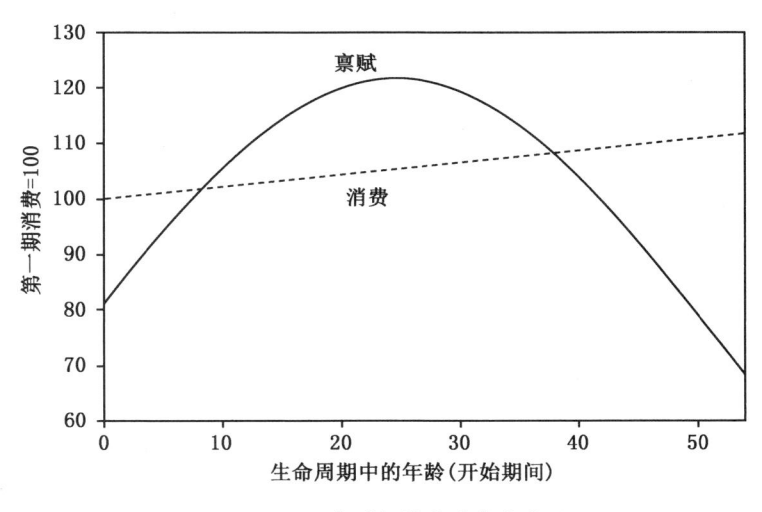

图 5—1 禀赋与终生消费水准

如果将代表性个人的一生分为两个阶段,并且考虑内生生育率 n_t,研究的问题就变成:

$$\max U(c_t^y, c_{t+1}^o, n_t)$$
$$s.t. \quad c_t^y = (1-\tau)w_t - n_t x_t - s_t, \quad c_{t+1}^o = Rs_t + \pi_{t+1}$$

其中,x_t 表示单个孩子的消费,τ 为社会保障税税率,那么在积累制下,就有 $\pi_{t+1}^f = R\tau w_t$,在现收现付制下,就有 $\pi_{t+1}^g = \bar{n}_t \tau w_{t+1}$。效用最大化的一阶条件为:

$$FOC: -U_1 + RU_2 = 0, \quad -U_1 x_t + U_2 \frac{\partial \pi_{t+1}}{\partial n_t} + U_3 = 0$$

考虑总效用函数采用线性形式,就可以将问题具体化为:

$$\max U_t = u(c_t^y) + \frac{1}{1+\theta} u(c_{t+1}^o)$$
$$s.t. \quad c_t^y = w_t - \tau_t - s_t, \quad c_{t+1}^o = (1+r_{t+1})s_t + \pi_{t+1}$$

其中,效用函数满足稻田条件(Inada Condition),参数 θ 表示人们的时间偏好维度,τ_t 为工作阶段缴纳的社会保障税,π_{t+1} 为退休之后享受的养老金待遇,在现收现付制下,就有 $\pi_t = (1+n)\tau_t$ 成立。终生效用最大化的一阶条件可以表示为:

$$u'(c_t^y) = \frac{1+r_{t+1}}{1+\theta} u'(c_{t+1}^o)$$

将企业的产出函数记为 $f(k_t)$,且满足 $f' > 0, f'' < 0$,k_t 为资本劳动比,假定劳动力外生,要素市场均衡就可以表示为:

$$f(k_t) - k_t f'(k_t) = w_t, \quad f'(k_t) = r_t$$

由 IS 恒等式 $(1+n)k_{t+1} = s_t$ 及要素市场均衡条件可以推出:

$$f(k_t)=(1+n)k_{t+1}-k_t+c_t^y+\frac{1}{1+n}c_t^o$$

作为中央计划者,政府的目标是满足整个社会的福利最大化,在社会折现率 ρ 下,社会福利函数可以表示成:

$$W_t=\sum_{i=t}^{\infty}U_{i-1}\left(\frac{1+n}{1+\rho}\right)^{i-t}(0<\rho<\infty)$$

假定 $n<\rho$,求出社会福利最大化的一阶条件:

$$u'(c_t^o)=\frac{1+\theta}{1+\rho}u'(c_t^y),u'(c_{t-1}^y)=\frac{1+f'(k_t)}{1+\rho}u'(c_t^y)$$

而这时难以求出解析解,c_t^y、c_{t+1}^o 的隐函数中的变量包括 $(\tau_t,r_t,n_t,\theta,\rho)$,但其具体形式依赖于效用函数 $u(c_t^y)$、$u(c_{t+1}^o)$ 的设定。如果用 MRS 表示 c_t^y、c_{t+1}^o 两者之间的替代率,就有:

$$MRS=-\frac{dc_{t+1}^o}{dc_t^y}\bigg|_{U=\bar{U}}=\frac{u'(c_t^y)}{(1+\theta)^{-1}u'(c_{t+1}^o)}=1+r$$

在效用函数为严格凸函数的假定之下,随着 c_{t+1}^o 的增加,MRS 逐渐增加,画出相应的图形(见图5—2):

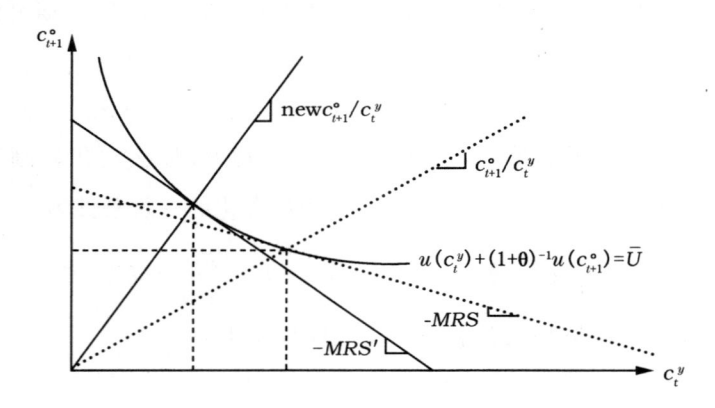

图5—2 工作阶段与退休阶段消费的边际替代率

第三节 社会保障支出对居民消费影响的实证研究

一、变量选取及模型构建

鉴于中国省际农村居民人均消费支出数据的缺失值较多,因此只研究城镇居民人均消费支出,用其除以城镇居民家庭人均收入,得到城镇居民消费支出水平(urban residents consumption rate,urcr)。对于各省社会保险基金支出中的城镇基本养老保险支出,采取城镇基本养老保险支出与地区生产总值的比率(uboir)作为衡量养老保险支出水平的标准。

为控制各省经济发展状况的不同,加入地区人均 GDP 增长率(gdpr)为控制变量;为消除地区经济波动的影响,加入控制变量——各省的城镇登记失业率(ur)、通货膨胀率($cpir$),其中通货膨胀率用地区 CPI 指数增长率替代;另外因为中国采取了计划生育政策导致各民族地区人口增长各不相同,为消除人口情况变化的影响,加入控制变量——各地区人口自然增长率($npgr$)。构建面板模型为:

$$urcr_{i,t} = \_cons + \alpha_1 uboir_{i,t} + \beta_1 gdpr_{i,t} + \beta_2 ur_{i,t} + \beta_3 cpir_{i,t} + \beta_4 npgr_{i,t} + u_i + ir_t + \varepsilon_{i,t}$$

二、数据来源

中国 31 个省区市 1995—2020 年城镇居民人均消费支出(元)和城镇居民家庭人均收入(元)数据来源于各省统计年鉴。社会保险基金支出中的城镇基本养老保险支出面板数据来源于人力资源和社会保障部。地区生产总值、地区人均 GDP 和人均 GDP 增长率(%)、城镇登记失业率(%)、地区 CPI 指数、地区人口自然增长率(‰)面板数据来源于历年中国统计年鉴。

三、中国省际面板数据的实证分析

采用 Stata17.0 对面板数据进行分析,应用固定效应模型和随机效应模型分别进行回归,实证结果见表 5-1。

表 5-1　　　　城镇基本养老保险支出对城镇居民消费影响的实证结果

$urcr$	聚类稳健标准差的固定效应模型	普通标准差的固定效应模型	FGLS 随机效应模型	MLE 随机效应模型
$uboir$	−5.016 567 3*** (−3.24)	−5.016 567*** (−6.73)	−4.579 281*** (−3.67)	−4.850 953*** (−6.84)
$gdpr$	−0.041 888 4 (−0.38)	−0.041 888 4 (−0.52)	−0.159 461 4 (−1.24)	−0.101 000 3 (−1.26)
ur	−1.184 601** (−2.34)	−1.184 601*** (−3.52)	−1.096 849* (−1.91)	−1.145 172*** (−3.44)
$cpir$	−0.582 768 9*** (−3.11)	−0.582 768 9*** (−4.72)	−0.379 192 7** (−1.97)	−0.481 923*** (−3.89)
$npgr$	11.508 81** (2.40)	11.508 81*** (4.42)	5.901 129 (1.39)	8.549 508*** (3.46)
$\_cons$	94.488 48*** (15.10)	94.488 48*** (28.57)	97.826 11*** (17.34)	96.398 14*** (27.19)
样本数 N	(558,31)	(558,31)	(558,31)	(558,31)
F 值	8.24	38.44		
Wald chi2(4)			36.52	138.18

注:所有解释变量项中,括号上方为回归系数,括号内为 t 统计量。 ***、**、* 分别表示 1%、5%、10%水平上显著。

从实证结果可以看出,城镇基本养老保险支出对城镇居民的消费水平有显著的拉低效果,养老金并不是从天而降的免费午餐,而是基于退休之前缴费的贡献,将当期消费转化为远期消费,降低当前的边际消费倾向,导致消费水平的下降。城镇居民人均消费支出占城镇居民家庭人均收入的比重受人均GDP增长率的影响很小,且不显著;但消费比重负相关于城镇登记失业率水平和物价上涨水平,失业率越高,物价上涨越快,生活成本和压力越大,城镇居民的消费就越趋于保守;人均消费支出水平正相关于人口自然增长率,因为人口增长率的上升实际上意味着单个成年人所抚养孩子数量的增加,儿童抚养比的上升将导致更强的消费倾向。

有必要对回归结果进行稳健性分析,因为在研究中所采用的城镇居民家庭人均收入指标并没有扣除向政府缴纳的各种直接税以及非商业性费用,而消费水准更多的是与可支配收入紧密联系,选取城镇居民人均可支配收入指标重新进行分析,并将城镇居民人均消费支出除以城镇居民人均可支配收入作为新的城镇居民消费支出水平。城镇居民人均可支配收入(元)数据来源于历年中国统计年鉴,其他数据来源同上,运用聚类稳健标准差固定效应模型进行回归分析,结果发现除部分回归系数有轻微增大外,模型的整体解释效果并未受到太大影响,这证实了原有模型的稳健程度相对较高,故不再将回归结果单独列出。

考虑到东中西部地区因经济发展水平而造成的消费理念上的差别,西部居民的边际消费倾向可能更趋于保守,采用聚类标准差的固定效应模型对城镇基本养老保险支出的消费影响进行分地区分析。

分地区的回归结果(见表5—2)显示东部地区城镇基本养老保险支出对城镇居民消费影响系数的绝对值更小一些,这意味居民消费对城镇基本养老保险支出的反应敏感程度相对较弱,部分原因可能在于地区间基本养老保险支出水平不平衡造成的替代率差异上,如2020年上海的城镇职工基本养老保险替代率为32.72%,西藏自治区的城镇职工基本养老保险替代率则高达90.30%,东部省份基本养老保险替代率较低使得养老金占收入比重下降,导致基本养老保险支出对边际消费倾向的影响功能减弱。其他因素造成的省际差异较小,故不做另外考虑。

表5—2　　　　　城镇基本养老保险支出对城镇居民消费影响分地区回归结果

$urcr$	东部	中部	西部
$uboir$	−4.127 869 2*** (−4.35)	−5.312 780 5*** (−7.45)	−5.245 677 8*** (−6.35)
$gdpr$	−0.352 990 7 (−3.67)	−0.253 796 5 (−3.24)	−0.325 678 9 (−3.56)
ur	−1.495 735** (−7.97)	−1.256 890** (−6.45)	−1.456 890** (−4.67)
$cpir$	−0.670 606 0*** (−6.22)	−0.678 345 6*** (−6.33)	−0.478 327 8*** (−6.48)

续表

urcr	东部	中部	西部
npgr	11.069 95**	10.456 67**	10.504 23**
	(−6.9)	(−5.8)	(−3.0)
_cons	95.567 90***	97.566 89***	96.568 39***
	(−35.8)	(−34.7)	(−24.9)

注：所有解释变量项中，括号上方为回归系数，括号内为 t 统计量。***、**、*分别表示1％、5％、10％水平上显著。

第四节　养老产业与老年消费

社会保障里的任何内容，无论是本人享用或是家属享用，消费都是其终端流向，消费的产业渠道是养老产业与健康产业，最终汇入经济增长大海，这构成社会保障通过消费作用于经济增长的路径（见图5—3）。

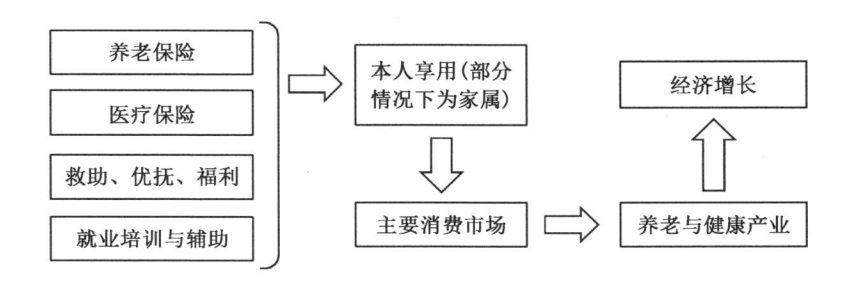

图5—3　社会保障通过消费作用于经济增长的路径

养老产业则是以保障和改善老年人生活、健康、安全以及参与社会发展，实现老有所养、老有所医、老有所为、老有所学、老有所乐、老有所安等为目的，以老年服务为核心，以保险为主要资金支持，围绕衣、食、住、行、医而展开，为社会公众提供各种养老及相关产品（货物和服务）的生产活动集合，包括专门为养老或老年人提供产品的活动，以及适合老年人的养老用品和相关产品制造活动。中国养老产业起步较晚，与美国、日本等国家还存在着较大差距，如今仍是一个新兴产业，处于发展的初期阶段。《2021中国银发经济行业调研报告》显示，2016—2020年，中国"银发经济"（养老产业）市场规模持续上升，2020年已达5.4万亿元，年增长率为25.6％。同比例测算，2022年养老产业规模达9万亿元，2025年养老产业规模将突破12万亿元。

在尽力而为和量力而行的前提下，越是充分的社会保障越有助于在人口负增长和深度老龄化时代最大限度地抵消趋势性消费不足。中共中央、国务院印发的《扩大内需战略规划纲要（2022—2035年）》提到，最终消费是经济增长的持久动力，要顺应消费升级趋势，提升传统消费，培育新型消费，扩大服务消费，适当增加公共消费，着力满足个性化、多样化、高品质消费需求。2023年国家扩内需战略启动,大力支持养老服务消费,中央经济工作会议明确要求把恢复和扩大消费摆在优先位置,把支持养老服务消费与住房改善、新能源汽车提升到同等高度。我国中央政府以及各级地方政府建立并完善的养老服务政策体系,为养老服务业发展营造了良好的制度土壤和外部环境。在充分的激励下,与养老相关的产业才会成为新的经济增长点,才能形成超大规模的消费市场。

养老产业与老年消费构成了生产与消费、供给与需求的一体两翼(见图5—4),通过社会保障民生领域多项政策的配合,在经济增长式微、需求收缩、老龄化进程加速的时代显然具有重要价值,会成为新的增长契机和提升消费的突破点。

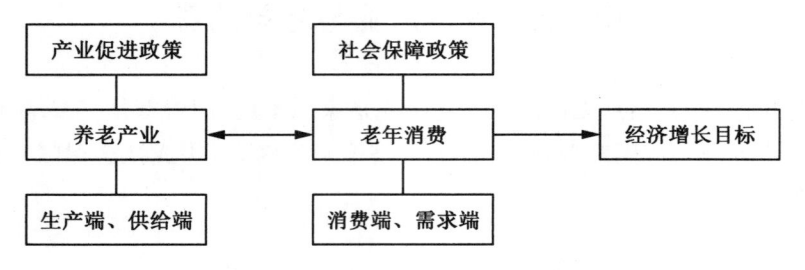

图5—4 养老产业与老年消费之间的关系

一、养老产业是新的经济增长点

(一)养老产业的内涵

1. 养老产业链的上中下游

鉴于养老产业在经济中的重要性日益提升,国家对养老产业提供了多项政策支持。《国民经济和社会发展第十四个五年规划和2035年远景目标纲要》明确要求发展银发经济,开发适老化技术和产品,培育智慧养老等新业态。《"十四五"国家老龄事业发展和养老服务体系规划》提出发展壮大老年用品产业、促进老年用品科技化智能化升级、有序发展老年人普惠金融服务等方面具体政策措施,为大力发展银发经济提供规划指引。关于老年用品产业培育,工业和信息化部会同相关部门深入贯彻落实《关于促进老年用品产业发展的指导意见》,编制发布《升级和创新消费品指南》,加大适老家电、洗浴装置、老年鞋等老年用品宣传推广力度。工业和信息化部、民政部指导有关电商开展"孝老爱老购物节"活动,为老年人提供品种丰富的优质产品。为促进智慧健康养老产业持续发展,工业和信息化部、民政部、国家卫生健康委联合印发《智慧健康养老产业发展行动计划(2021—2025年)》,提出强化信息技术支撑等6个重点任务和3个专项工程,进一步推动智慧健康养老产业创新发展。

根据天眼查数据,我国目前有超28万家企业名称或经营范围含"养老、老年人、老年",且养老产业相关企业近年来注册量逐年上涨。但养老产业发展有其内在逻辑,相关企业也并非一哄而上抢占市场蛋糕,而是在上中下游全方位覆盖了市场需求(见表5-3)。养老产业的上游主要包括医疗器械与设施、信息化解决方案和人才教育与培育;中游按养老模式的不同分为家庭养老、社区养老和机构养老;下游包括老年人和支付方,我国养老支付方主要为个人自付、社会保险和商业保险。

表5-3 养老产业链的上中下游

养老产业链上游	养老产业链中游	养老产业链下游
器械及设备:诊断器械、智能硬件、康复辅具	居家养老:上门服务、远程监控	用户方:老年人(自理老人、半失能老人、失能老人)
信息化解决方案:综合信息管理平台、紧急呼叫	社区养老:社区日常照料、上门服务	支付方:社会保险(基本养老保险、基本医疗保险、长期护理险等)、商业保险(众安保险、泰康在线、中银保险等)、个人支付(老人、子女、其他家庭成员)
人才教育与培训:职业学校、培训机构	机构养老:综合服务	

从其他理解路径上看,养老产业链上游主要提供设备与技术手段,中游提供载体,下游涉及具体服务,构筑成一个综合市场(见图5-5)。随着物联网和可穿戴信息技术发展,产业链在上游继续延伸;随着社会保障政策的完善,产业链在下游继续拓展。

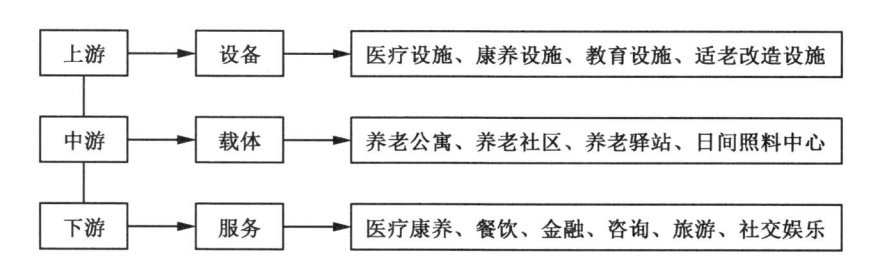

图5-5 养老产业的设备、载体与服务

产业链中游的养老护理类产业细分为居家养老照护、社区养老照护和机构养老照护。伴随老年人口比例增加,社会抚养比提升,加上连续30多年实施计划生育政策,中国形成了数量众多的4-2-1型或者4-2-2型家庭形态,传统意义的养儿防老很难解决中国当下及未来的养老问题,需要探索适合中国特色的养老解决方案。随着养老服务政策的落地实施以及保障制度的完善,中国养老照护服务需求还将进一步释放。未来养老服务将通过市场化、产业化的途径,针对老年人的身体状况、经济水平、受教育程度及需求层次,提供更加具有差异性、针对性的服务,提升服务的专业化和细致化水平,满足老年群体对养老服务的特殊需求。

值得称赞的成就是,中西文明的交流融合和现代心理学的发展共同推动了西方家庭观及养老模式的变革,西方社会的机构及自主养老模式正在向居家互助型养老模式转变。居家互助型养老模式,是指老年人在自己的房屋中而非专业养老机构生活,同时老人也不仅仅是被动接受医护人员及社工的帮助和支持,而是主动参与社区和家庭的公共事务及子女生活的反向支持中,比如年龄较小、体能较好的老人为较年长、行动不便的同社区老人提供生活材料采买、食物烹饪等援助;与成年子女同住的老人承担家庭中的家务、儿童照顾事宜等。而后一类家庭内部的代际互助模式,正是西方社会家庭观和养老模式最具本质意义的变革,这说明西方传统养老模式所植根的大家庭解体和成年家庭成员间的代际情感淡漠,在当今的新型新老模式中正在被扭转和改变。中国科技大学潘凌飞(2015)指出,近年来西方老人在参与子辈和孙辈关爱照顾方面占有很大比重,从德国的18%到意大利的54%不等,而老龄化的普遍趋势也让老年人口在代际支持上的特殊优势越来越突出,在欧洲大部分国家,约有超过10%的老年人会义务为身边其他老人、幼儿或社区提供志愿帮助,芬兰、瑞典和丹麦国家的老年人参与社会志愿工作尤甚。[①]

目前,我国的养老模式结构为居家养老占市场份额96%,社区养老占3%,机构养老占1%,距离卫健委提出的"9073"(北京为"9064")模式结构尚有差距。国家卫生健康委设定的"9073"目标是中国90%左右的老年人选择居家养老,7%左右的老年人依托社区支持养老,3%的老年人入住机构养老。中国养老的整体规划一直沿用此基础框架。经过多年市场发展,其实用老年人的生命周期去看"9073"更符合实际,即90%身心健康状态时间在家中/社区,7%身心需要康复和活动(不一定是身体不好)在社区,生命最后需缓和护理的3%时光在机构,可以使老年人在充分的社会保障安全网下体面优雅地老去。

表5—4　　　　　　　　　　不同养老护理模式下产业服务类型

模式	特点	服务类型
居家养老	老年人居住在自己或者有血缘关系的家庭中,由其他家庭成员提供养老服务	家庭成员或雇用人员对居家老年人进行生活照料、康复护理等服务的活动
		养老服务机构或其他社会主体向居家老年人提供的上门服务活动,如助餐、助行、助浴、助洁、助医、日常照料等,不包括社区上门服务
社区养老	社区养老是指以家庭为核心,以社区为依托,以老年人日间照料、生活护理、家政服务和精神慰藉为主要内容,以上门服务和社区日托为主要形式,并引入养老机构专业化服务方式的居家养老服务体系。老年人居住在自己家中,由社会提供商业化的养老服务。老年人居住在自己熟悉的环境里,既可以得到适当的照顾,也随时欢迎子女的探望	养老服务机构依托社区养老服务设施向社区老年人提供的日托、全托等服务
		社区养老服务机构、社区嵌入式养老服务设施和带护理室床位的社区日间照料中心等机构提供的照护服务
		依托社区综合服务设施和社区公共服务综合信息平台、呼叫服务系统和应急救援服务机制为老年人提供的以全托、月托、上门等为主的精准化专业化生活照料、助餐助行、助浴助洁、助医、紧急救援、精神慰藉等照护服务
		社区邻里互助、助老食堂、老年社区(全周期养老综合体)提供的社区养老照护服务

---

① 潘凌飞.西方国家的居家养老与自助养老服务模式[J].宏观经济管理,2015(6):3.

续表

模式	特点	服务类型
机构养老	老年人集中居住在特别的养老机构中,养老机构提供专业的医疗及养老服务。但是一般探望不便,容易造成老年人和子女的隔阂	各级政府、企业和社会力量兴办的养老院、老年福利院、老年公寓、老年养护院、敬老院、光荣院、农村幸福院、养老大院、农村特困人员供养服务机构等养老机构,为在机构集中养老的老年人提供养护和专业化护理服务
		内设诊所、卫生所(室)、医务室、护理站的养老机构提供的医养结合服务
		公办养老机构及公建民营养老机构为经济困难、失能(含失智)老年人、计划生育特殊家庭老年人提供无偿或低收费托养服务
		失智老年人照护机构提供的服务,不包括机构为居家老年人提供的上门服务

旨在寻找振兴社区的想法,以解决严重的老龄化问题,必须获取来自居民协会、非营利机构、公民团体、商业协会、高校、医学协会、城市房屋机构和综合社区支持中心等多渠道的支持。中国居民养老最看重的元素是完善的医疗服务、良好的居住环境、优秀的配套设施,因此政府除了通过运用财政手段提升国人的养老生活水平之外,还可以利用强大的社会动员能力和组织管理能力,推行新型养老社区建设,丰富社区的养老、医疗、日常照料等功能,让社区成为满足居民多方面、多层次需求的功能单元,使社区养老成为便利可能,从而实现居民的养老愿景。

2. 养老产业的三个层次

基于马斯洛需求层次理论,在国家统计局《养老产业统计分类2020》对我国养老产业链版图描述的基础上,考虑需求三高导向,兼顾线下与线上消费转化,从老年群体的实际市场消费转化潜力的角度,对未来市场机会较大的高光细分领域进行梳理和总结。

第一层次是以高龄、刚需、普惠为核心的养老服务业态。虽然我国老年群体需求逐渐多元化,为老服务和商品品类逐渐多样化,但对于养老产业而言,未富先老和未备先老仍然是产业发展的核心特征,老年人消费仍然会以被动养老为主基调,因此围绕老年群体刚性需求的养老服务仍然是养老产业市场化发展的主要业态领域。这些领域主要包括医疗服务和照护服务两大类型,细化业态包括老年医疗卫生服务范畴的预防保健、健康管理、疾病诊疗、康复护理、安宁疗护,以及养老照护服务范畴的居家养老照护、社区养老照护和机构养老照护,其中先行发展的是围绕高龄刚需以及普惠消费等关键词的疾病诊疗、康复护理、安宁疗护、机构—社区—居家养老照护等,预防保健、健康管理业态的发展,也会按照刚需和非刚需,呈现出更加细化的梯队化发展特征。

第二层次是以功能性、生活便利为核心的产品和服务业态。除了被动养老的刚性养老服务消费之外,围绕老年群体的其他消费领域中,沿着被动养老属性的功能性为老产品和服务将成为继第一层次先行发展业态的市场机会领域,主要围绕各年龄段老年群体生活的各个方面,基于老年群体生命功能和生活能力的老化与不便性,以功能性和生活便利为核心选择标准，显示出带有消费支出的被迫性。主要包括老年用品制造、销售和租赁，养老设施建设两大领域，其中前者包括食品/营养和保健品、日用品及辅助产品、健身产品/保健用品、老年药品、医疗器械和康复辅具、智能可穿戴装备、老年代步车等，后者包括养老设施建设改造及装修维修、住宅适老化及无障碍改造、公共设施适老化及无障碍改造等。除此之外，在医疗服务和照护服务之外的养生保健、家政服务、老年餐饮等服务业态也属于此层次范畴。

第三层次是以快乐、创新、保障为关键词的其他老年业态。第一和第二层次属于养老产业未来优先发展的细分领域业态，第三层次则属于满足老年群体保命需求之外的快乐需求，符合老年群体新型消费趋势方向，并能提高整体养老产业市场化发展效率。第三层次包括健康促进与社会参与、养老科技和智慧养老、教育培训和人力资源、养老金融服务四大主要领域，其中健康促进与社会参与领域包括体育健身、文化娱乐、老年旅游、健康养生、志愿服务等细分业态；养老科技和智慧养老融合应用健康医疗电子、物联网、云计算、大数据、移动互联网等信息技术，采集人体体征、居家环境等数据，实现信息互联互通和分析处理，提供智能化、个性化、多样化产品和服务，产品包括可穿戴健康管理类设备、便捷式健康监测设备、自助式健康监测设备、智能养老监护设备和家庭机器人等，服务涵盖综合监管、养老机构管理、社区居家养老管理、智慧助餐系统、"12349"呼叫调度、智慧评估、养老床位系统、高龄津贴发放、适老化改造等方面；教育培训和人力资源领域包括养老教育与技能培训、老年教育、养老人力资源服务等细分业态；养老金融服务包括老年商业保险、商业养老保险、养老理财服务、养老金信托、养老债券、其他养老金融服务等细分业态。另外，养老传媒、法律服务和法律援助、养老展览、老年婚姻、养老代理等领域，也将成为养老产业市场创新发展的细分领域。

表 5—5　　　　　　　　　　基于需求审视的养老产业链层次

第一层次	老年医疗卫生服务	预防保健
		健康管理
		疾病诊疗
		康复护理
		安宁疗护
	养老照护服务	居家养老照护
		社区养老照护
		机构养老照护

续表

第二层次	老年用品制造销售和租赁	食品/营养和保健品
		日用品及辅助产品
		健身产品/保健用品
		老年药品
		医疗器械和康复辅具
		智能可穿戴装备
		老年代步车
	养老设施建设	养老设施建设改造及装修维修
		住宅适老化及无障碍改造
		公共设施适老化及无障碍改造
第三层次	健康促进与社会参与	体育健身
		文化娱乐
		老年旅游
		健康养生
		志愿服务
	养老科技和智慧养老	智能养老监护设备
	教育培训和人力资源	养老教育与技能培训
		老年教育
		养老人力资源服务
	养老金融服务	老年商业保险
		商业养老保险
		养老理财服务
		养老金信托
		养老债券
		其他养老金融服务

除了以上三大层次所涉及的养老细分业态之外,诸如老年社会保障、养老公共服务等领域,虽无禁止社会资本进入的说明,但也基本属于养老产业市场化发展下政府主导的产业基础配套设施。

3. 养老产业属性功能上的十大细分

随着经济社会发展,特别是人口老龄化的迅猛发展,家庭和政府都无力负担沉重的养老压力,只能求助于市场,动员广泛的社会力量为老年人提供养老服务。养老产业按需求属性的不同,可以分为医疗保健业、生活用品业、家政服务业、老年公寓(房地产)业、保险业、金融业、娱乐文化产业、旅游业、咨询服务业、其他特殊产业十个细分产业。

(1) 老年医疗保健业

老年医疗保健业是指为老年人提供医疗保健药品和医疗器械,主要涉及药品、保健品、医疗器具、健身器材、康复器材、老年人常用的辅助医疗设备、疗养休养、住院陪床伺候等产品的生产与服务。

(2) 老年生活用品业

老年生活用品业是为老年人提供手杖、服装鞋帽、饮食、餐具、防滑器具、放大镜、助听器、拐杖、轮椅、成人尿布以及其他方便老年人的专用品(如座椅式便桶、升降式轮椅或床、呼叫器或警报器等)。

(3) 老年家政服务业

老年家政服务业是高年龄段老年人尤其需要发展的项目,以家庭护理、日常家庭照顾、家庭修缮以及各种用品修理等为主。主要涵盖家务服务,包括家务、购物、打扫卫生、整洁环境、洗衣等事务;活动服务,包括用餐、洗澡、上厕所、陪同上街、逛公园、换衣服等;友爱服务,包括电话交谈、上门交谈、聊天、代写书信、生活谈话、网上聊天等。

(4) 老年公寓(房地产)业

老年公寓(房地产)业主要为老年人提供建筑设施,如老年公寓、托老所、护理医院、敬老院等。住房对于老年人来说是养老和安身之处,拥有住房是一件十分重要的事情。但是,如果住房不能根据老年人的特点设计修建,就会给老年人的生活带来诸多不便。比如,老年人由于年老体弱,楼层不宜住得太高;由于视力衰退,要求房间采光好;由于行动不便,要求有防滑防跌设施等。

(5) 老年保险业

老年保险业是为老年人提供人身保险、健康保险、养老保险等。人们都希望健康、长寿、晚年生活幸福,希望在遇到疾病(特别是重大疾病)时能够得到医治,在年老体弱,没有经济收入时,生活能得到保障。随着市场经济体制的建立,社会保障制度和医疗制度的改革,以及与家庭变迁相联系的家庭保障功能的弱化,特别是老年人购买保险意识的增强,对保险的需求增大,保险业在老年人中将会有很大的市场。

(6) 老年金融业

老年金融业是指随着老年人社会保障制度继续推行和保障面的不断扩大,以后老年人的经济状况将会越来越好,会有一些理财观念很强的老年人购买金融产品,如储蓄、证券投资、期货投资、理财咨询等。

(7) 老年娱乐文化产业

很多老年人在退休赋闲后,有大量的空闲时间开展娱乐文化活动,丰富自己的精神文化生活。娱乐场所方面包括老年活动中心、老年茶园、老年棋牌室、阅览室、歌舞厅、游乐场等,文化教育方面包括老年大学、老年职业培训、各种学习班等老龄教育产业。

(8)老年旅游业

老年人对旅游也情有独钟。他们在度过了繁忙紧张的职业生活之后,希望晚年生活能够过得轻松、和谐、愉快而有意义,游览名山大川,尽享旅游之乐,成为许多老年人休闲活动的一种重要选择。在当今,外出旅游已开始成为许多老年人追求的一种时尚,特别是经济发达的国家更是如此。

(9)老年咨询服务业

老年人由于生理心理的原因,在生活中会遇到许多问题和困难,需要社会给予帮助解决。以老年人为对象的咨询服务将会受到老年人的欢迎,如解决老年人心理障碍的心理咨询,为老年人健康提供帮助的健康咨询,为老年人提供法律帮助的法律咨询,以及为老年人日常生活提供帮助的家政咨询等。

(10)其他特殊产业

其他特殊产业是指有些老年人有着自己特殊的喜好,这些需求不具有普遍性和通常意义上的不可或缺的特点,如古玩等老年消费品、老年特殊需要品、花卉种植、老年表演、老年交谊、老年气功、书报影视等。

每种养老产业都具有在经济中的独特价值,以老年旅游市场为例,2016年中国老龄产业协会老龄旅游产业促进委员会发布的《中国中老年人旅游行为消费报告》的大数据调查结果显示,中老年人旅游消费意愿高达81.2%,旅游消费认知水平不输年轻人,消费意愿强烈,对于大多数退休的老年群体,出去旅游成为刚需。因为退休后出游时间灵活,中老年人最有说走就走的资格,并具备高频出游基础。从目前国内老年旅居、旅游市场的相关数据看,市场空间和发展增速远远大于养老机构,且存在明显的消费、服务、产品升级机会,因此把养老机构做成平台而非床位,大力发展老年旅游市场,可以完全改变传统养老机构的商业模式。另外,像老年金融理财、房产代管、老年社交、老年就业、老年健康管理、老年健身康复、老年公益等领域也存在巨大的市场空间。

(二)养老服务中的老年护理产业

第七次全国人口普查数据显示,我国60岁及以上人口有2.6亿人,占总人口的18.70%。老年人口规模庞大,养老服务需求持续增长,对养老服务能力和质量提出更高要求。民政部公布的数据显示,截至2020年年底,全国共有养老机构3.8万个,养老机构床位483.1万张,但另一项数据显示,中国养老床位空置率却达到了50%。

究其原因,一是受中国传统养老观念影响,很多老年人喜欢和家人待在一起,或认为让老年人入住养老院就是子女不孝顺,同时习惯节俭消费的老年人,也很难接受养老院每月高额的支出;二是老年专业护理人才不足,持证的护理人员短缺,另外很多养老院微薄的利润难以负担聘请专业护理人员的支出;三是很多养老院打着"宜居"的旗号,为了节省成本,把建院地址选在郊区,但很多老年人因为生活上的不方便而不愿前去;四是价格设定不合理,养老院在定位上面临两难抉择,平价养老院收费低,但床位紧张,高端养老院收费太高,大多数人难以负担。

未来养老服务床位规模供给增长和有效供给不足的问题将会更加凸显,在下一步的发展中,要重点关注机构社区居家相协调、医康养相融合的整体养老服务体系建设,进一步推进已有养老服务设施的结构性改革,从机构养老向社区和居家养老推进,从医养结合向医康养结合推进,从品质养老向普惠性养老推进,从公办托底向市场化供给推进。相对于产业规模的扩张,更注重产业供给效率和效果的提升,拓展增量和优化存量。一个新兴的发展是旅居型养老社区,目前已经有很多养老企业在全国布局优质自然、旅游资源丰富的区域,如海南、四川、云南等,而大数据分析亦证明,基于旅游衍生出来的旅居型养老模式未来有巨大的发展潜力。

考虑到老年人多数伴有高血压、糖尿病、心脏病等慢性疾病,传统养老机构"风景好、院内设施好、吃得好"很难满足老年人多样化的需求,以医助养是必须的。在中国医疗和养老分属卫健委和民政两个部门管辖,医养结合更多停留在政策鼓励层面上,其中少量成功的范本大多是医院或者社区卫生服务中心附带开设的养老院,通过内部循环实现"以养促医,以医助养"的效果。

因此,在居家和社区养老过程中,医疗机构如何介入,如何让老年人享有高质量的晚年,也是一个必须正视的课题。有的保险机构探索发展"居家安养"业务模式,优选城区内老龄化程度较高的社区,设立嵌入式护理站,通过"站内护理+上门服务+医养服务"相结合的多样化形式,为需要辅助生活的中高龄长者提供医疗、护理、康复、康乐等专业化居家养老服务。

大多数依赖护理的老年人仍然依赖非正式的家庭护理,这深深铭刻在中国家庭团结和孝道的文化理想中。成年子女被赋予亲属守护者的角色,照顾父母并提供情感和经济支持,承担道德责任,还有部分法律责任。护理工作仍然被认为是更广泛的家务劳动概念的一部分,传统上首先由家庭主妇承担,其次是将灵活的兼职工作与护理和家务相结合的女性。但公众对家庭护理工作的认可很少,可能是因为中国女性家庭成员为年长亲属提供非正式和无偿护理的悠久传统,这与植根于儒家思想的孝道文化价值有关。由于孝道文化价值的强烈影响,家庭,特别是农村地区的家庭,在为家庭护理提供财务支持方面存在矛盾心理。虽然老一辈人接受这笔钱作为一种家庭支持,但年轻一代排斥这种行为,因为接受它可能会破坏孝道的价值,他们认为通过孝道来照顾年长的家庭成员应该以爱和尊重父母为前提而不是以金钱奖励为动力。老年人则将统一费率护理津贴中的钱作为家庭未来的财务资源,而不是用它来购买护理服务或支付家庭成员提供护理的费用。

然而,家庭成员提供护理的能力正在下降,这些照顾者(通常是女性)更难协调多重护理责任与工作义务。一个原因是年轻人越来越多地离开农村地区,到城市地区赚取更高的收入;另一个原因是与工作有关的责任,抚养和教育所需的成本上升和时间增加给年轻人尤其是女性带来了更大的压力。防止家庭护理潜力进一步下降,是通过向家庭照顾者提供经济激励或社会保障权利来认可非正式护理工作,帮助老年人尽可能长时间地留在熟悉的环境中,或者就是提供家庭外护理服务。而家庭规模的缩小给独生子女一代的夫妇带来了进一步的压力,他们可能需要在未来几十年内照顾所有四位年长的父母,而二孩和三孩的放开也意味着承担更大的照顾责任。人们照顾老年亲属的资源部分被照顾其他家庭成员和劳动力市场的需求所消耗,进一步增加了老年人未满足的护理需求的风险。应对这些挑战和防止老年人未满足的护理需求增加的有效方法可能包括扩大家庭外护理服务和公众对非正式家庭护理的支持。

将家庭外护理和家庭护理纳入公共资助的长期护理政策将有助于满足老年人日益增长的护理相关需求。福利国家只有在家庭无法提供或支付严重残疾人的护理费用时,才会通过资助家庭外护理(主要是寄宿护理)进行干预。一个很好的例子是德国长期护理保险(LTCI),为家庭护理和家庭外护理服务提供基于普遍需求的公共资金,以应对老年人日益增长的护理需求以及家庭提供此类护理的压力越来越大。家庭照顾责任与劳动力市场参与之间的这种困境影响了许多国家的工作年龄家庭成员(主要是女性)。德国长期护理保险系统通过实施间接现金支付、保证护理时间和家庭护理人员的社会权利,以及接受家庭外护理服务的选择来缓解这个问题。家庭外护理服务将有助于减轻家庭照顾者的负担,提高护理质量,并减少老年人未满足的护理需求。德国的家庭外护理政策总体上更加慷慨,为有不同程度护理需求的人提供全面覆盖。德国长期护理保险政策设计整合了对家庭外和家庭护理的支持,在很大程度上可以成为中国长期护理保险政策制定的有用参考。

2017年中国推出长期护理保险的试点,对于城市居家养老和社区养老是一个非常大的推动。国家医保局、民政部联合印发《长期护理失能等级评估标准(试行)》,指导各地规范开展长期护理保险失能等级评估。截至2021年年末,49个试点城市长期护理保险参保人数14 460.7万人,享受待遇人数108.7万人,长期护理保险基金收入260.6亿元,支出168.4亿元,长期护理保险定点服务机构6 819个,护理服务人员30.2万人。相比中国庞大的老年群体,长期护理保险在资金和人员上都捉襟见肘。

我国31个省的约25个城市实施了各种试点项目,测试不同的长期护理政策设计。在所有试点项目中,相同的资格标准适用于不同的目标群体,都是基于仅在2021年才在国家层面引入的护理需求评估标准化工具,该标准对老年人的护理需求进行分类,并根据评分系统确定其资格,系统测试日常生活活动受限的老年人的认知能力(如记忆力、定向力)和感官能力(如听力、语言、理解力)。目前我国的长期护理保险系统对其目标群体和资格标准过于严格,无法满足社会的护理需求。试点人群仅限于有严重身体护理需求的人,很少强调智力和心理能力的障碍。另外,大量人群无法享受长期护理,特别是没有正式就业合同的城镇居民以及农村居民,而实际上农村护理相关需求未得到满足的风险比护理基础设施发达的城市地区高15%。中国特别是经济能力匮乏的农村地区的人也并不希望支付健康保险之外的保险,他们认为这是不必要的额外付款。中国现行长期护理政策面临的主要挑战是公共资助的护理的可及性有限，这排除了许多依赖护理的老年人。为了解决这些未满足的护理需求，政府开始扩大护理基础设施，直接提供住宿护理和公共家庭护理服务，并授权扩大社区护理服务，包括家政和送餐服务。中国的长期护理政策可以通过增加家庭外护理的供给和提高公共共同资助，特别是提升农村地区的家庭护理服务，更好地帮助满足老年人的相关护理需求。

中国老年人的消费能力短期内达不到欧美、日本的消费水平，从长期护理保险的推进力度和补贴力度来看，短期内也不会达到发达国家的补贴水平，因此普惠是目前最理性的市场定位选择，不过普惠并不等于中低端。中国还有很多特殊家庭，如失独家庭、长期空巢家庭、鳏寡孤独家庭等，这些老年人对自己未来的养老、医疗、临终、财产处置都有着很大的担忧。经济型养老项目作为未来的重要发展方向，有更广阔的市场需求，要聚焦中低收入老年人的需求，提供"高性价比"普惠性养老服务。养老机构在提供普惠性养老服务的同时，承接"政府购买服务"，完成低收入或困难老年人照护的"最后一公里"。

积极发展长期护理保险，需要不断完善需求评估、服务供给、服务监管等制度流程，做好与养老服务补贴的政策衔接，在试点基础上，适时拓展保险覆盖范围。并鼓励保险机构开发商业长护险产品，覆盖康复辅具等内容，支持推进商业保险公司参与长护险经办服务，满足不同人群的参保需要。

借助现代信息技术手段，养老护理类企业可以提供"互联网＋医养"整合照护服务，解决居家医疗健康需求；智慧养老类企业可以布局"互联网＋医疗健康"领域，助力"医药健险"生态数字化转型；养老产品类企业系统可以推动自身医疗、养老、内购电商、培训、膳食五大产业体系发展，打造多种经营业态，构建以服务为核心的健康养老产业平台。

（三）健康老龄化与数字老龄化产业

1. 健康老龄化产业

根据人口演化，在2035年以前中国新增的老年人口以75岁以下的低龄活力老年人为主（见图5－6），这为中国应对老龄化提供了宝贵的时间窗口。与75岁及以上高龄老年人失能概率高、护理需求大的特点不同，60～74岁低龄活力老年人的特点是：虽然有各种慢性病，但身体活动能力尚未显著下降，生活自理能力较强，对护理服务的需求很低；城市老年人收入大多处于社会中等水平，生活负担较轻；可自由支配的时间较多，但缺少参与有价值有意义的活动机会，精神世界容易空虚，易与社会脱节，是各种诈骗活动的主要目标。

中国式养老中的保健品，主要针对空巢老年人和被慢性病困扰的自理老年人。根据国家卫健委老龄健康司的数据，2019年中国有1.14亿空巢老年人，1.8亿患有慢性病老年人，其中患有一种以上慢性病的比例高达75％。慢病中心全国的死因监测系统显示，65岁以上老年人位居前三位死亡的原因分别是心血管疾病、脑血管疾病和恶性肿瘤，这三种疾病占到老年人群死亡的70％以上，此外，60岁以上的老年人群高血压患病率高达58.3％，糖尿病患病率高达19.4％，失能失智比率超过20％，迫切需要疾病诊治、日常生活照护等服务，然而目前我国护理人员缺口已高达千万,随着老龄化、少子化程度的加剧,缺口会越来越大,人力成本也会越来越高。

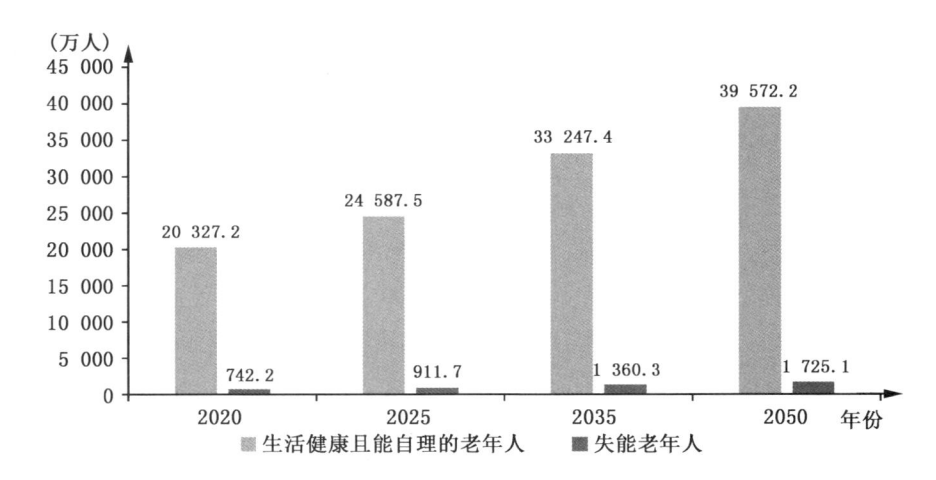

资料来源:国务院人口普查办公室、国家统计局人口统计司。

图 5—6 我国未来分年龄段老年群体规模占比与健康状况变化预测

目前,我国因慢性病而死亡占到了整个疾病死亡率的 85%,因慢性病而引起的疾病负担占到中国整个疾病负担的 70%,但是这些慢性病是可防、可控的。而所有防控的方式、战略都包括在健康产业领域,这将成为健康产业发展的无限推动力。作为一种新兴服务业,我国健康产业规模占 GDP 比重已经超出 6.5%,而美国在 2009 年就已达到 17.6%,所以我国健康产业发展潜力还有非常大的增长空间。

进一步比较宏观医疗费用的支出,根据《2021 年经合组织卫生健康统计》(OECD Health Statistics 2021)报告的数据,美国医疗卫生支出占 GDP 比重为 16.9%,日本为 10.9%,OECD 38 国的平均医疗支出占 GDP 的比重为 8.8% 左右,而中国只有 5%。再比较人均医疗费用支出,美国是 1.1 万美元,OECD 38 国是 4 100 美元,而中国人均医疗费用支出仅为 800 美元。

随着老年人口年龄增长,其对疾病诊疗的消费支出会被动提高,但对于大多数中低龄老年群体而言,养生保健、娱乐社交两大方面,是排除日常生活、疾病管理两大刚性消费之外的主动消费领域,其在老年群体消费支出中占比的不断提升,说明了除了医疗、康复、护理等刚性老年产品服务之外,以疾病预防、慢病调理、养生保健、精神娱乐等为目的的消费支出,逐渐成为老年群体消费的新内容,老年消费边界正在被逐渐打破。

辅助睡眠、减肥、控三高等功能性健康食品最受日本老年人欢迎,而中国老年人慢性病问题主要集中在骨质关节、睡眠、三高、肠胃等。我国属于未富先老,人均 GDP 不到日本的 1/3,而日本政府的养老负担也非常重,曾多次提升相关保险的个人缴费比例、自费比例,很多退休老年人仍然在工作。

老年群体的认知也在不断提升，每个人都是自己健康的第一责任人，疫情三年带给所有人最朴实的认知在于身体健康是一切财富的来源。在此背景下，如何将健康中国战略落到实处成为全社会的焦点。健康不仅能直接创造生产力，更和经济发展相辅相成、紧密互动，未来健康发展的观念会日益深入人心，并逐渐融入各级政府的执政理念，大健康产业也将引领新一轮经济发展浪潮。

我国健康养老产业经历了2013年的大干快上，2018年的理性回归，2020年的生死考验的洗礼，正逐渐走向成熟。相关企业更加清楚产业长周期的特点，从而更认真地审视自身的资源、优势、短板，完善自身在资本、资源或者运营方面的不足。老年消费品的正确方式应该是围绕老年健康展开，做存量品类的流量或成本上的优化，如针对看不清（夕阳红、太阳岛品牌老花镜）、听不见（海之声助听器）、嚼不烂（美呀口腔种植牙）、睡不好（脑白金保健品）、走不动（足力健、斯凯奇健步鞋），从需求端考虑推动供给侧改革。

联合国健康老龄化十年（2021—2030年）是一项及时的全球倡议，让人们认识到需要与多个利益攸关方合作促进健康老龄化。农村和城市的社会和经济环境是健康老龄化的重要决定因素，倡导设立关爱老年人的场所，使具有广泛能力的老年人在他们想要的地方安全养老和得到保护，继续个人和专业发展，为他们的社区做出贡献，同时保持他们的自主权、尊严、健康和福祉。使老龄化重新定位为一种文化现象，而不是一种物理现象。

在顶层设计上，2018年9月中共中央、国务院印发《关于完善促进消费体制机制进一步激发居民消费潜力的若干意见》，关于健康养老消费需求的满足与保障做出了更新、更全面、更系统的论述。2021年3月《中华人民共和国国民经济和社会发展第十四个五年规划和2035年远景目标纲要》（下称《纲要》）正式发布，提出"实施积极应对人口老龄化国家战略"，构建居家社区机构相协调、医养康养相结合的养老服务体系，并从养老事业和养老产业两方面协同发展角度，明确指出"十四五"期间我国养老服务体系构建的重点内容，一是普惠型养老服务，二是家庭承担型养老服务，三是存量资源发展社区嵌入式养老，四是公建民营养老服务，五是护理型民办养老服务。在养老服务体系之外，《纲要》提出要发展公共设施适老化改造、养老护理型人才培养、适老化技术和产品、智慧养老、老年人力资源等领域。

以健康养老产业相关内容为中心，全面理解"十四五"规划纲要，构建全方位全周期健康服务就成为推进健康中国建设的重要目标（见图5－7）。围绕医养康养相结合的养老服务体系建设，以预防为指引的老年人医疗保障、医保保障、康复医疗、护理服务、中医药养生、慢性病管理等内容，将会成为与养老服务深度融合发展的交融业态，并将催生出产业融合发展新赛道。

党的二十大报告指出，要推进健康中国建设。人民健康是民族昌盛和国家强盛的重要标志。把保障人民健康放在优先发展的战略位置，完善人民健康促进政策。优化人口发展战略，建立生育支持政策体系，降低生育、养育、教育成本。实施积极应对人口老龄化国家战略，发展养老事业和养老产业，优化孤寡老人服务，推动实现全体老年人享有基本养老服

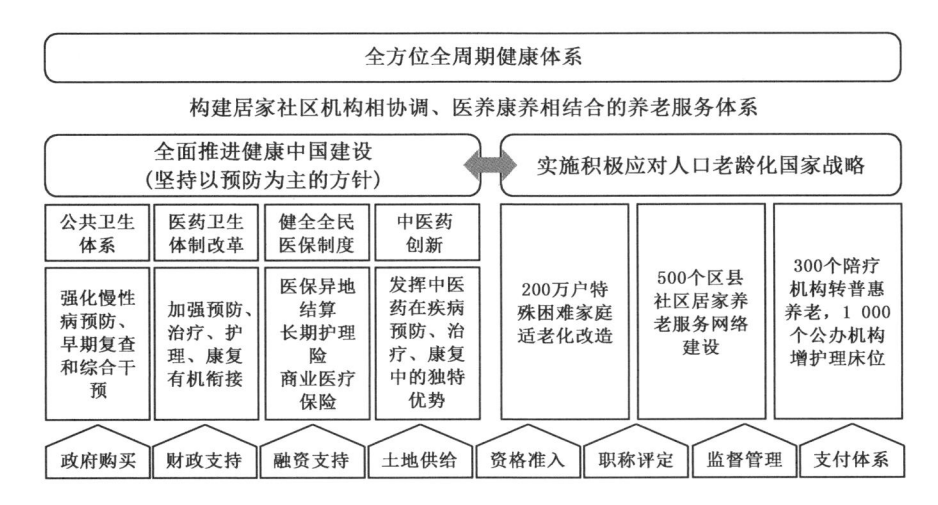

资料来源：中华人民共和国中央人民政府. 中华人民共和国国民经济和社会发展第十四个五年规划和 2035 年远景目标纲要[EB/OL]. 2021-03-13。

图 5—7　"十四五"规划纲要中有关健康养老产业相关发展领域框架

务。深化医药卫生体制改革，促进医保、医疗、医药协同发展和治理。促进优质医疗资源扩容和区域均衡布局，坚持预防为主，加强重大慢性病健康管理，提高基层防病治病和健康管理能力。深化以公益性为导向的公立医院改革，规范民营医院发展。发展壮大医疗卫生队伍，把工作重点放在农村和社区。重视心理健康和精神卫生。促进中医药传承创新发展。创新医防协同、医防融合机制，健全公共卫生体系，提高重大疫情早发现能力，加强重大疫情防控救治体系和应急能力建设，有效遏制重大传染性疾病传播。深入开展健康中国行动和爱国卫生运动，倡导文明健康生活方式。

2. 数字老龄化产业

老年人融入数字生活是大势所趋，信息技术向纵深发展也会使传统的养老生活与数字化、智能化产品深度融合。在社会老龄化和数字化并行的时代，信息技术为个体赋能的同时，也给老年群体带来鲜明的数字鸿沟，其在娱乐资讯、生活服务、餐饮购物、社交通信、交通出行和健康医疗等生活场景遇到诸多不便。许多老年人由于其视觉功能、反应能力、运动协调力下降，甚至没有识字能力，约三成中老年群体面临不会使用 App 的问题，近两成表示看不清字体（见图 5—8）。大量老年人缺失使用新媒体的技能，缺乏学习新媒体技术的动力，其智能手机使用率偏低。

国家发展改革委、国家卫生健康委牵头建立部际联席会议机制，推动相关部门出台老年人出行、就医、缴费等方面文件 20 余个，在全国范围遴选推介运用智能技术服务老年人示范案例，带动各地积极主动解决老年人面临的"数字鸿沟"问题。工业和信息化部组织三家基础电信企业推出多项爱心助老举措，其中"一键接入"累计服务老年客户超 8 000 万人次，

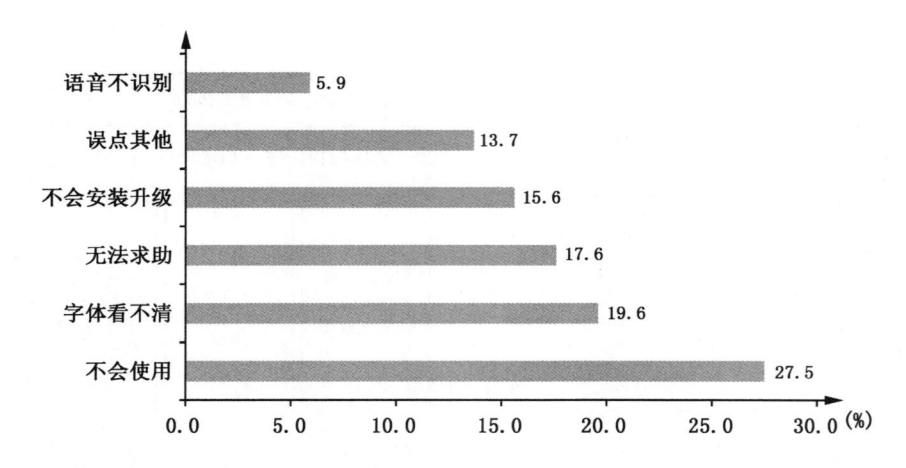

困境	百分比(%)
语音不识别	5.9
误点其他	13.7
不会安装升级	15.6
无法求助	17.6
字体看不清	19.6
不会使用	27.5

数据来源：数据调查与计算系统，http://survey.limedia.cn。

图 5—8　老年群体使用 App 时面临的主要困境

"爱心通道""面对面""专属大字账单"等定制化服务累计服务超百万老年客户；重点开展互联网应用适老化及无障碍改造专项行动，2021 年组织首批 158 家老年人常用的网站和 App 推出大字体、大图标、语音引导、内容朗读等特色适老功能。公安部在交通安全综合服务平台开通委托亲属网上代办功能和"12123"语音服务热线。人力资源和社会保障政务服务平台官方 App"掌上 12333"设立老年服务专区，电子社保卡推出"长辈版""亲情服务"功能。国家卫生健康委（全国老龄办）组织开展 2021 年"智慧助老"行动，指导各地创新开展"智慧助老"优秀志愿服务项目评选、老年人运用智能技术公益培训等活动。教育部引导各地和开放大学办学体系通过多种方式广泛开展老年人运用智能技术教育培训。国务院办公厅电子政务办公室、国家卫生健康委、中国老龄协会依托全国一体化政务服务平台开展老年人电子证照应用试点工作。

推动数字老龄化产业发展上，国家卫生健康委明确，要强化科技赋能，促进人工智能、物联网、云计算、大数据等新一代信息技术和智能软硬件产品在养老服务领域深度应用，支持智能交互、智能操作、多机协作等关键技术研发，提升康复训练及康复促进辅具、健康监测产品、养老监护装置、家庭服务机器人、可穿戴老年服装服饰等适老产品的智能水平、实用性和安全性，鼓励各类企业开发集信息系统、专业服务、智慧养老产品于一体的综合服务平台，通过技术赋能，推动线上线下资源整合、信息共享和服务提升，定期发布智慧养老服务应用场景需求清单，引导各类机构和企业优先采购《智慧健康养老产品及服务推广目录》中的产品和服务项目，制订完善智慧养老相关产品和服务标准，培育一批智慧养老应用示范基地、示范社区和示范品牌。

二、老年消费在居民消费中的贡献度提升

(一)新生代老年人的消费心理与消费特征

叔本华认为,人生有两大痛苦——物资匮乏与精神空虚。而如今老年人群的精神理念、生活方式、消费行为正在全面升级,消费潜力快速释放,消费热点不断涌现,创新模式层出不穷,给中国消费品市场乃至整个社会经济都带来巨大机会。老年人生活场景的重心正在从家庭向社交转变,聚会、健身运动、老年大学、公园广场活动、逛街购物等外出、社交场景正在成为生活主要内容,这种转变不仅会带来许多文化娱乐需求,也会带来巨大的与美/时尚相关的消费品需求。

消费转化力考量的是老年群体将自身需要通过实际消费转化为市场需求的能力,主要通过消费能力与消费意愿综合衡量。

从消费能力来看,我国老年人群的平均收入在 2 000 元/月左右,2030 年有望接近 5 000 元/月,全国大多数老年群体的消费能力仍处于中低水平。从 2019 年城镇老年群体的消费能力来看,我国城镇家庭月收入在 4 000~10 000 元的中等收入老年人群体占比、最大增速最快;家庭月收入超过 10 000 元的高收入老年群体逐年递增,但增速较缓;70%以上的老年人拥有住房,且 60 岁老年群体多套住房拥有率较高。

从消费意愿来看,我国老年群体的消费正逐步由生存型向文化休闲型转变,即使是高龄老年人,除了日常生活消费意愿较高外,社交娱乐的消费意愿占比正逐渐逼近养老照护和医疗服务等刚性消费。但根据《中国养老金融调查报告》,我国老年群体对养老机构的支付意愿普遍偏低,70%的老年群体对养老机构的支付意愿在 3 000 元/月以下,6 000 元/月及以上仅占 5.7%。

另外,从老年人最需要的服务来看,收入越低的老年群体,其对医疗服务、家政服务、保健养生、家庭适老化改造等的消费意愿越高;收入越高的老年群体,其对健身、保健养生、旅游、老年餐桌、老年大学、金融理财等的消费意愿越高。高收入老年群体在健康管理类、家政服务类、旅游等方面的花费,毫不逊色于其他年轻年龄群体。

总之,消费能力与消费意愿逆向并存,普惠转化仍为主体。通过消费能力和消费意愿两大维度衡量,我国老年群体的未来消费转化力分布可以用四象限划分:一是消费意愿和消费能力双高的业态,主要集中在疾病诊疗、养生保健、旅游、服装配饰、老年餐、家政服务等领域,多数集中在刚需养老、主动性消费的高收入品质养老消费场景;二是消费意愿高消费能力低的业态,主要集中在养老照护、适老化改造、老年大学等领域,多是刚需养老,或者是有意愿但不愿意付费;三是消费意愿低消费能力高的业态,主要集中在老年美容、老年健身等领域,群体数量相对较少;四是消费意愿和消费能力双低的业态,主要集中在金融理财等领域,意味着除了少数高净值老年群体,我国现有老年人的保险理财观念需要长时间培育和扭转。

随着消费升级,老年人触网率日益提高,根据 2019 年《老年线上消费趋势报告》数据,老

年人群每天花在互联网上的时间达到 4 小时,互联网持续向老年人群的渗透,势必会催生老年群体消费内容的新升级与消费方向的新变化。在触网需求方面,老年用户呈现出较强的情感和沟通需求,分别有 76.5% 和 72% 的中老年用户浏览了与慰藉心灵、调节情绪有关的心灵鸡汤和幽默段子,最关心的资讯是国内时事、军情以及养生保健等内容。很多老年人害怕被电信诈骗,对新事物、新品牌缺乏信任感,通过各种手段填平他们的信任鸿沟,是企业获得中老年客群的关键。企业在满足老年人的基础刚需之外,需要关注他们的进阶需求,而疫情防控期间,活力老年群体加速触网,对互联网的熟悉和使用程度不断加深,线上需求也在快速释放,成为一个很好的发展契机。

未来理财意识、互联网思维、高性价消费形态将进一步撬动养老市场,新一代老年人特有的消费能力、消费观、消费形式,都将为养老产品服务发展带来转变。疫情之后老年人消费需求升级态势明显,需求结构已从生存型向发展型转变,其服务需求从简单生活照料需求向多层次、多样性、个性化需求转变,社会角色从过去被动接受照顾型向主动寻求社会参与型转变。从前"重积蓄,轻消费""重子女,轻自己"的观念正在慢慢向注重自我生活品质的提升转变,"银发经济"已悄然升温。

养老市场的消费行为主要由老年群体及其子女完成,因此老年人在消费行为上日趋年轻化,对生活的品质性、享受性要求不断提高,线上服务、家居日用、厨具、家具等家庭消费支出明显增长,其中老年人消费最高的服务类商品为清洗/保养服务、安装/调试服务、检测/维修服务和健康服务,另外线上旅行、宠物消费也成为增长较快的线上消费内容。健康类产品购买方面,京东健康 2020 年年底的数据显示,60 岁以上人群购买健康产品主要有互联网医院、消费医疗、医疗器械、医药、营养保健、滋补产品六类,其中医疗器械和医药消费占绝大比例,其次为营养保健和互联网医院。线上平台搜索量方面,最高的中老年商品有保暖、护膝、运动等功能型服装,属于中老年群体的硬需求;最高的营养品有奶粉、蛋白粉、钙片;最高的生活用品有老年机、助听器、收音机、代步车、纸尿裤。近三年老年适用的商品数量以年均 39% 的增速增长,与线上全部商品品类分布数量对比,老年用品的品类分布严重不均衡,服装鞋帽类商品较为丰富,其他如医药保健、家具日用、食品饮料、个人护理等商品较少。在商品品类方面,老年商品在酒类、数码、珠宝首饰、食品饮料等的商品数量增幅高于行业整体,但在服饰、运动、家具、家电等领域,老年适用商品的增速较弱,老年商品品类呈现出随需求不断创新的趋势,未来老年家居、改善睡眠类保健品、运动及健康类商品还有增长空间。中老年线上消费的件单价低于整体水平,消费主要呈现出"需要的""有用的""价格实惠的"等功能型消费导向,普惠型比高端品质型消费的市场更大。另外,老年地域消费不均衡,线上消费老年群体的区域分布主要集中在北京、广东、上海、江苏等经济较为发达的省市。

(二)老年人成为银发经济的主要消费对象

老年消费构成消费环节的重要组成部分。基于 1 000 余位各省市老年群体的市场调研信息发布的《2017 中国老年消费习惯白皮书》数据显示,我国老年群体的消费支出主要集中在娱乐社交、疾病管理、养生健康及日常生活四个方面；其中日常生活消费占比为69%，健康养生为12%，娱乐社交为11%，疾病管理为7%。从消费的细项来看，食品餐饮、日用品、旅游、服装配饰为排名前四的支出，食品餐饮一直都是老年人的流量入口（典型案例是菜市场＋商超），接下来才是疾病诊疗、养生理疗、营养品。另外，从未来可能增加的支出来看，疾病诊疗、营养品、旅游、食品餐饮、日用品、养生理疗为增加占比最大的细项。从不同年龄阶段老年人的消费支出分布来看，日常生活支出是普遍较高的消费，70岁以下低龄老年群体的娱乐社交消费支出普遍较高，然后是养生健康；70岁及以上中高龄老年群体的养生健康和疾病管理消费支出较高，然后是娱乐社交。《第四次中国城乡老年人生活状况抽样调查》报告数据也显示，近几年来，老年人日常生活支出整体呈现下降趋势，而文化活动支出和非经常性支出呈现上升趋势。

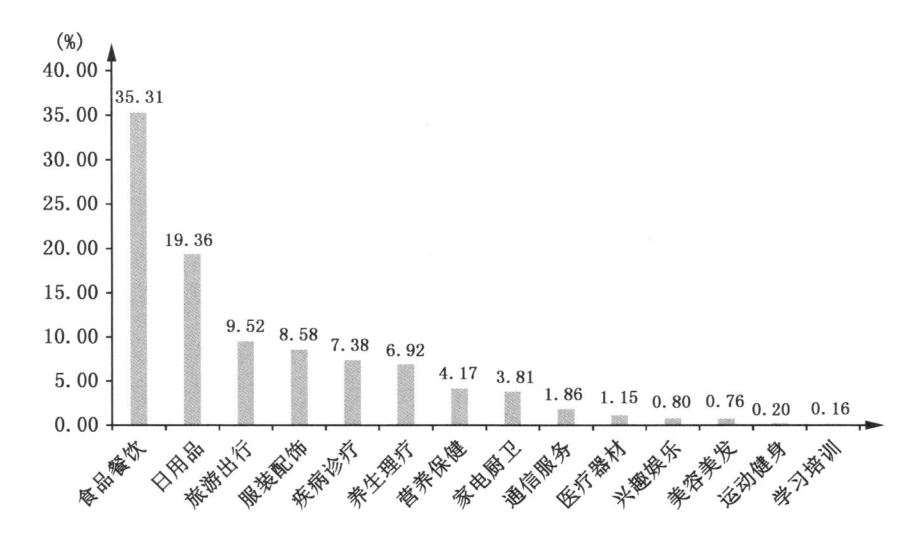

资料来源：全国老龄办、民政部、财政部.第四次中国城乡老年人生活状况抽样调查[R].2015：70。

图5—9　老年消费者主要日常支出的分布情况

整体而言，老年人的消费需求种类较少，消费支出比较集中，基本生活和医疗保健是老年人的主要消费需求，另外文化娱乐、旅游和体育健身花销构成了老年人的重要消费需求。

1. 老年人基本生活消费

吃穿住用行是人们的基本生活消费，我国城市老年人对这类基本生活消费的支出占全部支出的六成左右，农村老年人为七成左右。老年人对吃饭、穿衣和日用品的消费需求明显低于其他年龄群体，一方面原因在于老年人本身的身体状况和消费习惯使他们对于物质生活的要求相对较低；另一方面原因在于当前市场中专门针对老年人群体的消费产品非常有限。而由于老年人平时的活动范围较小，他们一般在出行上的消费也相对较低。现时代房产构成了家庭的主要资产，老年人对住房的要求是比较高的，房屋既要方便他们的日常起居生活，又要具有一定的群体性来方便其与他人交流。目前我国城市中有一半的老年人是独立居住的,而农村中有六成的老年人是独立居住的。农村老年人与子女或其他家庭成员一起居住的比例较城市高出一成左右,这与农村老年人对子女的依赖程度较高是有关系的。对于那些生活水平中等或偏低的老年人而言,能够有安稳和方便的居所是他们对住房的最大要求。而一些收入较高的老年人会不满足现有的住房消费,他们会在气候适宜、环境优美的地区为自己购置一处或多处养老度假住宅。

另外,值得关注的是,近年来照护服务需求日益扩大,我国空巢老年人、高龄老年人、失能老年人规模迅速攀升导致的照护服务需求空前巨大,照护服务成为城乡老年人消费的重要项目。

2. 老年人医疗保健消费

伴随身体老化,老年人在医疗保健方面的支出上升明显,消费需求较大程度上集中在老年医药用品和老年保健品。老年人慢性病居多,治疗需要长期大量投入,因而老年人会将生活费用中的较大比例留给寻医问药。通常情况下,医疗保健的消费已经成为老年人除了日常生活以外的第二大消费领域,他们医疗费用的支出是青壮年的3倍。随着中国人口老龄化趋势不断加强,未来老年医药用品还会持续增长。

近年来,我国市场上出现了许多专为老年人开发的保健产品。这些产品既有中西药物,也有医疗器械,但是其疗效却不尽相同。有些产品具有较好的保健功效,但大部分存在虚假宣传和夸大功效的现象,有些产品则纯粹为假冒伪劣产品。据估算,我国老年人每年大约消费1 000亿元的保健品,一些老年人甚至因为保健品消费倾尽自己的全部积蓄,导致生活拮据而引发家庭矛盾。因而老年人的医疗保健消费不仅需要更有效的监管,同时也需要社会和家庭的正确引导。

3. 老年人文化娱乐消费

绝大多数老年人通过电视、广播、报刊和网络来满足自己的文化娱乐消费需求。在已有老年人群体中,接受过高等教育的比例较小,因此,电视、广播这类普及率高的大众传媒成为许多老年人的重要生活陪伴。随着老年人群体的日益扩大,专门针对老年人的电视和广播节目也越来越多。除了电视和广播以外,老年人读书看报的比例也在提高,许多老年人出于了解社会新闻、保健知识和抗病方法等目的常年订阅报纸杂志。互联网的不断普及使得网络消费逐步成为人们生活中不可或缺的部分,这对于老年人也不例外。近年来,老年人成为学习和使用网络的新群体,一部分掌握电脑使用技术的老年人已经开始网上交易和网上购物,老年人对电脑及互联网的热情无疑增加了他们在这一领域的相关消费,网络购物的实现极大地方便了独居或空巢老年人的消费需求。

另外,老年大学已经成为老年人丰富晚年精神文化生活的重要方面。老年大学提供了书画、声乐、舞蹈、摄影、投资、钢琴、英语、电脑和保健等具有艺术性、实用性和娱乐性的课程,为老年人修身养性、扩充知识和休闲娱乐提供了良好的条件,因而受到了越来越多老年人的欢迎。对于那些缺少儿女陪伴的空巢老年人而言,老年大学为他们提供了一个温馨的家园,他们不仅可以在老年大学学习到各种知识,结交志同道合的朋友,而且可以在老年大学提供的平台上展示自己的技能。除了文化娱乐消费以外,老年人收藏热也在社会上形成了一股不小的潮流,一部分是希望通过收藏获得投资回报,一部分将收藏看作学习知识、结交朋友和活跃头脑的好办法。

4. 老年人旅游消费

老年人对精神文化生活的消费需求不断增强,作为精神文化生活方式之一,老年旅游消费逐渐受到老年人青睐。候鸟式养老、旅居养老等模式的兴起,极大地拓展了老年人生活方式的多样性。

老年人在旅游消费过程中呈现出许多与其他消费群体不同的特征。老年人出游时喜欢报旅行团结伴出行,原因在于老年人之间有更多共同语言,能够形成良好的交流氛围,心理上会得到更多的快乐和慰藉,选择更适合他们身体和消费水平的行程,老年人可以通过节奏缓慢、时间较长和强度较低的旅游行程达到愉悦身心的目的。为满足老年人的旅游需求,一些旅行社在旅行团中配有专职医生,更加方便了老年人的出行需要。

5. 老年人体育健身消费

大多数老年人有常年坚持参加活动的习惯,体育健身是老年人抵抗疾病、强身健体的重要手段。随着老年人生活水平的提高和消费意识的增强,除了传统的太极拳、舞蹈等,越来越多的老年人参与游泳、羽毛球、乒乓球等室内体育活动,使得老年人在体育健身活动中的消费有所提高。另外一部分老年人开始为自己配备更专业的运动器械和装备,老年人的体育健身档次有所提升。

(三)老年消费在扩大内需上的重要功能

在"扩内需,保民生"的情境下,我国老年消费需求上升对经济发展方式转变具有重要的驱动价值。

1. 引导消费新模式孕育成长,为经济发展方式转变提供动力源

在传统的消费需求中,养老消费需求并非主流,但现在已经成为我国经济发展中不容忽视的重要力量,成为一种潜在的新的推动力。随着中国人口老龄化的不断加深,因养老服务而激发的消费新模式或新业态逐步成长,并发展成为经济发展方式转变的新动力源。作为经济增长的动力源之一,消费驱动经济发展的现实意义得到不断强化,不过传统的消费模式难以顺应时代的发展要求,新养老消费模式的诞生一定程度上弥补了传统消费模式的不足,成为经济发展新常态下驱动经济发展方式转变的重要力量。

《中国老龄产业发展报告》显示,我国老年人的消费潜力到 2050 年将达到 106 万亿元,占 GDP 比重约为 33%,人口老龄化带来的养老消费需求剧增将推动中国成为全球老龄产业市场潜力最大的国家。为了合理引导养老消费新模式孕育成长,中央政府及各级地方政府做出了相关的政策制度优化,目的是提升相关主体对接供需、整合资源、协同创新功能,顺应各阶段老年人快速增长的养老消费需求。除此之外,国家还致力于构建集政府部门、

企业主体、行业组织以及消费者为一体的多元主体共同治理的消费生态体系,积极培育养老体验消费、定制消费、智能消费以及网络消费等新模式。养老不仅是家庭责任,也是国家和社会的责任。好的养老政策、完备有效的养老体系可以促进文明进步和家庭和谐,营造出积极健康的社会生产生活环境。

2. 促进物质消费不断提档升级,为经济发展方式转变夯实基础

物质消费涵盖人们日常生活中所消耗的各类费用,以满足日常衣、食、住、行等有关生活物品和劳动资料的消费需求。物质消费与人们自身的基本生活需求相联系,寻求物质性的满足感。事实表明,人们在不同经济发展阶段以及不同年龄阶段对物质消费的需求不一致,并且表现出不同的鲜明特点,呈现出不同时期的转变和提升。在改革开放初期,人口老龄化问题尚未出现,人们对物质消费的需求主要停留在满足基本生活所需。进入21世纪后,经济社会发展水平上升至新台阶,但人口老龄化问题也随即产生。经济富足的老年人群体对物质消费不再停留在基本生活所需,而是开始追求物质消费的多样性,尤其对养老消费需求提出了新要求。

事实上,养老消费需求的日益强化有效地激发了物质消费结构的提档升级,成为经济发展新常态下的一个新增长极,为经济发展方式转变夯实了基础。京东大数据显示,京东老年用户数量持续增长,老年人对物质消费品的需求也不断增加且整体消费增长强劲。

3. 推进服务消费持续提质扩容,为经济发展方式转变增加活力

除了物质消费,服务消费的提质扩容也是人口老龄化背景下养老消费需求变化带来的结果。有别于传统服务消费需求,养老消费需求呈现出不断强化、不断升级的趋势特征。根据《中国老龄产业发展报告》,城市老年人对便民、利民的社区商业服务较为青睐,其中老年人上门看病服务居首位(约占四成),其次是上门做家务、心理咨询、康复护理以及陪同聊天等服务。

总的来讲,人口老龄化加剧了对养生保健、家政服务、老年旅游、文化娱乐等方面的消费需求,推进了老年服务消费的扩容提质,为经济发展方式转变增加了新活力。除此之外,经济社会的不断进步还催生了老年消费文化的相应变化。从《2020年全球十大消费趋势》白皮书来看,针对老年人消费而研发的新型产品与服务蓬勃发展,有关驻颜、长寿、健康养老、健康管家、安宁疗护一体化等概念也不断被融入老年人消费品。根据实际情况,把养老消费的特殊性和内在的规律性有机结合起来,因为伴随人口老龄化,群众的养老服务需求不断增长,传统的经济发展模式、社会服务管理方式和人口政策尚不能科学有效地融入国家治理现代化框架,因此要遵循人口老龄化的基本规律,将养老服务治理思路贯穿在老年生命历程的不同阶段并采取有针对性的差别化老龄应对策略。

推进养老产业与老年消费的综合发展,可以考虑在以下几点做重点突破:一是深入推进医养结合。在健全完善兜底线、普惠性养老服务基础上,全面放开养老服务市场,优化医养结合机构审批流程,支持社会资本兴办医养结合机构。推广"互联网+医疗健康""物业服务+智慧养老"等新型养老模式,提供家庭病床、生活照料、精神慰藉等服务。打造"15分

钟养老服务圈",在社区改扩建日间照料中心、养老服务站等,提供助餐、助浴、助行、助洁等服务。支持养老机构、医疗卫生机构创新探索合作模式,为老年人提供一批价格能承受、质量有保障的医养结合机构。二是丰富养老产品供给。发挥政府投资拉动作用,积极培育养老产业新赛道。树立"优质养老"服务意识,拓展细化养老服务全链条,支持养老服务与文化、旅游、餐饮等行业融合发展,促进养老地产合理适度发展,拓展培育养老产业新模式新业态。以候鸟老年人养老需求为重点,以康养旅游、避暑消夏为标签,以高品质康养度假为特色,助力打造全国重要旅居养老旅游目的地。严厉查处侵害老年人人身财产权益的行为,切实保障老年人合法权益。三是建设服务人才队伍。提高养老产业从业人员薪酬待遇,增加对从业人员社会地位的认可,做好职称评定、专业技术培训和继续教育等方面的衔接。引导普通高校、职业院校等加快设置相关养老专业,开设老年相关课程,提高从业人员综合素质。加强志愿服务团队建设,形成一支专业技术人员和志愿服务团队相结合的养老服务队伍。四是要激发潜在消费需求。倡导健康、科学的养老理念,通过适度补贴等方式,引导有条件的老年人购买适宜的专业服务和辅具用品。鼓励企业创新产品推广方式,推动老年用品和服务嵌入老年人线上、线下生活场景。营造"孝老敬老爱老"的社会氛围,充分发挥家庭的支撑作用,倡导子女更多为老年人消费,提升老年人生活品质。

第五节 本章小结

社会保障支出对居民预防性储蓄动机的缓释可以提升居民的消费信心,改变支出的约束条件进而实现消费在生命周期内的跨期替代。边际消费倾向与人口结构密切关联,老年人作为资产的拥有者以及消费惯性的保持使得老龄化不仅没有降低消费反而促进了国民消费,除此之外边际消费倾向也在城镇化运动中得到进一步提升。边际消费倾向直接关系到风险偏好程度,优化模型处理后的结果显示现收现付制下消费的跨期替代依赖于社保缴费、人口增长率及风险厌恶系数等多个变量。

运用中国 31 个省区市 1995—2020 年城镇居民人均消费支出的面板数据进行实证分析,结果显示城镇基本养老保险支出并未实现增加内需的效果,只是将当期消费转化成远期消费。城镇居民消费水平负相关于失业率和通货膨胀率,因为这两项意味着生活成本的上升从而使消费趋于保守,正相关于人口自然增长率,因为儿童抚养比的上升强迫抬升了边际消费倾向。实证结果的稳健性分析肯定了模型的整体解释效果,分地区的回归结果则显示东部地区的影响系数更小一些,部分原因可能在于养老金替代率的差异。

研究进一步分析了养老产业与老年消费在经济体中的重要作用,社会保障中的任何内容,流向终端都是消费,并随着未来中国老龄化的加速,养老与健康产业在经济中的贡献度会持续上升,养老产业链的上中下游、三个服务层次、十大细分行业都将迎来新的发展机遇,而老年护理、健康养老、数字老龄化产业作为银发经济的消费热点,引领消费提升到更高阶段。

第六章　社会保障支出对人力资本投资的影响分析

第一节　社会保障支出人力资本投资效应的研究综述

一、人力资本在现代经济增长中的重要地位

人力资本理论由贝克尔(Becker,1962)和罗森(Rosen,1979)提出,他们认为提供培训和教育设施可以提高个体工人的技能或能力。[1] 马斯格雷夫和马斯格雷夫(Musgrave & Musgrave,1989)确定,政府的作用是提供由于市场失灵而无法通过市场体系中买卖双方之间的交易提供的商品和服务,例如政府应提供保健和教育设施等公共产品,以促进人类发展。[2]

人力资本理论是西方教育中最具影响力的经济理论,认为决定经济绩效的一个关键策略是采用个人作为人力资本的概念和各种经济隐喻,如"技术变革""研究""创新""生产力""教育和竞争力"。自亚当·斯密之后,可以区分出两种思想流派,第一种区分了被归类为资本的获得能力和不属于资本的人本身,第二种则声称人类本身就是资本。制造工厂可以与所有者分开并列为单独的资本,而一个人所获得的培训却不能与人分开。

人类发展是区别于人力资本的另一重要概念(见表6—1),被描述为在技能和权利方面提高人的潜力的过程,人类发展的目标是为人们创造理想的条件,让人们过上充满活力的健康长寿生活,它试图改善人们的生活,而不考虑经济利益。人类发展是一个扩大人民选择范围,增加他们获得教育、保健、收入和赋权的机会,并涵盖从丰富的物质环境到经济、社会自由的所有人类选择的过程。

---

[1] Becker G S. Investment in Human Capital: A Theoretical Analysis[J]. Journal of Political Economy,1962,70(5, Part 2):9—49.
Eaton J, Rosen H S. Taxation, Human Capital, and Uncertainty[J]. Working Papers,1979,70(4):705—715.
[2] Richard A. Musgrave and Peggy B. Musgrave. Public Finance in Theory and Practice[M]. New York, McGraw-Hill Book Company,1973:xv,762.

表 6—1　　　　　　　　　　　人力资本与人类发展的区别

区别	人力资本	人类发展
意义	人力资本是劳动力能力的总和,包括技能、工作能力、教育、健康和智力	人类发展被描述为在技能和权利方面提高人的潜力的过程
概念	是一个相对狭隘的概念	是一个相对更广泛的概念
主题	提高劳动生产力的最佳方法是通过良好的教育	良好的健康和教育对个人的全面发展很重要,使人们能够做出带来幸福和安全生活方式的决定
关系	人力资本的增加促进人类发展	人类发展的提高并不一定产生人力资本
福利	如果教育不能提高生产力,那么在人力资本方面是毫无用处的	即使不增加生产,人类发展也认为,拥有良好的健康和体面的教育会增进人类的福利
经济/社会概念	人力资本是一个经济概念	人类发展是一个社会概念
经济价值	技能和专业知识共同增加了经济价值	在不考虑经济价值的情况下改善人们生活的过程

政治和文化虽然影响经济,但可以认为这些是外生因素,从而制定一个专注于纯粹经济因素的框架。确定经济增长的核心动力,就必须假设个人理性地行动以求得效用最大化,排除个人有能力采取非理性的行为或追求效用最大化以外的目标。在现代人力资本理论中,所有人类行为都是基于在自由竞争市场中运作的个人的经济利益,人力资本理论强调了教育和培训作为参与新的全球经济的关键性和重要性,国家和地区的经济表现越来越直接地取决于其知识存量和学习能力。[1] 由于人力资本有助于提高生产率,从而有助于盈利能力,因此人力资本被视为对企业至关重要的要素。教育极大地改善了人作为资本的概念及其经济产出,人类被视为资本,因为他们在其一生中产生收入和其他类型的必要产出,这个概念可以与其他形式的投资和资产比较,例如制造工厂和生产公司,它们也被认为是能够随着时间的推移产生良好回报的资本。在经济学分析上,不是教育有助于经济增长,而是更多的教育对边际增长的贡献大于更多的医疗健康投资、更多的房地产投资、更多的基础设施投资等。

促进经济社会的可持续发展,需要充分发挥人力资本、自然资源以及经济资源的三方作用,其中人力资本既能起到主导作用,又能创造新的价值。全球经济正在从资源经济转变为知识经济,在知识经济中,人类技能和商业秘密被认为是比自然或物质资源更重要的经济资源,经济体更依赖于智力素质来决定其经济和社会增长的类型和速度。人力资本作为最基本的竞争对象,其数量和质量以及配置直接决定了经济增长幅度。在当前社会的发展形势之下,知识的社会地位更加突出,并伴随着知识经济时代的到来,高科技产业在经济

---

[1] Foray D,Lundvall B A. Employment and Growth in the Knowledge-Based Economy[M]. Paris,OCDE,1996:138—145.

社会中所占份额逐渐增加,劳动的主要生产者和经营者作为知识和科学技术的掌握人员,其专业素质在经济社会中起到关键性的作用。大规模自动化的工业生产与服务基于一系列先进技术的应用,例如人工智能、认知计算、大数据、区块链、物联网和机器人技术。知识经济作为经济优越的基本表现形式,是国家与国家之间、企业和企业甚至是人与人之间的竞争,归根结底是知识产权的竞争,运用创新方法,使产业的竞争实力凸显出来。突出人的价值的知识经济的发展不能仅仅依靠劳动力成本,更加需要依靠人力资本中的知识要素。知识既作为基本的生产要素,也形成消费方式,因此学习成为经济生存的先决条件。人类的能力、技能和知识为国家的经济增长提供了坚实的基础,经验丰富、才干卓越的工人在提高生产力和经济利润方面发挥着至关重要的作用,因此一个国家的繁荣不仅取决于对物质和技术资源的投资,还取决于对人力资本的投资,以提高其知识和技能水平。有必要建立一个重要的人力资本升级机制,以确保可持续的经济发展。

二、教育是提升人力资本的主要途径

教育是对人类的投资,可能以各种形式出现,可以是学习一门手艺或获得学位的形式,可以采取研讨会和讲习班的形式,也可以是旨在提高个人某项技能的个人发展计划的形式。人力资本与教育之间的底线关联是,教育提高了个人的经济效率和生产价值。受教育程度较高的国家往往有更高的生产率,人均 GDP 高的国家往往拥有训练有素、受过良好教育的劳动力,同时还拥有良好的医疗保健模式,可以改善员工的健康和预期寿命。这说明受过教育、技能娴熟和健康的人在经济增长中发挥着重要作用,受过教育、创新和富有创造力的劳动力可以使经济走上高生产率和可持续经济增长的轨道,反过来人力资本和教育也离不开一个国家的经济发展和政策支持。在微观经济层面,受过更多教育和拥有更多经验的人往往获得更高的工资。教育显示出在面对经济冲击时的巨大抵御能力,在各种经济条件下,对高技能工人的劳动力需求仍然很高。但在宏观经济层面,却难以确定人力资本对经济成果的贡献比例。

人力资本可以广义地定义为人们所体现的知识、技能和其他个人特征的存量,有助于提高生产力。衡量劳动力能力的指标,包括技能、工作能力、教育、健康和智力,被视同为人力资本。但关于如何衡量人力资本,各国之间没有反映所有这些可能要素的可比性和一致性的衡量标准。追求正规教育(正规学校系统、成人培训方案)以及非正式在职学习工作经验都是对人力资本的投资。经济学家倾向于采用在学校教育系统的平均受教育年限、教育入学率和识字率,尽管这些指标并不完善。新的人力资本衡量标准建立在受教育年限和教育回报率的基础上,因此影响教育的政策至关重要,实证分析表明,教育政策倾向于在国家层面促进人力资本。[①] 政府在影响或塑造教育系统的所有方面发挥着重要作用,教育和人

---

① Égert B, Botev J, Turner D. The Contribution of Human Capital and Its Policies to Per Capita Income in Europe and the OECD[J]. European Economic Review, 2020:129.

力资本的公共政策包括提高教育的经济和社会回报、提高教育程度、鼓励社会和经济流动性，以及提供职业教育、培训和终身学习机会。在结构改革方面，根据人力资本理论，民族国家结构政策框架的基础是通过劳动力市场的监管改革提高劳动力灵活性，或者通过增加对教育、培训和就业计划的投入来提高技能水平，以及以吸引高质量人力资本为重点的移民。教育在传达和培养价值观方面发挥着关键作用，而价值观反过来又会影响负责任的公民的行为、态度和反应。随着政府在教育方面的投资增加，受过良好教育的人口会带来更快速和更可持续的经济发展。教育对人的全面影响需要几十年才能显现出来，但中期已经可以看到积极影响。埃德米（Edeme，2019）利用联合国开发计划署和《世界发展指标》的数据，对公共支出中教育和人类发展指数的构成和分配影响进行了一项研究，研究发现教育和卫生支出显著增加了人类发展指数（HDI）。[①]

教学资源非常关键，每名教师所带学生数量的减少可以提升人力资本，这被认为是衡量教学质量的粗略指标，意味着合格教师与学生的比例越高，对人力资本越有利。更高的师生比例虽然增加了人力资本，但相应成本也更高。

某些教育政策具有增加人力资本和减少支出压力的双重红利，如更大的大学自主权和降低高等教育学生的资助障碍。在大学如何分配资源方面拥有更多自主权的国家，拥有更高的人力资本，更容易获得个人融资的大学教育，也有助于提高一个国家的人力资本。

三、养老金福利和人力资本投资构成两代人之间的契约

新经济增长理论认为技术进步和人力资本积累等因素才是长期经济增长的最终源泉，在人力资本的形成中，教育投资最为关键，无论这种投资来源于父母，还是政府。父母直接的教育投资和政府提供义务教育与教育补贴上的财政支出都会提高子女的人力资本，而子女人力资本的提高会提升父母的效用水平，这最终体现在父母的效用函数中。内生经济增长理论中，资本与产出的增长能不断提高人力资本投资与创新，资本的边际生产率不会削减，这在长期对经济体的发展至关重要，因此从人力资本投资角度研究社会保障支出对人力资本积累的作用进而对经济增长的影响逐渐成为现代社会保障研究的主流。

贝克尔和墨菲（Becker & Murphy，1988）提出这样的观点，养老金福利和人力资本投资是上下两代人之间的社会契约，上一代人向下一代人提供时间、教育、食物、衣服等人力资本投资，来换取下一代人现收现付制度中为上一代人的养老金供款。完全积累制则不会起到这样支持人力资本积累的积极作用。[②] 现实生活中存在子女在父母年老时不愿承担赡养义务的情形，这会降低父母对子女教育投资的意愿，现收现付制能够强迫子女的收入转移，从而规避道德风险，更有助于人力资本积累。自萨拉·I. 马丁（1996）关于社会保障对人力

---

① Edeme R K, Nkalu N C. Predicting the Effects of Economic Diversification on Solid Mineral Development in Nigeria[J]. Journal of Contemporary Research in Business, Economics and Finance, 2019, 1(4):56—61.
② Becker G S, Murphy K M. The Family and the State[J]. Journal of Law and Economics, 1988:31.

资本外部性的发挥存在积极作用的解释之后[①],张(Zhang,2001)指出,父母的效用不仅取决于自己的消费支出,而且取决于抚育子女的数量和教育子女的质量,数量可以用生育率来衡量,质量可以用人力资本投资来衡量。现收现付制下,社会保障支出将有助于降低生育率,同时提高人力资本投资,从而对经济增长起到积极作用。[②] 除了父母对子女的教育投入,还存在政府的公共教育投入,卡冈诺维奇和泽尔查(Kaganovich & Zilcha,1999)指出,如果父母对子女存在利他动机且富有远见,现收现付制下父母的养老金与子女的人力资本投资进而收入水平相关,父母会加大对子女的人力资本投资,无论政府进行直接的教育投资或者给予父母教育补贴都将是有益的;如果父母自利或者缺乏远见,政府的最好策略就是进行直接的教育投资,弥补人力资本积累的不足。[③] 政府将有限的税收资源用于教育、基础设施建设等方面都将提高整个社会的生产效率,进而提高在职人员的工资,现收现付制使得在职人员和退休人员都能享受到经济增长的好处,政府政策会得到全社会的一致支持(Bellettini & Ceroni,1999)。[④] 其实人力资本投资不仅改善当代人的生活水平,而且会对下一代人的人力资本投资产生影响(Kemnitz & Wigger,2000),因为每一代人的人力资本总是建立在上一代人的人力资本积累之上。[⑤] 但是由于人力资本积累存在外部性,个人不可能获得其全部收益,于是个人人力资本投资往往小于社会最优投资水平,实行现收现付制,将个人养老金收入与工作年限和个人退休前几年的平均工资水平挂钩,就会促使个人增加人力资本投资,因为这样会带来工作期间工资水平的提高。用流程图(见图6-1)表示为:

人力资本投资 → 教育程度提高 → 退休前工资收入提高 → 退休后养老金收入提高

图6-1 人力资本投资对退休金收入的影响路径

在这样的链条下,现收现付制使得人力资本投资的正外部性得以充分涌现,为长期经济增长注入源源不断的动力。外部性的问题无法通过完全积累制来解决,因为完全积累制下个人只能享受到自己财富的积累,必定导致这个社会层面人力资本积累的不足。

---

① Sala I. Martin,Xavier X. A Positive Theory of Social Security[J]. Journal of Economic Growth,1996,1(2):277-304.

② Zhang J. Long-Run Implications of Social Security Taxation for Growth and Fertility[J]. Southern Economic Journal,2001,67(3):713-724.

③ Kaganovich M,Zilcha I. Education,Social Security,and Growth[J]. Journal of Public Economics,1999,71(2):289-309.

④ Giorgio,Bellettini,et al. Is Social Security Really Bad for Growth? [J]. Review of Economic Dynamics,1999,2(4):796-819.

⑤ Kemnitz A,Wigger B U. Growth and Social Security:The Role of Human Capital[J]. CSEF Working Papers,2000,16(4):673-683.

在教育与养老的代际互助上,年长一带为年轻一代提供教育,年轻一代为年长一代提供养老,此种亲密友善的关系需要逻辑链条上四个条件的不断满足:教育带来的人力资本不断提升,人力资本带来的工资收入不断增加,引起养老保险缴费不断上升,养老保险缴费带来的养老金持续提高。目前,随着高校的大规模扩招,我国的高等教育继续提升已经进入瓶颈期,教育带来的人力资本是否继续扩张值得重新思考;疫情的冲击、中小企业生存的艰难、就业市场的困难,使得人力资本与工资关系的前景更不明朗;为企业提供减税降费的财税支持,降低企业部分所承担的社会保险分担比例,也使得工资收入并不一定带来养老保险缴费的上升;而人口的深度老龄化,退休群体的持续扩增,即使工作人群的养老保险缴费增加也难以应对日益庞大的退休老年人数并保持养老金的连年增长。因此在经济下行的情境下,逻辑链条上四个条件都可能出现问题,但凡一个条件出现问题,教育与养老的代际互助就难以维持。现收现付制下这种代际互助如果持续运作下去,良好的经济增长预期与就业前景、充分的人口红利与可控的老龄化进程都要先行满足作为必要条件,这与《管子·牧民》的论述不谋而合,"仓廪实而知礼节,衣食足而知廉耻"。总量人口的下降并不造成人口红利的绝对减少,人口红利既是数量上的,也是质量上的。受过高等教育的人口数量增加,形成质量上的人才红利,成为中国人力资本发展中的新的优势。但实际上,教育与养老的代际互助关系要持续下去至少在现阶段还是非常困难的,面临各种风险与挑战。

卡特琳·米尔斯(Catherine Mills,2003)表示,社会保障的目标不仅在于化解社会风险,而且要杜绝不平等现象,而缩小不平等差距最有效的工具就是人力资本投资。因此社会保障支出应当以促进人力资本投资为政策取向从而达到经济增长和缩小贫富差距的效果。[1]

四、代际互助的优势

从社会交换理论出发,老年人必须有一些可转让的商品可以交换,以保持他们在社会中的地位,否则他们将被贬值。研究生命历程中的互惠性或代际转移,可能强调父母在生命早期对孩子的支持,比如教育的提供,以换取年老时从年轻一代那里得到的照顾。一个普遍的假设是,家庭将具有世代的连续性,这将超越个人的不连续性(Becker,1981)。[2] 但当代家庭总是受到威胁家庭连续性的内部破坏的困扰,如失业、离婚、疾病和死亡就是迫使家庭重组的众多因素之一。互助是代际关系中的一个关键因素,因为它维系家庭内部的连续性。互助深深植根于家庭生活的文化背景中,反映了特定群体中人们所认同的关于家庭关系的更广泛的文化精神。

代际关系现在是并将继续是跨越年龄、性别、时间和文化的家庭生活的重要组成部分。政府可用财政资源不足情况下,了解多代家庭结构、运作和个人福祉变化尤为重要,以便最

---

[1] 卡特琳·米尔斯.社会保障经济学[M].郑秉文,译.北京:法律出版社,2003:125—134.
[2] Gary S. Becker. A Treatise on the Family [M]. Cambridge:Harvard University Press,1981:75—97.

大限度地发挥向有需要的人提供非正式和正式支持的有效性。西尔弗斯坦和本特松(Silverstein & Bengtson,1997)提出了一个多维的团结结构,以提供一个理论框架来看待代际关系,涵盖结构(例如地理距离)、联想(如社交接触、共享活动)、情感(如感觉、感情)、共识(例如协议)、职能(如交换援助)、规范(如相互义务),分析代际对幸福感、看护、家庭成员福祉的重要影响。[1] 达塔兰德(Daatland,2011)从两个方向研究了对代际关系的可能影响:成年子女照顾父母的期望和能力,以及同居父母对子女支持的平行期望和假设。[2] 在代际关系中,两个突出的特征是情感亲密和家庭义务,父母和后代之间的情感亲密与后代向上职业流动的可能性和程度呈正相关,而家庭义务的履行则提升了双方的经济效用和社会福利。可以预期,某些代际家庭结构(如年长的父母和成年子女)在健康和福祉方面比其他代际结构(如中年成年人及其子女)更具优势,因此在制定家庭政策时应予以考虑。

(一)代际互助与养老赡养志愿服务

年龄结构的变化以及由此产生的社会政治任务、老年含义的变迁、生命进程中社会保险缴纳的中断和限制、代际关系等,都是复杂的议题。多代家庭中的传统规范和情感纽带仍然存在,家庭成员之间不同任务的分配通常遵循类似的模式:老一辈支持抚养孙子女,而子女和孙子女在他们变得更加依赖照顾时赡养,此外,老一辈还用他们的智慧和生活经验支持年轻一代。年长亲属提供的工具性支持减少了年轻一代的家庭责任,并为他们提供了平衡工作生活、家庭责任和住房需求的空间。这种支持有助于成年子女与其年长亲属之间建立高质量的关系,从而减轻生活负担。

养老已成为国人不可回避的话题,如何破解养老困局,成为每个未老或已老的人不得不思考的问题。作为养老服务的重要内容,公益行业的志愿服务也积极进行了有益的模式探索。关于养老志愿服务,现有境况更多关注老人接受服务的满意度,而忽视了提供服务者的获得感。志愿服务的初衷,从来都是自愿无偿的,志愿服务的结果,也从来都是互助共赢的,因为对志愿者来讲,会带来陪伴成长、共同成长。志愿服务当中的互助效应因为其公益属性而更容易被忽视,但一个可持续的成功模式,必然是基于互助共赢的核心精神。在养老志愿服务的众多选项中,代际互助不失为一个值得肯定的好模式。

社会孤立和孤独是老年人的重大问题,可能导致抑郁和焦虑,而与年轻人的社交互动可以抵消孤立的影响,重新获得目标感和有用感,提高认知能力,对自尊和幸福至关重要。成功老龄化意味着积极主动并参与生活,当老年人可以帮助年轻人时,他们就满足了这种需求,现实中可以延伸到共同开展项目和给予指导。同时从长远来看,与老年人一起工作的年轻人越多,他们就越有可能进入与老年病学相关的领域,如护理、专职医疗领域等正在

---

[1] Silverstein and Bengtson. Intergenerational Solidarity and the Structure of Adult Child-Parent Relations in American Families[J]. American Journal of Sociology,1997,103(2):429—460.

[2] Daatland S O, Herlofson K and Lima I A. Balancing Generations: on the Strength and Character of Family Norms in the West and East of Europe[J]. Ageing & Society,2011,31(7):1159—1179.

发展的老年医学专业。

代际互助为老人提供了一次再次融入社会的机会,老人的经验资源再次得到了挖掘和传承,养老的公益模式也得到了不断创新和完善;就志愿服务而言,精准靶向的志愿服务效用得到了充分发挥,志愿者的品德素养也得到了潜移默化的培育和提升;就社会治理而言,不同代际的社会因子经过公益的创新组合,碰撞形成了一个有益的生态圈,促进了社会的良性互动和治理。

(二)代际互助与老年群体身心健康

世界卫生组织 1946 年的《组织法》是第一份将个体所能达到的最高健康标准作为每个人的基本权利的国际文书,健康标准不因种族、宗教、政治信仰、经济或社会状况而有所区别。世界卫生组织在其《组织法》序言中宣布,健康是身体、精神和社会关系完全健康的状态,而不仅仅是没有疾病或身体虚弱。健康权是一项包容性权利,不仅包括及时和适当的保健,而且包括健康的各项影响因素,例如获得健康检查,获得水和食物、住房等。虽然长寿给老年人及其家庭和社会带来机会,但实现这些机会并收获老年人对其家庭和社区做出的贡献在很大程度上仍取决于健康。

中国老年健康调查 1998—2018 年 8 次调查结果都得出基本相同的结论:日常生活中自理能力正常、拥有良好躯体活动能力和正常认知功能老人比例从 65～69 岁到 100～105 岁大幅度下降,然而自评生活满意和自评健康良好老人比例在 65～69 岁到 100～105 岁之间几乎保持稳定,甚至略有上升。中国老年健康调查大样本数据的实证研究发现,控制相关协变量后,与空巢老人相比,和子女同住或近邻居住的老人认知功能显著改善 40%,自评健康良好可能性明显升高 32.4%,生活满意比例大幅提高 54.8%。其解释是,在多代同堂或紧邻居住家庭中,子女/孙子女与老人互动交流,为老人提供更多新鲜信息,有效延缓老人记忆力、语言表达能力等方面的功能性衰退,并避免老人因孤独空虚引发的焦虑抑郁情绪进而显著改善心理和生理健康。

中国老年健康调查数据分析还表明,与成年儿子相比,女儿孝敬父母的指数以及与老年父母情感关系好的比例比儿子显著高,老年父母对于女儿女婿照料的满意度要比儿子儿媳显著好。因此,积极开展鼓励老人与已婚女儿女婿一起或近邻居住的宣传和试点,有助于逐步改变我国外嫁女儿的传统旧习,彻底摒弃重男轻女观念。

女性作为年长父母的主要照顾者,相对于与父母分隔较远居住的女性,与父母一起居住或近邻居住女性的家务时间每周明显减少近 10 小时,就业可能性增加 23.1%,女性就业者每周工作时间增长 9.4 小时,男性就业者每周工作时间增加 6.2 小时;与父母同住或近邻居住的女性自评健康良好可能性上升 19.8%。成年子女的地理邻近性和老年人的福祉呈现正相关关系,显然三代同堂或近邻居住模式有效增强了父母对子女的家务协助,从而促进子女的就业、工作时数和身体健康,可实现老年父母与儿女互助双赢。

现代生活和工作方式的变化致使几代人之间社会联系的机会已经大幅减少,工作时间增加、技术改进、家庭模式变化、家庭内部关系破裂和迁徙被认为是造成代际隔离的主要因素。几代人分开和平行生活会产生许多潜在的经济、社会和政治影响,例如更高的健康和社会护理费用、代际信任的破坏也减少了社会资本,造成依赖媒体来形成对他人观点的理解以及更高水平的焦虑和孤独。有证据表明,代际活动可以对参与者产生积极影响,例如减少老年人、儿童和年轻人的孤独感和排斥感,改善心理健康,增进相互理解,解决年龄歧视、住房和护理等重要问题。

老年人补充医疗保险服务购买意愿的影响因素从购买主体向购买主体的影响者和支持者延伸,总体来看,子女经济支持与购买老年人医保意向呈正相关。从子女那里得到较多经济支持的老年人更倾向于购买补充医疗保险,但子女的经济支持也可能对老年人购买补充医疗保险产生反向和替代作用。医保服务不仅是对老人的直接服务,也成为子女赡养的一种表现形式。

(三)代际互助与劳动力中女性就业

根据中国纵向健康长寿调查(CLHLS)及其成年子女子样本的数据,与父母同住或与父母相邻显著提高了劳动力参与率,并增加了中国女性的每周工作时间。代际同住对女性劳动力供给的积极影响在城市地区比在农村地区更为突出,代际同住使妇女能够通过年迈父母的帮助减轻家务负担,从而腾出时间参与劳动力市场。尽管中国经济快速增长,但女性劳动力参与率却大幅下降。1990年至2010年在25~49岁的女性劳动力参与率从91.0%下降到83.2%。相比之下,同一年龄组的男性劳动力参与率仅下降了2个百分点。这种下降可能不利于性别平等、婴儿健康和儿童教育投资的改善。

女性就业概率在中年达到顶峰,然后随着年龄的增长而下降。由于我国人力资本存量较高,预期工资较高,受过良好教育的妇女更有可能就业。如果丈夫收入较低或生育子女较多,家庭的经济压力增加,特别是在农村地区,也会促使妇女外出工作。长辈特征会对妇女参与劳动力市场产生巨大影响,父母领取养老金的妇女经济压力较小,工作的可能性较小,父母健康状况不佳,如功能残疾或瘫痪在床,增加了妇女的照顾责任,也阻碍了她们的就业。

现有研究将女性就业下降归因于性别歧视加剧和女性友好政策的削弱,这些研究忽略了其他因素的影响,例如改变生活安排。除了消除性别歧视和改善女性教育外,鼓励代际同居可能是提高女性劳动力参与率的可行途径。代际同居可以让中国妇女通过年迈父母的帮助减轻家务劳动负担,从而腾出时间从事有偿工作。新加坡的做法就是很好的例子,新加坡住房发展局设计了适合代际共同居住的公寓,如果成年子女与年迈的父母同住或邻屋而居,他们有权享受优先选择和价格折扣。此外,政府可以提供补贴的日托中心,创造家庭友好的工作环境,如哺乳期间灵活的工作时间表,或引入陪产假福利。这些有利于家庭和性别平等的政策可以降低妇女就业的机会成本,并显著提高女性劳动力参与率。

(四)代际互助与孙辈照顾

祖父母越来越多地负责全面照顾孙子/女,为孙子/女充当他们生活中最稳定的存在。祖父母有能力根据新的要求和新的联系提供支持和关怀的纽带,无论是他们与孙子/女保持的纽带,还是与子女(孙/子女的父母)保持的纽带。

老年人与年轻一代的互动有几种模式,一是学龄儿童团体在养老院和辅助生活社区等集体老年住房中探望老年人,儿童和老年人在访问期间一起参加活动。二是高中或大学的年龄较大的青年在家中或老年公寓与老年人会面,以协助手机使用、休闲活动、技术支持、购物和其他必要的任务。三是青年和老年人共同合作开展社区项目,例如筹款、社区园艺、老龄化服务和老年中心项目,特别是对于大学生而言,他们能够理解与老龄化相关的问题,同时也获得了工作经验和回馈社会的乐趣。四是配对计划,将学校的儿童与社区中的老年人配对,以帮助阅读和其他教育技能。五是共同住房的生活模式,涵盖生活空间中的膳食准备和日常活动。六是退休老年人的大学生活,老年人可以旁听大学课程并参加其他学生活动,大学通过开发未使用的空间而受益,同时获得额外收入,老年人则受益于充满活力和令人兴奋的学习环境。

第二节 以人力资本投资为核心的世代交叠模型分析

现收现付制下,考虑人力资本投资,需要把两期的世代交叠模型扩展到三期,将人的一生分为青少年期、工作期和老年期(见图6—2)。青少年期,子女获得父母的人力资本投资,接受教育;工作期,参加工作获得收入,并且为子女提供教育机会,缴纳社会保障税为上代人提供养老金支持;老年期,退休并享受养老金。

代数	三期世代交叠模型					
	时间					
	0	1	2	3	4	5
0	老年期					
1	工作期	老年期				
2	青少年	工作期	老年期			
3		青少年	工作期	→ 老年期		
4			青少年 →	工作期	老年期	
5				青少年	工作期	老年期
6					青少年	工作期
7						青少年

图6—2 三期世代交叠模型代数与时间点上的存续

在当期来说,假设父母具有利他主义动机,为子女提供受教育的机会,因为对子女的人力资本投资会影响父母的福利水平;而在下一期,父母由工作期进入老年期,子女由青少年期进入工作期,子女缴纳社会保障税,为父母一代养老金供款。父母年轻时对子女的人力资本投资恰好可以在年老时得到养老金上的回报。

一、代表性消费者效用最大化问题

代表性消费者的效用不仅取决于工作期和老年期的消费,而且取决于对子女的人力资本投资。其效用最大化问题可表示为:

$$\max U = U(C_t^Y, C_{t+1}^O, h_t^A)$$

$$\text{s.t.} \quad C_t^Y = (1-s_t)(1-\delta)(1-\tau)\omega_t h_{t-1}^A - E_t^A$$

$$C_{t+1}^O = (1+r_{t+1})s_t(1-\delta)(1-\tau)\omega_t h_{t-1}^A + P_{t+1}$$

其中,在 t 期,储蓄率为 s_t,个人所得税税率为 δ,社会保障税税率为 τ。ω_t 为单位劳动力工资,h_{t-1}^A 为人力资本水平,代表性劳动者收入等于单位劳动力工资乘以人力资本水平,即 $w_t = \omega_t h_{t-1}^A$。工作期的消费等于缴纳个人所得税和社会保障税后再扣除储蓄部分的收入减去对子女的教育投资支出 E_t^A。

在 $t+1$ 期,个人在 r_{t+1} 的利率水平下获得工作期的储蓄,并获得养老金收入 P_{t+1},这两项一并作为老年期的消费。

需要说明的是,工作期的人力资本水平建立在青少年期的人力资本投资之上。一般情况下,有 $h_t^Y = f(h_{t-1}^A)$,可以研究人力资本的上升、萎缩或不变,其中人力资本上升的过程也可以看作工作期的一个干中学过程。为研究的方便起见,令 $h_t^Y = h_{t-1}^A$,即工作期的人力资本水平恰好等于青少年期的人力资本投资。

t 期的人力资本投资共包括两部分,一部分是父母对子女的教育投资 E_t^A;另一部分是政府的公共教育投资 $pihc_t^A$(public investment in human capital)。因政府税收收入为 $\delta\omega_t h_{t-1}^A$,假设政府将税收收入的一部分 a 用于公共教育投资,可以得出:$pihc_t^A = a\delta\omega_t h_{t-1}^A$。

人力资本代际传递的根源在于经济机会的稀缺导致的经济不平等加剧。由于受教育机会差异导致的低流动性表明,公共政策可以在机会均等方面发挥作用。关于不发达地区代际人力资本溢出的证据很少,政府教育干预(如学校建设)是否改善儿童的教育机会和改善代际流动性并不明确。

更广泛的社会影响和人力资本代际传递的变化值得进一步研究,阶层的高流动性意味着机会均等,父母的差距不会机械地决定孩子的结果,但了解驱动这种代际相关性的机制至关重要。在一般认识下,人力资本会通过教育将好处传递给下一代,如受过高等教育的父母的孩子将接受更多的教育。而教育与更大的赚钱能力和更大的财富高度相关。因此,有能力支付下一代大学教育费用的家庭正在让后代在积累更多的财富方面具有优势。

个人的人力资本既受到教育投资的影响,又受到父母人力资本水平的影响,因为父母的知识水平直接影响下一代子女的受教育水平。人力资本方程可表示为:

$$h_t^A = (E_t^A)^\alpha (pihc_t^A)^\beta (h_{t-1}^A)^\gamma$$

可以令 $\alpha+\beta+\gamma=1$。其中,α、β、γ 分别表示父母对子女教育投资、政府公共教育投资、

父母知识水平三个方面对子女人力资本形成的贡献率。因为人力资本存在着溢出效应,即周围同龄人群的知识水平也会对个人产生榜样或激励的某种影响,在一般情况下,也可以把同龄人群的人力资本水平纳入个人人力资本形成的函数,但为了方程的简略起见,仅提出这样的情形而不做更深层次的分析。

二、代表性厂商的产出最大化问题

假设代表性厂商处于完全竞争市场中,生产要素包括物质资本和人力资本,生产要素中物质资本 K_t 来自年老的一代人,需要付出利息 r_t;人力资本 H_t 来自工作的一代人,需要付出工资 w_t。代表性厂商的产出最大化问题可以表述为:

$$\max F(K_t, H_t)$$
$$s.t. \quad (r_t + \delta_d) K_t + w_t H_t = Y_t$$

其中,δ_d 表示资本折旧率(Depreciation)。假定生产函数为齐次函数,用柯布-道格拉斯生产函数表示为 $y_t = k_t^{1-\varepsilon_H}$,可以得到生产最大化的一阶条件:

$$w_t = w(k_t) = \varepsilon_H k_t^{1-\varepsilon_H}$$
$$r_{t+1} = r(k_{t+1}) = (1-\varepsilon_H) k_{t+1}^{-\varepsilon_H} - \delta_d$$

令 $H_t = \mu h_t^Y L_t$ 且 $L_t = (1+n) L_{t-1}$,其中 μ 表示用于生产的时间,L_t 表示当期的劳动力,n 为劳动力增长率。中国的计划生育政策本质上已经使得 n 接近常数,甚至有下降的趋势。如果子女都能成活,$1+n$ 可以表示为单个个人抚育子女的数量,n 即为人口增长率。

三、均衡状态

经济在时间 $t+1$ 的总资本等于在时间 t 工作一代的总储蓄,即有:

$$K_{t+1} = s_t w_t (\mu h_t^Y L_t) = s_t (\varepsilon_H k_t^{1-\varepsilon_H}) (\mu h_t^Y L_t)$$

经济处于平衡增长路径时,

$$\frac{y_{t+1}}{y_t} = \frac{k_{t+1}}{k_t} = \frac{h_{t+1}}{h_t} = 1 + g$$

$$= \varepsilon_H^{\frac{1-\gamma}{1-(1-\varepsilon_H)\gamma}} (a\delta)^{\frac{\beta\varepsilon_H}{1-(1-\varepsilon_H)\gamma}} \left(\frac{s_t}{1+n}\right)^{\frac{(1-\varepsilon_H)(1-\gamma)}{1-(1-\varepsilon_H)\gamma}} \left(\frac{E_t^A}{w_t h_t^Y}\right)^{\frac{\alpha\varepsilon_H}{1-(1-\varepsilon_H)\gamma}}$$

继续对 g 关于社会保障税税率 τ 求偏导,因 $\frac{\partial g}{\partial \tau}$ 的形式过于复杂,不能判定其符号,因而无法确定对经济的影响作用。这时 $\frac{\partial E_t^A}{\partial \tau}$ 和 $\frac{\partial h_t^A}{\partial \tau}$ 受到各具体参数的影响,需要具体分析父母对子女的教育投资支出和子女的人力资本水平受社会保障的影响效果,这有赖于经验实证的进一步检验。

第三节 社会保障支出对人力资本投资影响的实证检验

一、变量选取及模型构建

采用国内数据对社会保障支出人力资本投资影响效果进行验证,在方法上与储蓄效应研究相类似,但是必须对人力资本投资本身做出合理界定。经过多个指标的比较,并考虑数据的可得性,最终选取国家统计局历年人口抽样调查中城市大专及以上人口占城市6岁及以上分性别和受教育程度人口抽样数的比重为人力资本衡量标准,并对男性、女性、总体的人力资本投资情况分别研究。

各教育阶段的入学率也是衡量教育的重要指标,涵盖九年义务教育巩固率、高中阶段毛入学率、高等教育毛入学率,其中高等教育毛入学率是高等教育在学人数与适龄人口之比,更能准确反映一个国家的高等教育发展阶段。国际上通常认为,高等教育毛入学率在15%以下时属于精英教育阶段,15%~50%为高等教育大众化阶段,50%以上为高等教育普及化阶段。2019年,中国高等教育毛入学率为51.6%,已经超额完成任务,2021年高等教育毛入学率更是达到57.8%(见图6—3)。

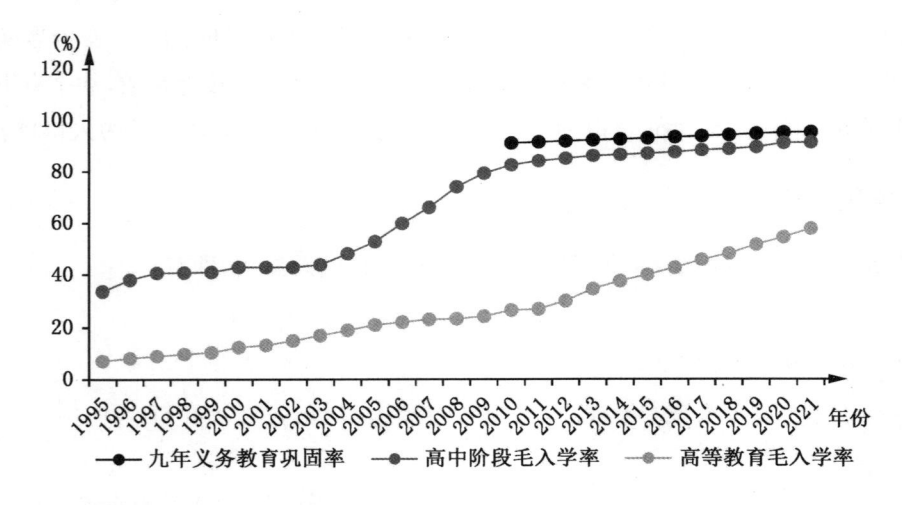

资料来源:国家统计局.中国统计年鉴2022[M].北京:中国统计出版社,2022:684。

图6—3 历年中国各教育阶段学生入学率

但各教育阶段的学生入学率仅能反映同年龄段入学的人员比例,并不足以反映中国人口整体的教育水准。

在教育的总量数据上,受教育程度人口方面,2020年第七次全国人口普查数据显示,拥有大学(大专及以上)文化程度的人口为218 360 767人,每10万人中达到大学文化程度的由2010年的8 930人上升为15 467人,全国人口中15岁及以上人口的平均受教育年限由

2010 年的 9.08 年提高至 9.91 年,文盲人口(15 岁及以上不识字的人)为 37 750 200 人,文盲率由 2010 年的 4.08% 下降到 2.67%。对适龄人口而言,我国已进入高等教育普及化阶段(见图 6—4)。受教育状况的持续改善反映了十年来中国大力发展高等教育以及扫除青壮年文盲等措施取得了积极成效,人口素质不断提高。

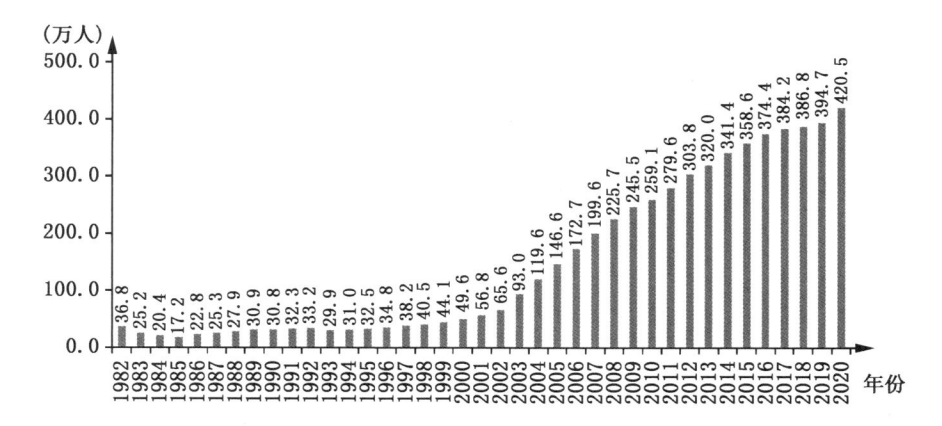

资料来源:国家统计局. 中国统计年鉴 2021[M]. 北京:中国统计出版社,2021:113。

图 6—4 历年中国普通本科毕业生数

以政府投入为主、多渠道筹集教育经费体制的巩固完善,有力支撑起世界最大规模教育体系,推动了我国教育现代化总体发展水平跨入世界中上国家行列。全国教育经费总投入中,80% 来自国家财政性教育经费。全国教育经费总投入由 2011 年的 2.4 万亿元提高至 2021 年的 5.8 万亿元,年均增长 9.3%;国家财政性教育经费由 2011 年的不到 2 万亿元提高到 2021 年的 4.6 万亿元,年均增长 9.4%,高于同期国内生产总值年均名义增幅 8.9% 和一般公共预算收入年均增幅 6.9%。[①] 教育投入基数的加大,意味着保障教育事业发展的物质基础更加厚实(见图 6—5)。

我国从 2016 年开始实行"全面二孩"政策,但效果并不理想,政策效应很快释放完毕。出生人口从 2017 年起持续快速下滑,由 2017 年的 1 723 万人降至 2022 年的 956 万人。出生人口的下降会引起多米诺骨牌效应,首先会影响幼儿园,然后是中小学和大学,最终影响劳动力。那么中国进入人口负增长时代之后教育如何应对人口之变,各地政府又该如何根据学龄人口变动趋势科学规划未来数十年的教育资源配置,城乡之间的教育差异是否会进一步拉大,这些都成为重要议题。

随着生源减少,学校出现招生困难,部分会倒闭,但学校自然而然转向小班化教学,班

---

① 2022 年,全国教育经费总投入为 61 344 亿元,比上年增长 6%。其中,国家财政性教育经费(主要包括一般公共预算安排的教育经费、政府性基金预算安排的教育经费、国有及国有控股企业办学中的企业拨款、校办产业和社会服务收入用于教育的经费等)为 48 478 亿元,比上年增长 5%。一般公共预算安排的教育经费即全国教育财政支出,2022 年为 39 455 亿元,约占国家财政性教育经费的 81%。

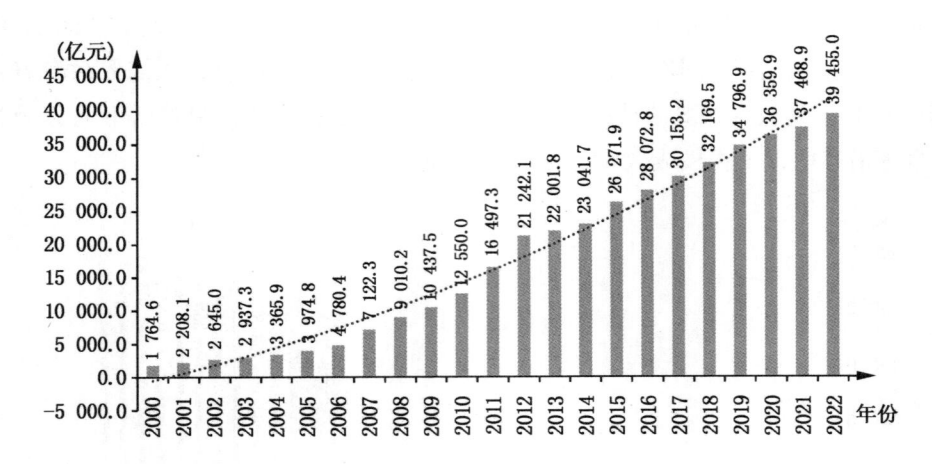

数据来源：财政部、CEIC 数据管理平台。

图 6—5　2000—2022 年全国教育财政支出

级规模会缩小，生师比也相应降低，从班级控制转向更关注每个个体，客观上有利于提高教育教学质量。人口结构变动也会影响高等教育，如日本受少子化影响，大学恶性竞争，出现过于弹性化的招生机制。未来中国大学之间的竞争也会加剧，高等教育进入买方市场，这为高等教育提供了系统优化和提高质量的契机。在此可以借鉴德国经验，真正学术性的高等学校占比不应太高，更多的高校应以培养应用型学生为主，而办学目标主要指向就业。

发展经济学认为，充分社会保障下人口素质的提高，能够极大地促进经济繁荣，因此有必要对人力资本进行投资。[1] 陈钊等（2004）曾指出，对于内生增长能力的培育，长远来看要把重心持久地放在教育和人力资本投资上[2]，20 世纪 70 年代后的 25 年美国收入差距扩大和社会问题凸显主要是由于其教育差距的扩大，教育对人力资本和经济增长的影响是缓慢的、长久的。在分析问题的过程中，要始终关注局部与全局、短期与长期之间的矛盾和平衡。

在其他指标选取上，关键解释变量设定为城镇基本养老保险支出占地区生产总值的比重，以及各地区教育支出占地方财政支出的比重，因为对教育的投入也会显著影响教育的质量。

为消除各地区经济增长中的不均衡状态，在模型中加入各地区人均 GDP 增长率作为控制变量；为消除地区经济增长中的经济波动问题，在模型中加入城镇登记失业率和通货膨胀率作为外生变量。考虑人口因素的影响，继续引入各地区人口自然增长率作为控制变量。

构建面板数据模型如下：

---

[1] 舒尔茨.对人进行投资：人口质量经济学[M].吴珠华，译.北京：首都经济贸易大学出版社，2002：125—131.
[2] 陈钊、陆铭、金煜.中国人力资本和教育发展的区域差异：对于面板数据的估算[J].世界经济，2004(12)：25—31.

$$phep_{i,t}=\_cons+\alpha_1 uboir_{i,t}+\alpha_2 eer_{i,t}+\beta_1 gdpr_{i,t}+\beta_2 ur_{i,t}$$
$$+\beta_3 cpir_{i,t}+\beta_4 npgr_{i,t}+u_i+\varepsilon_{i,t}$$

其中,$phep_{i,t}$表示各地区历年人口抽样调查中高等教育人口比重(proportion of higher educational population),$uboir_{i,t}$、$eer_{i,t}$分别为各地区历年城镇基本养老保险支出占地区生产总值的比重、教育支出占地方财政支出的比重。$gdpr_{i,t}$、$ur_{i,t}$、$cpir_{i,t}$、$npgr_{i,t}$表示各地区历年人均GDP增长率、城镇登记失业率、通货膨胀率、人口自然增长率。u_i用来体现各省的异质性,$\varepsilon_{i,t}$为随省份和时间而改变的扰动项。

二、数据来源

中国31个省区市2001—2020年城市分性别和受教育程度的人口(抽样数)(大专及以上)(人)、城市分性别和受教育程度的人口(抽样数)(6岁及以上人口)(人)数据来自国家统计局历年人口抽样调查结果;各地区社会保险基金支出中的城镇职工基本养老保险支出(亿元)数据来源于人力资源和社会保障部;各地区财政用于教育的支出(万元)、地方财政支出(万元)数据来源于历年中国财政年鉴。各地区GDP总量(亿元)、人均GDP增长率(%)、城镇登记失业率(%)、通货膨胀率(%)、人口自然增长率(‰)数据来源于历年中国统计年鉴。

三、中国省际面板数据的实证分析

在短面板实证分析中,发现城镇登记失业率、通货膨胀率、人口自然增长率三个因素对人力资本投资的影响微弱,且不显著,剔除这三个控制变量,而仅仅采用人均GDP增长率作为模型的控制变量,重新修正的模型为:

$$phep_{i,t}=\_cons+\alpha_1 uboir_{i,t}+\alpha_2 eer_{i,t}+\beta_1 gdpr_{i,t}+u_i+\varepsilon_{i,t}$$

采用$ophep$、$wphep$、$mphep$分别代表整体人力资本投资水平(overrall)、女性人力资本投资水平(women)、男性人力资本投资水平(men),同时进行固定效应模型分析和随机效应模型分析,并进行豪斯曼检验,发现无法拒绝原假设"u_i与所有解释变量均不相关",故认为应该采用随机效应模型。运用随机效应极大似然估计,分别对三个模型进行回归分析,结果见表6—1。

表6—1　　　　　　　　人力资本投资随机效应模型回归结果

$ophep$	MLE估计	$wphep$	MLE估计	$mphep$	MLE估计
$uboir$	2.727 148*** (3.58)	$uboir$	2.896 81*** (3.88)	$uboir$	2.589 003*** (3.21)
eer	0.610 017 5*** (3.46)	eer	0.561 328 8*** (3.29)	eer	0.668 921 9*** (3.52)

续表

$ophep$	MLE 估计	$wphep$	MLE 估计	$mphep$	MLE 估计
$gdpr$	0.161 515 4*** (3.35)	$gdpr$	0.168 718 6*** (3.67)	$gdpr$	0.154 352 4*** (2.93)
$\_cons$	−2.833 063 (−0.71)	$\_cons$	−4.402 546 (−1.14)	$\_cons$	−1.503 896 (−0.35)
N	(279,31)	N	(279,31)	N	(279,31)
LR chi2(3)	25.49	LR chi2(3)	28.01	LR chi2(3)	22.14

注：所有解释变量项中，括号上方为回归系数，括号内为 t 统计量。***、**、*分别表示1％、5％、10％水平上显著。

来自中国的现实数据对理论分析起到了经验支持，现收现付制下养老保险支出确实产生了对人力资本投资的正面影响。从回归结果可以看出，城镇人力资本投资水平显著正相关于代际养老保险支出和政府的教育投资支出，而人均GDP的提高有助于城镇居民生活水平的改善，对人力资本投资也起到了积极的促进作用。中国过去生产率的提高大部分与物质资本积累有关，未来的重点则应放在受到更好培训的工人和增加教育支出所带来的经济效益的提高上。伴随中国人口体量下降，当廉价劳动力不再，一些产业已经向东南亚转移，国内劳动市场由买方转向卖方时，为避免陷入"中等收入陷阱"，最好的方法就是持续提升人力资本，促进产业的结构升级。范内瓦·布什（Vannevar Bush,1960）的《科学：无尽的前沿》系统解析了科学对于国家经济与安全、社会福祉以及个人发展的重要意义，着重提出要重视基础科学研究，并给予科研工作者以高度的研究自由，因为人才及科技进步才是社会福祉增加的恒久动力源泉。①

另外研究发现，相对于男性而言，女性的人力资本投资水平更易受到代际养老保险支出的影响，其系数达到2.896 81，而较少受到政府教育投资支出的影响。因为当前形势下中国城镇职工基本养老保险体制相当于事实上的现收现付制，女性的退休年龄一般比男性早5～10年，且平均预期寿命长于男性5年左右，享受养老金待遇的时间更长，从而更易受到代际养老保险支出的影响。但中共十八届三中全会通过的《中共中央关于全面深化改革若干重大问题的决定》明确提出要研究制定渐进式延迟退休年龄政策，届时男性和女性人力资本投资水平受代际养老保险支出影响的程度是否趋于一致，有待继续观察。

第四节 老龄化下中国人力资本提升通道

如果能将数亿低龄活力老年人的空闲时间充分调动起来，无论是引导他们继续留在劳

---

① United States, Office of Scientific Research and Development Bush V. The Endless Frontier, Report to the President on a Program for Postwar Scientific Research[J]. Journal of the Arizona-Nevada Academy of Science,1960:179.

动力市场,还是从事各种志愿服务,都将对中国经济和社会发展产生重大的积极影响,这是一笔亟待开发的巨量社会财富。

从劳动市场人才层次来看,未来中国的老年人中将有越来越多专业技术人员,拥有多年积累下的宝贵专业知识技能,在社会分工中具有不可替代性,如果退休后完全脱离工作其实是社会资源的浪费,通过各种途径帮助他们再就业,就能够持续产生很大的社会价值。

此外,还有很大一部分老年人虽然缺少专业技能,但身体较为健康,可以做一些轻体力劳动工作。不过目前社会上的此类岗位呈现出减少态势,比如保安、收银员、家政等岗位越来越多地被智能安防、移动支付、AI 管家等高科技所替代。因此实际上能够消化大量低龄老年人的可能是国内方兴未艾的志愿服务,比如现在各地积极推进的养老"时间银行",大多以低龄活力老年人为主要参与者。在此做一个简单的估算:假设一位老年人每天志愿服务 1 小时,全年服务 250 天,以 2020 年 2 亿低龄活力老年人计,总志愿服务时长为 500 亿小时;而一名全职工作人员的全年工作时长假定为 2 000 小时(每天 8 小时,全年 250 个工作日),则 500 亿小时的总志愿服务时长相当于 2 500 万名全职工作人员,这几乎顶得上目前中国养老服务劳动力需求的 1/2。当然,由于低龄活力老年人的体力和技能有限,不能从事专业护理服务,但让他们从事低技能的养老服务工作,仍然可以极大地缓解未来养老需求暴增情形下劳动力供给不足的矛盾。参与志愿服务,专注于关系发展,可以提高人们对帮助周围需要帮助的人的认识。对低龄活力老年人而言,日常生活支持中,以合理的价格提供服务,比如为更长者提供午餐服务。对老年人而言,可以促进多代互动,包括让老年人成为儿童志愿者,防止社会孤立,鼓励老年人走出家门,让社交创造更多的社区空间。此外,低龄活力老年人的志愿服务还可以深入社会治安巡查、少儿课后托管、生态环境保护等社会生活的各个领域,在充实退休后生活的同时更能促进社会的和谐稳定,实现比低技能再就业大得多的社会价值。

人力资本是经济社会发展的第一资源,成为构建新发展格局的重要依托。2022 年中共中央、国务院出台《关于加快建设全国统一大市场的意见》,全国统一大市场下,人力资本服务业迎来重要变化。

在鼓励促进就业创业方面,支持各地发展专业性、行业性人力资本市场,统筹推进劳动力市场、人才市场、零工市场建设,服务各类劳动者实现充分就业。鼓励通过政府购买服务的方式,支持人力资本服务机构参与春风行动、民营企业招聘周、高校毕业生就业服务月等公共就业服务活动。鼓励经营性人力资本服务机构发挥市场主体作用,吸纳就业、促进就业、稳定就业,开展职业技能培训的,按规定享受职业技能培训补贴;吸纳重点群体就业的,按规定享受社会保险补贴;为重点群体提供就业创业服务的,按规定享受就业创业服务补助;开展就业见习的,按规定予以见习补贴;稳定本机构就业岗位的,按规定享受失业保险稳岗返还补贴。鼓励人力资本服务机构适应就业新形势,开发灵活用工平台等就业服务新产品、新模式,更好服务促进就业创业。

在完善政府购买服务方面,加大政府购买人力资本服务力度,将人力资本服务纳入政府购买服务目录,明确政府购买人力资本服务种类、性质和内容并及时动态调整。鼓励通过购买专业化人力资本服务提升政府在促进就业创业、人才引进、企业服务等方面的公共服务效能。健全政府购买人力资本服务制度机制,加强合规审查、监督检查和评估问效,提高财政资金使用效益。

社会保障必须找到新的路径,利用技术手段打破隔离障碍、数字鸿沟,并减轻劳动力市场急剧调整带来的社会影响,必须利用社会保障保护整个生命周期过程中的人力资本投资,尤其是在关键的过渡时期:从幼儿期到教育阶段、再到工作场所、失业和重返劳动力市场、疾病、残疾和退休,让人力资本通过社会保障真正成为促进就业和拉动经济增长的利器。

第五节　本章小结

新经济增长理论认为人力资本积累才是长期经济增长的动力所在。现收现付制使得养老金福利与人力资本投资成为两代人之间的自发契约,但人力资本积累的外部性不能使个人获得其全部益处,这时就需要政府教育资源的投入弥补。人力资本投资会促进教育程度的提高,进而提升退休前的工资收入,使得退休后养老金收入水平提高,个体如果有这样的预期,就会增加人力资本投资,最终形成社会保障支出、人力资本投资与经济增长之间的良性互动。

将世代交叠模型从两期扩展为三期进行优化处理,并将子女人力资本形成贡献划分为父母对子女教育投资、政府公共教育投资、父母知识水平影响三个方面,分析经济处于平衡增长路径时人力资本投资所满足的微分方程。在经验实证中,必须首先控制住各地区教育支出对人力资本投资的影响,才能有效分析社会保障支出对人力资本投资的影响效果。随机效应模型回归结果显示现收现付制下中国的养老保险支出确实对人力资本投资发挥了积极的促进作用,当然政府公共教育投资支出贡献也功不可没,在当今经济增长速度放缓的时代,中国生产率的进一步提高则有赖于人力资本投资更好的实现条件。

第七章　社会保障支出对就业的影响效应分析

充足稳定的劳动就业是经济增长的条件和保证,在现代宏观经济学产出方程中,"Labor"是不可或缺的投入要素,并且通过就业获取回报成为中国居民的主要收入来源,因此在当前增加劳动就业既是经济发展的需要,又是民生福祉的诉求。而社会保障对劳动就业产生重要影响进而对经济增长产生作用,则成为政府宏观调控中的战略手段。

第一节　社会保障安全网下劳动者对劳动供给的反应

一、社会保障对劳动供给的双重作用机制

社会保障能够确保劳动者在丧失经济收入和劳动能力的情况下,维持自身及家庭成员的基本生活,保证劳动力再生产不受到阻碍或中断,劳动者素质的提高有利于劳动者的就业和劳动供给的增加。但有了社会保障的风险防范和兜底作用,压力减小情况下,劳动者会更偏好于休闲获得的效用,从而减少劳动供给。

社会保障也解决了老年人的后顾之忧,戴蒙德和豪斯曼(Diamond & Hausman,1984)对美国案例研究表明:约33%的老年工人因为缺乏可供就业的机会而选择了提早退休,但因为有了退休后的养老金,因此社会保障会促使劳动者更大规模地退出工作岗位。科斯塔(Costa,1998)发现,社会保障支出改变了老年人口的劳动参与率,美国65岁以上人口劳动参与率1900年为65%,而1990年为18%;英国65岁以上男性劳动者劳动参与率1900年为61%,而1990年为8%;德国65岁以上男性劳动者劳动参与率1900年为58%,而1990年为5%。因此社会保障大大减少了老年人的劳动供给。布卢姆等(Bloom et al.,2007)通过对51个高收入和低收入国家的研究表明,即使完全积累制的社会保障制度也能使老年人的劳动供给下降5%左右。福利转移使得劳动者在扣除税收之后,与不劳动而从社会保障中获得各种津贴者之间的收入差距大大缩小,助长了人们对福利的依赖情绪,也影响了劳动者的工作积极性,减少劳动供给,在一定程度上使国民丧失了"新教伦理的资本主义精神",削弱了国民素质和国家竞争力。以瑞典为例,其慷慨的福利制度使得工作与不工作的收入差距不到20%,很难激发劳动者的工作热情。亚瑟·M.奥肯(Arthur M. Okun)曾提出著名的"漏桶理论",从富人征收的每1美元税收,实际上使穷人的收入只增加50美分,其余的都消耗在勤奋程度下降和管理成本上。税收一方面打击了富人的劳动热情,使他们减少劳动供给;另一方面过高的社会保障水平使得有一部分人不劳而获,从而失去重新就业和摆脱贫困的动机,同样会减少劳动供给。

发达国家社会保障支出上升和福利转移计划,使得劳动者劳动供给大为减少,在OECD国家呈现出在职劳动者年平均工作时间的逐渐下降(见表7—1)。OECD国家整体在职劳动者年平均工作时间从1979年的1 924小时下降到2012年的1 765小时,另外可以看出,由于全球经济形势恶化的影响,部分国家在职劳动者年平均工作时间在2007—2011年有所回升,如捷克从1 793小时上升到1 830小时,西班牙从1 658小时上升到1 685小时,但这种应对经济危机的回升显然是暂时的。

表7—1　　　　　　　　OECD国家在职劳动者年平均工作时间　　　　　　　　单位:小时

国家	整体在职劳动者							
	1979年	1983年	1990年	1995年	2000年	2007年	2011年	2012年
澳大利亚	1 832	1 785	1 778	1 792	1 776	1 711	1 693	1 728
奥地利	—	—	—	1 826	1 842	1 771	1 696	1 699
比利时	—	1 670	1 658	1 580	1 545	1 560	1 576	1 574
加拿大	1 841	1 779	1 796	1 774	1 777	1 739	1 698	1 710
智利	—	—	—	—	2 263	2 128	2 047	2 029
捷克	—	—	—	1 863	1 904	1 793	1 830	1 800
丹麦	1 636	1 638	1 539	1 541	1 581	1 570	1 548	1 546
爱沙尼亚	—	—	—	—	1 987	1 999	1 924	1 889
芬兰	1 869	1 823	1 769	1 776	1 751	1 706	1 680	1 672
法国	1 804	1 685	1 644	1 590	1 523	1 485	1 482	1 479
德国	—	—	—	1 529	1 471	1 422	1 406	1 397
希腊	—	2 208	2 105	2 132	2 130	2 037	2 039	2 034
匈牙利	—	2 080	1 945	2 006	2 033	1 978	1 976	1 888
冰岛	—	—	—	1 832	1 885	1 781	1 731	1 706
爱尔兰	—	1 981	1 988	1 875	1 719	1 633	1 541	1 529
以色列	—	—	—	1 995	2 017	1 931	1 920	1 910
意大利	—	1 876	1 867	1 859	1 861	1 816	1 772	1 752
日本	2 126	2 095	2 031	1 884	1 821	1 785	1 728	1 745
韩国	—	2 911	2 677	2 648	2 512	2 306	2 090	—

续表

国家	整体在职劳动者								
	1979 年	1983 年	1990 年	1995 年	2000 年	2007 年	2011 年	2012 年
卢森堡	—	1 798	1 787	1 740	1 683	1 537	1 600	1 609
墨西哥	—	—	—	2 294	2 311	2 262	2 250	2 226
荷兰	1 556	1 524	1 451	1 456	1 435	1 388	1 382	1 381
新西兰			1 809	1 841	1 828	1 766	1 762	1 739
挪威	1 580	1 553	1 503	1 488	1 455	1 426	1 421	1 420
波兰	—	—	—	—	1 988	1 976	1 938	1 929
葡萄牙	—	—	1 990	1 923	1 791	1 752	1 711	1 691
斯洛伐克	—	—	—	1 853	1 816	1 791	1 793	1 785
斯洛文尼亚	—	—	—	—	1 710	1 655	1 649	1 640
西班牙	1 930	1 825	1 741	1 733	1 731	1 658	1 685	1 686
瑞典	1 530	1 532	1 561	1 640	1 642	1 618	1 636	1 621
瑞士	—	—	—	1 704	1 688	1 633	1 636	—
土耳其	1 964	1 935	1 866	1 876	1 937	1 911	1 864	1 855
英国	1 813	1 711	1 765	1 731	1 700	1 677	1 625	1 654
美国	1 829	1 820	1 831	1 844	1 836	1 798	1 787	1 790
OECD（加权）	1 924	1 903	1 881	1 864	1 844	1 797	1 765	1 765

注：在职劳动者覆盖全职劳动者和兼职劳动者。
资料来源：OECD 国家就业数据库，经过部分整理。

由于员工福利等因素，欧洲国家对劳动力市场的过度管制限制了企业的用人自由，影响了劳动市场的良性运作，造成欧洲失业率居高不下。解雇补偿以及复杂的解雇程序等解雇成本无形中增加了劳动力成本，鼓励资本替代，并人为造成了劳动力市场的分割，降低了劳动者工作的积极性。关于社会保障支出对劳动供给的影响，从短期来看，生产者会把社会保障费用同生产成本一样处置，并企图通过提高产品价格来弥补。而提高价格，产出和就业就会有下降趋势，因为雇主试图将其负担的社会保障费用转嫁给消费者，但在竞争性的国际市场显然很难做到，于是只能减少产量或者退出生产领域，整个社会所面临的问题将是失业人口的增加。既然社会保障支出会成为劳动力成本的一部分，势必影响雇主对劳动力资源的需求，雇主选择用资本来代替劳动力就会使得一部分劳动力被排挤出生产过程，失业率上升。许多欧洲国家近几年失业率居高不下的重要原因之一就是高福利引致的劳动力成本过高。从长期来看，社会保障支出对劳动供给的影响则取决于职工对工资降低的反应。

而在加强劳动激励的少数国家，年纪较大的工人倾向于推迟退休，增加工作时间。有慷慨的养老金和福利体系作保证的情况下，工人敢于进行更长期的人力资本投资，并使得女性劳动力的供给增加。带来这些好处的同时，年纪较大工人工作时间延长而贡献的边际价值却在迅速递减。整体而言，刺激劳动供给的所有好处可能会呈现出一种"倒 U"形曲线，必须在两种情况之间综合平衡。

二、现收现付制下考虑休闲效用后的劳动供给

如果休闲能给个人带来效用，那么生存期为两期的代表性消费者的效用最大化问题为：

$$\max U = U[C_t^{Y,i}, C_{t+1}^{O,i}, 1-(LS)_t^i]$$
$$\text{s.t.} \quad C_t^{Y,i} + S_t^i = (1-\tau)W_t(LS)_t^i$$
$$C_{t+1}^{O,i} = (1+r_{t+1})S_t^i + P_{t+1}^i$$

其中，$1-(LS)_t^i$ 表示第 i 个个人的休闲时间（leisure），$(LS)_t^i$ 表示第 i 个个人的劳动供给（labor supply）。将工资率统一设定为 W_t，社会保障税税率设定为 τ。

如果工作也能给个人带来效用，那么生存期为两期的代表性消费者的效用函数就变为：

$$U = U[C_t^{Y,i}, C_{t+1}^{O,i}, (LS)_t^i, 1-(LS)_t^i]$$

而这仅仅是考虑休闲后效用函数的一种扩展情形，因此不做更加详细的分析。

因为个人在工作期提供的劳动供给不同，所以就有必要在退休后的养老金待遇上体现差异，以鼓励多劳多得，少劳少得。在现收现付制下，代表性消费者在退休后获得的养老金为：

$$P_{t+1}^i = \left(LS_t^i \Big/ \sum_{j=1}^{L_t} (LS)_t^j\right) \left(\tau W_{t+1} \sum_{j=1}^{L_{t+1}} (LS)_{t+1}^j\right)$$

第一个括号表示个体 i 在工作期提供的劳动供给占所有工作人群总体劳动供给的比重，第二个括号表示下一代人缴纳的社会保障税总量。个体 i 在退休后获得的养老金水平既依赖于年轻时的付出程度，又依赖于下一代人工作的努力程度。

对个体 i 效用最大化问题求解，其一阶条件化简为：

$$\frac{1}{1+r_{t+1}} = \frac{\partial U}{\partial C_{t+1}^{O,i}} \Big/ \frac{\partial U}{\partial C_t^{Y,i}}$$

$$\left\{1-\tau\left[1-\left(\frac{W_{t+1}}{W_t}\right)\left(\frac{\sum_{j=1}^{L_{t+1}}(LS)_{t+1}^j}{\sum_{j=1}^{L_t}(LS)_t^j}\right)\left(\frac{1}{1+r_{t+1}}\right)\right]\right\}W_t = -\frac{\partial U}{\partial (LS)_t^i} \Big/ \frac{\partial U}{\partial C_t^{Y,i}}$$

这两个式子分别表示个体 i 最优消费、最优劳动供给的欧拉方程。这时，个体提供最后一单位劳动带来的成本应该等于最后一单位劳动带来的税后收入对消费效用的提升。实

际上有效税率为 $\tau_E = \tau \left[1 - \left(\frac{W_{t+1}}{W_t}\right)\left(\frac{\sum_{j=1}^{L_{t+1}}(LS)_{t+1}^j}{\sum_{j=1}^{L_t}(LS)_t^j}\right)\left(\frac{1}{1+r_{t+1}}\right)\right]$，尽管名义上社会保障税税率仍为 τ，那么有效工资为 $W_{t,E} = (1-\tau_E)W_t$，即最优劳动力供给的欧拉方程中左边式子。

利用欧拉方程和约束条件可以求得最优消费 $C_t^{Y,i*}$、$C_{t+1}^{O,i*}$ 和最优劳动供给 $(LS)_t^{i*}$，三者均为 $W_{t,E}$ 和 r_{t+1} 的函数。

如果任何时期 t 每个个体 i 提供同样的劳动供给，即 $(LS)_t^i = (LS)_t = (LS)$，且劳动力增长率或者说人口增长率 n 为常数，即 $L_{t+1} = (1+n)L_t$，那么：

$$\left(\frac{\sum_{j=1}^{L_{t+1}}(LS)_{t+1}^j}{\sum_{j=1}^{L_t}(LS)_t^j}\right)\left(\frac{1}{1+r_{t+1}}\right) = \left(\frac{L_{t+1}(LS)}{L_t(LS)}\right)\left(\frac{1}{1+r_{t+1}}\right) = \frac{1+n}{1+r_{t+1}}$$

这时又回到了艾伦条件，如果艾伦条件满足，有效税率为负。现收现付制下的社会保障税就可以看作对人们的一项补贴，而非一项税收，而这重新印证了布雷耶和斯特劳布（Breyer & Straub,1993）曾经提出过的现收现付制的优点。

这时社会保障的劳动供给弹性为：

$$\frac{\partial(LS)}{\partial \tau}\frac{\tau}{LS} = -\frac{\partial(LS)}{\partial W_{t,E}}\frac{W_{t,E}}{LS}\left(\frac{\tau_E}{1-\tau_E}\right)$$

方程右边前两项是有效工资的劳动供给弹性。这样看来，社会保障的劳动供给弹性一方面取决于有效工资的劳动供给弹性，另一方面取决于有效税率，而有效税率的正负依赖于艾伦条件是否满足。

对于有效工资来说，其边际效用递减，而在工资逐步上升时休闲的边际收益增大，因此劳动者宁愿工作更少的时间，于是代表性消费者的劳动供给曲线向左后方弯折（见图7-1）。

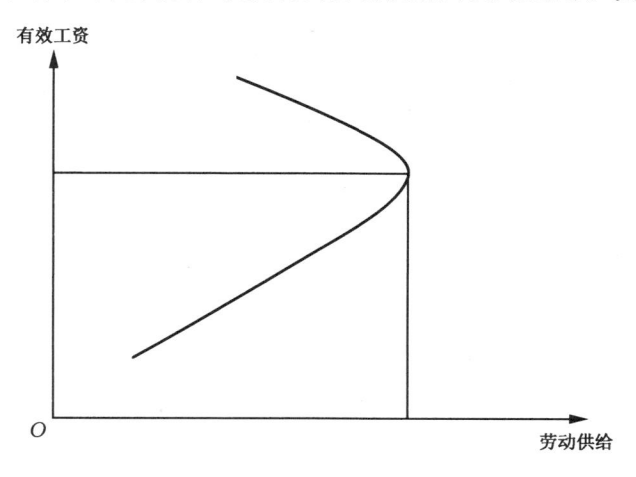

图7-1 劳动供给与有效工资的关系曲线

但对中国绝大多数劳动者来说,工资尚处于边际效用为正的第一阶段,有效工资的劳动供给弹性为正,即 $\frac{\partial(LS)}{\partial W_{t,E}}\frac{W_{t,E}}{LS}>0$;而中国的计划生育政策又使得艾伦条件不能得到满足,有效税率为正,即 $\tau_E>0$,那么 $\frac{\tau_E}{1-\tau_E}>0$。即可推得 $\frac{\partial(LS)}{\partial \tau}\frac{\tau}{LS}<0$,社会保障的劳动供给弹性为负,显示社会保障会对劳动供给产生负面影响。需要注意的问题是,在研究当中关注的仅仅是正常的劳动供给,由于中国庞大的劳动力存量以及正的劳动供给弹性,现实远较理论复杂得多:平均工资较低导致的边际效用为正,使得中国的劳动者更愿意加班获得更高的收入同时牺牲自己的休闲时间;中国人勤劳的特质也会使其在正常工作时间之外兼职提供额外劳动;另外增加的做家务时间也可看作社会意义上的劳动供给。当然,这些问题的存在并不妨碍研究中社会保障税对劳动供给整体影响效果的分析。

三、完全积累制下的劳动供给

经济理论通常认为,企业愿意支付给工人的补偿相当于他们的生产力价值。补偿可以采取多种形式,但只有总成本才是对雇主最重要的问题。把养老金作为推迟的工资,特别是与工作年限和最后几年工资水平挂钩时,会对员工起到某种程度的激励作用(Wise,1985)。[①] 而布林德(Blinder,1981)的研究表明,在资本市场完善、无税收、无强制退休、工资等于劳动边际产品价值(VMPL)的确定情况下,养老金和工资是完美的替代品,这一性质称之为养老金中性。[②] 从这个角度看,公司可能被视为员工福利中性的卖家,愿意提供工人以任何组合的现金薪酬和福利保障。而工人们更喜欢他们的总薪酬的一部分采用养老金支付的形式,这样可以延期交税并享受养老金税收优惠。各国政府对养老金的激励措施通常是税收的减免,一般储蓄为税后收入,养老金计划中的储蓄则为税前收入,退休后使用时才交税,而这时收入低,无工资税,推迟缴税可以很大程度上增加实际收入。因税收减免而增加的储蓄一方面有利于国民经济的发展,另一方面防止老年贫困,同时减少老年社会救助需要,对国家和个人都有好处。

在完全积累制下,指定缴纳的百分比的薪水作为退休后的养老金,其比例不会随着年龄的增长而变化,而仅取决于每年的贡献大小以及累积资产的回报率。由于早期的归属和退休账户的所有权,工人养老金的固定缴款计划不会因改变工作而使他们的养老金财富遭受损失,工人有充分的劳动积极性为自己谋取利益,因此完全积累制下工人的工作时间和退休时间不会受到负面影响,并由于这种补偿和激励机制,劳动者工作的积极性更高,较少辞职并拥有更长的工作任期,最终在其养老金计划规定的特定年龄退休。

---

① Wise D A, Hausman J A. Social Security, Health Status, and Retirement[C]. //Pensions, Labor, and Individual Choice[M]. Chicago:University of Chicago Press,1985:159—192.

② Blinder A S, Gordon R H, Wise D E. An Empirical Study of the Effects of Pensions and the Saving and Labor Supply Decisions of Older Men[M]. Berkeley:Mathtech,1981:375—378.

四、中国社会保障支出对劳动供给影响的实证检验

中国自 1995 年 5 月 1 日起实施的工时制度规定:劳动者每日工作时间不超过 8 小时、平均每周工作时间不超过 44 小时。在实际操作中,这一限定经常被打破,原因是多方面的,有效工资的劳动供给弹性是其重要影响因素,而养老保险费用的缴纳无疑造成有效工资水平更加低下,同时人口自然增长率持续低下、老龄化加速、总量就业人口减少对现收现付制形成了持久压力,经济增速放缓使得这一问题的严峻性更加突出。

基于在理论模型中的讨论,为研究社会保障支出对城镇就业人员劳动供给的影响,需要控制住两个因素,即有效工资的劳动供给弹性和艾伦条件,分别以实际工资和人口自然增长率变量代替实现。采用 2001—2020 年中国 31 个省区市的面板数据进行实证分析,数据来源于《2000—2020 中国劳动统计年鉴》《2020 中国人口普查资料》、Wind 数据库和 OECD 数据库。

用通货膨胀率(城市 CPI 指数)对城镇就业人员平均工资进行处理,得到城镇就业人员实际平均工资($trwi$);另外,对城镇就业人员周平均工作时间进行对数处理($lnwt$),采取城镇基本养老保险支出与地区生产总值的比率($uboir$)作为衡量养老保险支出水平的标准,取 GDP 增长率(g_gdp)、城镇登记失业率($ruur$)、人口自然增长率($npgr$)、老年人口抚养比($edrp$)作为控制变量,构建固定效应面板模型如下:

$$lnwt_{i,t} = \alpha uboir_{i,t} + \beta X_{i,t} + u_i + \varepsilon_{i,t}$$

其中,向量 $X_{i,t}$ 包含了所有控制变量,u_i 考虑省际因经济发展水平和风俗习惯不同而表现出来的异质性。采用 Stata17.0 对面板数据进行处理,得到表 7—2。

表 7—2　城镇基本养老保险支出对城镇就业人员劳动供给影响固定效应回归结果

$lnwt$	相关系数	标准误差稳健性	t	$p>\|t\|$
$uboir$	−0.175 527 4*	0.175 110 4	−1.28	0.075
g_gdp	0.008 438*	0.006 858 1	8.23	0.065
$ruur$	0.019 356 2	0.047 815 5	3.40	0.352
$npgr$	−0.039 741 5*	0.031 997 7	4.24	0.061
$edrp$	0.103 501 7**	0.077 942 9	2.33	0.032
$cpir$	−0.780 668 1**	0.753 694 9	−7.04	0.034
$trwi$	−0.159 685 4	0.640 881 3	−0.25	0.415
$\_cons$	3.683 719**	1.202 32	3.06	0.022
sigma_u	1.389 562 36			
sigma_e	0.258 956 36			
rho	0.892 662 38　(u_i 引致的方差)			

注:***、**、*分别表示 1%、5%、10%水平上显著。

可以看出,养老保险支出水平负相关于城镇就业人员的劳动供给,印证了 $\frac{\partial(LS)}{\partial \tau}\frac{\tau}{LS}<0$,即现阶段社会保障的劳动供给弹性为负。城镇就业人员的劳动供给与经济形势有关联,正相关于经济增长率,这依旧与大部分劳动者尚处于有效工资劳动供给弹性为正的第一阶段有关,如果经济形势良好且有效工资较高,劳动者愿意提供更多的劳动供给,而休闲则不会被放在首位。城镇就业人员的劳动供给负相关于人口自然增长率、正相关于老年人口抚养比,在人口自然增长率下降、老年人口抚养比上升的今天,现收现付制下年轻一代城镇就业人员的负担加重,从而需要提供更多的劳动供给,实证结果进一步验证了现实中存在的问题。

从各年龄段城镇就业人员周平均工作时间来看,低年龄段就业人员的工作时长远超高年龄段就业人员工作时长(见表7-3),主要原因也是基于两个:一是低年龄段就业人员参加工作时限短,工资水平偏低,有效工资的劳动供给弹性大,从而倾向于增加劳动时长,以增加工资性收入来弥补财产性收入的不足;二是人口老龄化加速造成现收现付制下养老保险的代际转移负担加重,年轻就业人员被迫承担更大的社会负担,从而增加工作时长。鉴于省际各年龄段城镇就业人员周平均工作时间数据的缺乏,无法在实证上进一步验证各年龄段就业人员就业时长的具体作用效果。另外,受教育程度较低(如小学、初中、高中等学历)的就业人员周工作时长较长,并且更多从事低技能服务业等体力劳动。

表7-3　　　　　　　　城镇就业人员调查周平均工作时间　　　　　　　　单位:小时/周

分　组	2015年	2016年	2017年	2018年	2019年	2020年
全部	45.5	46.1	46.2	46.5	46.8	47.0
一、按年龄分组						
16～19岁	48.4	48.4	48.6	48.3	48.1	48.6
20～24岁	46.2	46.7	46.5	46.8	46.3	47.0
25～29岁	45.8	46.3	46.5	46.6	46.9	47.2
30～34岁	45.7	46.4	46.5	46.8	47.5	47.9
35～39岁	45.9	46.4	46.6	46.9	47.2	47.7
40～44岁	46.1	46.6	46.7	47.0	47.5	47.8
45～49岁	45.7	46.3	46.4	46.8	47.6	47.7
50～54岁	44.9	45.6	45.9	46.4	46.9	47.0
55～59岁	43.9	44.7	44.8	45.2	45.7	45.7
60～64岁	42.4	42.8	43.3	44.1	43.9	43.4
65岁	37.2	38.4	38.9	39.1	39.0	37.8

续表

分　组	2015年	2016年	2017年	2018年	2019年	2020年
二、按受教育程度分组						
未上过学	42.1	41.9	41.8	42.0	41.5	39.5
小学	45.3	46.1	46.2	46.5	46.4	45.6
初中	48.1	48.6	48.9	49.2	49.5	49.6
高中	46.0	46.7	46.9	47.3	47.9	48.5
大学专科	43.4	44.0	44.0	44.3	44.7	45.2
大学本科	41.7	42.3	42.1	42.3	42.7	42.8
研究生	41.0	41.7	41.5	41.5	42.0	42.0

注：高中包括中等职业教育，大学专科包括高等职业教育。
资料来源：国家统计局人口和就业统计司．中国人口和就业统计年鉴2021[M]．北京：中国统计出版社，2021：204－205。经过部分整理。

随着2014年之后中国经济步入稳健增长的新常态，经济增速放缓，就业市场压力上升，并且随着中国劳动力成本的上升，部分劳动密集型外资企业向东南亚转移，有效工资劳动供给弹性向第二阶段发展，未来还有很大变数，关于社会保障税的劳动供给弹性的研究有待持续跟进。总的来说，基本养老保险解决了劳动者退休之后的后顾之忧，使得劳动供给趋于下降；但人口自然增长率持续低下、老龄化加速、总量就业人口减少又会使劳动供给上升，最终结果取决于两者影响力的彼此消减，在延迟退休年龄被提上日程之后，问题将更趋复杂化。

第二节　社会保障的失业治理目标与现实差距

从社会保障失业治理的目标来看，社会保障要能够确保劳动者在丧失劳动收入或劳动能力的情况下维持自身及其家庭成员的基本生活，保证劳动力再生产过程不致受阻或中断，并通过提供培训和教育津贴等形式对劳动力生产给予补贴，提高劳动力资源的整体素质。但道德风险问题的出现反而使失业率和失业时间有所上升，从而违背了政府失业治理的初衷。于是在实践中社会保障支出能否真正对失业率起到降低或缓和作用，以及如何维持就业与救助之间、发展与福利之间的动态平衡，都将是一个持续而重要的议题。

一、社会保障以治理失业和促进就业为出发点

经济理论认为，劳动力需求不足和劳动力供给过剩是导致失业问题的关键，从整体上看，经济体中的工作岗位可能会绝对短缺，可能会由于各地区经济增长速度的不同而相对失衡,可能会因为经济周期的缘故而使得岗位需求下降,也可能会因为技术进步的缘故、企业裁员或雇主倾向于招聘未曾失业的员工而限制更多岗位需求。在失业的行为主义理论中,一种观点认为问题在于失业人员怀有不切实际的职业期望,不愿屈就于低薪岗位,同时失业人员的道德是有问题的(Smith,1992;Mead,1997)[①];另一种观点倾向于认为长期失业对失业人员的工作动机造成了不利影响。

劳动力资源具有自身的特点,本期可利用的劳动力不能移至下期使用,本期可利用劳动力资源的闲置就构成这部分资源的永久性浪费。无论从何种方面看,失业都对经济产生了严重影响,造成资源浪费、经济衰退和国民收入下降,并使得群体间收入差距扩大和社会不稳定因素增加,引发犯罪活动甚至社会动荡。社会保障中的失业保险制度作为现代社会的安全网,为失业者提供生活保障,增强其心理平衡感和社会安全感,使其坦然面对困难,积极寻求再就业机会。社会保障一方面使得劳动者失业后体力、智力、下一代培养得到必要的补偿,另一方面提供的培训提高了劳动者素质,减少结构性失业。

就业为民生之本,促进就业是保障和改善民生之关键。一个家庭在其主要劳动力失去工作之后,就会由生产实体转变为完全的消费实体,家庭的功能将大大缩小。劳动者主要依靠工资收入来维持生计,工资报酬成为其获得收入的重要来源,一旦收入中断,整个家庭的生活陷入困境的概率就增加,因此实现就业对劳动者来说是至关重要的。因此应该实行积极的社会保障制度,在治理失业和改善就业上发挥更大作用,通过专业培训、职业培训、职业介绍等方式让失业者尽快找到工作,重新就业。

二、社会保障提供时造成失业率返高的影响因素

尽管社会保障的目标在于增进就业,增加劳动积极性。但社会保障支出尤其是失业保险支出却有可能造成失业率的上升,与社会保障目标背道而驰。潘莉(2006:181)指出,有了社会保障安全网,失业的后果就没有之前严重,使得雇员和雇主不去尽最大努力关注和创造稳定的就业,失业的时间也会更长,并且厂商更愿意解雇临时工人而非设法保留他们的工作岗位。另外,高水平社会保障支出带来的管理费用的增加,工作积极性的挫伤,以及经济社会的其他代价都会造成无效率。而社会保障税征收时存在上限,对中等收入和高收入群体的工作努力程度影响不大,对穷人行为方式影响却较为显著,因而可能造成一个依赖他人的永久贫困阶层,最终导致加入社会保障机制后失业的状况反而有所恶化。

当然,形成失业率返高还有其他几种作用路径:

一是福利陷阱。制度经济学派认为是福利国家制度导致了失业问题的持续,福利依赖总是与被动性和对经济援助或福利的自我毁灭式的长期依靠相伴而生。有学者(Millar &

---

① Smith D. Understanding the Underclass[M]. London:Policy Studies Institute,1992:54—79.
Mead L. From Welfare to Work:Lessons from America[M]. London:Institute for Economic Affairs Health and Welfare Unit,1997:275—276.

Ridge,2001)声称,社会保障待遇水平过高,会促使有工作的人离开工作岗位,或者导致没有工作的人不想去工作。当社会保障水平过高时,领取的失业保险金和各项津贴大于低水平劳动者工资,则劳动者宁愿失业也不愿出去工作。即使低收入群体失业后获得的福利待遇持平于参加工作而获得的收入,也会使得他们很难有积极的愿望重新返回工作岗位。因此失业问题不仅是社会保障危机的原因,而且成为社会保障支出水平不断攀升的结果。

二是企业的成本考虑。较高的社会保障水平加重了企业负担,削弱了企业的市场竞争力,并且使得企业在用人方面更加谨慎,挤出或排斥某些低技能人群的就业需求,导致失业问题更为严重,反过来增加社会保障支出上的压力。

三是过高的社会保障支出拖累了经济。阿瑟·奥肯(1970)曾指出,当实际 GDP 增长率相对于潜在 GDP 增长率减少 2% 时,失业率上升大约 1%。防止失业率上升,实际 GDP 至少应当与潜在 GDP 增长一样快。劳动力需求的水平,动态意义上取决于经济增长,经济增长速度越快,劳动力需求量就越大,就业岗位增加就越多。福利支出对积累率和经济动力产生了消极影响,导致经济和行政效率的低下。高水平的福利状态需要高税负的支持,而高税负影响了企业的竞争活力,拉高了劳动力生产成本,形成了经济发展的恶性循环,加剧了失业状况的恶化。

四是对劳动市场的干预,如限制企业解雇员工的权利,制订最低工资法等,虽然其目标在于使劳动者得到更为充分的保障,却使得企业的劳动需求曲线向左移动,工资不能足够下降以出清市场,也会导致失业的增加。并且因为每个劳动者处境不同,有着不同的需求,限制企业解雇员工的权利或制订最低工资法案并不能给大多数劳动者提供生活收入。

以考虑所有人在《劳动合同法》实施前后的差别为例,现在假定把就业人群分为两类人:技能低的和技能高的。《劳动合同法》的目标在于保护所有劳动者的利益,是一种政府调控市场的行为。但是实施后的效果与预期目标有较大的差异。假设某个工厂里,低技能者月工资 1 600 元,高技能者月工资 4 000 元,《劳动合同法》规定最低工资 2 000 元,那么企业就不愿意聘用低技能者和女性工作者(带薪休产假等原因),这部分人原先还有 1 600 元收入,现在就失业了,只能依靠政府救济,从而损害了这部分人的利益;既然低技能者被解聘了,高技能者除了完成自己工作,还得担当原先低技能者的一部分工作,在工资并未上升的情况下,也损害了这部分人的福利。那么名义上的保障其实是损害了所有劳动者的福利。因此对于三条保障线——下岗职工基本生活保障、失业保险制度和城镇居民最低生活保障——来说,政府起到的作用有时也是适得其反。

三、国外关于社会保障支出对失业影响作用的争论

20 世纪 70 年代初是社会保障体系的鼎盛时期,为了减少 60 年代被重新发现的贫困,政府提高了社会保障待遇,但 70 年代中期开始,失业人数急剧上升,这种情况很大程度上是由于 1974 年石油价格飙升导致的全球性经济危机引起的。"滞胀"危机令人记忆犹新,经济

停滞不前,通货膨胀持续上升,失业率居高不下。1982年年底,欧洲共同体国家的平均失业率在10%以上,失业人数1 200万人,OECD成员国失业人数高达3 050万人(陈银娥,2000)。简·米勒(Jane Millar,2003)指出,没有其他任何证据表明,是社会保障体系导致了失业人数的上升。失业人数的增长是由于根本性的经济变迁导致的,而社会保障体系作为一种安全网,使得失业人员不至于喝西北风。[1] 另外,通过对单身母亲就业率的研究(Holtermann et al.,1999;Marsh et al.,2001)[2],无子女配偶就业率的研究(Mckay et al.,1999)[3],因住房津贴不愿冒险挣钱的人就业率的研究(McLaughlin et al.,1989)[4],非经济人口如失能津贴领取者的研究(Berthoud,1998)都表明,社会保障体系会对这些人的行为有影响,但其他因素的影响更为关键,由于缺乏工作经验或劳动技能等原因,这些人原本就业率就很低,且没有证据表明那些领取津贴的人在装病、装残疾或假装贫困。[5]

尽管造成失业的根本原因在于经济发展的动力不足,而非社会保障体系本身,过高的社会保障水平仍然难辞其咎。高福利政策带来了高税收、高成本(包括工资与社会保障费用),而高税收、高成本意味着生产经营的利润回报率大幅降低,窒息了企业的投资意愿,投资萎缩成为经济发展动力不足的重要因素。社会保障中的失业保险和补贴本意在于保证劳动者失业后的福利待遇不会降低,但过高的标准往往适得其反。任何水平的失业保险和补贴其实都可以有所作为,关键在于其保障方式能否真正地提高劳动者素质,而这才是劳动者从社会保障中获得的最重要的福利。

2009年开始的欧债危机推升了欧洲的失业率,而在失业率上,福利型国家明显高于自保公助型国家,如2009年希腊15~24岁劳动人口的失业率达到8.5%,而奥地利只有4.8%。希腊过高的社会保障支出导致财政预算长期超支引发了经济社会危机,加上欧元区长期的低利率政策使希腊等国享受低借贷成本维持经济增长,掩盖了其劳动成本居高不下的潜在危机。与之相反,同样的高福利国家瑞典,在此次危机中顶住了压力,经济社会大体保持稳定,再次凸显福利国家优势,与其社会保障体制中妥善处理公平与效率,积极的就业政策是分不开的。

---

[1] Jane Millar. Understanding Social Security:Issues for Policy and Practice[M]. Bristol:The Policy Press and the Social Policy Association,2003:19—25.

[2] Holtermann S,Brannen J,Moss P,Owen C. Lone Parents and the Labor Market:Results from the 1997 Labor Force Survey and Review of Research[M]. London:Institute of Education,University of London,1999:155—157.

Marsh A,Mckay S,Smith A,Stephenson A. Low-income Families in Britain:Work Welfare and Social Security in 1999[J]. DSS Research Report No. 138,Leeds:Corporate Document Services,2001:756—759.

[3] Mckay S,Smith A,Youngs R,Walker R. Unemployment and Job-seeking after the Introduction of Jobseekers' Allowance[J]. DSS Research Report No. 99,Leeds:Corporate Document Service,1999:431—434.

[4] McLaughlin E,Millar J,Cooke K. Work and Welfare Benefits [M]. Aldershot:Gower,1989:122—136.

[5] Berthoud R. Disability Benefits: Reviews of the Issues and Options for Reform [M]. York:York Publishing Services for the Joseph Rowntree Foundation,1998:64—65.

四、来自中国省际面板数据的验证

中国的城镇登记失业人数在1989年到2021年间上升趋势明显(见表7—4),这固然受经济体制改革等经济大背景因素的影响,但失业保险暂缓失业人员的生活危机,降低重新就业的紧迫感,对失业率也起到了一定的推高作用。

表7—4　　　　1989—2021年中国城镇登记失业率、失业保险支出与就业补助支出

指标名称 年份	城镇登记失业人数（万人）	城镇登记失业率（%）	失业保险支出（亿元）	社会保险基金支出（亿元）	失业保险支出占社会保险基金支出的比例（%）	社会保障总支出中就业补助支出（亿元）	财政总支出（亿元）	就业补助支出占财政总支出比重（%）
1989	377.9	2.6	2.02	120.87	1.67		2 823.78	
1990	383.2	2.5	2.54	151.88	1.67		3 083.59	
1991	352.2	2.3	3.04	176.11	1.73		3 386.62	
1992	363.9	2.3	5.15	327.07	1.57		3 742.2	
1993	420.1	2.6	9.33	482.19	1.93		4 642.3	
1994	476.4	2.8	14.23	679.95	2.09		5 792.62	
1995	519.6	2.9	18.89	877.15	2.15		6 823.72	
1996	552.8	3	27.29	1 082.38	2.52		7 937.55	
1997	576.8	3.1	36.33	1 339.15	2.71		9 233.56	
1998	571	3.1	56.07	1 636.89	3.43	6.48	10 798.18	0.06
1999	575	3.1	91.64	2 108.12	4.35	4.12	13 187.67	0.03
2000	595	3.1	123.43	2 385.6	5.17	6.35	15 886.5	0.04
2001	681	3.6	156.57	2 748	5.70	6.81	18 902.58	0.04
2002	770	4	186.57	3 471.5	5.37	11.38	22 053.15	0.05
2003	800	4.3	199.8	4 016.4	4.97	99.24	24 649.95	0.40
2004	827	4.2	211	4 627.4	4.56	130.12	28 486.89	0.46
2005	839	4.2	206.9	5 400.8	3.83	160.91	33 930.28	0.47
2006	847	4.1	198.01	6 477.4	3.06	345.37	40 422.73	0.85
2007	830	4	217.6	7 887.8	2.76	370.9	49 781.35	0.75
2008	886	4.2	253.46	9 925.1	2.55	414.55	62 592.66	0.66
2009	921	4.3	366.79	12 302.6	2.98	511.31	76 299.93	0.67
2010	908	4.1	423.26	15 018.9	2.82	620.54	89 874.16	0.69
2011	922	4.1	432.77	18 652.9	2.32	670.39	109 247.79	0.61
2012	917	4.1	450.58	23 331.3	1.93	736.53	125 952.97	0.58
2013	926	4.05	531.6	27 916.3	1.90	823	140 212.1	0.59
2014	952	4.09	614.7	33 002.7	1.86	871	151 785.56	0.57
2015	966	4.05	736.4	38 988.1	1.89	871	175 877.77	0.50
2016	982	4.02	976.1	46 888.4	2.08	785	187 755.21	0.42

续表

年份 \ 指标名称	城镇登记失业人数（万人）	城镇登记失业率（%）	失业保险支出（亿元）	社会保险基金支出（亿元）	失业保险支出占社会保险基金支出的比例（%）	社会保障总支出中就业补助支出（亿元）	财政总支出（亿元）	就业补助支出占财政总支出比重（%）
2017	972	3.90	893.8	57 145.6	1.56	817.37	203 085.49	0.40
2018	974	3.80	915.3	67 792.7	1.35	845.19	220 904.13	0.38
2019	945	3.62	1 333.2	75 346.6	1.77	916.17	238 858.37	0.38
2020	1 160	4.24	2 103	78 611.8	2.68	938.86	245 679.03	0.38
2021	1 040	3.96	1 500	86 734.9	1.73	957.32	245 673	0.39

资料来源：《中国统计年鉴 1978—2022》《中国财政年鉴 2007—2022》《中国劳动统计年鉴 2007—2022》《中国人力资源和社会保障年鉴 2008—2022》，经过整理得到。

从图 7-2 可以看出，自 1989 年以来，失业保险支出的稳步增加并没有带来失业人数的有效降低，而与此同时，中国的城镇登记失业人数节节攀升。当然失业人数的上涨原因部分出自宏观经济状况的变化以及人口本身的变化，需要在控制这些因素影响的情况下进一步验证失业保险支出的效果。另外可以看出，尽管中国社会保障支出中就业补助支出起步较晚，但其增长速度比失业保险支出的增长速度更快，在 2006 年就达到 345.37 亿元，超越当年失业保险支出的 198.01 亿元，2021 年就业补助支出更是达到了 957.32 亿元。就业补助支出的迅速增长体现中国政府在失业治理上的倾向，从单纯的失业保险金发放向就业扶助措施实施转型。而 2020 年失业保险支出出现的峰值则意味着在新冠疫情冲击下，国家对劳动力市场就业严峻情况下的兜底保障实施力度。

为验证中国失业保险金支出对失业率造成的影响，采用 31 个省市 1996—2020 年的面板数据进行实证分析。被解释变量设定为各省市的城镇登记失业率（ur），主要解释变量为各省市的失业保险基金支出水平（uir），即失业保险基金支出占地区生产总值的比重。控制变量设定为各省市的人均 GDP 增长率（$gdpr$）、通货膨胀率（$cpir$）、人口自然增长率（$npgr$）。

1996—2020 年 31 个省市城镇登记失业率（%）的数据来自历年中国统计年鉴，失业保险基金支出（亿元）数据来源于人力资源和社会保障部，地区生产总值（亿元）、人均 GDP 增长率（%）、通货膨胀率（%）、人口自然增长率（‰）数据来源于历年中国统计年鉴。

构建面板模型为：

$$ur_{i,t} = \_cons + \alpha_1 uir_{i,t} + \beta_1 gdpr_{i,t} + \beta_2 cpir_{i,t} + \beta_3 npgr_{i,t} + u_i + \varepsilon_{i,t}$$

其中，α、β_i 为待估系数，u_i 表示影响各省失业率的其他特质，$\varepsilon_{i,t}$ 为随省份和时间而改变的扰动项。

豪斯曼检验结果表明，应当使用随机效应模型。故采用聚类稳定标准差，应用随机效应模型分别进行可行性广义最小二乘估计和极大似然估计，回归结果见表 7-5。

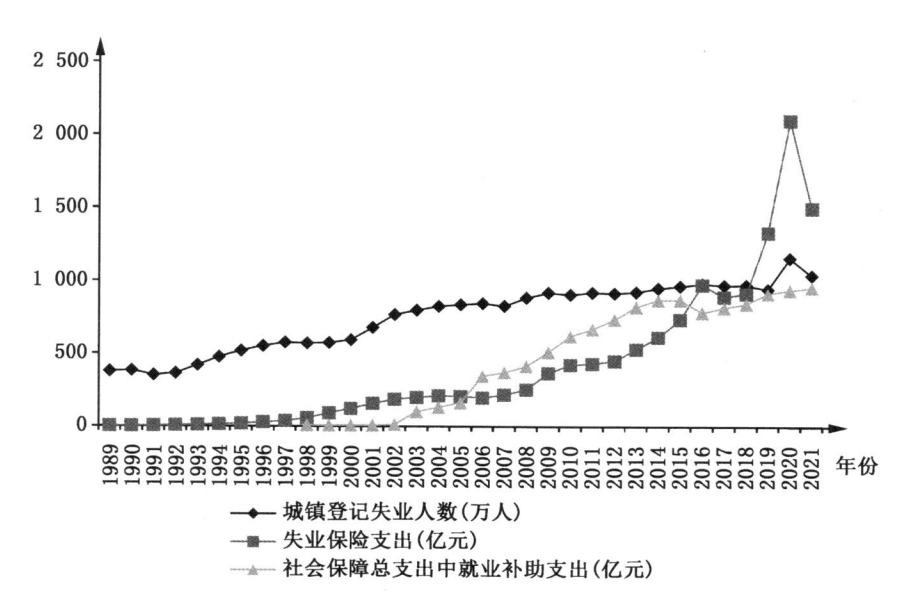

图 7-2 1989—2021 年中国城镇登记失业人数与
失业保险支出、就业补助支出的变动趋势

表 7-5　　　　　　　　中国失业保险金支出对失业率影响的实证结果

ur	随机效应 FGLS	随机效应 MLE
uir	1.912 144 (1.41)	1.943 488** (2.06)
$gdpr$	−0.038 241 6*** (3.15)	−0.038 324 9*** (3.48)
$cpir$	−0.045 733*** (−2.98)	−0.045 658 7** (−2.00)
$npgr$	−0.171 976 (−0.42)	−0.165 554 3 (−0.64)
$\_cons$	3.081 462*** (8.12)	3.073 085*** (10.25)
N	(527,31)	(527,31)
Wald chi2(4)	41.49	22.01

注：所有解释变量项中，括号上方为回归系数，括号内为 z 值。***、**、* 分别表示 1%、5%、10% 水平上显著。

从表 7-5 中可以看出，FGLS 估计和 MLE 估计的系数相差不大，uir 在 FGLS 估计下不显著，而在 MLE 估计中 5% 水平上显著，其系数为正，显示了城镇失业保险金支出水平的提高会加剧城镇失业率的提高。而人均 GDP 水平上升时，经济的繁荣会带来失业率的降低，这也与观念相符合。失业率与通货膨胀率呈显著的负相关关系，进一步验证了菲利普斯曲线所刻画的失业率与通货膨胀率之间此消彼长的相互替代关系。在模型中,控制变量人口自然增长率对失业率的影响不显著,不做相关分析。整体来看,在控制其他因素影响的情况下,失业保险金支出水平的上升诱导了更高的失业率,而失业率的上升反过来要求失业保险金支出的再提高,形成不良循环效应。尽管不同类型的就业人员存在不同的失业概率,道德风险问题并不能在总体上看作随机事件,失业者确实可以通过增加就业次数和延长失业时间从失业保险计划中获利。

第三节　失业本身的结构性问题对社会保障支出的压力

一、对照组 OECD 国家失业分布上的不平衡对社会保障支出的压力

在一个经济体中,年轻工作者的失业和年老工作者的失业存在着重大区别,年轻工作者的失业,往往是造成社会不稳定的重要因素。老年工人因为工作年限的缘故已经适应了劳动力市场的波动变化,应对危机的承受能力较强,但青年劳动者应对全球金融危机和经济危机的压力较弱。从全球范围来看,2014 年,15～24 岁年轻人的失业率高达 13%,几乎是成年人失业率的 3 倍之多。经济危机到来时,首先对年轻工作者造成冲击,尤其是那些刚步入职场的青年劳动者,他们对就业市场的变化表现得尤为敏感。

欧债危机来临时,OECD 国家 15～64 岁劳动人口总体的失业率从 2008 年的 5.9% 上升到 2009 年的 8.0%,就业市场的形势明显不利于年轻工作者,2009 年 OECD 国家 15～24 岁劳动人口的失业率达到 18.1%,25～54 岁劳动人口的失业率为 6.9%,55～64 岁劳动人口的失业率只有 5.1%。受欧债危机影响严重的希腊、意大利、西班牙、爱尔兰、比利时 15～24 岁劳动人口的失业率分别达到 25.8%、25.4%、37.9%、25.9%、21.9%(见表 7-6),引起这些国家多场示威游行活动。年轻人由于经验的缺乏,更容易遭受就业上的失败,这也使得部分年轻人缺乏就业的愿望,成为非经济活动人口[①],在东亚国家表现为"啃老族"的不断增加,在欧洲国家则表现为长期接受救助而不愿就业。因此年轻人的失业比老年人更需要社会保障的支持和政府的救助,但必须以就业促进为目标。

---

① 国际劳工组织定义为没有工作且不符合失业标准的人。

表 7-6　　　　　　　　　　OECD国家 2009 年失业分布状况　　　　　　　　　单位:%

	失业率							
	年龄			教育水平			移民状态	
	15~24岁	25~54岁	55~64岁	低于高中教育水平	高中	高等教育	本地出生	外国出生
澳大利亚	11.6	4.5	3.4	5.2	2.6	2.1	4.2	4.6
奥地利	10.0	4.2	2.4	6.3	2.9	1.7	3.9	9.5
比利时	21.9	6.8	5.1	10.8	5.7	3.2	6.6	16.2
加拿大	15.3	7.1	7.0	9.1	5.5	4.1	7.9	10.2
智利	19.7	6.6	3.7	5.2	6.6	5.5	—	—
捷克	16.6	5.9	5.7	17.3	3.3	1.5	6.7	9.6
丹麦	11.2	5.2	4.7	3.5	2.2	2.3	5.7	9.9
爱沙尼亚	27.5	12.9	9.4	9.7	5.2	2.8	4.6	5.7
芬兰	21.6	6.6	6.3	8.1	5.4	3.3	8.0	15.4
法国	22.4	7.7	6.3	9.8	5.6	4.0	8.4	14.2
德国	11.0	7.3	8.0	16.5	7.2	3.3	6.9	12.8
希腊	25.8	8.9	4.6	6.8	7.2	5.7	9.3	12.0
匈牙利	26.5	9.1	6.3	17.3	6.3	2.3	10.1	9.1
冰岛	16.0	6.2	3.6	2.5	a	a	—	—
爱尔兰	25.9	10.8	6.0	8.2	4.8	3.0	11.2	15.4
以色列	12.6	5.4	4.5	9.8	5.8	3.7	8.0	6.0
意大利	25.4	7.0	3.4	7.4	4.6	4.3	7.5	11.0
日本	9.1	4.9	4.6	b	4.4	3.1	—	—
韩国	9.8	3.6	2.3	2.5	3.3	2.6	—	—
卢森堡	17.2	4.2	3.0	4.8	4.9	2.2	3.3	7.1
墨西哥	10.0	4.2	3.1	2.4	2.9	3.3	—	—
荷兰	7.3	3.1	3.8	3.4	2.1	1.6	2.9	6.8
新西兰	16.6	4.4	3.2	3.7	2.6	2.4	4.8	6.0
挪威	9.2	2.5	1.1	3.8	1.3	1.3	2.8	6.8
波兰	20.7	6.9	6.3	11.5	6.3	3.1	7.2	5.4
葡萄牙	20.0	9.3	7.7	7.6	6.6	5.8	9.7	13.1
斯洛伐克	27.3	10.8	7.7	36.3	7.4	3.1	12.0	13.3
斯洛文尼亚	13.6	5.3	3.6	5.9	3.5	3.1	4.9	5.7
西班牙	37.9	16.5	12.1	13.2	9.3	5.8	16.0	27.2

续表

	失业率							
	年龄			教育水平			移民状态	
	15~24岁	25~54岁	55~64岁	低于高中教育水平	高中	高等教育	本地出生	外国出生
瑞典	25.0	6.2	5.2	7.1	4.1	3.3	7.2	15.4
瑞士	8.2	3.7	2.8	6.0	2.9	1.8	3.1	6.9
土耳其	25.3	12.3	6.4	9.6	9.3	7.3	12.8	15.1
英国	18.9	6.1	4.6	6.2	3.7	2.0	7.5	8.9
美国	17.6	8.3	6.6	10.1	5.3	2.4	9.3	9.7
OECD(未加权)	18.1	6.9	5.1	8.7	4.9	3.2	7.3	10.7

资料来源：OECD(2010)就业数据库，经部分整理得到。

可以发现，拥有高等教育文凭劳动者的失业率远低于仅拥有初级教育的文凭劳动者，学历文凭对失业率的影响是显著的，高学历更容易帮助劳动者取得就业市场上的优势地位。本土居民劳动者的失业率比移民劳动者更低，在绝大多数 OECD 国家都是显著的。劳动力市场的割裂，使得低教育群体和移民群体在就业市场上遭受到了更强的社会排斥，同样说明社会保障在提供失业补助金的同时，必须切实加强对劳动者的职业培训，真正提高劳动者素质，使他们重返工作岗位。另外，低学历劳动者或移民劳动者参与非正规就业的数量很大，容易游离在社会保障体制之外，即使在失业时也可能因得不到必要的救助而雪上加霜。除了失业保险和补贴之外，社会保障应该在更大范围提供继续教育和在职培训，把这些人群覆盖到社会的安全网之下。

在全球金融危机和经济危机后，发达国家不均匀的微弱复苏并未提供足够的就业机会，失业的创伤依旧严重影响着多数 OECD 国家，2013 年 4 月 OECD 国家的总体失业率仍然达到 8%，失业人数超过 4 800 万人，来自美国的就业增长部分抵消了失业率进一步上升的欧元区，其 2013 年 4 月的失业率已经高达 12.1%，失业主要对低薪群体造成创伤，造成收入差距进一步扩大。必须扩大社会保障支出以保护这些脆弱群体，为其家庭提供保障，而财政资源的缩水使得这些福利开支承受着越来越大的压力。因此政府面临着以少花钱多办事的重大考验，实施有效的就业扶持政策势在必行。

二、中国失业人群的结构分布问题

与国外相比，中国失业人群结构方面的数据相对较为欠缺。但从第六次人口普查的详细资料来看，也有一些值得关注的地方。

对于中国各年龄段失业人员来说，年龄越大，平均失业时间越长，但 60~64 岁之间出现了一个低谷（见表 7-7），很大程度上得益于中国部分退休者"退而不休"，重新返聘到工作岗位的特殊情况。女性失业人员的平均失业时间在大多数年龄段都高于男性，主要是由于生理原因和家庭照顾等因素的影响，从而在就业市场上的表现相对处于弱势。相比镇、农村（数据从略），城市失业人员的平均失业时间更长，显示了缺乏土地等生产要素的缓和作用对失业状况的影响显著，回归第一产业是镇、农村失业人员的最后庇护所，城市失业人员则缺乏这一条件。

表 7—7　　　　　　第六次人口普查时中国各年龄段失业人员平均失业时间① 　　　　　单位：月

年龄构成	失业人口平均失业时间	男性失业人口平均失业时间	女性失业人口平均失业时间	城市男性失业人口平均失业时间	城市女性失业人口平均失业时间
16～19 岁	8.74	8.80	8.67	8.97	8.54
20～24 岁	9.68	9.69	9.67	9.92	9.64
25～29 岁	11.33	10.78	11.80	11.21	12.13
30～34 岁	12.35	10.93	13.47	11.32	14.06
35～39 岁	13.49	11.94	14.72	12.50	15.46
40～44 岁	14.38	12.94	15.58	13.77	16.58
45～49 岁	15.41	14.51	16.31	15.57	17.57
50～54 岁	15.52	15.89	14.70	17.03	16.19
55～59 岁	15.74	16.02	15.01	17.83	17.33
60～64 岁	14.29	13.47	15.64	15.68	18.88
65～69 岁	15.23	14.67	15.99	17.77	19.34
70～74 岁	15.92	15.77	16.09	19.05	18.00
75 岁及以上	15.78	15.60	15.96	16.67	18.27

资料来源：2010 年第六次人口普查，经过整理得到。

从国内外的情况来看，对失业结构性问题的把握有助于失业治理政策上突出重点，针对不同的人群采取不同的就业促进策略，尤为需要关注的是青年人、低教育群体、女性就业群体等。在失业治理上要向就业帮助和扶持转型，避免采取单纯失业保险金支出方式的不利影响，切实实现政府失业问题治理的初衷。

---

① 2020 年第七次人口普查不再提供此项数据。

第四节　从失业救助到就业帮助的社会保障支出改革

一、中国劳动就业保障的保障需求分析

尽管在2020年年初受到新冠疫情冲击,近五年来,中国的就业人数仍维持在7.75亿人左右。

(一)就业与失业人数统计分析

2015—2019年中国的就业与失业人员数量见图7—3。从四组数据的对比可以看出,在就业中,中国参加失业保险人数远远小于就业人员,后者仅约占前者的四分之一;在失业中,中国未领取失业保险金人数远远小于年度城镇登记失业人数,后者同样仅占前者的约四分之一。两个方面都意味着失业保险对相关劳动人群的覆盖程度远远不够,参加失业保险的人数少是因为参加人员都集中于政府部门、事业单位、大中型企业,而庞大的小微企业人员、个体户、灵活就业人员、农民工等则没有被覆盖到;即使参加了失业保险,真正能领取到失业保险金的人员也是少之又少,因为领取失业保险金的条件比较苛刻。这样,让失业保险金在失业治理和就业促进中起到一定效果,在现实中是很难操作的。

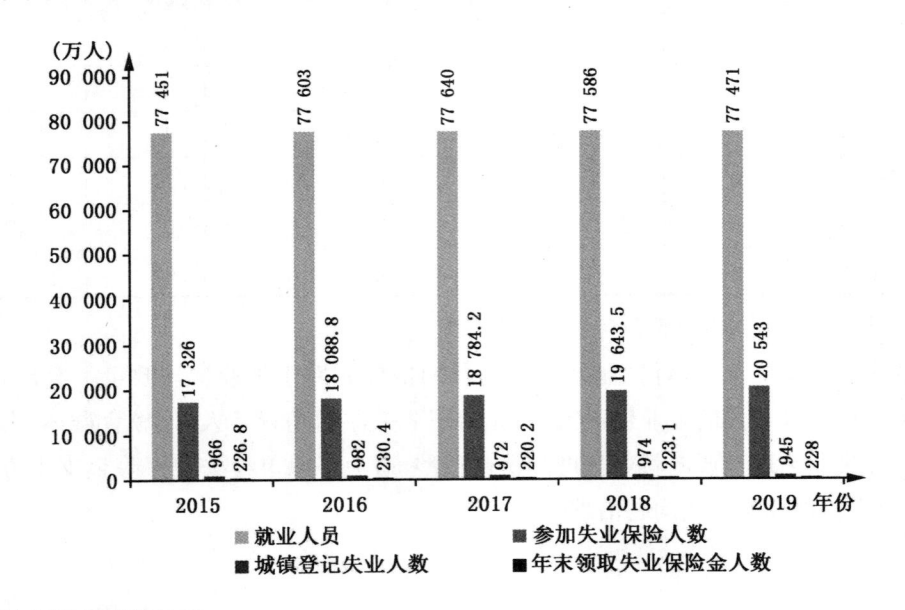

资料来源:国家统计局。

图7—3　2015—2019年中国的就业与失业人员数量

观察20年来的中国城镇登记失业人数,可以发现基本处于一个稳定的区间,官方公布的失业率也仅波动于4%左右的水平(见图7—4)。现实情况在于一些自由职业或边缘就业

的人,即使失业之后,也未进入官方的统计口径,当然乡村就业人员(农民工)也是排除在城镇登记失业人数之外的。

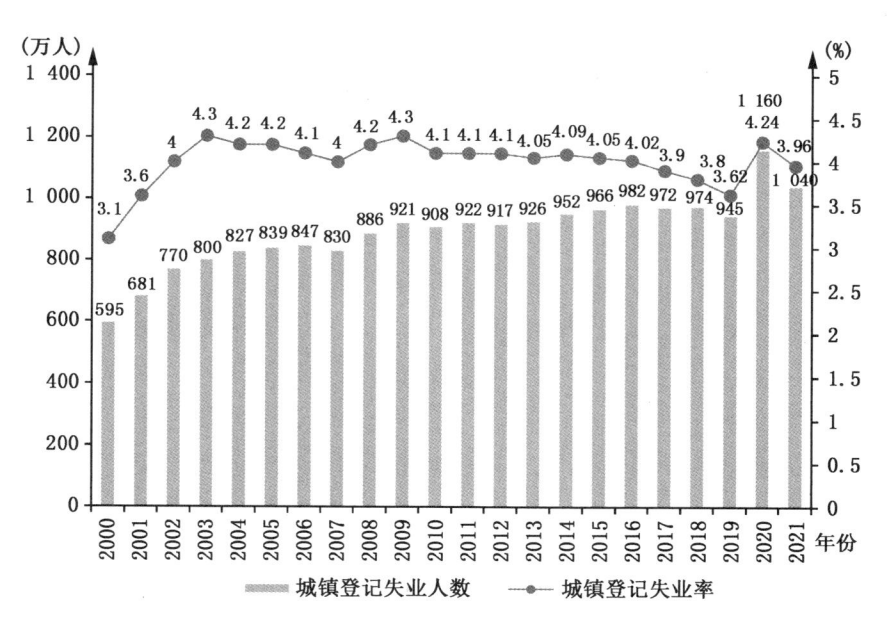

资料来源:国家统计局。

图 7—4　2000—2021 年中国城镇登记失业人数与失业率

运用 OECD 国家的失业帮扶人数对比也可发现一些端倪。OECD 国家将失业人员分为两类:缴费参加失业保险(UI)的失业人员、获得非缴费性失业援助(UA)的失业人员。如果将两者的和除以国际劳工组织(ILO)定义的失业人数(15 岁以上),可得出相应的失业帮扶比例,比例越高,就意味着劳动保障政策越有效,覆盖面广而应保尽保。一些国家存在并未进入国际劳工组织(ILO)所统计的失业人员口径[①],却得到了相应的失业帮扶的失业人员,这样,失业帮扶的覆盖率会超过 100%,如比利时、奥地利、爱尔兰、芬兰、德国等国家(见表 7—8 和图 7—5),尽管是公共就业服务机构评估的就业状况与劳动力调查报告的不匹配,却从侧面反映了这些国家劳动保障政策的全面有效。

表 7—8　　　　　　　2016 年 OECD 国家两类失业帮扶人数及失业帮扶比例　　　　　单位:人,%

国家	人　数				失业帮扶人数		
	UI	UA	UI+UA	失业人数	失业保险	失业援助	UI+UA
土耳其	64 449	0	64 449	3 328 000	2	0	2
斯洛伐克	34 878	0	34 878	265 995	13	0	13

---

① 不积极找工作的人、无法工作的人、失业援助家庭的其他人、接近退休年龄的失业者领取的福利等。

续表

国家	人数 UI	UA	UI+UA	失业人数	失业帮扶人数 失业保险	失业援助	UI+UA
罗马尼亚	83 698	0	83 698	529 900	16	0	16
波兰	186 700	0	186 700	1 063 376	18	0	18
日本	400 746	0	400 746	2 080 000	19	0	19
塞浦路斯	13 893	0	13 893	54 000	26	0	26
匈牙利	41 501	21 185	62 686	234 610	18	9	27
马耳他	591	2 274	2 865	10 200	6	22	28
美国	2 263 205	0	2 263 205	7 753 000	29	0	29
斯洛文尼亚	23 820	0	23 820	79 567	30	0	30
保加利亚	87 837	0	87 837	247 200	36	0	36
智利	203 796	0	203 796	563 151	36	0	36
韩国	374 657	0	374 657	1 009 400	37	0	37
立陶宛	44 292	0	44 292	116 164	38	0	38
卢森堡	6 815	0	6 815	17 486	39	0	39
以色列	75 600	0	75 600	188 330	40	0	40
葡萄牙	182 162	49 603	231 765	573 000	32	9	40
拉脱维亚	39 130	0	39 130	95 331	41	0	41
加拿大	575 131	0	575 131	1 360 100	42	0	42
西班牙	763 697	1 246 549	2 010 246	4 481 170	17	28	45
捷克	97 870	0	97 870	211 430	46	0	46
新西兰	0	63 186	63 186	132 500	0	48	48
爱沙尼亚	14 567	7 768	22 334	46 751	31	17	48
意大利	1 456 008	0	1 456 008	3 012 037	48	0	48
丹麦	81 755	22 563	104 318	187 075	44	12	56
挪威	75 668	0	75 668	132 100	57	0	57
英国	81 000	846 184	927 184	1 615 830	5	52	57
瑞典	219 119	0	219 119	366 400	60	0	60
瑞士	149 317	0	149 317	238 151	63	0	63
荷兰	377 960	0	377 960	538 300	70	0	70
比利时	388 834	0	388 834	389 629	100	0	100

续表

国家	人数			失业帮扶人数		
	UI	UA	UI+UA	失业人数	失业保险	失业援助	UI+UA
澳大利亚	0	830 200	830 200	830 200	0	100	100
法国	2 557 088	462 256	3 019 344	2 810 200	91	16	107
奥地利	145 976	167 075	313 051	270 020	54	62	116
爱尔兰	37 625	218 260	255 885	211 100	18	103	121
芬兰	206 102	204 459	410 561	236 750	87	86	173
德国	850 793	3 267 466	4 118 259	1 770 644	48	185	233

资料来源：OECD SOCR 数据库，www.oecd.org/social/recipients.htm。

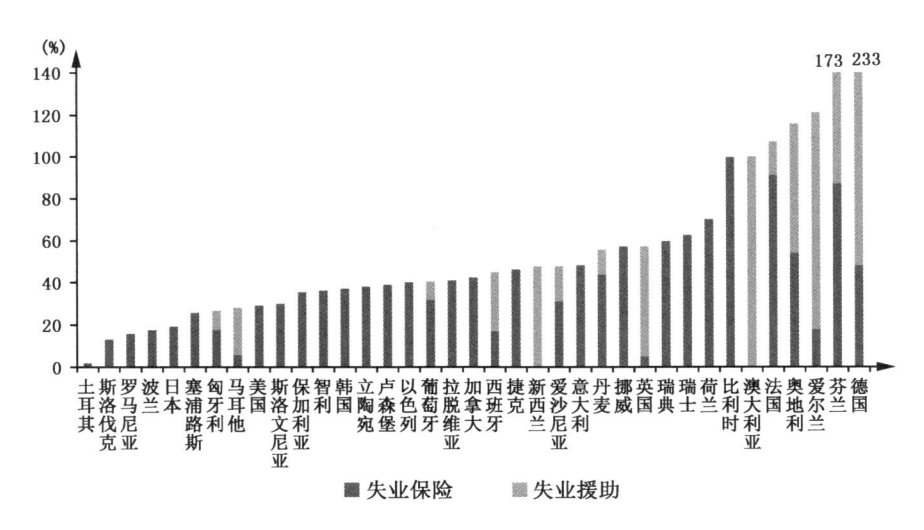

资料来源：OECD SOCR 数据库，www.oecd.org/social/recipients.htm。

图 7－5　2016 年 OECD 国家失业帮扶比例

（二）失业保险基金收支状况

失业保险基金自设立以来，历年的基金支出均小于基金收入，截至 2018 年年底，失业保险基金累计结余 5 817 亿元（见图 7－6），数量庞大，从应保尽保的保障力度来看，这种结余并不是一种可持续的运作表现。

以 2018 年社会保险基金收支的结构比重为例，社会保险基金收入中，失业保险占比 1.5%，工伤保险占比 1.2%；社会保险基金支出中，失业保险占比 1.4%，工伤保险占比 1.1%（见图 7－7）。失业保险和工伤保险占比份额极小，同时收入大于支出，基金累计结余较多。就业是人民群众的收入之源、生存之本，在促就业保民生的"十四五"时期，通过社会保险基金发挥功效的手段应该加强而非减弱，配套以就业扶助政策和财税金融政策，才能

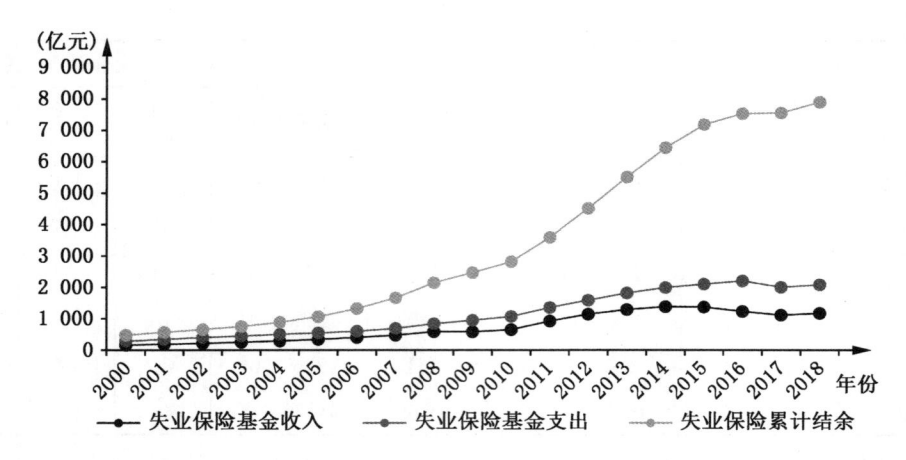

资料来源：国家统计局。

图 7—6　2000—2019 年中国失业保险基金的收支情况

真正施惠于民。

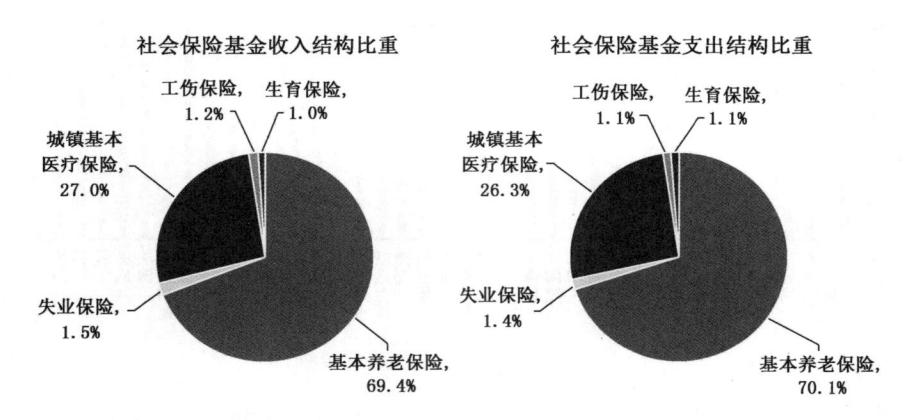

资料来源：国家统计局。

图 7—7　2018 年社会保险基金收支的结构比重

二、特殊时期的失业保险

疫情只是一次性的外部冲击，国民经济并未出现失衡及结构性问题。后疫情时代中国经济的恢复与发展，将更多依赖以新基建为代表的内生增长动力，而这其中，首要关注的是劳动就业上的保障，就业是最大的民生，稳定就业才能稳定经济。早在 2018 年 7 月，中共中央政治局会议就首次提出"稳就业、稳金融、稳外贸、稳外资、稳投资和稳预期工作"的"六稳"。2020 年 4 月 17 日，党中央政治局会议提出"保居民就业、保基本民生、保市场主体、保粮食能源安全、保产业链供应链稳定和保基层运转"的"六保"。2020 年 9 月 18 日，习近平同志在湖南考察时指出，要以人民为中心解决好群众各项"急难愁盼"的问题，落实就业优先政策,突出做好高校毕业生、农民工、退役军人、城镇就业困难人员等重点群体就业工作。因疫情之故,就业问题更是推到了经济社会安全护航的前沿。当然,像应届毕业生群体、农民工群体的就业,应时刻作为就业扶持的重点工作,贯穿于整个"十四五"时期。

自2020年年初以来,由于企业的停工及海外订单的大幅减少,失业人数不断攀升。部分就业人员也处于濒临失业状态,即所谓的亚失业,面临工作时长减少、弹性假期等,而这部分人员在失业人数统计中并未包含在内。相较于2019年而言,2020年上半年发布的企业招聘大幅缩减,在一定程度上增加了等待就业的时间。

国家统计局的月度数据显示,新冠疫情发生以来,全国城镇调查失业率在2020年2月急剧跃升,并在几个月内高位运行(见图7—8),而31个大城市城镇调查失业率的数值更高,意味着失业状况在大城市更为严峻,这还不包括农民工、自由职业者、短期就业者等群体被按下的暂停键。国家采取多项措施,短时间内集中发力,全力解决好人民群众的就业问题。

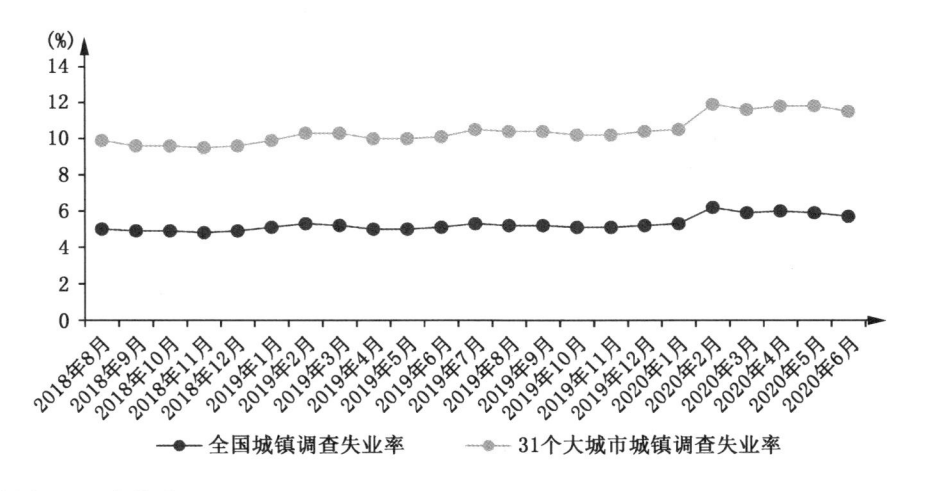

资料来源:国家统计局。

图7—8 2018—2020年全国城镇调查失业率

在失业问题的治理上,人力资源和社会保障部从畅通入口、优化服务、强化扶持、提供保障入手,进一步强化登记失业人员的管理和服务。(1)畅通入口。人力资源和社会保障部目前已经开通了失业登记全国统一入口,失业人员可以通过手机、电脑等提交失业登记的相关申请,查询审核办理的有关进度,足不出户即可掌上办理失业登记,同时失业人员也可以登录各地线上失业登记平台,或者到当地的公共就业服务机构现场办理。(2)优化服务,包括就业创业政策法规的咨询、相关扶持政策的受理服务,人力资源市场的供求信息、职业培训、见习岗位等信息服务,职业介绍、职业指导、创业开业指导,失业人员中的就业困难人员均可申请针对性的就业援助。(3)强化扶持。自主创业的人员可以申请创业担保贷款及贴息,额度最高可以达到20万元,吸纳登记失业半年以上人员的企业,也可按规定申请一次性吸纳就业补贴,中小微企业吸纳登记失业人员开展以工代训的,还可以申请职业培训补贴。(4)提供保障。就是让参加失业保险的登记失业人员可以同步申领失业保险金。

失业保险经办机构依法支付给符合条件的失业人员的基本生活费用,是对失业人员在失业期间失去工资收入的一种临时补偿,目的是保障失业人员的基本生活需要,并通过专业训练、职业介绍等手段为其再就业创造条件。而领取失业保险前提是"失业前用人单位和本人已按规定履行缴费义务满1年""非本人意愿中断就业""已办理失业登记,并有求职要求的"等。也就是说,中国社会保险法中对失业保险金领取的要求中要求必须是非因本人意愿中断就业的情形。劳动合同法规定,公司不能随意辞退员工,除非满足相关情形并且需要向劳动者说明情况后才能与其解除劳动合同。在疫情的倒逼下,吸纳就业较多的中小企业面临生存艰难、开工不足的局面,企业可以通过多种手段迫使员工"主动辞职"。另外,即使不属于本人意愿导致中断就业的情形,还需要满足在劳动部门做了失业登记,并提出过求职要求才能领取相应的失业保险金。而社区一旦介绍或推荐工作没有被接受,则无法享受领取失业保险的待遇条件。在现实中,领取失业保险金并不容易,即使能够领取,失业保险金的标准也仅为不低于城市居民最低生活保障标准。

三、就业扶助

为全力防范化解规模性失业风险和确保就业形势总体稳定,在支持企业稳定岗位方面,《国务院关于进一步做好稳就业工作的意见》要求加大援企稳岗力度,加强对企业金融支持,支持中小企业发展,增加就业,引导企业开拓国内市场;在开发更多就业岗位方面,要求挖掘内需带动就业,加大投资创造就业,稳定外贸扩大就业,培育壮大新动能拓展就业空间;在促进劳动者多渠道就业创业方面,鼓励企业吸纳就业,扶持创业带动就业,支持灵活就业和新就业形态,加强托底安置就业等。另外,国家对大规模开展职业技能培训、做实就业创业服务等方面亦做出重要部署。

(一)互联网+职业技能培训计划

疫情防控期间的"互联网+职业技能培训计划",通过免费线上技能培训行动,避免人员聚集风险,使优质的培训资源能够有效传递到每个有学习意愿的劳动者,成为引领职业培训的新动力、新模式。不断扩大培训的供给,"学习强国"技能频道与"中国职业培训在线""中国国家人事人才培训网""技能大师在线培训"等线上的培训平台,对劳动者免费开放重点培训课程,形成了市场主导、特色发展的多层次线上培训的平台布局。提供定制化的培训服务,线上培训能够打破地域、时空限制,线上培训过程中,劳动者可以根据需要,在平台完成实名注册,结合平台的学习计划,居家在线进行远程学习,实现居家学技能的效果,同时线上平台还具有面向企业和培训机构开班申请的功能,能够针对企业、培训机构,开展精准化的培训服务。

(二)创造新的就业形态与新的岗位

近年来,移动互联网等数字技术的广泛应用催生了众多新的经济发展模式与新的就业形态。这些新业态在中国社会经济活动中异常活跃,所涉领域不断拓展,从业人员不断增加,成为中国国民经济发展的重要组成部分。特别是新冠疫情防控期间,新业态为中国稳定民众基本生活、恢复生产生活秩序发挥了十分重要的作用,成为中国"六稳"和"六保"重要力量。但是,新业态从业人员由于其工作方式的灵活性、工作地点的非固定性和雇佣关系的不确定性,面临着巨大的社会风险。特别是作为社会稳定器的社会保障政策不够健全,使日益增长的新业态从业人员群体面临着巨大的职业风险。因此,如何保障新业态从业人员的劳动权益,特别是社会保障权益,如何对现有的社会保障政策进行适应性调整,不断满足新业态从业人员的需求,是当前条件下社保制度改革和调整的关键。

疫情减少了部分常态化就业,但新业态就业在疫情防控期间蓬勃发展,并且将在疫情结束后长期保持。危机推动了新领域的发展,远程办公、在线教育、智能工程等新业态新模式不断涌现。新的消费热点不断涌现,"互联网+""人工智能+""数字+"这些消费新模式快速发展,绿色消费、健康消费、文化消费活跃度上升。疫情也加速了数字经济的到来,云计算、大数据、人工智能等新一代数字技术快速发展,为各行各业赋能,这成为中国经济转型的战略机遇。

新产业、新业态、新模式不断产生,新职业也随之不断产生并发展起来,亟待在国家层面上予以认可和规范。2004年,中国首次发布了新职业。截止到2020年年初,一共发布了14批150多个新职业。在新冠疫情防控期间,人力资源和社会保障部与市场监管总局、国家统计局联合发布了16个新职业,其中包括呼吸治疗师、装配式建筑施工员、网约配送员,以及与无人机、人工智能等相关的新职业。这些新职业的从业人员,在助力疫情防控期间的医疗救治、服务生产生活、支撑新兴产业发展等方面都发挥了积极作用。深入实施数字赋能计划,加快发展数字经济,高水平建设数字中国,可以实现数据要素高效配置和人力资本价值提升,促进经济社会高质量发展。

因此,保就业的一个突出亮点是,坚持创造更多就业岗位和稳定现有就业岗位并重,将稳就业政策与宏观经济层面政策相联系,从内需、投资、外贸、新动能四个方面入手创造更多就业岗位。在经济下行压力加大背景下,让灵活就业特别是新就业形态在稳就业中发挥更大作用。托底安置就业与补齐民生短板联动发力,进一步挖掘养老等民生领域促消费、惠民生潜力,产业政策、重点项目与就业影响研判对接等突出特色。

2020年3月10日,人力资源和社会保障部围绕抗击疫情促进就业组织开展专题新职业信息征集工作,主要针对三个领域:预防和处置突发公共卫生事件领域、适应高校毕业生就业创业需要的新业态领域、适应贫困劳动力和农村转移就业劳动者等需要的促进脱贫攻坚领域。这些领域的新职业有利于引领产业发展方向,是技术进步、产业发展、社会分工细化多元的结果,如互联网、人工智能、大数据与实体经济的深度融合,催生了智能制造、工业互联网工程技术人员和人工智能训练师、全媒体运营师等新职业,这些新职业的产生,反过来又促进相关产业的发展,为新产业发展提供"风向标",引导市场投入,促进产业转型升级和经济结构调整。新职业有利于促进劳动者就业创业,随着经济社会发展,不断孕育新业态、产生新职业,国家对这些新职业进行征集、规范,并加以公布,可以提升新职业的社会认同度、公信力,满足人力资源市场的双向选择需要,这对增强就业人员信心、扩大就业岗位、促进转岗和失业人员再就业以及规范灵活就业等,都会产生良好、积极的作用。新职业有利于提高职业教育培训质量,国家发布新职业,开发相应职业技能标准,可以为设置职业教育专业和培训项目,确定教育教学培训内容,以及开发新教材新课程提供依据和参照,可以实现人才培养和市场对接,和社会需求同步,促进提高职业教育培训质量,提高人才培养质量。

政策对产业的扶持就是对新就业的导向。在 2020 年 7 月 27 日,《国务院关于印发新时期促进集成电路产业和软件产业高质量发展若干政策的通知》(国发〔2020〕8 号)的发布[①],为进一步优化集成电路产业和软件产业发展环境,深化产业国际合作,提升产业创新能力和发展质量,制定出台财税、投融资、研究开发、进出口、人才、知识产权、市场应用、国际合作八个方面政策措施,引导和规范高端就业人才的合理流动。

2020 年 7 月 31 日,《国务院办公厅关于支持多渠道灵活就业的意见》(国办发〔2020〕27 号)[②]提出,个体经营、非全日制以及新就业形态等灵活多样的就业方式,是劳动者就业增收的重要途径,对拓宽就业新渠道、培育发展新动能具有重要作用。要推动非全日制劳动者较为集中的保洁绿化、批发零售、建筑装修等行业提质扩容。促进数字经济、平台经济健康发展,加快推动网络零售、移动出行、线上教育培训、互联网医疗、在线娱乐等行业发展,为劳动者居家就业、远程办公、兼职就业创造条件。同时密切跟踪经济社会发展、互联网技术应用和职业活动新变化,广泛征求社会各方面对新职业的意见与建议,动态发布社会需要的新职业、更新职业分类,引导直播销售、网约配送、社群健康等更多新就业形态发展。支持各类院校、培训机构、互联网平台企业,更多组织开展养老、托幼、家政、餐饮、维修、美容美发等技能培训和新兴产业、先进制造业、现代服务业等领域新职业技能培训,推进线上线下结合,灵活安排培训时间和培训方式,按规定落实职业培训补贴和培训期间生活费补贴,增强劳动者就业能力。

四、最低工资

(一)最低工资标准的设置

最低工资标准,是指劳动者在法定工作时间或依法签订的劳动合同约定的工作时间内

---

① 国务院文件,http://www.gov.cn/zhengce/content/2020-08/04/content_5532370.htm,登录时间:2022 年 4 月 15 日。
② 国务院文件,http://www.gov.cn/zhengce/content/2020-07/31/content_5531613.htm,登录时间:2022 年 4 月 15 日。

提供了正常劳动的前提下,用人单位依法应支付的最低劳动报酬。最低工资的国际标准是由国际劳工组织提供,国际劳工组织自 1919 年成立起,一直对最低工资标准特别关注,其成立宣言中就指出,工人需要有"保障足够生活工资"的条款。在国际劳工组织的推动之下,最低工资制度作为国家干预分配、保障劳动者基本权益的一种法律制度为国际社会所公认。

根据中国《最低工资规定》,最低工资标准一般采取月最低工资标准和小时最低工资标准的形式,月最低工资标准适用于全日制就业劳动者,小时最低工资标准适用于非全日制就业劳动者。疫情防控期间最低工资标准是以当地政府规定的标准为准,根据《最低工资规定》,全国各地最低工资标准是在综合考虑各地居民每年的生活费用水平、职工平均工资水平、经济发展水平、职工缴纳社保和住房公积金水平、失业率等因素的基础上得出的。由于各地经济发展水平、物价水平、收入水平有较大差别,各地区最低工资标准差异较大。

在最低工资标准的认定方法上,比重法是目前中国各地区确定最低工资方案时使用最多的方法,具体计算过程如下:先根据本地区家计调查资料,确定本地区整个城镇劳动者家庭中一定比例的人均最低收入户为贫困户,统计出贫困户人均生活费支出水平,作为职工的最低生活费;然后乘以职工平均赡养系数,得出赡养人口所需生活费用;再适当考虑劳动者教育和训练等费用,加总得出最低工资额;计算出月最低工资标准后,再考虑职工个人缴纳社会保险费、住房公积金、职工平均工资水平、社会救济金和失业保险金标准、就业状况、经济发展水平等,进行必要的修正,得出最后的最低工资标准。其计算公式为:

$$最低工资标准 = 低收入户的人均消费支出 \times 人均赡养系数 \times 调整因素$$

除此之外,最低工资认定标准的方法还有恩格尔系数法、必需品法、国际收入比例法、超必需品剔除法、生活状况分析法、标准累加法、分类综合计算法等,对比重法最低工资标准认定做出必要的补充。

在最低工资标准的内涵上,则存在几种情况:一是最低工资标准中包含个人应承担的社会保险费和住房公积金,这构成全国绝大多数地区的做法,和国家层面的《最低工资规定》保持一致,比如广东、山东、浙江等地的规定;二是最低工资标准不包含个人应承担的社会保险费和住房公积金,比如北京和上海的做法;三是最低工资标准中包含个人应承担的社会保险费,但不包含住房公积金的个人缴纳部分,全国来讲只有江苏是这样;四是双重标准,既规定了包括个人承担的社会保险费和住房公积金在内的最低工资标准,又规定了扣除个人承担的社会保险费和住房公积金后的最低工资标准,这种情况比较少见。

疫情防控期间部分省份对月最低工资进行了调整,从数据来看,2020 年上海、北京、广东、天津、江苏、浙江 6 省份的第一档月最低工资标准均超过 2 000 元,其中上海月最低工资标准达到 2 480 元(见表 7—9),为全国最高。需要注意的是,伴随最低工资标准的上调,与之相挂钩的失业保险金标准、有关就业补助标准、工伤保险相关待遇标准等也要相应上调。

表7—9　　　　　　　　　　　全国各地区月度最低工资标准　　　　　　　　　　单位：元

省级行政区	实行日期	第一档	第二档	第三档	第四档	发文字号
上海	2019年4月1日	2 480				沪人社规〔2019〕5号
北京	2019年7月1日	2 200				京人社劳发〔2019〕71号
广东	2018年7月1日	2 200（深圳）				粤府函〔2018〕187号
广东	2018年7月1日	2 100	1 720	1 550	1 410	粤府函〔2018〕187号
天津	2017年7月1日	2 050				津人社发〔2017〕59号
江苏	2018年8月1日	2 020	1 830	1 620		苏人社发〔2018〕173号
浙江	2017年12月1日	2 010	1 800	1 660	1 500	浙政发〔2017〕43号
山东	2018年6月1日	1 910	1 730	1 550		鲁政字〔2018〕80号
河北	2019年11月1日	1 900	1 790	1 680	1 580	冀人社发〔2019〕34号
河南	2018年10月1日	1 900	1 700	1 500		豫政〔2018〕26号
新疆	2018年1月1日	1 820	1 620	1 540	1 460	新政发〔2018〕19号
辽宁	2019年11月1日	1 810	1 610	1 480	1 300	辽人社〔2019〕74号
广西	2020年3月1日	1 810	1 580	1 430		桂政发〔2020〕1号
福建	2020年1月1日	1 800	1 720	1 570	1 420	闽人社发〔2019〕6号
重庆	2019年1月1日	1 800	1 700			渝人社发〔2018〕229号
陕西	2019年5月1日	1 800	1 700	1 600		陕人社发〔2019〕8号
贵州	2019年12月1日	1 790	1 670	1 570		黔人社发〔2019〕16号
四川	2018年7月1日	1 780	1 650	1 550		川府发〔2018〕19号
吉林	2017年10月1日	1 780	1 680	1 580	1 480	吉政函〔2017〕97号

续表

省级行政区	实行日期	月最低工资标准 第一档	第二档	第三档	第四档	发文字号
内蒙古	2017年8月1日	1 760	1 660	1 560	1 400	内政办发〔2017〕135号
湖北	2017年11月1日	1 750	1 500	1 380	1 250	鄂政发〔2017〕44号
青海	2020年1月1日	1 700				青政〔2019〕68号
山西	2017年10月1日	1 700	1 600	1 500	1 400	晋政办发〔2017〕120号
湖南	2019年10月1日	1 700	1 540	1 380	1 220	湘人社发〔2019〕56号
黑龙江	2017年10月1日	1 680	1 450	1 270		黑政规〔2017〕30号
江西	2018年1月1日	1 680	1 580	1 470		赣府厅字〔2017〕125号
海南	2018年12月1日	1 670	1 570	1 520		琼人社发〔2018〕468号
云南	2018年5月1日	1 670	1 500	1 350		云人社发〔2018〕16号
宁夏	2017年10月1日	1 660	1 560	1 480		宁政发〔2017〕75号
西藏	2018年1月1日	1 650				藏人社发〔2018〕8号
甘肃	2017年6月1日	1 620	1 570	1 520	1 470	甘政发〔2017〕46号
安徽	2018年11月1日	1 550	1 380	1 280	1 180	皖政办〔2018〕45号

资料来源：人力资源和社会保障部劳动关系司、各地人力资源和社会保障局网站，数据更新截至2020年4月17日。

（二）设置最低工资的利弊分析

当社会的失业率居高不下，员工面对公司裁员减薪威胁时，最低工资可以有效保障员工薪资，还有利于解决低技术工人工作时间长、工资待遇却很低的在职贫穷现象。而低收入人士在薪金有保障的情况下，有机会减少因低收入而衍生的社会问题。同时最低工资还有助于淘汰无良企业，为劳动市场供求关系平衡创造条件，因为无良企业正是压榨工人的"血汗工厂"，运用低劳动成本威胁同行企业的正常运行。

但最低工资作为价格下限的弊端也显而易见，受最低工资的影响，雇主会倾向于选择身体健全以及技术较高的工人,无形中削减了弱势社群在劳动市场的生存空间,这一点在疫情导致的经济不景气时期表现尤为明显。另外,通过最低工资法直接干预劳动力市场运行也会导致劳动力资源的低效率配置,因此最低工资并不被西方主流经济学界所看好。

五、中国劳动就业保障中特殊人群的保障措施

(一)针对不同对象、不同产业的劳动就业保障措施

不同人群面临的就业需求不同,所要采取的劳动就业保障的针对性措施也就不同。小微企业员工、外贸企业员工、个体户、农民工、应届毕业生、就业困难者、长期失业者都是在本次疫情中受到较大冲击的人群,尤以农民工和应届毕业生这两个人数最为庞大的群体为甚。

2020年5月22日的《政府工作报告》在确定预期目标时,开宗明义地指出"要优先稳就业保民生",总结起来就是要稳存量、扩增量、保重点、促匹配、兜底线。(1)稳存量。紧扣"免、减、缓、返、补"五方面政策,支持稳企业、保就业,落实中小微企业免征、大型企业减征、困难企业缓交社会保险费的阶段性政策。扩大失业保险稳岗返还受益面,用好用足促进就业的吸纳补贴、培训补贴等,综合发力帮助企业,特别是中小微企业稳定就业存量。(2)扩增量。主要围绕政策联动、产业带动、支持自主创业、鼓励灵活就业四个方面来着力拓宽就业空间。财政、货币政策聚力支持稳就业,拉动就业能力强的投资项目优先实施,吸纳就业能力强的劳动密集型产业、小微企业优先支持,创业创新带动就业潜力加速释放。同时,灵活就业是扩就业的重要渠道,要进一步加大对劳动者平台就业的扶持力度,清理取消涉就业的不合理限制和收费,支持多渠道灵活就业。(3)保重点。紧紧围绕高校毕业生、农民工、退役军人、就业困难人员等群体强化精准帮扶,加速兑现国有企事业单位招聘、基层项目招录、研究生和专升本招生、就业见习等各项毕业生扩招渠道,强化政策支持、一对一帮扶,促进市场化社会化就业,为毕业生提供不断线服务。同时,落实常住地公共就业服务责任,提升均等化、便利化水平,稳定农民工、建档立卡贫困劳动力、就业困难等各类群体就业。(4)促匹配。用足就业服务、职业培训两大手段,提升人岗匹配效率,密集开展"百日千万"等线上招聘行动,有序恢复线下服务活动,全面开通并优化线上失业登记、线上失业保险申领、线上就业补贴申办平台,扩大以工代训范围,支持企业以训稳岗、以训待岗,做实线上线下培训平台,及时发布新职业,让更多劳动者长技能、好就业。(5)兜底线。牢牢兜住失业人员基本生活保障这一民生底线,全力维护社会和谐稳定。进一步扩大失业保险的保障范围,及时发放失业保险金、失业补助金,并加强与低保、社会救助衔接,切实保障失业人员基本生活。

《人力资源和社会保障部关于开展人力资源服务行业促就业行动的通知》(人社部发〔2020〕58号)提出引导支持各类人力资源服务机构和各级人力资源服务产业园开展的"十大服务":

一是开展联合招聘服务。充分发挥人力资源服务机构作用,通过线上线下结合、跨区域协同、各类机构联动等方式,统一行动,联合招聘,激发促就业的倍增效应。鼓励人力资源服务机构拓展各类线上求职招聘服务模式,打造更优、更便捷的线上招聘服务平台,满足各类求职者就业择业需求。各地要严格按照属地党委、政府统一部署,在充分做好防疫措施的情况下,指导鼓励人力资源服务机构,逐步开展日常招聘服务和小型化、灵活性现场招聘活动,安全有序开展线下招聘活动。

二是开展重点行业企业就业服务。组织推动人力资源服务机构,聚焦承担重大工程项目、重要医用物资生产、公共事业运行、群众生活必需等涉及国计民生和产业发展的重点行业企业,提供用工招聘、人才寻访、劳务派遣、员工培训、人力资源服务外包等急需必需服务。引导人力资源服务机构为受疫情影响严重、存在较大经营困难的行业企业,尤其是中小微企业,提供劳动用工管理、薪酬管理、社保代理、发展规划等实用型服务。鼓励人力资源服务机构充分发挥专业优势,广泛参与政府部门、社会组织开展的各类援企稳岗活动。

三是开展重点群体就业服务。支持人力资源服务机构,通过组织进校园开展专场招聘、进乡村摸清实际需求、进企业实施精准对接等方式,有效促进高校毕业生、农民工等重点群体就业。引导人力资源服务机构广泛面向困难企业职工、城乡未继续升学初高中毕业生、城镇登记失业人员、退役军人、农村转移就业劳动者、贫困劳动力及就业困难人员等,开发创新服务产品和服务模式,有针对性地开展精准招聘、创业扶持、技能培训等多样化人力资源服务。指导人力资源服务机构不得将被用工单位退回的被派遣劳动者简单推向社会,通过积极对接其他企业劳务派遣用工需求,尽快实现重新派遣。要鼓励有条件的人力资源服务机构,尤其是国有、骨干企业承担社会责任,主动参与实施困难人员就业援助等有关工作,积极提供免费服务。

四是开展促进灵活就业服务。鼓励人力资源服务机构进一步拓展和优化人力资源服务外包等业务,创新服务模式,提升服务水平。鼓励人力资源服务机构为各类企业,特别是餐饮、快递、家政、制造业等用工密集型企业,提供招聘、培训、人事代理等精细化服务。鼓励人力资源服务机构建立用工余缺调剂平台,为阶段性缺工企业提供供需对接服务。鼓励人力资源服务机构搭建线上线下信息服务平台,广泛发布短工、零工、兼职及自由职业等各类需求信息,支持劳动者灵活就业。

五是开展就业创业指导服务。支持各级人力资源服务产业园和各类人力资源服务机构,紧密结合市场需求,优化就业创业培训项目、产品,提供各类实用型就业创业指导服务。引导人力资源服务机构对有创业意愿的劳动者,提供职业规划、创业指导、招聘用工、经营管理、投融资对接等一体化服务,通过服务创业有效带动促进就业。鼓励人力资源服务机构及产业园区,结合当地产业布局和发展实际,组织开展相关行业的创业创新大赛、成果展示交流等活动,邀请投融资机构、天使投资人、创业导师考察对接,为创业创新项目成果的转化孵化,提供广阔平台。

六是开展优质培训服务。鼓励人力资源服务机构大力开展线上培训,针对用人单位和劳动者的就业创业、技能提升等培训需求,积极开发和升级在线学习、直播课堂等服务项目,提供各类实用性强的线上线下培训服务。支持人力资源服务机构联合技工院校、职业培训机构和企业,积极开发优化技能培训项目,按规定参与职业技能提升行动、稳岗扩岗、以训稳岗、重点群体专项培训等工作。

七是开展劳务协作服务。依托东西部协作、对口支援机制,建立完善人力资源市场供需信息连通联动机制,搭建供需对接交流平台,及时互通信息,畅通跨地区劳务协作渠道。充分发挥人力资源服务机构等市场化力量的专业化、灵活性优势,积极组织开展跨地区劳务对接活动,努力扩大劳务输出规模,提高劳务组织化水平,积极促进劳动力转移就业、人力资源有序流动。

八是开展就业扶贫服务。聚焦贫困地区特别是"三区三州"、52个未摘帽贫困县人力资源市场建设,深入开展人力资源服务机构助力脱贫攻坚行动,加强贫困地区人力资源服务机构与发达地区的对口交流合作,支持鼓励东部省份引导人力资源服务机构到贫困地区设立分支机构,形成常态化就业扶贫合作机制。加大贫困地区人力资源市场建设力度,不断提升东西部交流协作、市场援助项目对促进就业扶贫的针对性和实效性,注重发挥示范引导作用,有效调动各方积极性、内动力,形成推动人力资源市场建设、带动助力就业扶贫的整体合力。

九是开展供求信息监测服务。指导鼓励人力资源市场和人力资源服务机构依托招聘信息和数据库,采取设点监测、线上调研、数据对比等方式,开展人力资源市场供求监测。指导人力资源服务机构通过发布监测信息、开展预测分析、编制需求目录等方法,及时掌握不同地区、重点行业的人力资源市场供求状况,为研判就业形势、完善就业政策,提供参考依据。

十是开展人力资源服务产业园区促就业综合服务。人力资源服务产业园要把为促就业提供综合性服务作为重大任务,深入开展国家级人力资源服务产业园促就业服务行动,精心打造和持续优化线上线下协同的统一活动平台。各国家级产业园要聚焦疫情防控常态化要求,在开展国家级人力资源服务产业园专场招聘活动基础上,进一步统筹开展综合性就业服务活动,为劳动者和用人单位提供求职招聘、管理咨询、人力资源服务外包、人才测评、专业培训、事务代理等一揽子、一站式服务。各地人力资源服务产业园要积极发挥园区产业集聚、服务齐全、功能完备的独特优势,组织园区内外人力资源服务机构协同开展促就业综合服务活动,精准对接供需,提供优质服务。

夯实政策、服务、培训、保障四项支撑,在宏观层面,通过挖掘内需、稳定外贸、加大投资、培育创新等,通过扩大产出水平,提高就业吸纳能力。在中观层面,加大对企业稳岗援助和发展支持力度,使面临阶段性困难企业少裁员、不裁员,有发展余力企业稳岗位、增岗位。在微观层面,注重提高劳动者的就业能力,通过人力资本"赋能",为劳动者创造更多的稳定就业机会。

(二)农民工群体的就业保障

国家通过减负、稳岗、扩就业并举,抓好社保费阶段性减免、失业保险稳岗返还、就业补贴等政策落地,一定程度上扭转了就业的恶化形势。但高校毕业生、农民工是中国比较特殊的两个群体,人数规模最大,其就业对中国经济社会的影响也更为深远。

2020年4月30日国家统计局发布的《2019年农民工监测调查报告》显示,2019年农民工总量达到29 077万人(见图7-9),其中本地农民工11 652万人,外出农民工17 425万人(见表7-10)。农民工平均年龄为40.8岁,比上年提高0.6岁,50岁以上农民工所占比重为24.6%,比上年提高2.2个百分点,并且近五年来占比逐年提高。农民工月均收入为3 962元。可以总结出几点:农民工人数接近3亿,体量庞大;务工年龄有所上升,而这意味着文化素质不高;农民工人均月收入水平较低,却要维持一家人的开销。

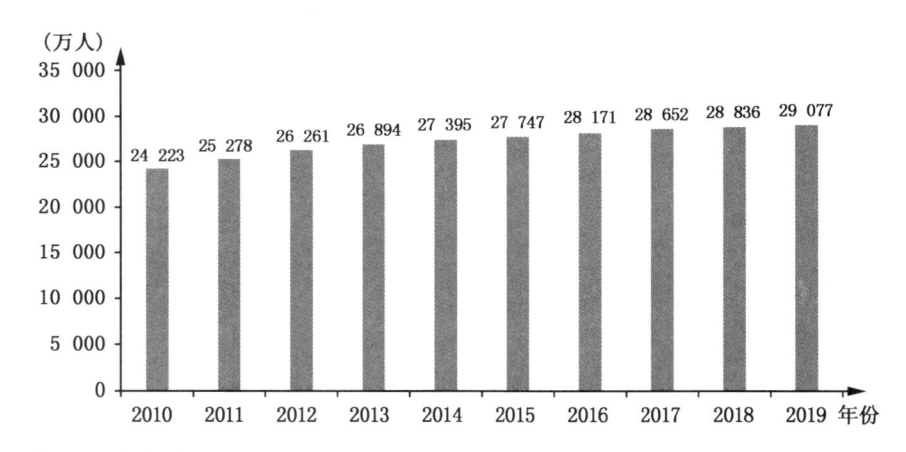

资料来源:国家统计局。

图7-9 2010—2019年中国农民工总量变动情况

表7-10 2019年外出农民工地区分布及构成

按输出地分	外出农民工总量(万人)			构成(%)		
	外出农民工	跨省流动	省内流动	外出农民工	跨省流动	省内流动
合计	17 425	7 508	9 917	100.0	43.1	56.9
东部地区	4 792	821	3 971	100.0	17.1	82.9
中部地区	6 427	3 802	2 625	100.0	59.2	40.8
西部地区	5 555	2 691	2 864	100.0	48.4	51.6
东北地区	651	194	457	100.0	29.8	70.2

资料来源:国家统计局。

农民工是城市经济的候鸟,只有不断流动才能创造价值。如果农民工因新冠疫情之故滞留家里而未外出,客观上相当于断了家庭的主要收入来源,打乱原本外出务工的节奏,必将对农民工家庭的生计造成重大影响。为稳定和扩大农民工就业,人力资源和社会保障部出台系列举措,包括:支持返岗复工一批、帮助招录一批、动员投身农业解决一批、鼓励重大项目吸纳一批、扶持创业带动一批、开发公益性岗位安置一批等。为全力做好农民工群体的就业,国家也开展了几项重要行动。

1. 农民工返岗"点对点"服务行动

2020年上半年,人力资源和社会保障部门实施农民工返岗"点对点"服务行动,累计"点对点"运送600多万名农民工安全有序返岗,经各方努力,截至2020年6月底,全国外出务工贫困劳动力达2 830万人,超过2019年总数。

加大力度支持灵活就业上,目前中国有8 200多万个体工商户,带动就业人口超过2亿,是数量最多的市场主体,是群众生活最直接的服务者,当前面临的实际困难也最多。2020年1月20日至3月30日,美团新注册骑手达45.78万人,在该平台的骑手中,有25.7万是建档立卡贫困人口;另据计算,滴滴网约车司机中有一半以上是进城务工人员。

2020年《政府工作报告》提出,要扩大失业保险保障范围,将参保不足1年的农民工等失业人员都纳入常住地保障,扩大低保保障范围,对城乡困难家庭应保尽保,将符合条件的城镇失业和返乡人员及时纳入低保,对因灾因病遭遇暂时困难的人员,实施必要救助。只有保住民生底线,才能助力更多失业人员再就业、敢创业。

2. 数字平台经济促就业助脱贫行动

为贯彻中央关于决战决胜脱贫攻坚和强化稳就业举措的决策部署,进一步拓宽政企合作领域,发挥政府和市场两方面作用,帮助建档立卡贫困劳动力和贫困地区农民工就业创业,人力资源和社会保障部、国务院扶贫办开展"数字平台经济促就业助脱贫行动",服务对象主要包括贫困地区建档立卡贫困劳动力和农民工,重点为52个未摘帽县和易地扶贫搬迁万人安置区贫困劳动力和农民工。目的在于依托数字平台经济,努力减轻新冠疫情影响,为建档立卡贫困劳动力和贫困地区农民工提供多渠道、多形式的灵活就业、居家就业、自主创业机会,带动贫困地区发展特色产业,推动县域生活服务业加快恢复,为打赢脱贫攻坚战做出贡献。

定向招聘计划。针对建档立卡贫困劳动力和农民工技能特点,组织企业提供一批就业岗位定向投放贫困地区,由阿里巴巴本地生活(蜂鸟即配)、美团提供一批平台外卖骑手,由京东、顺丰提供一批物流相关收派员、运作员、仓管员,由阿里旗下盒马鲜生等新零售业态提供一批理货、打包等店员岗位,由滴滴提供一批网约车上下游汽车维修、加油服务、两轮车运维等岗位,由到家集团提供一批家政服务员、货运司机等岗位。

居家就业计划。针对无法外出务工的贫困劳动力就业增收需求,提供一批居家灵活就业机会,由阿里、京东培育一批电商平台智能标注员,从事图片拍摄、页面设计、数据处理等简单易学、重复性高、使用手机即可完成的工作任务,由阿里提供一批兼职云客服岗位,自主选班、在家办公,为阿里巴巴平台消费者或商家通过电话沟通的形式进行咨询解答。

创业带动计划。组织相关企业为贫困地区提供一批创业项目和创业支持,由阿里巴巴本地生活(饿了么+口碑)向贫困地区提供新餐饮、新零售等生活服务类创业项目,减免项目加盟费,开展生活服务业人才致富带头人培训,由顺丰支持贫困劳动力回乡担任区域代理,给予专业培训、免费配备物资等扶持。由到家集团向贫困地区提供货运创业项目。

爱心助农计划。发挥相关企业平台资源优势,助力贫困地区农产品销售,帮助贫困劳动力增收,由阿里巴巴本地生活旗下"饿了么"平台开展业务下沉,帮助贫困县数字化升级,通过扶持商家复工复产稳定餐饮就业,通过直播等方式拓展农产品销售渠道,由京东开通贫困县县域农副产品上行绿色通道,帮助贫困县农产品建立品牌形象传播体系,联合组织举办产销对接会,打造一批县域特色农副产品区域化品牌,由顺丰利用电商平台,助力贫困地区农产品上行,实施"一县一品",提供智慧营销、品牌推广以及贷款、保险等金融增值服务。

3. 拓宽外出就业渠道与促进就地就近就业并重

在地域流动方面,针对跨省农民工和省内农民工的不同特点,《人力资源和社会保障部 国家发展改革委等十五部门关于做好当前农民工就业创业工作的意见》(人社部发〔2020〕61号)对症下药,做出相关部署。

拓宽外出就业渠道方面:一是稳定现有就业岗位,全面落实减税降费、失业保险稳岗返还、以工代训等援企稳岗政策,引导企业特别是中小微企业不裁员或少裁员,督促企业将补贴资金用于职工生活补助、缴纳社会保险费、开展在岗转岗培训等。帮助外贸企业纾困解难,支持出口产品转内销,加大对住宿餐饮、批发零售、文化旅游、家政服务等行业的针对性政策扶持,最大限度稳定农民工就业岗位。二是创造更多就业机会,推动重大投资项目加速落地,强化促消费、扩内需政策扶持,释放经济发展潜力,提升吸纳就业能力。各类基础设施建设要优先考虑带动就业能力强的项目。大力发展生活服务业、劳动密集型产业,对吸纳农民工就业多的给予更大政策激励。培育经济发展新动能,加快信息网络等新型基础设施建设,促进共享出行、社区团购等新业态发展,支持农业、林业生产端电子商务发展,促进产销对接,拓展农民工就业新领域。三是支持多渠道灵活就业,支持农民工通过临时性、非全日制、季节性、弹性工作等多种形式实现灵活就业,灵活就业支持政策对城镇户籍居民和农民工一视同仁。因地制宜发展零工市场或劳务市场,搭建企业用工余缺调剂平台。鼓励农民工从事个体经营,开办特色小店,符合条件的按规定给予税收优惠、场地支持等政策。鼓励互联网平台企业降低平台服务费、信息中介费、加盟管理费等费用标准,支持农民工从事直播销售、网约配送等新就业形态增加收入。

促进就地就近就业方面:一是发展乡村产业吸纳就业,结合农业生产特点创新开发"惠农"产品包等金融产品,支持发展特色种植业、林草特色产业、规模养殖业和种养结合循环农林业。大力发展农林产品加工业、农林产品物流冷链和产销对接等相关产业,推动休闲观光、健康养生、农事体验等乡村休闲旅游业健康发展。将带动就业情况作为创建现代农林业产业园的重要考量。支持返乡留乡农民工成立农民合作社、发展现代种养业和农产品初加工，鼓励发展新产业新业态，增加就业岗位。二是推动项目建设促进就业，大力发展县域经济，建设一批卫星城镇，发展一批当地优势特色产业项目，提高就业承载力。加强小型水利、高标准农田、林下经济、木本粮油等特色经济林基地、乡村绿化、人居环境整治等领域的农村中小型基础设施建设，加快灾后恢复重建，积极采取以工代赈方式实施项目。加大以工代赈投入力度，加快推进项目开工建设，将发放劳务报酬的资金占比由10%提高至15%以上，吸纳更多返乡留乡农民工就业。三是支持返乡入乡创业带动就业。加强创业服务能力建设，组织协调企业家、科技人员、创业成功人士等成立创业服务专家团队和农村创新创业导师队伍，为返乡入乡创业农民工提供政策咨询、开业指导等专业服务。对符合条件的返乡入乡创业农民工，按规定给予税费减免、创业补贴、创业担保贷款及贴息等创业扶持政策，对其中首次创业且正常经营1年以上的，按规定给予一次性创业补贴，正常经营6个月以上的可先行申领补贴资金的50%。加强创业载体建设，政府投资开发的孵化基地等创业载体可安排一定比例的场地，免费向返乡入乡创业农民工提供，支持高质量建设一批返乡入乡创业园（基地）、集聚区，吸引农民工等就地就近创业就业。

4. 新生代农民工职业技能提升计划（2019—2022年）

为加强新生代农民工职业技能培训工作，带动农民工队伍技能素质全面提升，人力资源和社会保障部《新生代农民工职业技能提升计划（2019—2022年）》要求各地将从事非农产业的技能劳动者都纳入培训计划，针对不同人群而对症下药：对准备就业并登记培训愿望的农民工，在1个月内提供相应的培训信息或统筹组织参加培训。对已就业人员，鼓励企业重点开展新型学徒制培训，对具备条件的技能人才，开展岗位创新创效培训，强调加强劳模精神和工匠精神培育，引导新生代农民工爱岗敬业，追求精益求精。对建档立卡贫困劳动力，要精准掌握就业困难的基本情况，优先提供技能培训服务或技工教育。对拟创业和创业初期人员，重点开展电子商务培训，对具备一定条件的人员开展以创办个体工商户和创办小微企业为中心的创业技能培训，对已创业人员，持续开展改善或扩大企业经营的创业能力提升培训和企业经营指导。

（三）应届毕业生群体的就业保障

2020年高校毕业生达到874万人，同比增长40万人，毕业生人数再创历史新高（见图7—10）。受新冠疫情、经济下行压力等多种因素叠加影响，就业形势复杂严峻。而对于高校毕业生就业来说，每年的春季都是求职旺季，有"金三银四"之说，但2020年的疫情对毕业生求职造成了非常大的冲击，线下的招聘活动不得不暂停，同时各地各学校都开启了网上就业服务。

为拓宽高校毕业生就业渠道，一些地方推出创业补贴，增加见习基地。如广西明确，对招用高校毕业生，与之签订1年以上劳动合同的小微企业或社会组织，按照每人2 000元的

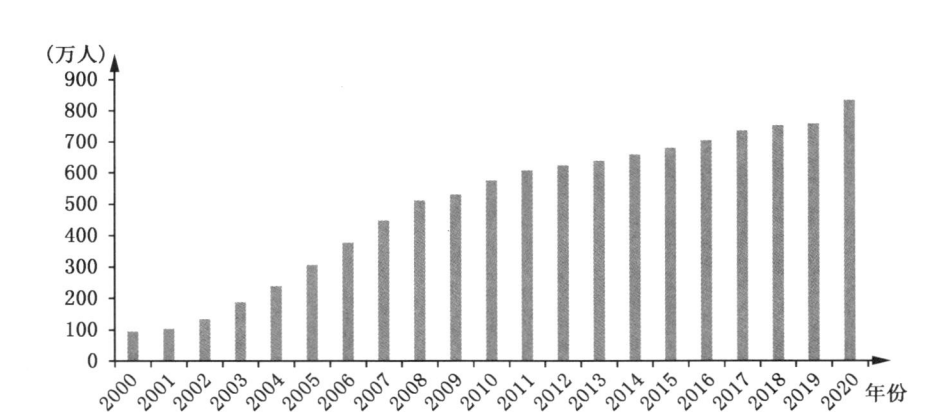

资料来源：国家统计局。

图 7-10 2000—2020 年普通高等学校毕业生数

标准给予补贴，并给予 1 年的社会保险补贴。上海市明确，对高校毕业生首次在沪创业的，可申请一次性 8 000 元创业补贴；对符合上海市产业发展导向的高校毕业生创办企业或创新团队，给予每年最高 50 万元资助。

国家开展了百日千万网络招聘专项行动、高校毕业生就业"百日冲刺"行动、促进高校毕业生就业创业五项推动等工作。为贯彻中央决策部署，积极应对复杂严峻的就业形势，全力冲刺促进高校毕业生就业创业，教育部在几个方面着力推动：

升学扩招方面。扩大硕士研究生招生规模，同比增加 18.9 万人；扩大普通高校专升本规模，同比增加 32.2 万人，2020 年专升本工作部署主要向预防医学、应急管理、养老服务管理、电子商务等专业倾斜。

渠道开拓方面。进一步加强中小学和幼儿园教师配备，采取"先上岗、再考证"的举措，每年吸纳 40 多万毕业生补充中小学和幼儿园教师队伍。适度扩大"三支一扶""西部计划"等中央基层就业项目规模；推动国有企业、中小微企业吸纳大学生就业；扩大应届毕业生参军入伍征集规模；进一步加大力度鼓励基层医疗、社区服务等领域招录毕业生；开发更多科研助理岗位，科技部、教育部等部委下发通知，鼓励科研项目开发科研助理岗位吸纳高校毕业生就业。

就业服务方面。教育部联合有关社会招聘网站推出"24365 校园网络招聘服务平台"——24 小时、365 天、不间断、不打烊提供就业服务平台。此外教育部会同有关地方及高校推出了高校毕业生网上签约平台，为毕业生网上签约提供便利，目前大多数高校也都已建成线上招聘、线上签约、线上派遣的平台。

加强就业指导方面。组织高校开展"就业＋互联网"公益直播课系列讲座，帮助毕业生分析就业形势，解读有关政策，传授经验方法，帮助他们明确目标、树立信心、主动求职。

六、失业救助到就业帮助的政策转型

帮助维持失业的救助带来的是失业的固化,导致工作契约的吸引力显著退化,造就一个依赖性的和不劳而获的群体。从福利的提供来看,消极福利直接提供救助和帮助从而维持人的一种生存状态,具有被动性。积极福利则是强调人自身的超越和发展,强调个体的责任和自我实现功能,推动个体采取积极行动应对人为风险。实行积极的就业促进政策(见表7-11),努力避免过分依赖政府福利而导致的消极懒惰现象,是政府社会保障支出政策的改革方向。社会保障提供的福利应当成为成功的跳板,而非就业失败之后的安全网。就业困难群体寻找工作不断受挫,往往失去就业信心,再加上享有一定的社会保障,影响了继续找工作的积极性。因此需要有一定力度的措施,奖励和刺激缩短就业时间。防止失业者的贫困高原,社会保障支出必须由"输血"向"造血"转型,增强职业技能培训,提高劳动者能力,为就业创造必要条件,扩大劳动力供给。在政策实施上,北欧国家对低技术或低技能劳动者进行了再培训,创造就业岗位,给予就业安排,消化剩余劳动力,欧洲大陆国家采取了提前退休并给予补贴的适应性途径,美国则采取了削减工资等更为市场化的方式来解决这些问题(Esping-Andersen,2000)。[①]

表7-11　　　　　　　　　积极的就业扶助措施

积极的就业扶助措施
1. 职业教育和培训从供给导向型向需求导向型转变;
2. 以税收优惠政策鼓励失业者创办企业;
3. 开发社区工作岗位,对失业者以劳动福利代替生活福利;
4. 开辟家庭雇工就业领域;
5. 鼓励失业者向劳动力短缺地区流动;
6. 采取特殊措施辅助就业困难群体,提供临时工作岗位,增加就业机会;
7. 实施职业轮换,加强就业指导;
8. 政府和社会提供全方位的就业服务,实行全国联网的就业信息管理。

资料来源:刘畅.社会保障概论[M].北京:北京大学出版社,2012:170—175.

实行积极的社会保障政策和再就业政策,必须依靠严明细致的立法措施、公正制衡的司法仲裁、完善的劳资协调机制,实现有效的失业治理。失业保险应成为一个系统体系,对劳动者在每个阶段形成全方位的保护:在职时期提供权益保障,失业时期提供保险救助,求职时期提供就业促进。对失业救济金的领取对象要严格其领取条件,必须是有意愿且有能力并积极重新寻找工作的人,失业者不仅是被同情的弱势群体,更应当同样负担起促进经

---

① 劳工政策的更多讨论参见 Esping-Andersen Gøsta, Regini, Marino. Why Deregulate Labour Markets [M]. Oxford: Oxford University Press, 2000:45—127。

济发展的义务。积极的社会保障政策要帮助激励甚至迫使劳动者重新回到劳动力市场,因此对失业者的治理工作要将"输血"变为"造血",工作重点应从保险金发放转向职业介绍和职业培训,提供职业咨询和就业指导,增加技能培训,鼓励自主创业,并为残疾人等特殊人群提供就业帮助。

以瑞典为例,瑞典政府将充分就业视为其社会保障支出的重要目标,制定积极的劳动力市场政策,引导失业者、正在接受教育者以及可能面临失业者有效融入劳动力市场,找到合适的工作岗位。瑞典政府将劳动力市场政策年度预算的40%用于开展就业培训,提供不同形式的就业培训项目,包括失业者培训和在业培训,并成立一个专门的劳动力市场职业培训机构进行就业培训,就业培训是免费的并且参加者还可以得到一笔相当于失业保险金的培训补贴。根据失业求职者的不同情况与要求分别配以相应的专业培训,对缺乏专业技术而难以安置的失业者进行特殊技能培训以走出其就业瓶颈;对破产企业劳动者进行再就业和转岗培训使其符合其他部门的技能要求;提供增加工作经历培训帮助和鼓励失业人员能够继续从事他们原来的工作;制订专门的市政当局青少年计划和保险计划使青年人或大学毕业生获得有用和必要的职业培训以提高其操作技能和实际经验;对伤残人士、长期失业者、难民和移民等特殊群体提供临时性公共工作岗位,增加就业机会;鼓励失业者异地求职和异地就业以增进劳动力市场的流动性并对其提供必要的安置费和子女就学补贴;实施职业轮换,失业者通过职业轮换学到了求职所需的技能和经验,并同某个单位建立起联系,增加了就业机会;等等。就业培训和扶助成为瑞典劳动力市场中最为重要的措施,提高了求职者自身的素质,使其找到更好的工作,为劳动者的就业安全提供了充分保证。另外,工会在维护工人权利的同时,也致力于实施积极的就业扶助策略,进行高质量的职业教育,协助工人提高其职业发展水平。

中国的劳动力基数大,就业问题更为严峻,大学持续扩招带来近几年高校毕业生的求职高峰,新型城镇化加速了农民工市民化进程,如何实现这些群体的就业,采取重点强化措施帮助他们重返工作岗位或者提高就业能力,防止他们加入失业队伍或成为非经济活动人口,是摆在政府面前的一道难题。社会保障支出应当偏重于就业和教育,确保优质的人力资源,而这才是实现经济可持续发展的关键。

中国的就业补助支出起自1998年,但发展迅速。并且从图7—11中可以看出,就业补助占财政总支出的比重与城镇登记失业率的变动趋势相一致,充分肯定了中国政府在失业治理工作上更加注重采取就业措施,从而避免单纯依靠失业保险金支出而可能产生的偏差。2015年2月25日国务院常务会议决定将失业保险费率由现行条例规定的3%统一降至2%,减费措施每年将减轻企业和员工负担400多亿元,以后的重点工作将体现到促进失业人员再就业、落实失业保险稳岗补贴等政策上来。而失业保险支出占社会保险基金支出的比例则呈现出逆经济周期的调节趋势,在经济形势不乐观情况下,比例就会上升,保障失业群体基本生活。

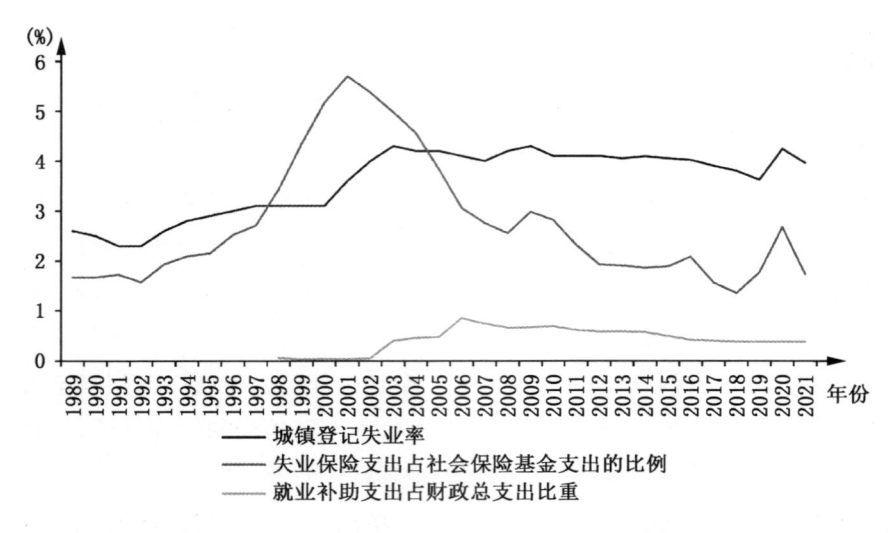

图 7-11　1989—2021 年中国城镇登记失业率、失业保险支出占社会保险基金支出的比例、就业补助占财政总支出比重变动趋势

随着当前中国的社会政策向民生转型,更应当加强失业保险制度和就业补助(见附录A3)的系统性建设,拓展社会保障项目中的教育补贴和职业培训,形成完善的失业治理机制和就业服务体系。同时要加强失业保险机构建设,全方位的就业信息和就业服务是促进就业的基础设施,健全失业保险信息系统,实行全国联网的就业信息管理、失业申报登记制度和企业职位空缺等级制度,明确领取失业补助资格和条件,加强失业保险基金的监管运营,培育市场化的劳动就业制度,提供良好的再就业培训服务,有效降低失业率,最终提高全体劳动者福利。

七、劳动就业保障存在的问题与不足

(一)政策的救急性与长期性

救急只是兜底,但"授人以鱼不如授人以渔",可以救穷而不能救懒,劳动力在就业市场中的长期表现还是依赖于劳动者本身的素质。因此就业扶助政策最需要的是保证就业最困难的人群,不能所有人群一条标准一刀切,并且救急的政策多为暂时性的,长期的劳动就业政策集中于职业培训、产业扶持、新业态岗位创造等。

(二)对象的特殊性与公平性

各个地区在支持企业员工返岗复工的政策优惠上不尽相同,如北京、重庆、云南等地对为重点企业提供招用工服务的人力资源机构给予补助;山东、贵州、广西等地对重点企业员工返岗产生的交通费给予补助;还有一些地方对有组织输出的贫困劳动力给予一次性求职创业补贴。

同样的劳动力,为什么在这个地方就能获得补贴,而那个地方不能?同为企业,为什么一些发展好的重点企业能获得援助,而亟须救助的其他企业却无法获得?财政上讲究对救助对象的一视同仁,体现公平性。危机时代纵然各地疫情不同、经济有别,特殊情况特殊处理,但就业扶持政策上还是要更少地用"补贴",更多地用财政、税收、金融政策"引导",因为后者更容易发挥作用、更节省财政资金、也更体现公平性。公共经济理论已经证实对贫困儿童发放免费午餐券比发放补贴更有效,这也是单纯提供补贴解决就业与提供职业培训让其主动就业之间出现差距的原因。

(三)导向上的微观个体与宏观整体

个人的就业具有趋利性,国家需要合理引导。疫情防控期间,中国启动以国内循环为主,国际国内互促的双循环发展的新格局。每个人作为个体都对他所属于的社会负有责任,目前中国的一些技术短板仍旧构成制约经济发展的最大障碍,如光刻机、芯片、操作系统、航空发动机短舱、触觉传感器、真空蒸镀机、手机射频器件、iCLIP 技术、重型燃气轮机、激光雷达等[1],相关方面的技术人才严重缺乏。中国真正需要的是高新技术产业。2020 年 3 月 30 日《中共中央 国务院关于构建更加完善的要素市场化配置体制机制的意见》分类提出土地、劳动力、资本、技术、数据五个要素领域改革的方向,要求深化要素市场化配置改革,促进要素自主有序流动,提高要素配置效率,进一步激发全社会创造力和市场活力,推动经济发展质量变革、效率变革、动力变革。这也为宏观整体上国家政策的就业导向指明了方向,必须引导高端人才向先进生产力行业聚集。

八、劳动保障政策的优化之处

(一)劳动就业保障政策要具有持续性

疫情防控期间,地方政府多次出现劳动就业保障政策措施发布的"一日游",刚刚颁布马上又被撤回,这不但降低地方政府在疫情治理上的公信力,也混乱公众的预期。因此要分析时间轴上的劳动就业保障需求,贯穿到疫情防控期间、疫情稳定、疫情结束的全过程,短暂的疫情防控期间可以采取一些应急性的针对措施,长期的劳动就业保障还是要依赖政策的稳定和持续。

人作为生物体的一员,本身是很脆弱的,尤其是在病毒或天灾人祸面前,而人要生存,则需要通过劳动来换取和维持,后疫情时代国家的劳动就业保障措施很好地起到了兜底民生的重要作用,但暂时的就业困难要解决,长期的就业扶助也要稳步推进,做到劳动就业保障政策的修复、完善、可持续。

(二)就业导向与岗位创造

分析国家统计局关于农民工群体就业领域的数据,我们可以发现农民工就业多集中于

---

[1] 刘亚东. 是什么卡住了我们的脖子[M]. 北京:中国工人出版社,2019:67-83.

第二产业的制造业、建筑业,第三产业的批发和零售业、交通运输仓储邮政业等,而这些劳动密集型产业的优势正在逐渐丧失,更多地被机械自动化所代替,国家为其解决就业的通道正在变得逐渐狭窄。应届毕业生则更倾向于进入公务员队伍、事业单位、金融行业等领域,基础科学研究领域则较少有人问津。因此,在就业的导向上都必须做出积极引导,经济的内循环必须有关键技术和基础科学的支撑,否则中国将处处受制于人。

与就业导向相契合的是开辟新的就业领域,创造新的就业岗位,在物联网、大数据、云计算、5G、人工智能、芯片软件等方面做出新的布局,抢占战略高地。危中有机,疫情给予了中国弯道超车的机会,数据禀赋将作为新的生产要素加入高端装备制造业。在"十四五"时期,中国面临的国际形势将更错综复杂,只有掌握关键技术、把握核心科技、拥有专业人才,才能在未来竞争中取得一席之地。

(三)保个体与保企业同步进行

在保就业中,保个体与保企业是一枚硬币的两面,同时构成就业的重要环节,必须兼顾。只有企业发展了,用工上升、岗位增多,个体才更容易找到工作,企业是海绵,个体是水,实现稳就业的关键,在于提供就业岗位的市场主体,特别是中小微企业和个体工商户,目前中小微企业、个体工商户等个体私营主体占市场主体总数超过95%,提供了80%以上的城镇就业岗位和90%以上的新增就业岗位,在稳就业中发挥着决定性的作用,但也正是这些中小微企业和个体工商户,抵御风险的能力较弱,所以要加大政策扶持力度,着力稳企业保就业。

(四)劳动就业保障的手段上要更加丰富

补贴创业就业、扩大研究生招生、企业招工等措施,可以促进一段时期内的就业,但更有效、更深层的政策中,减税降费、提供小额信贷等手段显然要更胜一筹。

第五节 缓解老龄危机下延长退休年龄对就业的影响

延迟退休通过政策文件将退休年龄固定下来,强制性地直接增加老年参与者。当前形势下延迟退休确有必要,并且已经在部分实践。山雨欲来风满楼,政策的出台将稳定老年劳动参与者的预期,明晰中国老龄参与的边界和改善老年劳动参与者的劳动保护处境。

一、延迟退休的必要性与紧迫性

人均预期寿命延长。《中国统计年鉴2022》显示,2020年中国男性和女性的人均预期寿命分别增长到75.37岁和80.88岁。东部沿海地区人均预期寿命更长,如上海市民政局最新数据显示,2022年上海市户籍人口中男性和女性的人均预期寿命分别达到80.84岁和85.66岁,赶上日本和瑞士。

老龄化持续深化。根据国家统计局发布的关于人口的最新数据,2022年全国60岁以上老年人口 28 004 万人,占全国人口总数的 19.8%,其中 65 岁及以上人口 20 978 万人,占全国人口总数的 14.9%。用于老年人的社会保障支出将持续增长;农村实际居住人口老龄化程度可能进一步加深。

就业人口减少。1982 年第三次人口普查时中国劳动年龄人口数量只有 5.89 亿,2011 年劳动年龄人口数量达到 9.40 亿,成为中国历史上劳动力资源供给的顶峰,同时也成为劳动力资源由增长转为减少的拐点,从 2012 年中国劳动力资源缓慢缩减为始,预计在 21 世纪后半叶劳动力总量将稳定在 6 亿上下。人口学上总抚养比≤50 时为人口机会窗口期[①],自新中国成立以来,中国的人口机会窗口期只有 2002—2015 年间的短暂 14 年,发展机会少之又少。

养老金支付缺口风险加大。从存量视角分析,近 10 年全国城镇企业职工基本养老保险的累计结余由 2.39 万亿元增长至 5.26 万亿元,但随着老年人口的增加,基金的可支付月数却由 18.5 降低至 11.2。照此预测,城镇职工基本养老保险基金将于 2027 年达到峰值 6.99 万亿元后迅速下降,至 2035 年全部耗尽。从流量视角分析,2021 年企业职工、机关事业单位(合为城镇职工)和城乡居民基本养老保险基金的本年收支结余分别为 3 688 亿元、195 亿元和 1 651 亿元。其中,城乡居民养老保险的总收入中财政补贴占 61.7%;企业职工和机关事业单位养老保险对财政补贴的依赖程度分别为 14.9% 和 39.1%,倘若剔除财政补贴收入,目前三项分类的收支缺口分别为 2 925 亿元、5 955 亿元和 1 659 亿元,均已陷入收不抵支状态。[②]

伴随人均预期寿命延长、老龄化持续深化、就业人口减少、养老金支付缺口风险加大,推迟法定退休年龄成为世界范围大潮流。延迟退休一方面延长个体生命周期的劳动工作年限,提升生命价值的社会贡献度,增加人生中创造财富的时间,并且在宏观上增加劳动力资源的供给;另一方面缩短个体生命周期中领取养老金的时间和退休后的闲暇时间,缓解并适度抵消人口老龄化对经济社会发展的压力。部分学者认为延迟退休会对青年人就业产生挤出效应,这种对就业岗位的静态观察,忽略了老年人生产功能创造岗位需求,以及进入买方市场后消费拉动经济增长的动态原理。[③]

当今的中国退休年龄规定仍采用 1978 年的办法。1978 年 6 月国务院颁发的《关于工人退休、退职的暂行办法》和《关于安置老弱病残干部的暂行办法》(国发〔1978〕104 号)规定,下列几种情况可以办理退休:(1)男干部、工人年满 60 周岁,女干部年满 55 周岁,女工人年满 50 周岁,连续工龄或工作年限满 10 年。(2)从事井下、高空、高温、繁重体力劳动和其他有害健康工种的职工,男年满 55 周岁,女年满 45 周岁,连续工龄或工作年限满 10 年。

---

① 国家应对人口老龄化战略研究总课题组.国家应对人口老龄化战略研究总报告[M].北京:华龄出版社,2014:4.
② 林采宜.我国养老金的缺口究竟有多大?[DB/OL].中国首席经济学家论坛,2023 年 4 月 11 日,https://baijiahao.baidu.com/s?id=1762892229642571434&wfr=spider&for=pc,登录日期:2023 年 6 月 15 日.
③ 范琦,冯经纶.延迟退休对青年群体就业的挤出效应研究[J].上海经济研究,2015(8):11—19.

(3)男年满50周岁,女年满45周岁,连续工龄或工作年限满10年的,经医院证明,并经劳动鉴定委员会确认,完全丧失劳动能力的职工。就世界范围来看,这样的退休年龄确实偏低。社科文献出版社和中国人事科学研究院联合发布的《人力资源发展报告(2015)》显示,中国城市人口总体的平均退休年龄为56.1岁,其中男性平均退休年龄为58.3岁,女性为52.4岁。报告认为中国退休年龄偏低,因为在这个年龄段中,大多数劳动者依然身体比较健康,精力比较充沛,健康状况较差的仅占26.9%,这种过早的退休年龄造成了中国人力资源的浪费。

我国实行的是强制退休制度,当劳动者达到法定退休年龄时必须强制退休,雇主有权利终止劳动者的工作,但在实行弹性退休的国家,劳动者到了法定退休年龄,若身体健康愿意继续工作,雇主无权拒绝,同时对于晚退休者,国家还会在养老金上给予奖励。以美国为例,对于提前退休、正常退休和延迟退休三种情况给予不同的养老金领取标准,目前美国政策退休年龄是66周岁,男女统一[①],美国允许最早的退休年龄是62岁,最高是70岁,如果劳动者62岁退休,退休金就会被扣近30%,如果可以工作到70岁退休,则可以增加30%,并按照此标准终生领取。德国也有类似的规定,每提前一年退休,养老金减发3.6%,而每延迟一年,养老金增发6%。加拿大的法定退休年龄是65岁,如果个人想全额拿到退休金,就必须在65岁以后领取,可以提前到60岁领取,但最晚70岁必须领取,如果60~64岁开始领取,每个月都会扣去一定的百分比,越早领取,扣除百分比越多,越晚领取,扣除百分比越少;65岁之后开始领取,每个月可获得津贴的总额会增加0.7%,每年8.4%;如果一直到70岁才开始领取,津贴总额将会增长42%。

退休年龄过早引发的问题是部分参保人义务太轻,与养老金权益严重不匹配,导致部分人主动或者被动以低门槛参保,产生道德风险并影响了公平性。由于工资收入的不透明,非正式部门的参保人可以选择最低的费基,当然还可以选择最低的缴费年限和退休年龄。现行制度设计的最大弊端是参保人员退休越早,一生领取的基础养老金超过其缴费的贴现值越多,这也成为实现基础养老金全国统筹的最大障碍。因为退休审批权全国各地分散,如在不改革制度的前提下实施全国统筹,制度与管理体制的矛盾将可能使"提前退休"现象失控。问题的关键还在于,在"六普"数据计算的全国城镇人口平均预期寿命条件下,20%费率的统筹缴费"新人"只有63周岁退休才能实现收支平衡,而实际过早的退休年龄已使制度长期运行不可持续。此外,还有一个明显缺陷,在参保人一生相同的缴费贡献下,缴费年限长而年均缴费额低的,得到的养老金多;缴费年限短且年均缴费额高的,得到的养老金反而少,制度的公平性和激励性不足。例如,现行制度下,如果一个人以在岗职工平均工资的60%缴费30年,而另一个人以在岗职工平均工资的120%缴费15年,假设基金投资收益率与平均工资增长率相同,两人对基金的缴费贡献实际上是相同的,但前者退休时获得

---

① 女性的预期寿命长于男性是各国的普遍现象,这是一个重要的生理现象,但从文化背景上来讲,绝大部分发达国家认为女性退休年龄低于男性是一种性别歧视。

养老金的平均工资替代率是24%,后者替代率仅为16.5%。这说明相同的缴费贡献,得到的养老金收益却不同。

在现有的制度设计下,当有太多的人在缴费环节有机会选择较少义务,而在支付环节倾向于向上看时,制度的收不抵支是必然的。太多的人以过低的缴费基数和缴费年限、最早的退休年龄获得养老金,是令在职一代负担过重,退休一代养老金水平难以维持和财务不可持续的重要原因。

二、延迟退休对养老金收支缺口和经济社会的影响分析

基于养老保险的财务恶化,延迟退休年龄被提出讨论,因为涉及群众利益复杂,此方面的争论激烈。积极方面来看,延迟退休年龄可以增加保费收入和减少退休金支出,可双向正面影响制度的财务状况,在人口老龄化的情况下是必然的选择,同时也可以增加劳动力的供给,一举多得。依据2022年的养老保险收支水平测算,中国退休年龄每延迟一年,养老统筹基金可增加40亿元,减少支出160亿元,减缓基金缺口200亿元。延迟退休通过影响劳动力的市场供给从而对生产、消费、居民收入以及养老金等国民经济诸多方面产生连锁效应,因此必须经过精细规划和精准测算才能保证政策的稳步实施。而仅从劳动力影响来看,延迟退休的优点就有四个:一是"人口红利"的消失以及"刘易斯拐点"的到来,中国用工成本不断上升已经成为不争的事实,延迟退休年龄带来的劳动力供给增加使得不断上涨的工资压力在某种程度上得到缓解,企业用工成本的下降也使得其在国际市场上的竞争力得到提升。此时延迟退休政策的"替代效应"显现,劳动力成本的降低会引导企业运用更多的劳动要素替代资本,从而活跃劳动力市场,增加就业。由于短期内资本与劳动的供应相对固定,劳动的替代能力增强必然使得资本得以更多地进入资本市场,整个社会的投资水平提高。两方面的作用之下,国民经济得以更快的增长。二是能延缓"退休—消费之谜"(Retirement-Consumption Puzzle)的出现,"退休—消费之谜"指的是退休后个人和家庭消费出现显著下降,且其消费水平将持续低于在职水平的现象(Banks,Blundell & Tanner,1998)。[①] 显然,延迟退休年龄会促进受政策影响而延长工作年限的劳动人口增加,这有利于促进国内的消费水平,例如在职消费、与工作相关的消费增长等,这都有利于经济的持续增长。延迟退休年龄的"收入效应"会导致各年龄组劳动力收入和居民总收入的增加,这将提高居民购买能力,促进国内需求的增长。三是延迟退休可以让中国享受第二次"人口红利",增加人力资本。随着居民健康水平的提高、预期寿命的上升,适宜工作年龄也会逐步上升,老年劳动力的工作经验和人力资本积累就显得尤为珍贵。布特莱斯(Burtless,2013)利用美国的微观调查数据分析发现,在很多行业,工作经验的积累是促进生产率增长的重

---

① Banks J, Tanner B S. Is There a Retirement-Savings Puzzle[J]. American Economic Review,1998,88(4):769—788.

要原因。① 相比于刚刚进入劳动力市场的大学生而言,老龄劳动力的劳动生产率和工作经验更加丰富。四是使中国人力资源比较优势进一步延续,改革开放以来,中国的经济获得了举世瞩目的成绩,这与其越来越深入参与国际竞争和资源的分配不无关系。廉价的劳动力是中国对外贸易蓬勃发展的重要因素,虽然随着科技进步和技术创新,中国的外贸经济也在持续转型,但是不可否认,在很多方面,"中国制造"依然凭借廉价获取竞争优势。这种优势并不可持续,也不能成为中国赖以在国际贸易上持续繁荣的支柱,延迟退休政策可以在一定程度上继续维持人口带来的比较优势,为未来中国的国际贸易转型争取时间。

宏观来看,退休年龄变化对经济社会的影响主要体现在以下几个方面:首先,延迟退休与养老金的可持续性。加拉索(Galasso,2008)、卡博和加西亚-冈萨雷斯(Cabo & Garcia-Gonzalez,2014)、袁中美(2013)等以不同国家为研究对象,认为延长退休年龄能够提高社会养老保险基金的偿付能力。② 不过也有学者提出不同意见,韦勒(Weller,2002)认为延迟退休年龄并不能从根本上解决养老金缺口问题。③ 邹铁钉和叶航(2015)认为低劳动技能者的延迟退休对养老金缺口无益。④ 其次,延迟退休的就业效应。延迟退休年龄对就业的影响,尤其是对年轻人就业的影响是衡量这一政策实施与否的重要参考,不过一些主要文献,如米歇尔和福特(Michello & Ford,2006)、博尔施-祖潘和施纳贝尔(Börsch-Supan & Schnabel,2010)、阳义南和谢予昭(2014)、张川川和赵耀辉(2014)、姚东旻(2016)等⑤,却并没有形成明确的结论,老年人与年轻人的就业岗位是替代关系还是互补关系还需进一步研究。再次,延迟退休与老年人的劳动参与。加拉索(2008)认为延迟退休可以显著提高老年劳动者的劳动参与率,对于缓解老龄化带来的负面效应能够起到十分重要的作用。⑥

---

① Burtless G. The Impact of Population Aging and Delayed Retirement on Workforce Productivity[J]. Working Papers Center for Retirement Research at Boston College,2013:36—49.

② Merlo A, Galasso V, Landi M, et al. The Labor Market of Italian Politicians[J]. SSRN Electronic Journal,2008:1—107.
Cabo F, Garcia-Gonzalez A. The Endogenous Determination of Retirement Age and Social Security Benefits[J]. Macroeconomic Dynamics,2014,18(1):93—113.
袁中美. 延迟退休与养老金替代率的探讨[J]. 人口与经济,2013(1):101—106.

③ Weller,Christian. Don't Raise the Retirement Age[J]. Challenge,2002,45(1):75—87.

④ 邹铁钉,叶航. 普遍延迟退休还是分类延迟退休——基于养老金亏空与劳动力市场的联动效应视角[J]. 财贸经济,2015,36(4):134—145.

⑤ Ford M W F. The Unemployment Effects of Proposed Changes in Social Security:Normal Retirement Age [J]. Business Economics,2006,41(2):38—46.
Börsch-Supan A,Schnabel R. Early Retirement and Employment of the Young in Germany[M]//Social Security Programs and Retirement around the World:The Relationship to Youth Employment. Chicago:University of Chicago Press,2010:147—166.
阳义南,谢予昭. 推迟退休年龄对青年失业率的影响——来自OECD国家的经验证据[J]. 中国人口科学,2014(4):46—57,127.
张川川,赵耀辉. 老年人就业和年轻人就业的关系:来自中国的经验证据[J]. 世界经济,2014(5):76—92.
姚东旻. 产业结构升级背景下延迟退休与失业率的关系[J]. 中国工业经济,2016,334(1):67—82.

⑥ Merlo A,Galasso V,Landi M,et al. The Labor Market of Italian Politicians[J]. SSRN Electronic Journal,2008,1—107.

关于延迟退休年龄的政策模拟,海德拉和罗伯(Heijdra & Romp,2009)通过OLG模型发现,大多数现行的退休金制度对提前退休存在激励效应,财税措施难以从根本上改变这种激励模式,而提高退休年龄是成本最小的政策措施。[1] 迪亚兹-吉梅内斯和迪亚兹-萨韦德拉(Díaz-Giménez & Díaz-Saavedra,2009)构建了一个以西班牙数据为基础的模型,并做了延迟3年法定退休年龄的政策模拟,结果发现延迟退休可以将西班牙养老金系统的破产时间从2018年延缓至2050年。[2] 李和梅雷特(Li & Mérette,2005)以及康传坤(2012)在OLG模型框架下对中国延迟退休问题进行了分析,结果发现延迟退休年龄远比降低养老金收益率更加有效,会明显降低老年抚养比、养老金的GDP占比和缴费率。[3] 不过,也有一些学者持相反的观点,如凡蒂、戈里和索迪尼(Fanti,Gori & Sodini,2013)利用新古典经济增长模型分析提高法定退休年龄的影响,发现更高的法定退休年龄有益于长期收入和养老金支付的观点在理论上是可能有争议的。[4] 康书隆(2014)利用CGE模型分析退休后劳动供给变化对主要经济变量的影响,发现延迟退休年龄可能会导致劳动力过剩,从而使工资率和人均产出下降,应该慎重考虑延迟退休政策。[5]

通过分析发现,关于延迟退休年龄政策模拟的文献多利用OLG模型作为模拟工具,由于OLG模型建立的初衷是用于养老保险制度的研究,因此模型主要从社保缴费率、养老金负担等问题入手,很难脱离养老保险体系。与CGE模型相比,OLG模型在数据校准上没有使用全面反映经济状况的社会核算矩阵(Social Account Matrix,SAM),因此对生产、贸易乃至整体经济的刻画不足,导致其在分析宏观经济和产业效应方面较弱。虽然CGE模型在宏观政策模拟方面具备明显优势,但是由于劳动力增长率和各年龄组的劳动生产效率的测算相对比较困难,因此运用CGE模型模拟分析延迟退休年龄的文献较少。

彭和买(Peng & Mai,2013)运用CHINAUE模型(MONASH动态CGE模型的中国扩展),模拟提高退休年龄对中国宏观经济的影响,研究发现,提高退休年龄对劳动产出、真实GDP、资本积累、居民消费和出口都有正向影响,能促进中国的宏观经济增长并使得城乡经济均从中获益。[6] 黄祖辉等(2014)在运用D-CGE模型分析人口结构变迁对经济增长的

---

[1] Heijdra B J,Romp W E. Retirement,Pensions and Ageing[J]. Journal of Public Economics,2009,93(3—4):586—604.

[2] Javier Díaz-Giménez,Julián Díaz-Saavedra. Delaying Retirement in Spain[J]. Review of Economic Dynamics,2009,12(1):147—167.

[3] Li H,Mérette,Marcel. Population Ageing and Pension System Reform in China:A Computable Overlapping-Generations General Equilibrium Model Analysis[J]. Journal of Chinese Economic & Business Studies,2005,3(3):263—277.

康传坤. 提高缴费率还是推迟退休[J]. 统计研究,2012,29(12):59—68.

[4] Fanti,Luciano,Luca,et al. Complex Dynamics in an OLG Model of Neoclassical Growth with Endogenous Retirement Age and Public Pension[J]. Nonlinear Analysis:Real World Applications,2013,14(1):829—841.

[5] 康书隆. 基础养老金制度拓展的经济和福利分析——基于可计算动态一般均衡模型[J]. 经济管理,2014(2):159—167.

[6] Peng X,Mai Y. Population Ageing Retirement Age Extension and Economic Growth in China—A Dynamic General Equilibrium Analysis[M]. Monash:Center of Policy Studies/IMPACT Center,Monash University,2013:137—145.

影响时,将退休年龄延迟至 65 岁作为模拟情景之一,发现退休年龄的延迟可以对经济起到较大的促进作用,但只是权宜之计,只能暂时性地延缓劳动年龄人口的减少趋势,并不能从根本上解决问题。[①] 以上两个研究均运用 CGE 模型对延迟退休年龄的经济效应进行了分析,前者较为全面具体,但是在对劳动力分组时没有考虑年龄因素,因此很难模拟出延迟退休对不同年龄层次劳动力供给变化的影响及其后续经济效应;而后者模拟较为简单,只是改变了退休年龄延迟后的劳动力供给量且结果比较笼统。

根据国家统计局 2016 年全国人口变动情况抽样调查样本数据,抽样比为 0.837‰,可以估算出全国 60~64 岁年龄段的人口为 80 879 330.9 人,即约 8 000 万人。如果一步到位延迟到 65 岁退休,那么这 8 000 万人就要重新加入劳动力市场,多缴 5 年养老保险而少取 5 年养老金,于是 10 年的养老保险基金积累的优势就出来了,当然这个群体中既有职工保、也有居民保,还有未参加养老保险的人。但是在当前国情下,延迟退休年龄对制度财务可持续性的作用可能没有想象中大,原因是它只能约束体制内的雇员,而对体制外的参保者约束力较小或者根本没有约束力。比如私营企业完全可以不雇年长的劳动力,灵活就业人员完全可以选择 45 岁或者更年长才参保,只要满足 15 年缴费要求即可,形成社会的逆向选择。

延迟退休年龄政策是一项重大的经济社会政策,涉及每一个人的切身利益。这项政策对于应对人口老龄化的背景下,人力资源的有效开发利用和养老保险可持续发展,都有非常重要的作用。要分阶段逐步延迟退休年龄,增收节支,加强制度的财务可持续性,同时提高年长劳动力的劳动参与率。但是由于这项政策直接涉及每个人的切身利益,因此在制定政策时,要非常谨慎地把握。当前中国的就业形势依然严峻复杂,就业压力非常突出。在这样的背景下,制定政策的时间点的选择就务必更加谨慎。

三、延迟退休对青年群体和老龄(60 岁以上)低劳动技能人士就业的影响

(一)延迟退休就业挤出效应的四个方面

单列延迟退休对就业的影响,是因为在政策实施过程中需要就此问题提前进行预判。延迟退休就业挤出效应主要包含四个方面的问题,分别是延迟退休对新就业人员的挤出、延迟退休对老年工作者本身就业的影响、延迟退休方案和时机选择对就业的影响、延迟退休对劳动力供给进而对经济增长和就业的影响。在这四个问题当中,第一个问题最为重要也最为关键。

延迟退休后在岗老年人可能对新就业人员产生挤出效应,鉴于目前劳动力市场的饱和状况,以及庞大的大学毕业生、农民工、城市失业群体的就业需求,延迟退休者可能会对这些群体产生相当大的工作机会排挤,这些群体的就业状况本就不佳,延迟退休年龄会让其

---

① 黄祖辉,王鑫鑫,陈志钢,等.人口结构变迁背景下的中国经济增长——基于动态可计算一般均衡模型的模拟[J].浙江大学学报(人文社会科学版),2014(1):170-185.

就业困难状况雪上加霜。张车伟(2012)认为中国正处于结构转型、失业率攀升的时期,每年新增就业岗位1 000万个尚不能满足劳动力的就业需求,如果每年再加上大约300万的本应退休人员的就业,延迟退休就相当于剥夺了30%新就业者的就业机会。① 当然挤出效应为1是不太确切的,需要我们更为审慎的量化分析。郑功成(2011)认为,老年人与年轻人的工作岗位之间并非存在一对一的替代关系,因为年轻人尤其是刚参加工作的年轻人,工作岗位以初级岗位为主,而接近退休年龄的老职工由于工作经验、能力、工龄等优势,工作岗位以高级岗位为主,因此工作岗位的错位使得延迟退休年龄对年轻人就业的实际挤出效应并不大。② 但这样的分析忽略了一点,那就是劳动力在工作岗位上具有职位上升的趋势,特别是对某些固定编制的单位,"旧人不去,下面的人无法上升,新人无法进来",这样的递进关系影响下,延迟退休者仍会对新就业群体产生一对一的挤出效应。为此提出"容器假说",也就是在经济增长未提供更多的就业岗位的情况下,延迟退休会对新就业群体产生完全挤出,因此中国劳动力市场的这种特殊性使得延迟退休带来的问题更加错综复杂。李付俊等(2014)通过预测延迟退休人员规模占新增就业岗位量的比例,明确指出老年人就业岗位与青年人就业岗位之间存在某种替代性,延迟退休势必严重影响青年人的就业,政府要慎重考虑并只能在适当的时机推动延迟退休。③ 刘妮娜等(2014)运用2010年第六次人口普查数据对全国29个省、18个行业老年人和青年人就业关系进行分析,发现延迟退休对青年人就业存在显著负影响,并且尤其表现在高端行业上。④ 但其没有采用时间序列数据来控制住每年因经济增长而新增的就业岗位,在挤出效应实证分析上稍显不足。迄今为止,关于延期退休的就业挤出效应研究仍然没有统一的结论。

与OECD发达国家高知老龄工作群体相比,中国的老年就业者还具有一些特殊性。梁宏(2012)通过中山大学社会调查中心针对全国2 282个区县的取样调查表明,中国的高龄劳动力群体中文化素质低、劳动技能缺乏者占大多数,他们处于失业的边缘,而延迟退休只会令就业形势更加严峻。⑤ 赵莹(2014)通过与OECD国家的比较分析,发现中国现阶段临近退休的劳动者健康状况较差,劳动力整体的受教育水平与职业培训参与率较低且随年龄层的提高而急剧下降、缺乏鼓励老年人就业的政策,推行延迟退休的支持环境尚不成熟,延迟退休后大部分老年劳动者极有可能受到劳动力市场的排挤,且无法从养老保险中获得收入,从而陷入贫困,造成新的社会问题。⑥ 张士斌(2014)研究了日本延迟退休以后高龄劳动力市场政策的配套跟进,日本政府制定了多项措施,包括高龄劳动力就业市场保护政策、银

---

① 张车伟,蔡翼飞.中国劳动供求态势变化、问题与对策[J].人口与经济,2012(4):1—12.
② 郑功成.中国社会保障改革与发展战略(养老保险卷)[M].北京:人民出版社,2011:12—58,397—403.
③ 李付俊,孟续铎,张超.延迟退休的影响效果分析[J].西北人口,2014(2):17—25.
④ 刘妮娜,刘诚.延迟退休对青年人就业的影响分析——基于中国29个省份、18个行业的数据分析[J].南方人口,2014(2):27—34.
⑤ 梁宏.年龄分层视角下的中国劳动力[J].南方人口,2013(6):25.
⑥ 赵莹.延迟退休支持环境分析与构建——基于中国与OECD国家比较视角[J].江汉论坛,2014(12):127—131.

色人力资源中心(SHRC)创设、企业和高龄就业者就业补贴等,为高龄就业者创造了良好的就业环境。[1] 李海明(2013)考察了中国老年劳动者的几种特殊情形,一类是"退而不休",劳动者虽然在法律上已经退出职业领域并享受养老金待遇,却仍然在从事有收入的工作,如灵活性就业和退休返聘等,延迟退休可以使他们继续留在就业岗位,并不挤占新的就业机会,这种情况下延迟退休的就业挤出效果就为零;另一类是内退、柔性退休、超龄农民工等群体,他们的工作机会本来不佳,延迟退休只会增加统计上的失业人口。[2]

关于延迟退休方案和时机选择对就业影响的研究尚处于起步阶段,苏春红等(2015)借鉴列斐伏尔(Lefèbvre,2012)的工作搜寻模型DMP对中国的延迟退休进行了理论和实证研究,发现延迟退休年龄的时机选择会对失业率造成不同影响,审慎地选择延迟退休开始的时机对于稳定就业具有重要意义。[3]

蔡昉(2010)从劳动力供需平衡出发,认为延迟退休可以充分利用老年人力资源进而创造新的人口红利,缓解劳动力下降对经济下行的压力。[4] 实际上较之延迟退休增加经济人口总量来说,全面放开计划生育的措施显然更为有效,但当前中国劳动力的绝对供给数量还是比较充足的,最重要的问题依旧处于就业环节。乐章等(2015)对延迟退休持乐观态度,认为中国的经济发展速度还保持在较高水平、经济发展质量(包括产业结构升级、效益提高等)有很大提升空间,由此产生的劳动力吸纳力还很强,不能单纯地用静止的眼光看待劳动力市场上就业岗位数量,从而得出劳动力市场的进入和退出是一比一的关系,应该基于发展的视角考虑在老龄化态势不可逆转的情况下延迟退休年龄对未来经济社会发展的积极作用。[5]

本质上,城镇新增就业岗位仍取决于GDP增长率、行业GDP贡献率以及产业结构。延迟退休年龄只会对就业进而对经济增长形成一次性冲击,中共十八届三中全会通过的《中共中央关于全面深化改革若干重大问题的决定》指出要研究制定渐进式延迟退休年龄实施方案,在顶层设计上明确了改革方向,这样的渐进式延迟退休方案也是在制度实施的最初几年之内对就业形成一次性冲击,最终的65岁退休年龄实现之后,随着人口的批次老化,冲击效果趋于消失。所以短期内产生挤出效应的根源不在于延迟了退休年龄,而在于经济发展状况不够充分理想因而无法提供足够多的工作岗位,延迟退休年龄所带来的暂时性的新就业人员挤出效应只有在长期的经济发展中得到解决。如果从老年劳动力增加带来的经济增长效应和退休人员减少的养老金支出压力缓解角度来理解,延迟退休年龄的举措无疑是值得的。但关于延迟退休的影响效果仅仅做道义判断是不行的,政策制定的前瞻

---

[1] 张士斌.退休年龄政策调整:日本经验与中国借鉴[J].现代日本经济,2014(1):68-75.
[2] 李海明.论退休自愿及其限制[J].中国法学,2013(4):109.
[3] 苏春红,张钰,李松.延迟退休年龄对中国失业率的影响:理论与验证[J].山东大学学报(哲学社会科学版),2015(1):11-22.
[4] 蔡昉.人口转变、人口红利与刘易斯转折点[J].经济研究,2010(4):4-13.
[5] 乐章,刘二鹏.延迟退休年龄:研究进展与若干争议[J].社会保障研究,2015(2):111.

性和预测性必须基于必要的量化分析。政府也应该追求一种改进年轻和年长工人就业前景的长效策略,在长期的经济结构改革和经济增长中解决问题,提高劳动力市场中的表现,而非加强公众的传统看法——老年人和年轻人在竞争固定数量的工作岗位。另外,延迟退休年龄需要配套以就业促进措施,才能有效降低失业率,使社会保障支出真正起到稳定和巩固劳动力市场的效果。

(二)OECD国家延迟退休对劳动者就业的冲击影响

老龄化的加深,造成各个国家公共养老金支出的压力持续攀升,财政负担日益加重。图7-12为OECD国家老年抚养比与公共养老金支出的回归曲线。

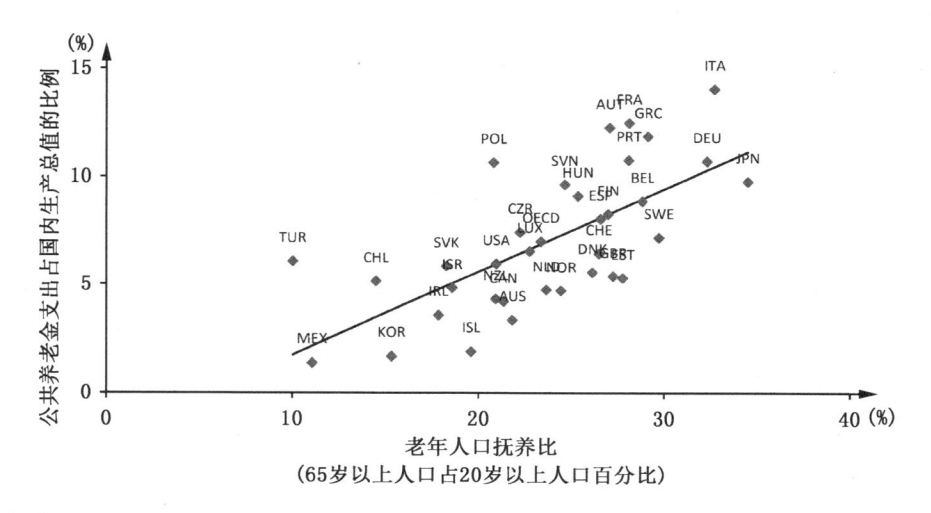

资料来源:OECD Social Expenditures Database (SOCX);United Nations,World Population Prospects-The 2008 Revision。

图7-12 人口老龄化对公共养老金支出压力

对OECD 34个国家老年抚养比与公共养老金支出的回归结果如下:

退休金开支=-2.091(1.908)+0.383 5(0.078 14)×抚养比

其中,异方差调整标准误差在括号中给出,抚养比的系数在1%置信水平上显著,且回归的可决系数为0.467 0。这说明人口老龄化程度越深,公共养老金支出的压力越大。

相比没有采取计划生育措施、人口尚处年轻阶段的发展中国家而言,OECD等发达国家更值得中国的借鉴。在人口老龄化的背景下,为缓解养老金支出压力,增加就业人口,OECD国家普遍采取了推迟退休年龄的政策,增加工作时间,这有助于延长劳动者教育投资回收年限,促使劳动者提高教育水平,增加人力资本投资,从而有利于全社会人力资本存量的增加。延迟退休年龄还可以减轻企业负担,降低劳动力成本,促进经济增长。因为无论养老金来源于企业缴费、个人缴费,还是财政拨付,从全社会层面来看,都体现为劳动力成本的一部分。退休年龄越早,养老金规模越大,会造成整体劳动力成本上升,国家竞争能力减弱。

在现有退休年龄基础上,发达国家的法定退休年龄仍在不断推迟。郑秉文(2011)指出,在2010年希腊成功通过提高退休年龄立法的激励下,西班牙(从65岁提高到67岁)、意大利(女性公务员从61岁提高到65岁)、英国(从65岁提高到66岁)和法国(从60.5岁提高到62岁,全额养老金的退休年龄从65岁提高至67岁)成功通过延迟退休的立法。[①] 2021年4月,日本新版的《高龄者雇佣安定法》开始实施,把老年人工作的年限从65岁继续上调到了70岁,日本体育厅的"体力运动能力调查"和"思维阅读能力调查"显示,2020年,日本70到74岁的老人体力已经超越了日本2000年65岁的老人,日本老人的思维能力和阅读能力,也远超世界发达国家平均水平,因此延迟退休对老年人的体能要求不再有压力。

而政府对老年工人提前退休的鼓励,很大程度上基于为青年开放工作机会的考虑。因此,必须考虑老年工人就业对青年人就业会产生怎样的影响,以及产生多大程度的影响。当然在这种挤出效应的研究中,前定假设是原先的工作数量是固定的。来自OECD国家的经验证据表明,到目前为止,允许提前退休的政策对于创造青年工作机会基本是无效的,这使得在全球金融危机来临时政府采取类似举措的压力增加。

卡尔维奇(Kalwij,2009)、费雪(2011)、穆内尔和吴(Munnell & Wu,2012)等肯定了延迟退休年龄对就业的积极影响,认为年轻劳动者并不是年老劳动者的完全替代者,其工作岗位的数量本身也是经济系统中的变量,提高退休年龄并不必然带来失业上升的问题。[②] 列斐伏尔(2012)研究了OECD国家的失业率曲线,发现老年人如果提前退休反而对年轻人就业造成消极影响。[③] 为考察真实的挤出效果,OECD Employment Outlook 2013 提供的计量经济模型表示为:

$$e_{it}^{15\sim24}=\beta_1 e_{it}^{55\sim64}+\beta_2 D_{it}+\beta_3 e_{it}^{55\sim64}D_{it}+\sum_{j=1}^{N}\gamma_j X_{it}+u_i+u_t+\varepsilon_{it}$$

其中,$e_{it}^{15\sim24}$、$e_{it}^{55\sim64}$ 分别表示各国15~24岁青年人口的就业率和55~64岁老年人口的就业率,向量 X_{it} 作为影响所有劳动者就业的控制变量,包括劳动力市场的差异条件(人均GDP、GDP增长率、总体失业率、房屋价格指数)、就业政策(就业保护政策哑变量、失业保险金及补贴待遇、工会力量)、劳动者知识水平(中高级技能劳动者在人群中的比例),D_{it} 作为显示经济危机前后状况不同的哑变量。u_i 代表不随时间变化的不可测因素控制的对就业

---

① 郑秉文. 欧债危机下的养老金制度改革——从福利国家到高债国家的教训[J]. 中国人口科学,2011(5):2—15.
② Kalwij A,Kapteyn,D V Klass. Retirement of Older Workers and Employment of the Young[J]. De Economist,2010(158):341—359.
Walter H. Fisher,Christian Keuschnigg. Life-Cycle Unemployment,Retirement and Parametric:Pension Reform[R]. University of St. Gallen,School of Economics and Political Science,2011:26—37.
Alicia H. Munnell,April Yanyuan Wu. Are Aging Baby Boomers Squeezing Young Workers Out of Jobs[C]. Center for Retirement Research,2012(10):1—8.
③ Lefèbvre,Mathieuv. Unemployment and Retirement in a Model with Age-specific Heterogeneity[J]. Labour,2012(26):137—155.

率起作用的国别影响效应，u_t 表示影响所有 OECD 国家宏观经济形势的时间哑变量。采用 1997—2011 年 25 个 OECD 国家的面板数据进行回归，回归结果见表 7-12。

表 7-12　OECD 国家老年人就业率对年轻人就业率影响的固定效应模型回归结果

15~24 岁人口就业率	模型 1	模型 2
55~64 岁人口就业率	0.33*** (0.05)	0.34*** (0.06)
全球金融危机哑变量		1.08 (1.77)
55~64 岁人口就业率×全球金融危机哑变量		−0.01 (0.03)
控制变量	Yes	Yes
国别 哑变量	Yes	Yes
时间 哑变量	Yes	Yes
观察值	241	241
R^2	0.99	0.99

注：所有解释变量项中，括号上方为回归系数，括号内为 t 统计量。***、**、* 分别表示 1%、5%、10% 水平上显著。数据来源于 OECD 国家劳动力市场调查结果。

从回归结果可以看出，在控制宏观经济环境和政策制度的情况下，OECD 国家老年人口的就业对青年人口的就业不仅没有挤出作用，反而有促进效果，年龄大的工人就业率提高 1 个百分点，会引致青年就业率提高 0.3 个百分点，而全球金融危机对就业变化的影响则并不显著。老年人更高的就业率以及推升的年轻人就业率，意味着两者是就业促进和补充生产，因为年长工人更大程度上居于衰退产业，而年轻工人只具有较少的劳动市场经验，更有可能被聘用于扩大产业和新兴产业，这种非常不同的工作概况使得年长工人和年轻工人的替代性减弱，甚至成为互补品。

因此政府应该追求相辅相成的策略，为年长工人和青年人提供良好的就业前景，寻求二元劳动力市场中系统的就业平衡，有助于培养不同年龄组和代际更有效的合作文化，使受益的劳动力市场成果促进经济增长和结构性改革。

（三）中国推行延迟退休的就业挤出效果模拟

从上面的研究中可以看到，OECD 国家人力资本存量表现在劳动力之间的异质性使得老年人就业岗位和青年人就业岗位相互替代性减弱。作为发展中国家，中国的经济结构、人口特征显然与 OECD 国家存在着重大差别，并且中国的延迟退休方案仍处于酝酿当中，对于挤出效应的大小只能预测和模拟。为研究未来延迟退休后的总量就业挤出，首先需要分析城镇新增离退休人员和城镇新增就业人口之间的区别与联系（见表 7-13）。

表 7-13　　2000—2021 年间全国城镇新增就业人口与城镇新增离退休人员的比较　　单位：万人

年份	城镇新增就业人员	普通高等学校毕业生人数	新增农民工	全国城镇职工新增离退休人员	全国机关、事业单位城镇职工新增离退休人员	全国企业及其他城镇职工新增离退休人员	城镇登记失业人数
2000	739	94.98		186.3	33.5	152.8	595
2001	972	103.63		210.7	55.9	154.8	681
2002	1 036	133.73		227.2	49.3	177.9	770
2003	1 071	187.75		252.4	44.7	207.7	800
2004	1 063	239.75	412	242.4	24.3	218.1	827
2005	1 096	306.8	957	264.9	34.7	230.2	839
2006	1 241	377.47		267.9	34.5	233.4	847
2007	1 323	447.79		318.3	12.9	305.4	830
2008	1 150	512		349.9	25.9	324	886
2009	1 219	531.1	436	503.3	23.4	479.9	921
2010	1 365	575.4	1 245	498.1	34.3	463.8	908
2011	1 316	608.2	1 055	521.2	19.7	501.5	922
2012	1 284	624.7	983	619.5	21.7	597.8	917
2013	1 240	699	633	595.3	21.5	573.8	926
2014	1 176	727	501	552.4	23.6	528.8	952
2015	1 213	749	765	548.5	25.7	522.8	966
2016	1 135	765	800	961.5	474	487.5	982
2017	1 157	795	280	922.3	485.8	436.5	972
2018	1 084	821	100	772	251.9	520.1	974
2019	957	834	900	512.7	97	415.7	945
2020	1 022	874	100	451.9	63.9	388	1 160
2021	502	909		394.7			1 040

注：①城镇新增就业人员中，1990 年及以后的劳动力、就业人员数据根据劳动力调查、全国人口普查推算，其中 2011—2019 年数据是根据第七次全国人口普查修订数，城镇单位数据不含私营单位，且 2012 年行业采用新的分类标准，与前期不可比。②农民工人数，2003—2005 年数据来源于《中国农村住户调查年鉴》，经处理后得到每年新增农民工数量，2008—2020 年数据来源于《中国人口和就业统计年鉴》。③城镇职工离退休人员、全国机关事业单位城镇职工离退休人员、全国企业及其他城镇职工离退休人员数据来源于《中国劳动统计年鉴》，经处理后得到每年新增离退休人员。④城镇登记失业人数来源于《中国统计年鉴》。

城镇新增就业人员,又称为新增就业岗位(乡村就业人员在本研究中不作为主要研究对象),等于报告期内城镇累计新增就业人员数减去自然减员人数,而自然减员是指报告期内按照国家政策规定办理正式退休手续人员和因伤亡减员的人数,城镇新增就业人员数实际上是在退休人员退休之后当年的净增加就业。在中国,大学毕业生和新增农民工是新就业市场的主力人群,因此选择此二者与新增就业岗位相比较。

以 2012 年为例,城镇新增就业岗位容纳量 1 284 万人,当年大学毕业生有 624.7 万人,同时农民工较上一年也增加 983 万人,新增就业岗位尚不能满足这两部分人的就业需求,另外还有登记的失业人员 917 万人被排斥在就业岗位之外,实际的失业人数可能远远高于这个值。如果在当年开始渐进式延迟退休改革,就会有 619.5 万老年人留在工作岗位,从而挤压掉近一半的新增岗位(619.5 万∶1 284 万),这将给其他人群尤其是青年人带来极大的就业压力,延迟退休多占用一年工作岗位对大学毕业生的就业挤出效应接近 1∶1(619.5 万∶624.7 万)。2023 年大学毕业生达到 1 158 万人,另外还有中专、技校和初中/高中毕业以后不再继续升学的学生,就业的总量压力依然巨大,延迟退休显然在当下不是个好的选择。

只有当新增就业岗位能够同时容纳新进入劳动力市场的群体和延迟退休人员时,这时挤出效应才会小于 1,延迟退休年龄的实施时机才真正到来。焦点不在于劳动力供需结构上的平衡,而在于经济增长过程中能否提供足量的新增就业岗位。既然新增就业岗位与资本存量和经济发展水平密切相关,我们有理由相信新增就业岗位(UE)与 GDP 之间存在数量关系,对两者分别进行对数处理,用 Stata17.0 画出两者的回归曲线(见图 7—13)。

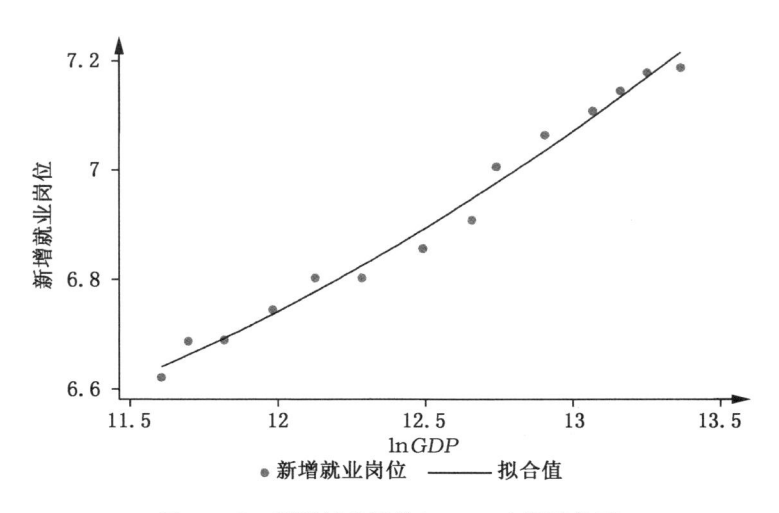

图 7—13 新增就业岗位与 GDP 之间的关系

P 值为 0.000,回归结果非常显著,将新增就业岗位与 GDP 之间的关系表示为:
$$\ln UE = 2.823\,864 + 0.326\,924 \ln GDP$$

当中国经济进入稳步增长的新常态阶段,各方调整了有关中国经济增长的预期,2015 年政府工作报告将经济增速目标调整到 7%,IMF 和高盛也分别调整中国 GDP 预期增长率至6.8%和7%,因此,我们在预测分析时就可以取2015—2025年GDP年增长率为7%。根据新增就业岗位与GDP之间的关系式,下一步是测算延迟退休年龄后的总量就业挤出效应,按照其渐进式延迟退休年龄设计规划同时为研究的简便起见,假定退休年龄延迟5年,自2020年起,以每年延迟1岁退休、每年延迟6个月退休两种方案分别进行模拟研究。①

从表7—14的模拟结果来看,如果每年延迟1岁,退休者所占用的就业岗位占城镇新增就业人员的比例还是相当大的,挤出效应可能达0.5∶1,显然对新进入劳动力市场群体的就业非常不利。如果以每年延迟退休年龄6个月的速度改革,对就业市场的影响相对就要小很多,但是就业挤出的时间影响要更长一些,是前者的两倍,若中国经济在2025年后还能保持稳步增长,挤出效应时间长一些也在可以承受的范围之内。

表7—14 延迟退休年龄后总量就业挤出 单位:万人

年份	城镇新增就业人员	退休者所占用工作岗位（每年延迟1岁）	退休者所占用工作岗位（每年延迟6个月）
2020	1 022	451.9	225.95
2021	502	394.7	197.35
2022	1 587.20	923.39	461.69
2023	1 622.70	959.98	479.99
2024	16 58.99	996.58	498.29

进一步地,运用31个省2001—2020年各年龄段人口就业率的面板数据,研究55～64岁老年人口劳动参与率对15～24岁青年人口就业率的影响。数据来源自《中国统计年鉴》《中国人口和就业统计年鉴》《中国劳动统计年鉴》、Wind数据库以及OECD数据库。构建模型如下:

$$e_{i,t}^{15\sim24} = \_cons + \alpha e_{i,t}^{55\sim64} + \sum_{j=1}^{N} \gamma_j X_{i,t} + u_i + u_t + \varepsilon_{i,t}$$

其中,$e_{i,t}^{15\sim24}$、$e_{i,t}^{55\sim64}$分别表示各地区15～24岁青年人口的就业率(youth)和55～64岁老年人口的就业率(old)②,向量$X_{i,t}$作为控制变量包括人均GDP、GDP增长率(g_gdp)、第三产业比重(pti)、城镇登记失业率($ruur$)、劳动力总量、人口自然增长率($npgr$)、老年人口抚养比($edrp$),u_i考虑地区之间的差异性,u_t考虑年龄段人口演进的周期趋势。鉴于就

---

① 每年延迟一个月退休的方案固然就业挤出影响很小,比较平稳,但需消耗60年才能完成,制度成本和时间成本太大,因此不做考虑。另外,因为2020—2022年间有新冠疫情的突发事件冲击,挤出效应仅为模拟。

② 在中国现行法定退休制度下女性退休年龄比男性低5～10岁,而女性人均预期寿命又比男性长5年左右,造成女性比男性享受养老金时间长10～15年,以性别为区分的退休年龄的差异性导致部分人对公平性产生怀疑,但性别是上天赐予的,人们既然无法选择自己的性别,性别所造成的待遇区别实质上就是公平的。因此在研究中没有做出退休年龄上的性别处理。

业的产业异质性,在所有产业中第三产业的就业吸纳能力最强,因此增加第三产业在国民经济中的比重作为控制变量之一。

从表7-15中可以发现,55~64岁老年人口劳动参与确实在某种程度上影响到了青年人口的就业,其挤出效应系数高达0.32,这一点与OECD国家是完全相反的。因为OECD国家延迟退休和增加老年人就业的根源在于应对其劳动力市场规模不断缩减的危机,延迟退休实际上提高了总量劳动力资源的使用价值,而中国虽然自2012年开始人口红利减少,但减少的数量对于庞大的劳动力存量显然微不足道,所以中国就业市场的压力远超OECD国家,延迟退休造成的老年群体对就业市场岗位的持续占有必定负面影响青年群体的就业。青年人失业比老年人失业对社会不稳定的后果更为严重,在青年人失业率较高的地区,发生游行示威、骚乱的可能性更大。就延迟退休减少养老金的开支理由而言中国和OECD各国是一致的,但还需关注两者在就业人口数量、青年人和老年人岗位的互补性、就业人员受教育程度上的异质性存在的显著差异。

表7-15 中国55~64岁老年人口劳动参与率对青年人就业率影响的固定效应模型回归结果

$youth$	相关系数	稳健标准误差	t	$P>|t|$
old	-0.324 084 9***	0.066 876 18	2.48	0.003
g_gdp	0.177 686 5***	0.013 276 39	-1.84	0.000
pti	0.319 022 8***	0.038 057 12	3.84	0.000
$ruur$	-1.358 237*	0.172 315 8	-1.79	0.054
$npgr$	0.108 849 9**	0.025 893 6	5.08	0.012
$edrp$	-0.336 541 2***	0.078 394 89	3.14	0.000
$\_cons$	86.464 485 2	0.428 954 65	-0.91	0.213
sigma_u	1.156 894 26			
sigma_e	0.158 948 35			
rho	0.786 591 56	(U_i引致的方差)		

注:***、**、*分别表示1%、5%、10%水平上显著。

青年人口的就业率正相关于GDP增长率和第三产业在国民经济中的比重,这与预期相符合,因为就业的真正增加不是等待退休人员退休后对就业岗位的释放,而是在经济增长中创造新的就业条件和就业岗位,尤其是需要重点发展能够大幅促进就业和增加产出的第三产业。并且劳动力作为经济增长的关键要素,在产出方程中扮演着重要角色,就业与经济增长形成了动态意义上的相互促进机制。另外还可以发现,青年人口的就业与城镇登记失业率负相关,但相关性较弱,与人口自然增长率正相关,与老年人口抚养比负相关。中国的老龄化进程推升了老年人口抚养比,在现收现付制下,一定程度上加重了青年人的负担,并最终对其就业产生不利影响。

在中国,延迟退休对青年群体就业的影响,现阶段无论是从绝对量还是从相对量都将是不利的。中国劳动力供求总量矛盾和结构性差异并存,这些方面都要有所考量,最终只有在经济发展条件许可的合适时机推进渐进式延迟退休方案,才能将不利因素降到最低。

(四)减轻就业挤出的政策建议

通过研究OECD国家延迟退休的配套政策环境以及延迟退休对青年人就业的影响效果,并结合中国现实情况对中国延迟退休的就业挤出效应进行分析预测,我们指出延迟退休年龄对青年群体的挤出效应在现阶段将是非常大的,采取小步渐进的延迟退休方案有助于弱化这一不利影响。鉴于老龄化的加剧、经济活动人口的减少、人均预期寿命的延长、社保基金的可持续性,延迟退休年龄是大势所趋,为尽量减轻延迟退休年龄对青年群体的就业挤出影响,提出以下几点政策建议:

首要是保证经济持续稳步增长,才能提供更充分的新增就业岗位,从而增加总量就业岗位,提供新的就业输出渠道。其次延迟退休政策顺利推行同时避免其不利因素,政策实施的背景条件必须同步跟进,要开辟适合老年人工作的优良环境,调整产业结构,开发更多满足中老年人工作的岗位,并加强老年工作者技能培训工作。再次是合理选择延迟退休的实施方案和实施时间。渐进式延迟退休方案,以一年提高几个月的"迈小步"方式用较长的一段时间逐步完成平滑过渡,将最大限度降低延迟退休就业挤出的不利影响。审慎的时机选择也非常关键,要避免在就业压力较大的时点推进延迟退休,为政策实施争取更大的操作空间。

四、OECD国家延迟退休年龄的典型做法

老龄化加深和人均预期寿命的延长,使得没有国家在不延迟退休年龄的情况下而维持现有养老保险体制的正常运行。延迟退休从而延长有效工作年龄,增加劳动供给,防止养老金危机,先行老龄化的OECD国家已经做出表率(见表7—16和表7—17)。

表7—16　　　　　部分OECD国家65岁及以上人口占比重　　　　　单位:%

国家	2005年	2010年	2015年	2020年	2030年	2040年	2050年	退休年龄(2015年)
加拿大	13.1	14.1	16.0	18.1	22.7	24.5	25.5	65
法国	16.5	17.0	19.1	20.9	24.3	26.5	26.9	61.2
意大利	19.6	20.4	21.9	23.0	26.8	31.8	33.3	66.3(62.3)
日本	19.9	22.6	26.3	28.5	30.8	35.1	37.8	65
英国	16.1	16.6	17.9	18.5	20.9	22.6	22.9	65(62)
美国	12.4	13.0	14.3	16.1	19.8	21.0	21.6	65

续表

国家	2005年	2010年	2015年	2020年	2030年	2040年	2050年	退休年龄(2015年)
德国	18.9	20.5	21.3	23.0	28.2	31.8	32.5	65.3
希腊	18.0	18.3	19.5	20.7	24.0	28.3	31.3	65

资料来源：根据联合国人口网(http://www.un.org/popin/，http://www.un.org/en/development/desa/population)资料整理而成，2015年之后数据为官方预测数据，退休年龄括号中为女性退休数字。

表7—17　四种福利体制下世界上主要国家的老年人就业率

福利体制	国家	55~64岁的就业率(%) 2005	2007	2015	65~69岁的就业率(%) 2005	2007	2015	各国延迟退休年龄时间/年龄	养老金支出占GDP比例(%)
	OECD国家	51.7	53.5	58.1	19.8	20.9	24.9	—	7.9
	欧盟国家	42.2	44.4	53.2	8.8	9.4	11.6	—	—
社会民主主义	瑞典	69.6	70.1	74.6	14.0	14.7	21.9	2003/65	7.4
	挪威	67.6	69.0	72.2	21.8	22.2	28.9	2014/67	5.4
	冰岛	84.8	84.9	84.5	52.3	49.3	54.4	2014/67	2.1
保守主义	德国	45.5	51.3	66.2	6.5	7.1	14.5	2012/65 2032/67	10.6
	法国	38.5	38.2	48.6	2.8	3.2	5.9	2010/62	13.8
	意大利	31.4	33.7	48.2	6.9	7.3	8.6	2019/67	15.85
自由主义	美国	60.8	61.8	61.5	27.3	28.7	30.8	2014/66 2022/67	6.75
	加拿大	54.8	57.0	60.9	16.7	18.1	24.6	2014/65 2023/67	4.3
	澳大利亚	53.5	56.5	62.1	16.9	20.2	25.1	2017/67	3.5
东亚福利体制	日本	63.9	66.1	70.0	33.8	35.8	41.5	2013/65	10.2
	韩国	58.7	60.6	65.9	42.2	43.0	44.8	2033/65	2.2

资料来源：老年人就业率数据来源于OECD. Review of Policies to Improve Labor Market Prospects for Older Workers[EB/OL],2015,http://www.oecd.org/els/emp/older-workers-scoreboard.xlsx,延迟退休年龄与养老金数据来源于OECD. Pension at a Glance 2015：Retirement-Income Systems in OECD and G20 countries-OECD 2015[R]. chapter 11：203—375。

五、延迟退休在国内的部分实践

延迟退休可以强制性地增加老年参与。如果以70岁而非60岁来界定老年，那么劳动群体一下子会增大很多，而需要支持照顾和领取养老金的老年群体会变得很小，中国将重新继续保持一个橄榄型人口结构，产生长时期的劳动人口红利，对经济增长也是有利的。

随着中国人口受教育年限的逐步上升,延迟退休年龄会得到越来越多的认同。因此选择一个有差别和拥有自主选择权的退休年龄制度,着眼于提高实际退休年龄而非法定退休年龄,通过立法与严格执法,发展教育与培训,以及广泛的劳动市场制度和社会保险制度逐步推进,有助于缓解当前深重的老龄危机。一个具有伸缩性并契合个体退休计划的制度,可以兼顾达到退休年龄的人各不相同的兴趣和爱好,延长以工作为寄托或以工资为主要生活来源的人的就业期限来平衡需求,覆盖非全日制工作、临时工作、咨询服务等工作以及较高层次技术或行政指导方面。延迟退休的关键在于政策靴子的尽快落地,目前社会上已经流传多个所谓的延迟退休方案,扰乱视听,引发利益群体的争论而使得人心惶惶。既已调研完成政策出台的相关条件,立即施行方为上策。

事实上,老年人主要生活来源的90%以上集中在"劳动收入、离退休金和家庭供养"3项(见表7—18),大部分老年人在退休后仍能保持劳动活跃状态,延迟退休作为一项政策而言有其自然合理性。

表7—18　　　　　　　2005—2010年分年龄城乡老年人主要生活来源构成情况

		60~69岁			70~79岁			80岁以上		
		城市	镇	乡村	城市	镇	乡村	城市	镇	乡村
2005年	劳动收入(%)	13.6	29.2	55.7	3.8	9.3	19.5	0.7	1.7	3.4
	离退休金(%)	59.3	26.8	4.9	58.6	24.5	4.6	43.3	15.1	3.4
	家庭供养(%)	23.5	39.2	36.7	33.3	59.9	71.7	50.2	75.7	88.5
	其他(%)	3.6	4.8	2.7	4.3	6.3	4.2	5.8	7.5	4.7
	频数	325 529	192 519	714 357	198 094	113 254	433 778	57 593	35 842	138 402
2010年	劳动收入(%)	10.4	32.8	59.8	2.2	10.3	21.9	0.8	2.4	4.8
	离退休金(%)	65.6	26.9	4.4	69.8	27.8	5.1	59.7	19.6	4.1
	家庭供养(%)	19.7	34.5	31	23.3	54	64.6	33.4	68.8	81.8
	其他(%)	4.3	5.8	4.8	4.7	7.9	8.4	6.1	9.2	9.3
	频数	2 509 314	1 749 393	5 657 427	1 489 859	965 438	3 206 805	511 232	345 508	1 205 726

资料来源:2005年全国1%人口抽样调查数据和中国2010年人口普查数据。

其实延迟退休在某些领域早已得到贯彻实施,《国务院关于高级专家离休退休若干问题的暂行规定》(国发〔1983〕141号)指出,"高级专家确因工作需要,且身体能够坚持正常工作,征得本人同意,经下述机关批准,其离休退休年龄可以适当延长:副教授、副研究员以及相当这一级职称的高级专家,经所在单位报请上一级主管机关批准,可以适当延长离休退休年龄,但最长不超过65周岁;教授、研究员以及相当这一级职称的高级专家,经所在单位报请省、自治区、直辖市人民政府或中央、国家机关的部委批准,可以延长离休退休年龄,但最长不超过70周岁;学术上造诣高深、在国内外有重大影响的杰出高级专家,经国务院批准,可以暂缓离休退休,继续从事研究或著述工作"。莹莹之光,可照旷野,启迪来人,这样便可以"充分发挥高级专家的作用,为社会主义建设事业多做贡献,并有利于新生力量的成长和队伍的更新"。

《关于进一步发挥离退休专业技术人员作用的意见》(中办发〔2005〕9号)提出,积极支持离退休专业技术人员发挥作用。各级党委、政府和有关部门要通过多种形式,支持离退休专业技术人员(特别是老专家)进一步发挥在经济建设和科技进步中的服务和推动作用,发挥在培养教育下一代中的示范和教育作用。在重大工程立项、重要政策制定等方面组织专家咨询时,可聘请具有较高专业水平和社会声望的离退休专家参加决策咨询,充分听取他们的意见和建议。根据科技、经济和社会发展需要,可组织离退休专业技术人员参与教育培训、技术咨询、科技扶贫等活动。根据工作需要,可采取专项活动聘请、项目聘请、短期聘请等多种方式,聘请离退休专业技术人员(特别是老专家)从事青少年教育、传播科学文化知识、咨询服务、医疗卫生、科技开发应用等符合离退休专业技术人员特点的工作。支持离退休专业技术人员对青少年开展爱国主义、集体主义、社会主义和中华民族精神教育,普及科学知识。支持他们从事讲学、翻译、指导研究、专家门诊、咨询服务等专业技术活动。支持他们总结自己的实践经验,通过著书立说,培训指导等多种形式,培养青年人才。要根据市场需求和离退休专业技术人员的志愿,积极搭建服务平台,开拓离退休专业技术人员发挥作用的渠道。各类人才市场、人才中介机构应积极把离退休专业技术人员纳入服务范围。政府所属的人才交流中心、专家服务机构要通过设立专门的离退休专业技术人员服务窗口,举办专项的离退休专业技术人才和项目交流活动,开设老专家电话咨询服务热线等多种方式,主动为离退休专业技术人员发挥作用做好服务。建立离退休专家信息数据库和离退休专业技术人员信息网络,定期举办网上离退休专业技术人才交流活动,为他们发挥作用提供信息平台。并且文件对"努力为离退休专业技术人员发挥作用提供必要的条件、切实维护离退休专业技术人员的合法权益、高度重视发挥离退休专业技术人员社团组织的作用、大力加强对发挥离退休专业技术人员作用工作的领导"等模块内容均做出详细的指示。

六、延迟退休年龄的分步改革方案

退休年龄需综合考虑中国人均预期寿命、人口结构变化、劳动力供给状况、社保基金收支,过早退休目前既影响劳动力市场的有效供给,也影响养老保险可持续发展。延迟退休带来的益处是多方面的:可以延长就业年限,增加就业人口,降低老年抚养比,从而有利于养老保险收支上的平衡;还可以增加老年人可支配收入,转变年轻人的消费结构和提升老年人的消费水平,减少纯消费型人口,使储蓄率上升,总投资金额增加;同时改善劳动力供需关系,促进经济增长,降低人口老龄化对公共财政的巨大压力,促进经济可持续发展。

渐进式退休政策的设计要考虑关键参数,如制度变迁、生命周期、人力资本、目标年龄、性别设定、调整跨度、起始年份等,以及区域、岗位、受教育程度等劳动者禀赋差异。需注意的是,延迟的退休年龄必须是法定的,而不能是自愿选择的,网络舆情与民意调查已经显示绝大多数劳动者还是倾向于早些退休,这与个人实际利益相吻合,成为另一种形式上的"公地悲剧"。当然照顾个体权益,政策实施中应允许针对个体不同情况的不同弹性选择。"小步慢走、弹性实施、强化激励"是可行的,采用小步慢走的调整策略比较适合中国国情,但要转变传统观念,加大宣传,消弭不同岗位之间的不平等,形成社会共识,在考虑制度弹性时,建立退休年龄、工龄与退休待遇的联动机制,把握好劳动者、用人单位、国家三者之间的平衡。但如果细节方面考虑越周全,政策落地和操作实施的困难反而越大。

2021年3月12日公布的《中华人民共和国国民经济和社会发展第十四个五年规划和2035年远景目标纲要》明确提出,按照"小步调整、弹性实施、分类推进、统筹兼顾"等原则,逐步延迟法定退休年龄。延迟退休的靴子落地,可以有效终止多方猜测、网上不同版本流传的混乱预期。杨燕绥(2013)和蔡昉等(2015)都提出男性和女性延迟退休的目标年龄达到65岁,但是实施完成分别在2030年和2045年。[1] 每年延迟退休年龄一个月,战线拉得太长,制度成本和操作成本就会大幅上升,所以每年延迟退休年龄一年,匀速推进是比较合适的。考虑到当前急剧老龄化的形势,制度越早执行,对劳动年龄人口保持、经济增长和养老保险可持续的积极效果就越大,如果从"十四五"的第三年(即2023年)开始执行,2028年恰好调整完毕,全国男性和女性的退休年龄都达到65岁。当然后续可以视条件而定,进一步调整退休年龄到66~70岁,而这正是现在欧洲国家所正在进行的。

第六节 本章小结

就业既是经济增长需要,又是民生福祉诉求。社会保障确保了劳动再生产的顺利进行,但风险兜底之后劳动者更偏好于休闲所获得的效用。两阶段的世代交叠模型分析显示,现收现付制下社会保障的劳动供给弹性取决于有效工资和有效税率,中国的绝大多数劳动者工资尚处于有效工资劳动供给弹性为正的阶段,且计划生育政策又使得艾伦条件不能得以满足,那么社会保障对劳动供给就会产生负面影响,来自城镇就业人员面板数据的经验实证验证了这一论断。

---

[1] 杨燕绥.养老体制改革方案[DB/OL]. http://politics.people.com.cn/n/2013/0814/c70731-22555748.html,2013,登录日期:2021年7月1日.
蔡昉,张车伟.人口与劳动绿皮书:中国人口与劳动问题报告No.16[M].北京:社会科学文献出版社,2015:120—154.

二十大报告指出,实施就业优先战略。就业是最基本的民生。强化就业优先政策,健全就业促进机制,促进高质量充分就业。健全就业公共服务体系,完善重点群体就业支持体系,加强困难群体就业兜底帮扶。统筹城乡就业政策体系,破除妨碍劳动力、人才流动的体制和政策弊端,消除影响平等就业的不合理限制和就业歧视,使人人都有通过勤奋劳动实现自身发展的机会。健全终身职业技能培训制度,推动解决结构性就业矛盾。完善促进创业带动就业的保障制度,支持和规范发展新就业形态。健全劳动法律法规,完善劳动关系协商协调机制,完善劳动者权益保障制度,加强灵活就业和新就业形态劳动者权益保障。

政府意在通过社会保障进行失业治理和就业促进,道德风险问题却使社会保障提供后失业率返高,中国省际面板数据的实证分析显示,在控制宏观经济状况变化的影响下,城镇失业保险金支出水平的提高会加剧城镇失业率的提高,失业率的上升反过来又要求失业保险金支出的再提高,形成不良循环效应。另外,失业的结构性问题同样值得考虑,尤为需要关注的是青年群体、低教育群体、女性就业群体、移民群体等,这些群体在就业市场上往往受到更强的社会排斥。比如随着移民的大量涌入,英国国内反对移民的声音也水涨船高,认为移民瓜分了经济发展成果,摊薄了社会福利待遇,造成了教育、医疗、住房等方面资源的紧张。为避免过分依赖政府福利的消极惰息现象,防止失业者的贫困高原,应实行从失业救助到就业帮助的社会保障支出改革,制定积极的劳动力市场政策,变"输血"为"造血",增强职业技能培训,提高劳动者能力。

老龄化的加速对公共养老金支出形成的压力日益加重,退休年龄越早,养老金规模越大,劳动力成本就越高,必然对国家不利。为缓解养老金支出困局,延迟退休并增加老年人就业成为政府的重要改革措施,但延迟退休显然会对青年群体就业产生不可忽略的影响,实证研究结果显示中国现阶段延迟退休对青年群体的挤出效应是非常大的,采取小步渐进的延迟退休方案有助于弱化这一不利影响。

第八章 社会保障在经济增长中的自动稳定器效果分析

第一节 社会保障自动稳定器的运行机理及实现条件

自凯恩斯理论出现之后,政府开始利用财政政策和货币政策来影响宏观经济过程,凯恩斯主义认为社会保障是克服经济危机的一个重要手段,国家对社会保障领域的干预有助于提高边际消费倾向实现宏观经济的均衡,因而主张通过累进税和社会福利等办法重新调整国民收入的再分配。

社会保障制度的改革在追求系统集成、协同高效的阶段,要推动高质量发展和可持续性发展,不仅要在精算平衡、公平正义方面发挥好作用,还应当适度考虑在整个宏观经济稳定中的功能。相机抉择的财政政策在应对金融危机冲击、经济下行、疫情冲击等方面发挥了积极的逆周期调节作用,但是政策调整频繁也加大了政策实施效果的不确定性。政策碎片化或政策的系统性不够,既不利于稳定市场预期,也不利于政策有效性的充分发挥。财政政策注重经济效应与社会效应的有机统一,为提高财政政策的有效性,在实施相机抉择政策的同时,应注重发挥好自动稳定器政策的积极效应,提升财政政策的系统性与可预期性。进一步优化改革税收制度,健全社会安全网体系,加强财政自动稳定经济社会活动的实际效果,建立财政自动稳定器触发与退出的规则体系,在政策实践过程中持续迭代优化。

社会保障支出不仅作为财政政策的重要工具,而且作为宏观经济周期的自动稳定器,能够熨平经济波动,实现经济均衡发展的目标。经济危机来临时,社会保障在很大程度上让受到危机打击的个体有一个缓冲和恢复的机会,尤其是对于失业保险、最低生活保障和其他福利转移支付[①]来说,当经济衰退时,失业人口增加,低收入家庭增加,贫困状况加剧,税收减少,政府用于社会保障系统的财政支出增加,使劳动者收入维持在相对稳定的水平

---

① 医疗保健服务支出在商业周期中的反应很大程度上是独立的,因为个体是否生病属于不可控因素,而养老金、失业金的支出在经济波动中的反应是较为强烈的。但也有经济学家指出,人们会更多利用在经济衰退时期的医疗卫生服务,因此医疗保健服务支出也具有一定的反周期性,尽管并不显著。

上,增加购买力刺激和推动经济复苏,缓解经济萧条程度,从而起到扩张性财政政策刺激经济的作用;当经济繁荣时,失业人口减少,低收入家庭减少,政府用于社会保障系统的财政支出减少,就业增加和贫困人口减少使得税收和社会保障基金收入大于支出,相对减少人们的货币收入,对需求过旺起到一定的抑制作用,从而起到紧缩性财政政策防止经济运行过热的作用。

就业是综合性过程指标,既与经济相关联,也与社会民生相关联。财政政策促进经济高质量发展,能够为就业提供更多增长空间,改善劳动力市场的供需结构,提高就业质量,从而改善居民的收入和消费预期。民生领域公共消费带动私人消费增长,逐步提升基本公共服务均等化水平。提高全民受教育程度,开展职业技能和就业培训,为人力资本的积累和提高创造有利条件,进而实现更加充分、更高质量的就业。就业因此成为畅通经济和民生的重要连接点,助力于经济高质量发展。

要不断健全农民工、灵活就业人员、新业态从业人员等重点群体参保机制,让更多灵活就业和新就业形态劳动者能便捷地享受社会保障,因为这些人群受经济周期性的影响最为显著。在社会救助和失业保险的政府转移支付制度下,如果国民经济出现衰退,失业人数增加,就会有大批居民申请救济金,政府对失业者支付的津贴或者救济金就会相应增加,这就是财政政策的自动扩张作用,这样就可以抑制人均收入特别是穷人收入的下降,进而抑制消费需求的下降。

但有关社会保障自动稳定器真实效果的研究其实并不多,图里尼(Turrini,2008)对欧洲国家的公共收支进行了深入研究,发现政府反周期政策调整中公共支出还是遵循了一种顺周期模式,最终致使预算平衡作为一个整体在顺周期反应中的输出间隙得以确立。马蒂亚斯·多利斯等(Mathias Dolls et al.,2010)分析了欧洲与美国社会保护系统的有效性,发现在应对宏观层面的冲击上,社会保障自动稳定器能够吸收欧洲38%的收入冲击和47%的失业冲击、美国的相应数据为32%和34%,但欧洲东部和南部与欧洲中部和北部由于社会保障模式的不同在自动稳定器稳定功能的异质性很大。特里萨·杰拉德契等(Teresa Ghilarducci et al.,2011)对美国社会保障的功效进行了综合评估,其研究结果显示401(k)计划增加了经济系统的不稳定性,而OASDI计划(老年、残障和遗属保险)反周期功效较高,对宏观经济自动稳定起到了积极作用;如果控制住联邦所得税、失业保险等传统自动稳定器因素,401(k)计划将这些传统政策的自动稳定功效降低了20%,这意味着401(k)计划在经济周期中的作用是显著负面的。

虽然社会保障的自动稳定器功能在长期中能够部分体现出来,但真正需要正视的是危机当下的影响及对国家造成的风险,实际上社会保障支出的自动稳定器起到功效必须具备一定的条件(见图8.1),才能使得经济扩张期和收缩期互为补充。

巴里·博斯沃思(Barry Bosworth,2011)论述,自动稳定器机制并不是一劳永逸的,必

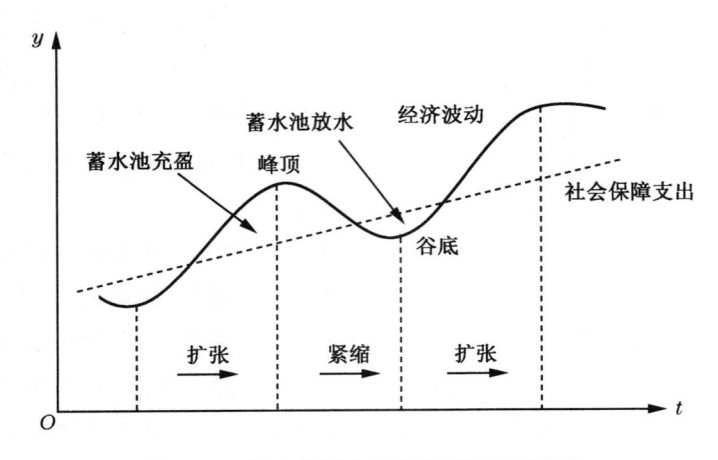

图 8—1　社会保障自动稳定器的实现条件

须根据实际或预测的需要调整相关系统参数,如人口指标、经济表现、养老保险、财务状况等[①],这种自动平衡机制意味着自动稳定器首先本身要稳定。郑春荣等(2013)也指出,自动稳定器发挥功效就需要"以丰补歉",当经济繁荣时,积累足够的资金作为储备,才能在萧条时用于各种保障,但如果这样的蓄水池始终干涸,蓄水池的作用已经遭到破坏,自动稳定器的调节作用也就不复存在。[②] 要想使社会保障在危机来临时发挥关键作用,就必须在财政盈余时有所作为,社会政策的有效性依赖于大量的政治纪律,而分散层次的政治决策系统在其有效期内并不利于建立稳定的防控机制。

经济衰退时,失业人数的增加导致社会保障支出的需要增加,但与收入水平挂钩的税收和社会保险缴费因为人们的收入下降和就业人数的减少而最终减少,国家福利体系内可支配资金减少得很快,为弥补这个缺口国家通过举债渠道投入大量的挽救危机资金。如果经济能够迅速恢复,政府不至于背负太多的债务,否则政府就会面临破产的风险。必须承认,社会保障支出持续的刚性增长同经济实体经历的周期性波动并不匹配,导致社会保障筹资机制不可持续,正如潘莉(2005)所指出的,社会保障支出上升在经济运行状况好的情况下其成本很容易被弥补,但一旦持续的经济增长结束,高水平社会保障就失去了经济基础,而这时失业工人和需要救济的人员增多,使得社会保障支出成本进一步扩大,尽管社会保障不是经济衰退的原因,却使得衰退的困境更加严重,不利于经济复苏和摆脱困境。克里斯多夫·哈格迈尔(Krzysztof Hagemejer,2009)认为,自动平衡机制在固定的财务或精算平衡较长或较短的时期内运行,但政治压力对于自由裁量的干预偏离了系统的规则运

---

① 更为具体的指标参见 Barry Bosworth,R. Kent Weaver. 2011,Social Security On Auto-Pilot:International Experience with Automatic Stabilizer Mechanisms[DB/OL]. Center for Retirement Research at Boston College,http://crr.bc.edu,登录日期:2021 年 7 月 1 日。
② 参见俞卫,郑春荣. 国际社会保障动态——全民医疗保障体统建设(社会保障橙皮书 2013)[M]. 上海:上海人民出版社,2013:10—15。

作,因危机而引起的财政限制可能导致削减或限制福利水平,慷慨的福利承诺在财政不可持续的条件下将永远不会被交付。社会保障制度的实施往往出于政治因素的考虑,一旦引入,在政治上将毫无退路,因而必须持续下去。从这一角度出发,社会保障支出不仅没有起到平抑经济周期的作用,反而在某种程度上放大了经济波动,而社会保障政治上的可持续性是实现"善治"的前提,所以动态性的社会保障演进必须在经济发展中不断实现自我修正以便与经济进程相匹配。

第二节 经济波动机制分析

经济周期一般定义为实际 GDP 与其长期趋势的偏离,但社会保障因素在其中发挥了重要影响。为研究社会保障支出对经济周期的影响机制,有必要对经济周期产生与实现机制做出研究。

一是奥地利经济学派经济周期理论。奥地利经济学派的经济周期理论由米塞斯(1953)提出,并经哈耶克(1967)加以发展,由非市场因素(如中央银行政策)引发的经济繁荣,会误导经济走上一条本质上不可能长久的增长道路,政策导向的经济繁荣本身就蕴藏着衰落的种子。错误投资和过度消费的结果是强迫储蓄,最终导致项目终结和失业,整个经济周期的发生通过一个以价格体系为传导网络的机制体现出来。

二是凯恩斯经济学派经济周期理论。在凯恩斯《通论》基础上,萨缪尔森(1939)将乘数与加速数结合起来,用公式表示为:产出变化=乘数×投资变化;净投资=加速数×产出变化。经济繁荣期,乘数与加速数相互依存;经济衰退期,乘数与加速数又相互作用。经济周期的关键因素在于投资,而投资的问题在于投资是否有用,投资通过乘数导致供给的变化,但并没有提供足够的需求来使得投资无限扩张。希克斯(Hicks,1950)认为在扩张阶段,经济接近充分就业和潜在产出时,达到上限,产出的增加会由于资源的限制而减少,并通过乘数和加速数的相互作用,经济增长不可避免地发生逆转。

三是马克思主义经济周期理论。马克思认为资本主义经济周期的驱动力在于资本主义体系本身的缺陷,并指出经济危机的产生机制是根深蒂固的。现代马克思主义出现了多个分支,无论从劳动后备和利润下降(Goldstein,1996)出发,还是从生产过剩(Sherman,1997),或者资本有机结构调整(Laibman,1997)出发,矛头都指向了利润率的周期性下降,而这成为资本主义经济周期的关键。

四是货币主义经济周期理论。在任何时候为人们所接受的经济理论在一定程度上是研究经济现象的学者对经验概括的系统总结。这种理论内在地含有与其所表达的思想观念相对应的实证证明——否则就成了纯数学(Friedman & A. J. Schwartz,1970:91)。货币数量的变化具有重要而广泛的预示性和经济影响。长期中货币数量的变化与产出相关,并决定了长期的价格行为。短期中货币数量的实际紧缩是造成严重经济紧缩的主要因素。

货币数量的周期性变动无疑是一般温和经济周期的重要因素(Friedman,1964:277)。

五是新古典学派经济周期理论。卢卡斯(1975)将经济周期定义为一种实际产出以一个无法用既有生产要素变动解释其变动趋势的连续周期性运动。卢卡斯(1977)的货币均衡经济周期理论(MEBCT)结合了穆思(Muth,1961)的理性预期假说、弗里德曼(1968)的自然律假说和瓦尔拉斯的一般均衡分析方法,指出不可预期或未曾预料到的价格水平的上升将会出乎经济行为人的意料,造成他们对所提供的产品价格上升的信息产生误解,从而生产出更多产品。1982年之后,货币均衡模型在理论和实证上都陷入了困境。关于信息混乱的假设被普遍认为是不合理的(Okun,1980;Tobin,1980),人们认为这不适合信息充足的现代工业经济。尽管模型从方法上排除了黏性价格,但对货币和产出之间的经济关系并没有做出合理解释,西姆斯(Sims,1980)因而质疑货币作为经济周期的诱因是否合适。另外,可预期货币是中性的观点仍然缺乏理论支持(Barro,1977,1978,1989),因此该模型逐渐被强调技术冲击的真实经济周期模型(Stadler,1994)、强调货币扰动的新凯恩斯学派模型(Gordon,1990)所取代。

六是政治经济周期的经济周期理论。政府为提高自己连任的机会或者追求意识形态的目标而干预经济,而非制定社会最优稳定政策,从而形成政治经济周期,造成宏观经济波动。选举和声望函数(Nannestad & Paldam,1994)将政府声望和选举结果同经济情况挂钩,如失业率、通货膨胀率、实际收入、养老金、医疗保险等指标,这样使得政府有运用财政或货币政策工具来影响宏观经济变量的动机。选举最大化模型中,政府选举的目标是尽可能争取更广泛民众的支持,而这一目标受制于经济体系的约束。诺德豪斯(Nordhaus,1975)通过菲利普斯曲线,提出政府运用各种手段操纵经济,使得失业率和通货膨胀率在选举前都维持在较低水平,而在公众投票之后再出现消极的结果。当然,理性选民会对政府选举周期的这种规律性做出反应,因而罗戈夫和西伯特(Rogoff & Siebert,1988)指出,只有当选民具有理性预期,且选民与政府存在某种信息不对称时,政治经济周期才可行。阿莱西纳等(Alesina et al.,1997)通过主要发达国家经济波动与选举周期的实证研究发现,结果是极其复杂的。必须指出的是,政府不仅是选举最大化者,而且还有其他目标,就是将其党派的意识形态目标付诸实践,如社会民主党的社会保障政策及一系列改革。党派模型强调的正是经济周期如何受到不同类型的政府意识形态的影响。希伯斯(Hibbs,1977)基于适应性预期的理论框架,指出西欧和北美的12个国家主要是根据其所定义的核心政治选民的偏好来制定宏观经济政策,左翼政党倾向于降低失业率,而右翼政党倾向于增加失业率同时降低通货膨胀。当政者和竞选者为了赢得公众的支持,宁愿扩大财政赤字,也不敢削减社会保障福利支出,导致财政日益吃紧。任何社会制度的变革都会使有人受益同时有人受损,社会保障中利益集团在政治上的介入形成的压力推动着社会保障制度的演进。在社会保障体制的改革中,各方势力(如劳工界、雇主阶层、华尔街以及青年人组织和老年人组织)都试图在社会保障改革中增加筹码,以免遭受过多的福利损失(李超民,2009),社会保障政策往往成为各政党争取民意进而上台执政的手段。米什拉(Mishra,2003)指出,政治压力等因素使得要求削减社会保障支出的党派并不能完全地把社会政策向右转,尽管以奥地利、瑞典为代表的国家维持了战后福利国家社会保障上的开支状况和实施充分就业的许诺,但是在其行动上福利开支也有所缩减。

七是真实经济周期理论。基德兰德和普雷斯科特(Kydland & Prescott,1982)建立了真实经济周期模型,指出大多数经济波动不是由预期变化或者动物本能所致的需求变动引起,而是由生产函数对经济行为人的冲击,或者说真实冲击引起的,通过计算机模拟的结果显示(Long & Plosser,1983),劳动和资本变化可以导致对经济增长的冲击,而预期变化和实际变化的差异(索洛剩余)就属于随机经济波动,计算机模拟的结果同美国实际经济波动的数据十分类似。这一结果使得 RBC 模型对传统观点——"生产冲击只能解释实际经济波动中的一小部分,需求或货币冲击才是其决定因素"——提出疑问。RBC 模型认为,经济中观察到的波动是消费者、生产者对真实经济波动的最优反应,依照这一逻辑,政府任何旨在消除经济波动的政策企图都会使消费者背离他们的自由选择和最优行为,最终恶化他们的状况,从而财政政策的短期反周期干预无效。那么政府最应该关注的其实是 GDP 长期增长的最佳趋势,而非关于经济增长的波动。政府通过设计良好的税收和支出政策,如公共利益项目和教育政策,才能真正有利于实现经济增长的优化。

八是特定事实经济周期理论。通过使用霍德里克-普雷斯科特(Hodrick-Prescott)滤波法生成经济周期数据,消除了数据中的长期趋势(即长期增长过程)和有规律的短期波动(季节性因素),保留下来的就是可观察到的经济周期。基德兰德和普雷斯科特(1990)对英国和美国经济周期行为关键变量利差趋势的分析表明,消费是顺周期的,并领先周期。失业对产出的最大回应在美国滞后一个时期,在英国滞后两个时期。价格是反周期的,且领先于周期。他们的结果在经济学界引起轰动,但需要注意的是,研究仍描述的是一种统计相关性,事实的背后可能有更复杂的原因。

第三节 社会保障自动稳定器的作用路径

一、社会保障支出经济因素的作用路径

与经济发展水平相匹配的适度的社会保障支出通过储蓄、消费、人力资本投资、劳动力供给等因素对经济产生积极的影响,可以归结为三个效应:直接收入效应、间接财富效应、劳动供给效应,进而促使实际 GDP 向其长期趋势靠拢,减弱了经济周期波动的幅度,实现社会稳定,提高民众福利。

但实际中做到社会保障支出与经济发展水平相符是很困难的,在当代,社会保障支出的增长速度远超实际 GDP 的增长速度(见图 8—2),中国养老金支付已经连续 12 年连年攀

升,而养老金的收支拐点在 2014 年就提前展现①,这种超越经济发展水平的模式只会造成未来越来越大的养老金缺口。

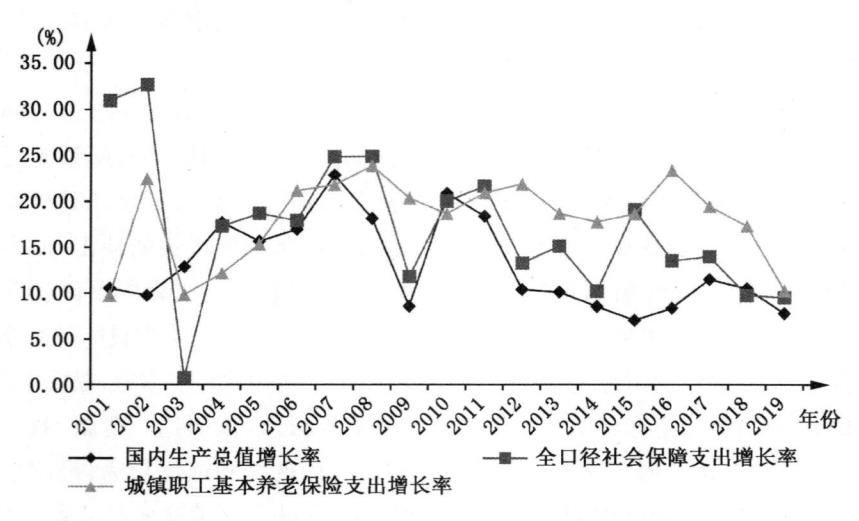

图 8—2 实际 GDP 增长率、全口径社会保障支出增长率以及城镇职工基本养老保险支出增长率之间的比较

社会保障制度一旦确定下来,福利开支就很难再降低,而只能持续走高,因为一旦降低必然招致民众的反抗,甚至爆发大规模示威游行活动。在老龄化日益严峻的形势下,福利开支会进一步抬升,那么日益增长的社会保障支出会与经济发展中的短期波动逐渐不相吻合,而这种不适应性会持续扩大,使社会保障支出超越国民经济所能承担的水平,造成国家财政负担过重,引发恶性循环。经济处于萧条期需要救助人员的增加导致更高的社会保障支出,而经济的恢复却需要财政紧缩的措施来实现,这种矛盾状况使得萧条期的经济雪上加霜,并引发社会的不安和动荡。

借鉴特里萨·杰拉德契等(Teresa Ghilarducci et al.,2011)关于美国 401(k)计划在经济系统中的稳定性功效研究,设立以下模型:

$$\Delta\left(\frac{Y_t^{real}}{Y_t^{potential}}\right)=\alpha_i+\beta_i\left(\frac{X_{i,t}}{Y_t^{potential}}\right)+\delta_i Z_{i,t}+\varepsilon_{i,t}$$

其中,Y_t^{real}、$Y_t^{potential}$ 分别代表实际经济产出与潜在经济产出,$\Delta\left(\frac{Y_t^{real}}{Y_t^{potential}}\right)$ 就可以表示产出缺口的时间变化,分析经济的扩张与收缩,当然这个变量在模型处理上可以用其他衡量经济波动的因素来替代。$X_{i,t}$ 表示社会保障自动稳定器的几个维度,涵盖基本养老保险、

---

① 2014 年,中国基本养老保险缴费收入 18 726 亿元,基本养老金支出 19 045 亿元,打破了 2004 年以来的持续盈余状况,首度出现赤字。《2016 年中央和地方预算草案的报告》提请将养老金涨幅从历年的大于 10% 下调为 6.5%,这是经济形势趋缓下财政支出压力加大的集中体现。

失业保险、最低生活保障支出等要素，$Z_{i,t}$是需要控制的在经济波动中产生影响的其他变量，$\varepsilon_{i,t}$为随机波动项。

通过霍德里克-普雷斯科特滤波处理的潜在经济产出并不易得，我们可以采取以月度衡量的城镇登记失业率（$ruur$）来描绘经济波动，城镇基本养老保险支出与GDP的比率（$uboir$）作为衡量养老保险支出水平的标准，失业保险基金支出与GDP的比重（uir）作为经济波动中的自动稳定措施，选取人均GDP增长率（g_gdp）、人口自然增长率（$npgr$）、老年人口抚养比（$edrp$）、通货膨胀率（$cpir$）作为控制变量，采用2001—2020年间的月度数据进行时间序列分析。城镇登记失业率数据来源于中经网统计数据库，城镇职工基本养老保险支出和失业保险基金支出来源于《2000—2020中国劳动统计年鉴》，人均GDP增长率（%）、老年人口抚养比（%）、人口自然增长率（‰）、通货膨胀率（%）数据来源于历年《中国统计年鉴》。构建协整系统并运用Stata17.0对时间序列数据进行分析，可以得到表8—1。

表8—1　　　　　　社会保障支出自动稳定效果的VECM协整分析回归结果

$ruur$	相关系数	标准误差	t	$P>\lvert t \rvert$
$uboir$	0.569 254**	0.356 532 1	4.98	0.016
uir	1.713 143**	0.569 924 1	1.49	0.013
g_gdp	0.035 489**	0.269 856 7	3.88	0.020
$npgr$	−0.191 973*	0.185 532 2	18.32	0.090
$edrp$	1.895 826***	0.095 468 7	5.57	0.001
$cpir$	−0.045 833***	0.066 343 4	5.21	0.009
$\_cons$	3.081 462***	0.107 565 4	9.43	0.000

注：***、**、*分别表示1%、5%、10%水平上显著。

从回归结果可以发现，受老龄化影响的持续上升的基本养老保险支出加剧了经济波动时财政支出的压力，不利于经济体从困境中的恢复，这一点与美国401(k)计划加剧经济波动的影响相似。中国失业保险基金支出也未起到经济波动中的自动稳定措施，当然部分原因也在于当今失业保险支出规模不大，并且在失业保险金领取的时候要求条件较为苛刻。另外，需要关注的是老年人口抚养比（$edrp$）的上升也会造成经济波动的幅度增大，因为老龄化的加剧实际上意味着社会赡养人口压力的增加，从而使得经济体的脆弱性上升。

关于中国宏观经济目前的处境，刘元春（2022）指出，社会保障能够从供给与消费两端同时影响经济运行，社会保障体系的收入主要影响供给端，支出主要影响消费端，内生的制度缺陷导致自动稳定器无法对经济周期波动发挥充分的调节作用。[①] 对于供给端来讲，虽然经济增长速度下滑，但是上缴的"五险一金"往往是刚性的，刚性支付会导致企业的费率

---

① 刘元春在2022年4月16日CMF宏观经济热点问题研讨会（第44期）上的发言："中国社保体系不健全，难以发挥经济减震器作用。"

上升,企业税费负担进一步加重,所以在经济下行时期,社会保障对供给端的压制作用比较明显。在支出方面,社会保障体系的一项重要功能是构成转移支付,形成消费端的变化,但是随着社会保障支出加大,带来的扩张效应往往是不足的,状况一旦相对稳定,这种转移支付就会很快地转为审慎性的储蓄。因此,社会保障支出通过对消费的刺激而产生经济稳定的作用实际上是非线性的。如果从可持续、中长期的角度,我们会发现社会保障体系对于民生,对于社会保障救助中支出的乘数效应的提升其实是不显著的。

另外关于经济下行时期的减税与减费,减税会减少政府公共财政的收入,减费在某种程度上会导致基金支付缺口加大。中小企业交税少,但所缴纳费用是刚性的。因为税会随着利润增加值变化而变化,所以这一形式实际上是顺周期效应,所需要缴纳的费用却不是顺周期的,而是周期中性的。需要权衡养老、医疗、失业、工伤在经济缓冲中的不同,失业补贴、失业保险和失业救助可能在自动稳定器上的作用更为显著。因为失业是顺周期的现象,但是失业救助、失业补贴却是逆周期的,这个逆周期是发挥社会保障体系自动稳定器作用的重要举措。但是社会保障体系对于宏观经济周期性稳定的作用并不明显,中国在失业救助、失业保障上面的制度构建,实际上滞后于在社会保障制度上的建设,尤其是失业保障的覆盖面,2020年是2.295亿人,2022年是2.28亿人,反而下降了150万人。另外支出规模也在回落,失业保险支出占社会保障基金支出的比重近年来不升反降,在十多年中,下降了差不多2.8个百分点。失业补贴占整个经济的比重也是在下降的。中国在宏观经济发展方面提倡"六保",其中很重要的一点就是保就业,作为民生和宏观两者稳定的基石,因此提升失业保险方面的发展力度,才能更好地为国民经济护航。

二、社会保障支出政治因素的作用路径

社会保障起源于工人运动高涨和政治团体角力,制度本身代表了不同利益群体的诉求,通过政治施压对政党决策产生影响,而拥有较多资源和力量的团体,往往左右了制度设计的偏向。新社会运动的社会多元主义理念将无阶级主体或主体身份模糊的,以及涉及小众(即性别、种族、代际和生态等)的多元民主抗争主体整合到政党的理论与体制框架内(孟鑫,2008)。社会保障制度对现代政党政治的影响越来越深刻,政党的竞选和施政均受社会福利制度的影响甚至左右,而工会的游行示威和讨价还价对新的福利权利的争取影响至深,因此可以认为社会福利是现代政治生活的基础,并为现代政治提供合理性依据。现代政治论倾向于认为随着代议民主制的兴起,政府规模和官僚体系急剧扩张,由此带来社会政策的膨胀,为了获得选民的支持和赢得选举的胜利,政党也倾向于通过满足选民偏好的政策来实现政治优势,从而选举年的社会政策扩张成为社会保障制度发展的主要动力。民主制使得国家与社会在矛盾和冲突当中保持着一定的张力与平衡,社会福利日益成为民主政治进一步实现的方式和途径,成为现代政治角力活动的中心,但这种民主却很可能被滥用,原子化的个体生存方式为政党在社会保障上许诺的成功提供了便利之处。

因国情、社会政策和路径依赖形成的福利意识形态呈现出根深蒂固的特性，深刻影响着民众对政府的福利要求和福利态度。每到选举期，社会保障、社会福利便成为各政党选举的工具，各种有关就业政策和社会福利政策的承诺便会满天飞，政党往往借助对民众福利的许诺取得政治上的优势地位，但对福利的过高许诺绑架了经济运行，由于执政党多出于赢得选票的支持，极易忽视政策的可行性与可持续性，从而带来财政危机，候选人为了上台后不失信于选民，会不遗余力地推行社会保障，导致福利出现不断膨胀的危机，政治家在允许的条件下倾向于把财政赤字所带来的责任推向未来，直到出现压死骆驼的最后一根稻草，而这时高福利对经济的损害已经积重难返。不仅是政府在福利认识上存在短视，民众也注重福利待遇上的短期利益而缺乏长远眼光，缺乏长期性的战略目标，将关乎国计民生的社会保障制度的制定和调整置于党派私利之下，使社会保障制度始终朝着日益膨胀的方向发展，而与经济发展不相匹配的福利要求必然导致经济衰退，最终损害整个社会的长期福利，福利需求的非理性显然已经成为造成经济波动的一种负向功能因素。只有在公平与效率之间寻求平衡，实现社会保障制度的动态可持续，才是不断获得更高福利的根本。

降低福利待遇，实行紧缩的财政政策对政治家显然是不利的，这种事后弥补的措施也难以从根本上解决问题和扭转经济状况，并且由于公众的持续抗议，削减社会保障支出的改革显然困难重重。从契约角度来说，政府与社会始终保持着一种信托关系，如果政府亵渎了公众信任，公众就有重新选择政府的自由。经济周期导致的福利改革往往成为下一轮政治博弈的关键，在英国社会保障发展进程中，这种情况表现得尤为明显，从第二次世界大战时的贝弗里奇模式，到撒切尔夫人的自由主义改革，到布莱尔的第三条道路，再到卡梅伦的大社会新政，每一次危机都导致政党间关于福利制度改革的争论，而迎合民众的福利政策显然在政治博弈上胜算更大，但即使赢得上台执政的筹码，在其执政期间对庞大的福利开支和缺乏效率的福利体系进行改革，并实现民众的福利需求显然也是举步维艰。

总的来说，社会保障在市场经济运行的经济周期中发挥的作用不可否认。因为市场经济放大了生老病死、失业伤残等个人风险，个人风险集中到社会上，就会变成社会问题；市场经济容易造成个人收入上的不均等，而收入的两极分化极易引致社会矛盾。社会保障通过各种措施，调节社会矛盾，避免人们因生存危机、心理失衡等而导致社会冲突，因此成为预防社会动荡的稳定器。但社会保障支出的刚性特征，财政赤字、老龄化以及未来对生活水平的更高诉求，都对社会保障支出形成压力。发达国家如英国、法国对社会保障水平的下调往往引发利益群体持久的骚乱，但如果维持不断上涨的社会保障支出，无疑是把危机推向未来，后果其实不堪设想，这种骑虎难下的局面是矛盾日积月累所致。预料到这种后果，一开始就应采取审慎的态度和相对保守的政策。

相比 OECD 国家，由于中国现代化社会保障制度建立时间较晚，而自动稳定器在经济周期中功能的体现则需要较长周期，因此无论从经济因素还是从政治因素的影响路径上均很难用经验数据验证，这成为检验中国社会保障自动稳定器功效研究的短板。令人欣慰的是,中国政治上的稳定为推进社会保障制度的一系列改革提供了实现条件和创造了良好环境,多维度的社会保障体制改革承载着全国人民的期望,不断地走向完善,并逐步建立起对经济增长有益的长效发展机制。鉴于未来存在种种不确定性,并不能达到理想市场经济最小成本最大收益的完美状态,要给子孙后代留以修正和改错的机会,就如同矿产资源不能现在就开采殆尽。所以政策的力量不必用足,给未来的调节留有余地,实施的力度也在容许的区间范围之内,富有弹性而非设置固定标准,这样的社会保障自动稳定器发挥的效能反而可能会更佳一些。

第四节 本章小结

社会保障自动稳定器包括基本养老保险、失业保险、最低生活保障以及其他福利转移支付等几个维度,通过反周期的自我运行来熨平经济波动,实现经济均衡发展目标。但动态平衡机制的实现是以社会保障自动稳定器自身稳定性为前提的,如果自动稳定器自我稳定的实现条件无法保证,其功效也就无从谈起,这些条件包括以丰补歉、参数调整、政治纪律等多方面因素,现实中出于对这些因素的违背,社会保障支出不仅没有起到平抑经济周期的作用,反而在某种程度上放大了经济波动,因此社会保障在商业周期中的作用机制尚待进一步评定。

实现社会保障支出与经济发展水平相匹配是以丰补歉的保证,一味地拔高养老金支付水平及其他社会保障项目的支付,在棘轮效应与老龄化效应的双重推动下,只会造成未来更大的缺口,社会保障自动稳定器蓄水池的功能就不复存在。为衡量自动稳定器在中国的真实效果,采用 2001—2020 年的月度数据进行 VECM 协整分析,发现中国的基本养老保险支出与失业保险基金支出均未起到平抑经济波动的效果,前者的原因在于养老金缺口及老龄化的影响,后者的原因在于失业保险支出规模不大、缺乏影响力且领取条件较为苛刻,这些都使得中国经济的脆弱性上升。

在政治作用路径上,社会保障承诺成为民主政治中的重要角力点,因国情、社会政策和路径依赖形成的福利意识形态呈现出根深蒂固的特性,深刻影响着民众对政府的福利要求和福利态度。为满足民众要求来获取支持,政治家倾向于将财政赤字所带来的责任推向未来,财政隐患积弊难返,这些情况在西方国家较为常见,但中国也要引以为戒,采取审慎而非激进的政策才是保障经济稳定运行的长久之计。

第九章　社会保障支出经济增长效应评价及社会保障的未来发展趋势

经济增长的目的是让人民更好地享受经济发展的成果,社会福利、社会保障则保证了人们自身权益的实现,但社会保障政策的实施会通过储蓄、消费、人力资本投资、就业等因素的作用对经济增长产生重要影响,因此社会保障政策研究的重心不仅应当落实在政策的制定和执行,更应当放在政策实施效果的分析上。政府的政策执行过程犹如一个黑箱,一端输入政策,另一端输出结果,研究的目标并不在于解构黑箱,而在于通过结果分析评价输入政策的效果并提供合理的建议,最终使社会保障研究达到价值理性和工具理性的统一。

第一节　社会保障支出是否真正实现了预期效果

在宏观经济中,社会保障支出发挥效应的实际传递路线其实是不完美的,政策实施很容易在传递过程中变得紊乱或走形,从而难以达到预想的效果。模仿信息系统建立一套完整的差错控制是很有必要的,利用反馈重传(ARQ)或前向纠错(FEC)对社会保障政策实施效果偏向进行评估和引导,真正使社会保障支出在宏观经济中发挥正面的预期作用。社保数据的日益庞大,社保问题的日益复杂,为进行统一的数据挖掘、整理和分析,大数据时代的云计算服务将逐渐派上用场,采用BDP平台对社保综合信息序列化对象存管和数据挖掘整理,建立经济模型进行政策模拟以做出相应的趋势分析和风险预测,为社保政策制定和执行提供量化依据将是未来发展的趋势。

社会保障支出经济增长效应研究的整体考量,相当于检查黑箱输出结果,而将研究成果进行归总分析有助于对问题看得更透彻,更能概括问题的全貌,形成研究的全景视图。在正向传递机制上,通过研究得出社会保障支出关联宏观变量进而作用于经济增长的实际效果,在反向回馈机制上,分析其中存在的问题来指导社会保障的未来改革,最终实现经济稳定与国民福利的协调发展(见图9—1)。

对研究体系的所有结论进行归整分析和高度概括,得到表9—1。

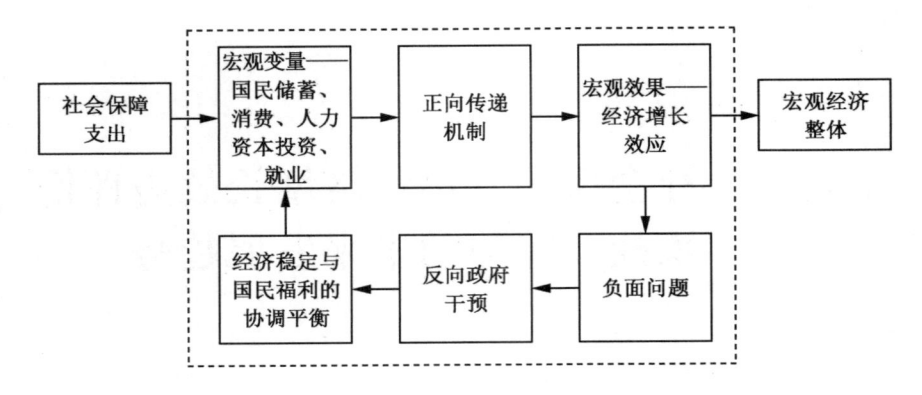

图 9—1　社会保障支出效果的差错控制系统

表 9—1　　　　　　中国社会保障支出经济增长效应的系统性分析

社会保障支出	经济增长效应的总体效果评价	促进作用,社会保障支出尚处于阿米曲线左边
	对国民储蓄影响效果	促进效果,当前社会保障体制对物质资本积累有利
	对消费影响效果	拉低效果,社会保障将当期消费转化为远期
	对人力资本投资影响效果	正向影响,社会保障使父母与子女双向互利
	对就业影响效果	负面影响,劳动保护侵蚀劳动者积极性
	自动稳定器功效	不明显,经济因素与政治因素的共同压制

　　从系统性分析可以看出,虽然社会保障支出对经济增长影响的总体效果为正,对几个宏观变量的影响却并不一致,并且自动稳定器的功效也不明显,意味着当前的社会保障制度并非尽善尽美,还存在需要修正的地方。社会保障支出宏观经济负面影响的几个原因可以归结为:一是尽管中国的社会保障水平[①]与发达国家相比仍处于低位,但增长迅猛,社会保障支出的增长速度远超 GDP 的增长速度,消耗功能大于生产功能必定是不可持续的,未来的缺口将更加难以填补。另外,某些社会保障项目尚未做到全覆盖,地区、行业、人群间的社会保障资源分配苦乐不均,保障优势与保障水平低下同时并存。二是中国的老龄化进程对整个社会保障体系形成深重压力,这与当时实行的人口政策密切关联,虽然现在人口政策有所松动,但生育意愿已然转向,并且已经形成的困局难以回转;在人均预期寿命大幅延长的情况下,中国的退休年龄在世界范围内都显得过早,缴费时间短而享受养老金时间长,增加了养老金支出的负担,中国政府延迟退休年龄的决定在一定程度上会使问题有所改观。三是中国的社会保障制度对人民防范风险、解除困境和提供福利上发挥的功能还相当有限,正因为如此,社会保障在提升内需、就业扶持上的效果并不理想;当前的社会保障

---

① 社会保障支出与 GDP 或者国民收入的比重。

制度缺乏一种常态有效的调整机制,要形成稳健性的社会保障制度,在未来要更加注重指数化调整策略,根据经济增长、物价变动、收入提高、财政负担进行弹性化的制度设计。

当然,即使在当今世界上绝大多数国家都建立了比较完善的社会保障制度的情况下,社会保障支出是否真的有助于公平,并促进经济增长,理论证明的支持也不一定在现实世界中奏效,况且模型化的参数设定本身就过于理想。到底是市场的不完善要求政府必须实行社会保障等宏观调控措施,还是这些制度导致了市场的不完善因而需要"更强的干预措施",这些问题仍将持久地争论下去。但实证研究提供的一些前瞻性视角有助于从更深层次审视社会保障发展当中存在的一些问题,并提供一些可行性的改进方案。只有消除社会保障对经济发展的消极影响,使社会保障与经济发展之间达到协调平衡,才能最终实现社会公平。

尽管目前的社会保障体制存在很多问题与不足,但仍在不断地完善。在社会保障的未来发展中,无非是要么继续使用现收现付制,并进行一些开源节流的措施来使这种制度得以延续;要么转向基金制,或者完全放弃社会保障制度,让市场来决定一切,当然最可行的是采取一些更为折中的路线,并把所有人群包括公务员和事业单位工作人员纳入一个统一的体系,覆盖面越广,越有益于大数准则作用的发挥。当然追求财务精算上的平衡不是养老问题可持续性的关键,财政部财科所原所长刘尚希(2014)指出,应从更大的视角追求养老保险制度与经济增长能力、财政承受能力和劳动力市场的平衡与匹配。国家提供社会保障的水准必须以"保基本"为目的,过于优厚的社会保障制度只会使政府财政在这方面的开支迅速上升,最终不堪承受。私有化管理也会带来风险问题,因为私营机构追求的是利润最大化,会发生与公众利益相冲突的情况,即使改革也需要对这种管理模式加强监管,审批其建立,监督其运营。政府应当有选择性地推行社会保障事业,即只对依靠自己能力无法解决其贫困问题的人员提供社会保障计划,其他社会成员应当通过市场机制或家庭保障功能来解决自己的保障问题。一方面要开源,提高社会保障税税率,取消缴费基数的上限,新开征社会保障收入所得税;另一方面要节流,减少社会保障支付范围,从普遍性原则到有选择性原则,降低社会保障支付标准,严格社会保障待遇的享受条件。社会保障的改革趋势可以总结为几点:要更加注重效率、注重社会保障的激励功能,将资金来源由单一支柱向多支柱发展,使养老保险模式由给付确定制向缴费确定制转变,基金管理向私营化趋势发展。但无论如何,政府制定政策的时候都应当多方考虑,慎重决策,真正实现促民生、保增长。

第二节　中国社会保障制度的政策支持及路径规划

中国正处于经济社会转型的关键时期,由原先经济发展的单一目标转向涵盖经济发展、社会进步和政治民主的多元化目标,构建完善的社会保障体制是实现经济社会发展和中华民族伟大复兴的重要途径。

2002年党的十六大报告提出要把社会保障作为全面建设小康社会的重要内容，明确要求建立健全同经济发展水平相适应的社会保障体系。2007年党的十七大报告进一步明确了社会保障制度建设的远景目标，要求到2020年实现覆盖城乡居民的社会保障体系基本建立，人人享有基本生活保障。2012年党的十八大报告指出社会保障是保障人民生活、调节社会分配的一项基本制度。要坚持全覆盖、保基本、多层次、可持续方针，以增强公平性、适应流动性、保证可持续性为重点，全面建成覆盖城乡居民的社会保障体系。改革和完善企业和机关事业单位社会保险制度，整合城乡居民基本养老保险和基本医疗保险制度，建立兼顾各类人员的社会保障待遇确定机制和正常调整机制。扩大社会保障基金筹资渠道，建立社会保险基金投资运营制度，确保基金安全和保值增值。十八届三中全会提出要促进法治型政府和服务型政府建设，让发展成果惠及全体人民，解决好人民群众切身利益问题，深入推进教育、就业、收入分配、社会保障、医疗卫生等方面的改革。为实现社会保障制度的规范化，《中华人民共和国社会保险法》已经于2010年10月28日获得十一届人大常委会十七次会议通过，使中国社会保障法治建设翻开了新的篇章。《社会保障"十二五"规划纲要》提纲挈领，明确了"十二五"期间中国社会保障事业发展的基本路径，并给出了完善社会保障事业发展的具体措施。

党的二十大报告指出，要从各个维度健全社会保障体系。社会保障体系是人民生活的安全网和社会运行的稳定器。健全覆盖全民、统筹城乡、公平统一、安全规范、可持续的多层次社会保障体系。完善基本养老保险全国统筹制度，发展多层次、多支柱养老保险体系。实施渐进式延迟法定退休年龄。扩大社会保险覆盖面，健全基本养老、基本医疗保险筹资和待遇调整机制，推动基本医疗保险、失业保险、工伤保险省级统筹。促进多层次医疗保障有序衔接，完善大病保险和医疗救助制度，落实异地就医结算，建立长期护理保险制度，积极发展商业医疗保险。加快完善全国统一的社会保险公共服务平台。健全社保基金保值增值和安全监管体系。健全分层分类的社会救助体系。坚持男女平等基本国策，保障妇女儿童合法权益。完善残疾人社会保障制度和关爱服务体系，促进残疾人事业全面发展。坚持房子是用来住的、不是用来炒的定位，加快建立多主体供给、多渠道保障、租购并举的住房制度。

在中国经济步入新常态稳步增长阶段，未来社会保障制度要更加注重顶层设计，一是要随着经济的增长而有计划按比例地发展，适应于经济发展的速度，适应于劳动生产率增长速度；二是社会保障费用在国民收入中所占的比重要适当；三是企事业单位的社会保险、福利支出与工资的比例关系要适当；四是社会保障规划要充分考虑老龄化效应造成的影响。民生财政使政府的行动重心下移，在社会保障新秩序的建构中发挥更为重要的作用。

社会保障领域的问题如扫落叶，旋扫旋生。1995年开始中国的社会养老保险设立社会统筹账户和个人账户，实行部分积累制，个人账户的空账运转实际上使得整个社会养老保险的运行仍处于现收现付制的状况，因为并不存在实际的积累。在中国即使对于更小范畴的养老保险领域,也存在诸多持久性问题,如延迟退休年龄问题、养老金并轨问题、个人账户空账问题、养老金替代率问题、养老保障支柱问题、养老保险基金增值问题,但每一个问题的解决都将使养老保险前进一大步。社会保障面临的始终是新问题,要在战争中学习战争,在游泳中学习游泳,摸着石头过河。改革是问题倒逼产生的,新问题的层出不穷,也说明了社会保障体系中的问题不可能得到一劳永逸的解决。只有在国民经济发展的大环境下,并借鉴国外的有益经验,择善而从,才能使中国的社会保障体系不断完善,协调于经济发展,提高全国人民福利。

到目前为止,中国的社会保障改革已经取得了令人瞩目的成就,但仍然还有很长的路要走,人口大国以及地区间经济发展不平衡的国情决定了任何改革必须慎重稳妥,"先试点,后推广"由点及面地分阶段推进,不能期望改革一步到位,一方面是由于外生因素的不可控,另一方面是社会保障改革经济增长效应的充分显现也需要有一定的时滞。没有最完美的社会保障制度,只有与经济社会发展相匹配的最适合的社会保障。

第三节 社会保障的改革趋势和未来发展

人为自然立法,也为自身立法。关于社会保障经济增长效应的研究不仅仅在于描绘一种胡塞尔所阐述的现象学,更是发挥主观能动性找出症结所在的人类自我意识的觉醒,社会保障主体生成论的旨归在于为实现人的自由发展和社会的理想形态提供未来之维的启示。

联系 OECD 国家社会保障发展的经验和存在的问题,为推进中国社会保障制度的进一步完善,需要注意到未来的福利必须是多元化的,除国家提供的福利外,还有四种:劳动市场工资,这被认为是最重要的收入来源;个人提供的福利,包括私人保险和个人储蓄;家庭内外的自愿福利或者为他人提供服务或者自愿地提供慈善捐款;国家的税收减免和财政资助。福利来源的多元化有助于防范在支出上单纯依靠国家而陷入不利境地。

第三条道路已经失败,安东尼·吉登斯(1999)归纳了对第三条道路的六种批评意见,针锋相对地提出了六项原则:超过左右划分的旧思维;国家、市场、市民社会之间的有效平衡;责任与权利的统一;经济增长与福利国家结构性改革的协调;平等与社会多样性的统一;对全球化的重视。[1]

察古观今,基于福利国家的经验教训而获得的重要启示直到今天仍旧对中国富有启迪意义,应当在社会保障本身的发展中追求一条与经济发展水平相适应的模式,而非一味拔高福利供给,寅吃卯粮,再回过头来治理。况且中国经济在新常态下经济下行态势显著,尽管是一个调整经济结构的大好时机,但经济运行风险不言而喻,在这种情况下,社会保障追

---

[1] Anthony Giddens. The Third Way and its Critics[M]. Cambridge: Polity Press,1999:65－83.

求普惠、适度不失为一个好的选择。社会保障作为国家一种福利提供，不会自动实现机制和体系上的完善，在未来的制度演进中，还要更多地与宏观经济变量、人口与劳动力变化趋势、公众社会需求和社会发展相匹配和自适应，最终提高全国人民福祉，共享经济发展成果，实现社会包容性和经济发展性的统一。

目前社会保障各项目的保障水平明显提升，与我国经济社会发展阶段总体比较协调。要坚持实事求是，既尽力而为、又量力而行，把提高社会保障水平建立在经济和财力可持续增长的基础上，不脱离实际、超越阶段，确保社会保障制度安全可持续。

建立健全财政社会保障支出责任分担机制。根据基本公共服务等领域中央与地方共同财政事权和支出责任划分改革方案要求，增强地方基本公共服务保障能力。充分考虑我国各地经济社会发展不平衡、基本公共服务成本和财力差异较大等国情，中央财政承担的基本公共服务支出责任体现地区差别，重点向中西部等困难地区倾斜。对于城乡居民基本医疗保险，中央财政按照五档补助，其中对西部地区按最高档80%补助，对中部地区按第二档60%补助。对于城乡居民基本养老保险，中央财政对中西部地区按国家确定的基础养老金标准给予全额补助，对东部地区补助50%。对于基本公共就业服务、医疗救助、困难群众救助、残疾人服务等事项，主要依据地方财力状况、保障对象数量和工作绩效等因素确定中央支出责任。企业职工基本养老保险全国统筹制度明确中央与地方支出责任，适当加强中央事权，保持中央财政投入力度不减；压实地方政府支出责任，建立健全地方财政补充养老保险基金投入长效机制，防范基金运行风险向中央财政转移集聚。将义务兵家庭优待由地方财政事权调整为中央和地方共同财政事权，有效解决军地反映强烈的义务兵家庭优待金标准差异较大、地方财政负担不平衡等问题。

加强预算绩效管理。相关部门制定出台《社会保险基金预算绩效管理办法》，完善绩效评价指标，形成预算编制有目标、预算执行有监控、预算完成有评价、评价结果有反馈、反馈结果有应用的预算绩效管理闭环，加快构建全方位、全过程、覆盖各险种的社会保险基金预算绩效管理体系。强化部门间协调配合，主动扩大重点绩效评价项目范围，开展全过程绩效评价，加强评估结果应用；对困难群众救助、农村危房改造、医疗救助、县级以下烈士纪念设施等补助资金开展绩效评价，建立绩效评价结果与预算安排、政策调整挂钩机制，强化绩效硬约束，削减低效无效资金，真正做到"花钱要问效，无效要问责"。总之，当前财政社会保障资金投入使用呈现出总量持续增长、机制逐步健全、效益日益提升、成效不断显现的良好态势。同时，也要清醒地认识到，随着我国社会主要矛盾发生变化和城镇化、人口老龄化、就业方式多样化加快发展，叠加百年变局和世纪疫情给我国经济社会发展和民生保障带来的冲击，我国社会保障体系仍存在一些突出问题和短板弱项，社会保障支出压力和社会保障资金管理难度进一步加大。一是社会保障部分项目的职能定位不够明确，政府与市场、单位与个人的责任边界不够清晰，部门间还存在职责分散或交叉现象。多层次社会保障体系发展还不均衡，政府主导并负责管理的基本保障"一家独大"，而市场主体和社会力量承担的补充保障发育不够,养老保险第二支柱中的企业年金覆盖率较低,第三支柱发展不够,慈善事业发展不充分。社会保障部分领域政府间支出责任划分不够清晰,中央与地方财政事权和支出责任划分改革相关部署还需进一步推进落实。二是社会保障体系与系统集成、协同高效的目标还有差距,在项目与项目、城市与农村、东中西不同区域和不同群体之间统筹协调还不够,部分农民工、灵活就业人员、新业态从业人员等人群没有纳入社会保障体系,存在"漏保""脱保""断保"等情况。部分群体社会保障水平偏低。三是社会保障制度的安全可持续压力加大,在人口老龄化背景下,职工基本养老保险的在职职工与退休人员抚养比不断下降,随着参保人平均领取待遇年限的延长,社会保障制度的安全可持续发展面临严峻挑战。社会保险基金、企业年金、职业年金等保值增值和安全监管难度持续加大,一些地方社保基金存在"穿底"风险。四是社会保障资金管理能力和水平亟待提升,部门之间、中央与地方之间还存在"信息孤岛"和"数据鸿沟",尚未实现基础信息及时共享,容易引发"跑冒滴漏"问题。预算约束软化,部分地方还存在违规调整社会保险基金预算、财政对社会保险基金的补助未及时拨付到账等情况。财政社会保障支出标准化建设有待进一步规范,科学、公平、可持续的待遇项目清单和支出标准体系尚未成型。同时,部分资金使用单位绩效管理不到位,存在相关制度不完善、预算执行率不高、资金连年结转、绩效评价结果应用不够等问题。

认真谋划做好下一步的财政社会保障工作,推动社会保障体系更加成熟、定型。一是加强财政资源统筹,加大财政保障力度。大力优化财政支出结构,继续增加社会保障领域投入,加大对中西部地区和农村社会保障事业发展的支持力度,既持续提高社会保障水平,又逐步缩小城乡社会保障待遇差距。落实好稳岗促就业等政策措施,继续支持大规模实施职业技能培训,推动提高培训质效,支持技工教育发展,保持就业大局稳定。健全养老金合理调整机制,综合考虑工资增长、物价指数和财力状况等因素,合理提高退休人员基本养老金水平,逐步提高城乡居民基础养老金标准,让广大退休职工、城乡老年居民更好地共享经济社会发展成果。同时,引导激励城乡居民早参保、多缴费,增加城乡居民基本养老保险个人账户资金积累。支持规范发展多层次养老保险体系,大力发展企业年金、职业年金,规范发展第三支柱养老保险,落实好推动个人养老金发展的政策措施。逐步提高城乡居民医保财政补助标准,夯实医疗救助托底保障,支持医疗保障服务能力建设。完善基本医保筹资分担和调整机制,研究应对人口老龄化的多渠道医保筹资政策。完善和规范职工大额医疗费用补助、企业补充医疗保险等制度,鼓励商业健康保险、慈善捐赠、医疗互助等协调发展。增强社会救助兜底功能,指导地方结合财力状况合理制定低保标准和特困人员供养标准并建立动态调整机制。支持加快构建多层次养老服务体系,合理划分个人、家庭、社会、政府等在养老服务中的责任边界,加大制度创新力度,增加居家和社区养老服务供给,健全居家社区机构相协调、医养康养相结合的养老服务体系。适当提高优抚对象等人员抚恤和生活补助标准,并向参加革命早、服役贡献大、伤残等级高的重点对象适当倾斜。合理确定退役士兵职业教育和技能培训补助标准。加强社会保险基金、职业年金和企业年金的投资运营管理,支持做大做强全国社会保障基金,提升基金的保值增值能力。二是积极完善制度政策体系,支持体制机制改革创新。坚持人民至上,把增进民生福祉、促进社会公平作为发展社会保障事业的出发点和落脚点,在法治化轨道上推进社会保障精细化管理,提升社会保障治理效能。支持强化就业优先政策,健全就业促进机制。完善重点群体就业支持体系,加强困难群体就业兜底帮扶。支持统筹城乡就业政策体系,破除妨碍劳动力、人才流动的体制和政策弊端,消除影响平等就业的不合理限制和就业歧视。健全灵活就业人员社会保障政策,强化激励约束机制,保障好灵活就业人员社会保障权益。支持完善企业职工基本养老保险全国统筹制度,开展省级政府养老保险工作考核,增强基本养老保险制度的规范性、可持续性。支持发展多层次、多支柱养老保险体系。完善基本医疗保险门诊共济保障机制,优化职工医保统筹基金和个人账户结构。支持全面做实基本医保市地级统筹,鼓励有条件的省份推进省级统筹,强化基层政府在医保支付管理、基金监管等方面的主体责任。扩大社会保险覆盖面,健全基本养老、基本医疗保险筹资和待遇调整机制,推动基本医疗保险、失业保险、工伤保险省级统筹。推进药品和高值医用耗材集中带量采购,深化医保支付方式改革,完善大病保险和医疗救助制度,落实异地就医结算。支持健全分层分类的社会救助体系,完善最低生活保障和特困人员救助供养制度,加强社会救助政策和巩固拓展脱贫攻坚成果制度性安排的有效衔接,进一步提高社会救助兜底保障能力。加强长期护理保险制度试点总结评估,支持逐步形成适合我国国情的长期护理保险制度框架。支持健全养老服务体系,重点保障老年人面临家庭和个人难以应对的失能、残疾、无人照顾等困难时的基本需求。完善退役士兵职业教育和技能培训支持政策,增强退役士兵就业创业能力。发挥好社会保障在应对疫情影响方面的积极作用,完善我国社会保障针对突发重大风险的应急响应机制。三是坚持尽力而为、量力而行,确保政策精准可持续。统筹需要和可能,尽力而为,量力而行,推动社会保障政策与经济发展阶段相适应。在预算安排上优先保障和重点支持国家出台的统一社会保障政策,确保不折不扣抓好落实。在此基础上,推动地方对自行出台的社会保障政策开展财政承受能力评估,加强事前论证和风险评估,全面分析对财政支出的当期和长远影响,对于评估认定不具备实施条件或存在较大风险隐患的民生政策,一律不得实施,进一步增强社会保障政策措施的精准性、有效性和可持续性,防范过高承诺、过度保障。推动建立社会保险精算制度,提高风险识别应对能力,增强重大改革举措和政策制定的科学性、有效性,提升制度的可持续性。加强社会保障项目之间、部门之间、中央与地方之间的统筹协调,合理划分政府与市场、单位与个人的责任,切实增强合力。完善社会保障支出清单管理制度,明确相关政策名称、保障范围、支出标准、备案流程等,并逐步与预算编制挂钩。四是健全资金分配管理机制,提高财政资金使用效益。按照党中央、国务院决策部署,直面人民群众急难愁盼问题,优化支持方式,突出工作重点,聚焦群众最关切的养老、医疗、就业等领域集中发力,提高财政资金分配的科学性、精准性。完善中央财政养老保险补助资金分配机制,对省级政府养老保险工作进行考核,根据考核结果适当调整各省份补助金额,体现奖惩,引导地方进一步规范基金收支管理。完善社会保障领域中央对地方转移支付资金直达机制,加快资金下达速度,强化对直达资金的库款保障,健全全流程监控体系,确保安全规范使用直达资金。认真落实全国人大审查意见,提升财政社会保障资金效能,更加注重精准、可持续。加强社会保障资金审计等监督结果应用,推动做好审计查出问题、执行监控发现问题等的整改工作。推进预算绩效管理,强化中央转移支付与绩效评价结果挂钩机制,对于问题突出的地方,相应扣减补助或者不予安排,加大对资金使用绩效较好地区的支持力度,更好发挥预算绩效管理在优化财政资源配置方面的作用。

附　录

表 A1　20××年省（自治区、直辖市、计划单列市）财政社会保障支出统计表

表 A2　20××年省（自治区、直辖市、计划单列市）全口径社会保障支出统计表

表 A3　《2012 年政府收支分类科目》公共财政预算支出科目中第 208 大类"社会保障和就业"所含项目

表 A4　全国财政社会保障支出情况表（2007—2021 年）

表 A5　2021 年全国社会保险基金收入决算

表 A6　1989—2021 年中国社会保险基金收入

表 A7　1989—2021 年中国社会保险基金支出

表 A8　历年全国基本养老保险基金情况

表 A9　各地区历年城镇职工基本养老保险基金支出

参考文献

中文参考文献：

白重恩,吴斌珍,金烨. 中国养老保险缴费对消费和储蓄的影响[J]. 中国社会科学,2012(8):49—71.
别朝霞. 社会保障与经济增长:一个文献述评[J]. 上海经济研究,2004(5):3—13.
陈静. 基本养老保险对家庭消费的影响——基于 CHFS 数据的实证分析[J]. 消费经济,2015(2):10—17.
陈仰东. "碎片化"是种历史现象——兼谈农民工养老保险制度必要性[J]. 中国社会保障,2008(11):38—39.
陈银娥. 现代社会的福利制度[M]. 北京:经济科学出版社,2000:97.
方显仓,谢欣,黄泽民. 人口老龄化与中国经济增长——基于 CES 生产函数的分析[J]. 上海经济研究,2014(12):90—96.
方丽婷,钱争鸣. 社会保障支出与中国居民储蓄——基于非参数可加模型的分析[J]. 统计与信息论坛,2012(10):30—37.
封进. 人口转变、社会保障与经济发展[M]. 第一版. 上海:上海人民出版社,2005:135—139.
葛寿昌. 社会保障经济学[M]. 上海:上海财经大学出版社,2002:97.
葛翔宇,叶提芳,李玉华. 中国公共支出增长对经济增长的影响研究[J]. 统计与决策,2015(10):125—128.
关信平. 论中国社会保障制度一体化建设的意义及相关政策[J]. 东岳论丛,2011,5(32):5—12.
何立新,封进,佐藤宏. 养老保险改革对家庭储蓄率的影响:中国的经验证据[J]. 经济研究,2008(10):117—130.
贾俊雪,郭庆旺,宁静. 传统文化信念、社会保障与经济增长[J]. 世界经济,2011(8):3—18.
贾英姿. 中国社会保障支出水平研究[M]. 北京:中国税务出版社,2007:35—37.
景天魁. 大力推进与国情相适应的社会保障制度建设——构建底线公平的福利模式[J]. 理论前沿,2007(18):5—9.
孔杏. 经济增长、社会保障和储蓄的互动性关系研究[J]. 经济与管理,2015(1):31—36.
李超民. 美国社会保障制度[M]. 上海:上海人民出版社,2009:2—4.
李珍. 社会保障制度与经济发展[M]. 武汉:武汉大学出版社,1998:98—107.
林治芬. 社会保障统计国际比较与借鉴[J]. 统计研究,2011(10):16—21.
林治芬. 社会保障统计国际比较与中国建构[M]. 北京:经济科学出版社,2012:15—41.
林忠晶,龚六堂. 退休年龄、教育年限与社会保障[J]. 经济学(季刊),2007(1):211—230.
刘继同. 社会福利与社会保障界定的"国际惯例"及其中国版含义[J]. 学术界,2003:57—66.

刘穷志,何奇. 人口老龄化、经济增长与财政政策[J]. 经济学(季刊),2012(10):119-134.

刘祖云,曲福田. 由"碎片化"走向"组织化"——中国新农村建设的战略构想[J]. 社会科学,2007(6):54-62.

马青平. 养老金和社会保障的理论与实践[M]. 北京:经济科学出版社,2012:46.

孟鑫. 西方新社会运动对我国构建和谐社会的启示[J]. 科学社会主义,2008(5):154-157.

穆怀中. 社会保障国际比较[M]. 北京:中国劳动社会保障出版社,2007:49-52.

潘莉. 社会保障与经济增长相关性的理论分析[J]. 学术论坛,2005(2):88-92.

潘莉. 社会保障的经济分析[M]. 北京:经济管理出版社,2006:189-195.

彭浩然,申曙光. 现收现付制养老保险与经济增长:理论模型与中国经验[J]. 世界经济,2007(10):67-75.

彭华民. 西方社会福利理论前沿——论国家、社会、体制与政策[M]. 北京:中国社会出版社,2009:23-27.

宋士云,李成玲. 1992-2006年中国社会保障支出水平研究[J]. 中国人口科学,2008(3):38-46.

孙守纪. 论社会保障制度改革的政策组合——约旦、瑞典和智利社保改革的典型性分析[J]. 中国政法大学学报,2010(5):137-142.

谭兵. 基本养老保险政策的"第三类错误"[J]. 广东社会科学,2011(6):209-215.

田国强. 现代经济学的基本分析框架与研究方法[J]. 经济研究,2005(2):113-125.

王晓霞,孙华臣. 社会保障支出对消费需求影响的实证分析[J]. 东岳论丛,2008(6):47-50.

王延中,龙玉其. 改革开放以来中国政府社会保障支出分析[J]. 财贸经济,2011(1):13-20.

杨聪敏. 论社会保障与经济增长——社会保障体系建设中的分配、消费与经济增长的关系探讨[J]. 浙江社会科学,2009(8):60-65.

杨河清,陈汪茫. 中国养老保险支出对消费的乘数效应研究——以城镇居民面板数据为例[J]. 社会保障研究,2010(3):3-13.

杨红燕,李倩,谢萌. 财政社会保障支出分权与经济增长[J]. 管理现代化,2014(2):4-8.

姚玲珍. 德国社会保障制度[M]. 上海:上海人民出版社,2010:6-11.

俞卫,郑春荣. 国际社会保障动态——全民医疗保障体系建设[M]. 上海:上海人民出版社,2013:10-12.

袁志刚,宋铮. 人口年龄结构、养老保险制度与最优储蓄率[J]. 经济研究,2000(11):24-32,79.

袁志刚. 中国养老保险体系选择的经济学分析[J]. 经济研究,2001(5):13-19.

张继海,臧旭恒. 寿命不确定与流动性约束下的居民消费和储蓄行为研究[J]. 经济学动态,2008(2):41-54.

张志伟,佘金花. 财政支出结构的变化与经济增长研究[J]. 湖南社会科学,2014(4):139-142.

赵斌,王永才. 农民工医疗保险制度碎片化困境及其破解[J]. 中国卫生政策研究,2009,11(2):41-45.

郑秉文. 法国高度"碎片化"的社会保障制度及对中国的启示[J]. 天津社会保险,2008(3):41-44.

郑秉文,孙守纪,齐传君. 公务员参加养老保险统一改革的思路——"混合型"统账结合制度下的测算[J]. 公共管理学报,2009,1(6):1-12.

郑秉文.中国社保"碎片化制度"危害与"碎片化冲动"探源[J].甘肃社会科学,2009(3):50—58.

郑秉文.欧债危机下的养老金制度改革——从福利国家到高债国家的教训[J].中国人口科学,2011(5):2—15,111.

郑功成.中国社会保障改革与发展战略(养老保险卷)[R].北京:人民出版社,2011:12—58,397—403.

赵蔚蔚.中国社会保障支出和经济增长的关系研究——基于协整分析与Granger因果检验[J].社会保障研究,2011(3):63—70.

赵一阳,寇业富.社会保障水平与经济增长的灰色关联分析[J].税务与经济,2015(2):37—43.

周成,刘子兰.养老金计划、人力资本及经济增长:理论和实证研究[C].第4届北大CCISSR论坛,2007:335—339.

邹红,喻开志,李奥蕾.养老保险和医疗保险对城镇家庭消费的影响研究[J].统计研究,2013(11):60—67.

米什拉.资本主义社会的福利国家[M].郑秉文,译.北京:法律出版社,2003:21—126.

路德维希·艾哈德(Ludwig Erhard).大众的福利[M].丁安新,译.武汉:武汉大学出版社,1995:13—26.

英文参考文献:

Aaron H. The Social Insurance Paradox[J]. Canadian Journal of Economics and Political Science/Revue Canadienne de Economiques et Science Politique,1966,32(3):371—374.

Aaron H. Economic Effects of Social Security[M]. Brookings Institution Press,1982:179—184.

Alesina A,Roubini N,Cohen G D. Political Cycles and the Macroeconomy:Theory and Evidence[J]. Cambridge,MA:MIT Press. 1997:39—57.

Allais M. Économie & Intérêt: Présentation Nouvelle des Problèmes Fondamentaux Relatifs Aurôle Économique du Taux de L'intérêt et de Leurs Solutions[J]. Paris: Imprimerie Nationale et Librairie des Publications Officielles,1947:45—54.

Allen E T,Melone J J,Rosenbloom J S,et al. Pension Planning:Pension,Profit-Sharing,and Other Deferred Compensation Plans[J]. McGraw-Hill Education (Asia),Economic Science Press,1997:3—4.

Ando A,Modigliani F. The "Life Cycle" Hypothesis of Saving:Aggregate Implications and Tests[J]. The American Economic Review,1963,53(1):55—84.

Atkinson A B. The Welfare State and Economic Performance[J]. National Tax Journal,1995,48(2):171—198.

Barr N,Whynes D K. Current Issues in the Economics of Welfare[M]. Palgrave Macmillan,1993:247—278.

Barro R J. Are Government Bonds Net Wealth?[J]. Journal of Political Economy,1974,82(6):1095—1117.

Barro R J. New Classicals and Keynesians,or the Good Guys and the Bad Guys[J]. NBER Working Paper 2982,1989:3—24.

Barro R J. A Cross-country Study of Growth,Saving,and Government[C]//National Saving and Economic Performance[M]. Chicago: University of Chicago Press, 1991: 271—304.

Beck U, Wynne B. Risk Society: Towards a New Modernity[M]. London: Sage Publications, 1992: 22—34.

Becker G S, Barro R J. A Reformulation of the Economic Theory of Fertility[J]. The Quarterly Journal of Economics, 1988, 103(1): 1—25.

Bellettini G, Ceroni C B. Is Social Security Really Bad for Growth? [J]. Review of Economic Dynamics, 1999, 2(4): 796—819.

Bellettini G, Ceroni C B. Social Security Expenditure and Economic Growth: An Empirical Assessment [J]. Research in Economics, 2000, 54(3): 249—275.

Berthoud R. Disability Benefits: A Review of the Issues and Options for Reform[M]. York Publishing Services for the Joseph Rowntree Foundation, 1998: 388—396.

Blake D. Pension Economics[M]. Chichester: John Wiley & Sons, 2006: 39—40.

Blanchard O J. Debt, Deficits, and Finite Horizons[J]. Journal of Political Economy, 1985, 93(2): 223—247.

Blinder A S, Gordon R H, Wise D E. Social Security, Bequests and the Life Cycle Theory of Saving: Cross-sectional Tests[C]//The Determinants of National Saving and Wealth: Proceedings of a Conference Held by the International Economic Association at Bergamo, Italy. Palgrave Macmillan UK, 1981: 89—123.

Bloom D E, Canning D, Fink G, et al. Demographic Change, Institutional Settings, and Labor Supply [J]. Program on the Global Demography of Aging Working Paper, 2007: 42.

Breyer F, Straub M. Welfare Effects of Unfunded Pension Systems When Labor Supply is Endogenous [J]. Journal of Public Economics, 1993, 50(1): 77—91.

Cass D. Optimum Growth in an Aggregative Model of Capital Accumulation[J]. The Review of Economic Studies, 1965, 32(3): 233—240.

Coronado J L, Fullerton D, Glass T. Distributional Impacts of Proposed Changes to the Social Security System[J]. Tax Policy and the Economy, 1999, 13: 149—186.

Costa D L. The Evolution of Retirement: An American Economic History, 1880—1990[M]. University of Chicago Press, 1998: 6—31.

Diamond P A. National Debt in a Neoclassical Growth Model[J]. The American Economic Review, 1965, 55(5): 1126—1150.

Diamond P A, Hausman J A. Individual Retirement and Savings Behavior[J]. Journal of Public Economics, 1984, 23(1—2): 81—114.

Diamond P A, Hausman J. The Retirement and Unemployment Behavior of Older Men[J]. Retirement and Economic Behavior, 1984: 37.

Diamond P A. The Economics of Social Security Reform[J]. Framing the Social Security Debate: Values, Politics, and Economics, National Academy of Social Insurance. Brookings Institution Press, 1998 (6719): 17—26.

Echevarría C A, Iza A. Life Expectancy, Human Capital, Social Security and Growth[J]. Journal of Public Economics,2006,90(12):2323—2349.

Esping-Andersen Gøsta. The Three Worlds of Welfare Capitalism[J]. New Jersey:Princeton University Press,1990:53—79.

Feldstein M. Social Security, Induced Retirement, and Aggregate Capital Accumulation[J]. Journal of Political Economy,1974,82(5):905—926.

Feldstein M. The Effect of Social Security on Private Savings:The Time Series Evidence[J]. Social Security Bulletin,1979,42(5):36—39.

Feldstein M. The Optimal Level of Social Security Benefits[J]. The Quarterly Journal of Economics, 1985,100(2):303—320.

Feldstein M. Social Security and Saving:New Time Series Evidence[J]. National Tax Journal,1996,49(2):151—164.

Feldstein M. Transition to a Fully Funded Pension System:Five Economic Issues[J]. Social Science Electronic Publishing,1997:22—28.

Feldstein M. A New Era of Social Security[J]. Public Interest,1998(130):102—125.

Feldstein M. Social Security Pension Reform in China[J]. China Economic Review,1999,10(2):99—107.

Feldstein M,Liebman J B. Social Security[J]. Handbook of Public Economics,2002(4):2245—2324.

Friedman M. Monetary Studies of the National Bureau, the National Bureau Enters its 45th Year,44th Annual Report,7—25[J]. The Optimum Quantity of Money and Other Essays,1964:7—25.

Friedman M. The Role of Monetary Policy[J]. American Economic Review,1968(5):1—17.

Friedman M,Schwartz A J. Monetary Statistics of the United States:Estimates,Sources,Methods[M]. New York:National Bureau of Economic Research,1970:91.

Gale W G. The Effects of Pensions on Household Wealth:A Reevaluation of Theory and Evidence[J]. Journal of Political Economy,1998,106(4):706—723.

George V,Wilding P. Ideology and Social Welfare[M]. Psychology Press,1985:54—58.

Gokhale J J,Kotlikoff L J,Sabelhaus J. Understanding the Postwar Decline in US Saving:A Cohort Analysis[J]. Brookings Papers on Economic Activity,No. 1,1996:315—407.

Goldstein J P. The Empirical Relevance of the Cyclical Profit Squeeze:a Reassertion[J]. Review of Radical Political Economics,1996,28(4):55—92.

Gordon R J. What is New-Keynesian Economics? [J]. Journal of Economic Literature,1990,28(3):1115—1171.

Hagemejer K. Social Security in Times of Crisis:An International Perspective[C]//Expert Group Meeting on Population Ageing,Intergenerational Transfers and Social Protection,Santiago,Chile,2009:20.

Hayek F A. Prices and Production[J]. New York:Augustus·M. Kelly,1967:45—49.

Hibbs D A. Political Parties and Macroeconomic Policy[J]. American Political Science Review,1977,71(4):1467—1487.

Hicks J R. A Contribution to the Theory of the Trade Cycle[R]. Oxford:Oxford University Press,

1950:75—88.

Holtermann S, Brannen J, Moss P, et al. Lone Parents and the Labour Market: Results from the 1997 Labour Force Survey and Review of Research[M]. Institute of Education, University of London, 1999:21—27.

Hubbard R G, Skinner J, Zeldes S P. Precautionary Saving and Social Insurance[J]. Journal of Political Economy, 1995, 103(2):360—399.

James E. The Political Economy of Social Security Reform[J]. Annals of Public and Cooperative Economics, 1998, 69(4):757—764.

Jane Millar. Understanding Social Security: Issues for Policy and Practice [M]. The Policy Press and the Social Policy Association, 2003:19—25.

Kaganovich M, Zilcha I. Education, Social Security, and Growth[J]. Journal of Public Economics, 1999, 71(2):289—309.

Karni E, Zilcha I. Aggregate and Distributional Effects of Fair Social Security[J]. Journal of Public Economics, 1989, 40(1):37—56.

Kemnitz A, Wigger B U. Growth and Social Security: the Role of Human Capital[J]. European Journal of Political Economy, 2000, 16(4):673—683.

Kingson, Eric R and James H. Schulz, Social Security in the 21st Century[M]. Oxford University Press, USA, 1997:3—22.

Koopmans T C. On the Concept of Optimal Economic Growth—In the Economic Approach to Development Planning[J]. Amsterdam: Elsevier, 1965:392.

Kotlikoff L J. Privatization of Social Security: How It Works and Why It Matters[J]. Tax Policy and the Economy, 1996, 10:1—32.

Kydland F E, Prescott E C. Time to Build and Aggregate Fluctuations[J]. Econometrica: Journal of the Econometric Society, 1982:1345—1370.

Kydland F E, Prescott E C. Business Cycles: Real Facts and a Monetary Myth[J]. Federal Reserve Bank of Minneapolis Quarterly Review, 1990, 14(2):3—18.

Laibman D. Capitalist Macrodynamics: A Systematic Introduction[M]. Palgrave Macmillan, 1997:79—82.

Laitner J. Household Bequest Behaviour and the National Distribution of Wealth[J]. The Review of Economic Studies, 1979, 46(3):467—483.

Laitner J. Bequests, Gifts, and Social Security[J]. The Review of Economic Studies, 1988, 55(2):275—299.

Ljungqvist L, Sargent T J. A Supply-side Explanation of European Unemployment[J]. Economic Perspectives-Federal Reserve Bank of Chicago, 1996, 20:2—15.

Long Jr J B, Plosser C I. Real Business Cycles[J]. Journal of Political Economy, 1983, 91(1):39—69.

Lucas Jr R E. An Equilibrium Model of the Business Cycle[J]. Journal of Political Economy, 1975, 83(6):1113—1144.

Lucas R E B. Hedonic Wage Equations and Psychic Wages in the Returns to Schooling[J]. The American Economic Review, 1977: 549—558.

Marsh A, McKay S, Smith A, et al. Low Income Families in Britain: Work, Welfare and Social Security in 1999 [J]. London: Policy Studies Institute. DSS Research Report No. 138, Leeds: Corporate Document Services, 2001: 2—14.

Mathias Dolls, Clemens Fuest, Andreas Peichl, A. Social Protection as an Automatic Stabilizer[R]. IZA Policy Paper, 2010: 5—22.

McKay S. Unemployment and Job-seeking After the Introduction of Jobseeker's Allowance[J]. DSS Research Report No. 99, Corporate Document Services, 1999: 431—434.

McLaughlin E, Millar J, Cooke K R. Work and Welfare Benefits[M]. Gower Publishing Company, 1989: 122—136.

Mead L. From Welfare to Work: Lessons from America[J]. London: Institute for Economic Affairs Health and Welfare Unit, 1997: 275—276.

Millar J, Ridge T. Families, Poverty, Work and Care: A Review of the Literature on Lone Parents and Low-income Couple Families with Children[M]. Department for Works and Pensions Research Report No. 153, Leeds: Corporate Document Service, 2001: 155—178.

Mises von L. The Theory of Money and Credit[M]. New Haven, CT: Yale University Press, 1953: 13—17.

Mitchell O S, Zeldes S P. Social Security Privatization: a Structure for Analysis[J]. American Economic Review, 1996, 86(2): 363—367.

Musgrove P. Income Distribution and the Aggregate Consumption Function[J]. Journal of Political Economy, 1980, 88(3): 504—525.

Muth J F. Rational Expectations and the Theory of Price Movements[J]. Econometrica: Journal of the Econometric Society, 1961: 315—335.

Nannestad P, Paldam M. The VP-function: A Survey of the Literature on Vote and Popularity Functions After 25 Years[J]. Public Choice, 1994, 79(3—4): 213—245.

Nordhaus W D. The Political Business Cycle[J]. The Review of Economic Studies, 1975, 42(2): 169—190.

Okun A M. Potential GDP: Its Measurement and Significance[J]. The Political Economy of Prosperity, 1970: 132—145.

Okun A M. Rational-expectations-with-misperceptions as a Theory of the Business Cycle[J]. Journal of Money, Credit and Banking, 1980, 12(4): 817—825.

Orszag P R, Stiglitz J E. Rethinking Pension Reform: Ten Myths about Social Security Systems[J]. Presented at the Conference of the World Bank. New Ideas about Old Age Security, 1999: 17—56.

Page B. Social Security and Private Saving: A Review of the Empirical Evidence[R]. Manuscript, Congressional Budget Office, 1998: 23—28.

Pecchenino R A, Pollard P S. Dependent Children and Aged Parents: Funding Education and Social Security in an Aging Economy[J]. Journal of Macroeconomics,2002,24(2):145—169.

Pierson Paul. Post-industrial Pressures on the Mature Welfare States[J]. The New Politics of the Welfare State,2001,1:80—105.

Prescott E C. Why do Americans Work so Much More than Europeans? [J]. Federal Reserve Bank of Minneapolis:Quarterly Review,2004:2—13.

Ramsey F P. A Mathematical Theory of Saving[J]. The Economic Journal,1928,38(152):543—559.

Rogoff K,Sibert A. Elections and Macroeconomic Policy Cycles[J]. The Review of Economic Studies,1988,55(1):1—16.

Sala I,Martin X X. A Positive Theory of Social Security[J]. Journal of Economic Growth,1996,1:277—304.

Samuelson P A. Interactions Between the Multiplier Analysis and the Principle of Acceleration[J]. The Review of Economics and Statistics,1939,21(2):75—78.

Samuelson P A. An Exact Consumption-loan Model of Interest with or without the Social Contrivance of Money[J]. Journal of Political Economy,1958,66(6):467—482.

Samuelson P A. Optimum Social Security in a Life-cycle Growth Model[J]. International Economic Review,1975:539—544.

Sanchez-Losada F. Growth Effects of an Unfunded Social Security System When There is Altruism and Human Capital[J]. Economics Letters,2000,69(1):95—99.

Sherman H J. Theories of Cyclical Profit Squeeze[J]. Review of Radical Political Economics,1997,29(1):139—147.

Sims C A. Comparison of Interwar and Postwar Business Cycles:Monetarism Reconsidered[R]. NBER Working Paper No. 430,1980:3—21.

Sinn H W. The Pay-as-you-go Pension System as Fertility Insurance and an Enforcement Device[J]. Journal of Public Economics,2004,88(7—8):1335—1357.

Stadler G W. Real Business Cycles[J]. Journal of Economic Literature,1994,32(4):1750—1783.

Smith D. Understanding the Underclass[M]. London:Policy Studies Institute,1992:54—79.

Teresa Ghilarducci,Saad-Lessler J,Fisher E. The Automatic Stabilizing Effects of Social Security and 401(k) Plans[R]. Schwartz Center for Economic Policy Analysis (SCEPA),The New School,2011:7—37.

Tille C,Yi K M. Curbing Unemployment in Europe:are There Lessons from Ireland and the Netherlands? [J]. Federal Reserve Bank of New York:Current Issues in Economics and Finance,Vol. 7, No. 5,2001:735—821.

Titmuss R M. Essays on the Welfare State[M]. London:Allen & Unwin,1960:42.

Tobin J. Are New Classical Models Plausible Enough to Guide Policy? [J]. Journal of Money,Credit and Banking,1980,12(4):788—799.

Turrini A. Fiscal Policy and the Cycle in the Euro Area:The Role of Government Revenue and Expenditure[R]. Directorate General Economic and Financial Affairs (DG ECFIN),European Commission,2008:1—21.

Wilensky H. The Welfare State and Equality[M]. Berkeley,University of California Press,1975:119—

145.

Yaari M E. Uncertain Lifetime, Life Insurance, and the Theory of the Consumer[J]. The Review of Economic Studies, 1965, 32(2):137—150.

Zhang J. Social Security and Endogenous Growth[J]. Journal of Public Economics, 1995, 58(2):185—213.

Zhang J. How does Social Security Affect Economic Growth? Evidence from Cross-Country Data[J]. Journal of Population Economics, 2004, 17:473—500.

后　记

经济学的研究和自然科学是有区别的。随着经济发展的日新月异，经济学思想本身也在不断发展变化，在批判中螺旋上升，因而经济学成果总是具有较短的时效。马克斯·韦伯(Max Weber,1919)在《以学术为业》演讲中讲到，在科学领域，我们每个人所取得的一切都会在 10 年、20 年后过时，这就是科学的命运，但也恰是科学研究的意义。任何科学的完成都将提出新的问题，它要求被超越，要求过时，这种进步将永无止境。

丛树海先生曾讲，论文或著作好坏，十年后甚至更长时间以后，拿出来再读一读，尽管数据可能过时，但在思想上如果依然有价值、有启发性，那么就是好的作品。葛寿昌先生 1989 年出版的《社会保障经济学》研究社会保障经济关系的本质及运动规律，如今读来也依旧感觉思想性很强，阐述深刻，论证有力。丛树海先生 1996 年出版的《社会保障经济理论》分析社会保障对收入分配、资源配置、宏观经济均衡的多重影响，在中国现代社会保障事业尚未发展的初始阶段就奠定了社会保障经济理论基础，指明了未来的发展方向。我秉承恩师的教诲，力求作品有效期更长一点，既要传承又要发展，为中国的社会保障事业增砖添瓦，贡献自己一份薄力，以荧荧之火照亮来者之路。

寒来暑往，春华秋实，心会神凝，精血诚聚，凤凰涅槃，浴火重生，有辛勤的付出，才会有收获的喜悦。吾生也有涯，而知也无涯。既然世界上的知识不能穷尽，那么要超越既有的可能又要拓展新的领域，就必须站在一定的立场用逻辑构筑思想框架，形成自己的理论体系。研究工作有助于对问题认识得更深刻一点，找出其中能够改进的途径，因为世界不尽完美。尽管所做的工作只是人类智慧大厦的沧海一粟，但宇宙之所以成其大乃在于对每一粒尘埃的包容。要以更加开放的姿态拥抱未来，探索永无止境！

当今世界，唯一不变的就是变。尽管中国建立了覆盖十几亿人的社会保障制度，各项制度细则方面臻于完善，社会保障领域取得了巨大的成就，但经济运营环境仍面临不少问题，脱钩与双循环模式、人口下降与老龄化加剧、国内"需求收缩、供给冲击、预期转弱"、中美贸易摩擦与地缘政治问题等，对经济增长构成了持久的压力，进而对社会保障改革动向产生重要影响。之前中国经济的高速增长和社会保障的突飞猛进都是建立在巨大的人口红利基础之上，而当今这一优势已经不复存在，2022 年中国已经开始出现人口总量的下降，人口趋势一旦形成，政策刺激就很难在短期奏效。

观察古今中外，时间维度上，中国历朝历代朴素的社会保障制度都已消弭，从商周时期的"保民"开始，宋代已成为中国古代社会保障制度发展的高峰期，形成了救荒、济贫、扶弱三个方面的社会保障体系,以及仓储备荒、灾伤赈济、日常救助等措施,建立财政拨款、赋税性收入和经营性收入等社会保障体系的多种财政支持机制,政策制定上不逊于现代社会保障制度。空间维度上,OECD国家作为当今发达国家的代表,社会保障也曾经细则丰富、待遇优厚,覆盖公民"从摇篮到坟墓"的各项福利诉求,如今也面临制度上的千疮百孔,经济增长难以维持,福利待遇居高不下,人口增长停滞甚至负增长,延迟退休引发骚乱,医保改革左右摇摆,不一而论。正如杜牧《阿房宫赋》中言:"后人哀之而不鉴之,亦使后人而复哀后人也。"前车覆辙,必须引以为鉴。

　　任何社会保障制度,在一开始建立时,都具有良好的出发点,但随着时间的推移,都难以应对经济社会中的惯性问题和突发情况。越是现时代完备的、充分的社会保障制度,未来出现问题的概率和可能性就越大。在熵增的过程中,制度的发展进程是分裂与破碎,要么改良,要么改革。因此保持制度的弹性与韧性,维持社会保障在保基本的最低限度,在经济增长容许范围之内,无论以后国内外发生什么样的情况,都可以很好地从容应对,从而使社会保障在长期内惠及人民福祉。